2014年全球金融发展报告

普惠金融

世界银行 著
王佐发 王作功 陈佩 译

由贵州财经大学资助出版

中国财政经济出版社

图书在版编目（CIP）数据

2014年全球金融发展报告：普惠金融/世界银行著；王佐发，王作功，陈佩译．—北京：中国财政经济出版社，2015.9
ISBN 978-7-5095-6248-2

Ⅰ.①2… Ⅱ.①世… ②王… ③王… ④陈… Ⅲ.①金融市场-研究报告-世界-2014 Ⅳ.①F831.5

中国版本图书馆CIP数据核字（2015）第127893号

责任编辑：孙　腾　　　　责任校对：徐艳丽

中国财政经济出版社出版
URL：http：//www.cfeph.cn
E-mail：cfeph@cfeph.cn
（版权所有　翻印必究）
社址：北京市海淀区阜成路甲28号　邮政编码：100142
北京财经印刷厂印刷
889×1194毫米　16开　13.75印张　260 000字
2015年10月第1版　2015年10月北京第1次印刷
定价：68.00元
ISBN 978-7-5095-6248-2/F·5032
图字：01-2015-6443
（图书出现印装问题，本社负责调换）
质量投诉电话：010-88190744
打击盗版举报热线：010-88190492、QQ：634579818

目　录

专栏

图

地图

表

序　言

自从“2005 国际小额信贷年”联合国正式提出普惠金融的概念以来，普惠金融作为一种理念在国际上得到越来越多的认同，作为一种制度在国际上得到快速发展和完善。近年来，世界银行、国际金融公司等国际组织一直致力于在发展中国家实施以普惠金融为主题的项目，并取得了丰硕成果。在 G20 等国际论坛中，普惠金融已经被多次提上议事日程。

在国家层面，普惠金融不仅在发展中国家作为实现包容性增长的一种重要制度保障得到政府部门的重视，即便在美国和英国这种发达国家，也得到政策和法律层面的重视。据不完全统计，近年来，已经有（大约 50 个国家为普惠金融设定了正式的发展目标。

随着我国改革开放的不断深入，在社会财富存量不断积累的基础上，如何缩小贫富差距，如何进一步消除贫困，成为新的社会经济条件下深化改革必须面对的重大问题。所以，包容性经济增长成为经济新常态下经济改革和发展的重要内容。根据国家发展经验，普惠金融是实现包容性经济增长的重要制度保证和主要内容之一。为此，党中央、国务院对普惠金融给予了高度重视。2013 年 11 月 12 日，中国共产党第十八届中央委员会第三次全体会议通过的《中共中央关于全面深化改革若干重大问题的决定》正式提出“发展普惠金融”，这就为我国发展普惠金融提供了决策指引。但是，如何发展普惠金融？如何实施普惠金融？普惠金融的发展和实施中可能遇到哪些问题？如何避免普惠金融实施中的风险和无效率？或者说，如何确保普惠金融得以有效率和稳健的实施？这些问题是我国在制定普惠金融政策和法律的过程中必须面对和解决的问题，也是金融机构在实施普惠金融的过程中必须面对和解决的问题。

2014 年，世界银行组织国际上重要的机构、一流的专家以及政府官员，在充分掌握大量数据和案例的基础上，从实证和制度的层面对普惠金融展开全面的研究，形成了这篇《2014 年全球金融发展报告——普惠金融》。这篇报告包括正文和附录。正文分三章，分别讲述普惠金融的基本理论以及全球普惠金融的经验，包括政府在干预普惠金融中的利弊、新技术在实施普惠金融中的作用、金融创新在实施普惠金融中的作用、法律在实施普惠金融中的作用。附录包括三部分，分别提供普惠金融研究不同方面的基本数据。

这篇报告所提供的信息和内容对我国普惠金融政策和法律的制定、金融机构普惠金融的实施，以及研究机构和人员对普惠金融的研究，都具有宝贵的借鉴和参考价值。在此，我愿意向广大普惠金融政策法律制定者、普惠金融实施者以及致力于普惠金融研究的专家学者推荐这篇报告，并感谢译者付出的辛勤劳动。

吴晓灵

2015 年 5 月 3 日

前 言

本期《全球金融发展报告》寻求为越来越多的关于普惠金融的争论做出贡献。这一期承接2013年的首期报告，该报告在全球金融危机之后重新审视了政府在金融中的作用。两份报告都寻求避免提出过分简单化的观点，而是在对新证据加工合成的基础上细致入微地分析金融部门政策。

普惠金融已经上升到全球改革的议程，成为政策制定者、监管者、研究人员、市场实务人员和其他利益相关者非常感兴趣的话题。对于世界银行集团来说，由于其对降低贫困和促进经济发展成果的分享具有重要意义，因此普惠金融是有待研究的核心议题之一。

普惠金融对于加快人们从发展中受益具有潜在的变革力量，对普惠金融的强调与日俱增反映出对这一潜力的认识不断增长。普惠金融制度为个人和企业提供更多的获取资源的机会，以满足其金融需求，这些金融需求包括退休储蓄、投资教育、利用商业机会并应对突发事件。现实世界里的金融制度距离普惠还很遥远。事实上，全世界成年人口中一半人没有银行账户。世界上很多穷人本来可以从金融服务中获益，但是却因为市场失灵或公共政策不充分而无法享受到金融服务。

本期《全球金融发展报告》提供新的数据和研究成果来帮助填补关于普惠金融的某些知识缺口。它还吸取当前的慧见和经验，为这个关键的发展问题的政策讨论提供贡献。

新证据显示，普惠金融可以极大地降低贫困并推动分享经济发展成果，但是强调推进普惠金融的努力必须要有良好的设计。例如，如果创建的银行账户最终处于休眠状态那么就没有效果，不计任何成本向所有人推广信用的政策实际上却会加重经济和金融的不稳定。本期报告为最大化普惠金融福利收益的政策提供现实且有证据基础的建议。它也运用《2013年全球金融发展报告》首先引进的金融机构和市场标准。与这份新报告相配套的还有一系列丰富的新金融部门数据，它们可以在世界银行集团公开数据日程上获得。

踩着先行者的足迹，本期金融发展报告是旨在提高全球金融系统的稳定性和普惠性的更广泛的倡议中的一个组成部分。我们希望它对广泛的利益相关者有所裨益，包括政府、国家金融机构、非政府组织、智囊团、学者、私营部门参与人、捐赠者以及更广泛的发展共同体。

世界银行集团行长

金墉（Jim Yong Kim）

致　谢

《2014年全球金融发展报告》是来自不同行业的广泛的专家们的劳动成果，他们来自于世界银行集团内外。本报告是世界银行、国际金融公司（IFC）和多边投资担保机构（MIFA）共同赞助的。对本报告做出贡献的单位众多，包括发展经济副行长、金融与私营部门发展副行长、所有的地方副行长、扶贫与经济管理组织以及对外关系与出版部。扶贫顾问集团的成员也做出了贡献。

AslI Demirgüç - Kunt 是本项目的负责人。Martin Čihák 领导核心团队，团队成员包括 Miriam Bruhn, Subika Farazi, Martin Kanz, Maria Soledad Martínez Pería, Margaret Miller, Amin Mohseni - Cheraghlou, Claudia Ruiz Ortega. 其他关键贡献者包括 Leora Klapper（第一章），Dorothe Singer（专栏 1.3），Christian Eigen - Zucchi（专栏 2.1），Gunhild Berg 及 Michael Fuchs（专栏 3.4），Rogelio Marchetti（专栏 3.6），Sam Raymond 及 Oltac Unsal（专栏 3.7），David McKenzie（专栏 3.8）。

世界银行首席经济学家兼高级副行长 Kaushik Basu 和世行行长特使 Mahmoud Mohieldin 提供了全面的指导。本报告的作者们得到世界银行金融发展理事会、金融与私营部门发展理事会和普惠金融与基础设施实践部成员们的宝贵的建议。

外部顾问包括 Meghana Ayyagari（乔治·华盛顿大学国际商务副教授）、Thorsten Beck（荷兰蒂尔堡大学经济学教授兼欧洲银行业中心主席）、Ross Levine（加州大学伯克利分校威利斯·H. 布思货币金融学教授）、Jonathan Morduch（纽约大学瓦格纳公共服务研究生院公共政策经济学教授兼金融服务计划执行主任）、Klaus Schaeck（英国班戈大学实证银行业教授）、Robert Townsend（麻省理工大学伊利莎白及詹姆斯·吉利安经济学教授）和 Christohper Woodruff（华威大学经济学教授）。Aart Kraay 多次审校初稿，确保了报告的一致性和质量。

Peer Stein 和 Bikki Randhawa 一直是我们在 IFC 的主要联络人。Gaiv Tata, Douglas Pearce, Massimo Cirasino 一直是我们在普惠金融与基础设施实践部的联络人。Ravi Vish 一直是我们在 MIGA 的主要联络人。各章得到以下朋友们的详细评阅：Ardic Alper, Nina Bilandzic, Maria Teresa Chimienti, Massimo Cirasino, Tito Cordella, Quy - Toan Do, Mary Hallward - Driemeier, Oya Pinar, Mohammad Zia Qureshi, Sergio Schmykler。作者们也得到来自以下朋友们的宝贵的建议和其他贡献：Daryl Collins, Augusto de la Torre, Shantayanan Devarajan, Xavier Faz, Michael Fuchs, Matt Gamser, Xavier Giné, Jasmina Glisovic, Richard Hinz, Martin Hommes, Zamir Iqbal, Juan Carlos Izaguirre, Dean Karlan, Alexia Latortue, Timothy Lyman, Samuel Maimbo, Kate McKee, David McKenzie, Ajai Nair, Evariste Nduwayo, Douglas Pearce, Toms Prouza, Alban Pruthi, Steve Rasmussen, Rekha Reddy, Mehnaz Safavian, Manohar Sharma, Dorothe Singer, Ghada Teima, Hourn Thy, Judy Yang, Bilal Zia. 本报告的手稿还得益于与 IMF、盖茨基金会、毕尔巴鄂比斯开银行（BBVA）、英国国际开发部和世界经济论坛的同事们之间的非正式交流。

在世界银行范围内的审查中，还得到以下人员的建议：Makhtar Diop, Yira Mascaro, Xiaofeng Hua, Francesco Strobbe, Ben Musuku, Gunhild Berg（非洲地区）；Sudhir Shetty, Nataliya Mylenko, Hormoz Aghdaey（东亚及太平洋地区）；Laura Tuck, Ulrich Bartsch, Megumi Kubota, John Pollner, Vahe Vardanyan（欧洲和中亚地区）；Hasan Tuluy, Marialisa Motta, Holger Kray, Jane Hwang, Marisela Montoliu Munoz, P. S. Srinivas, Pierre Olivier Colleye, Rekha Reddy, Aarre Laakso（拉美和加勒比地区）；Shantayanan Devarajan（中东和北非地区）；Idah Pswarayi - Riddihough, Sujata Lamba, Shamsuddin Ahmad, Thyra Riley, Aruna Aysha Das, Henry Bagazonzya, Kiran Afzal, Niraj Verma（南亚地区）；Jorge Familiar Calderon, Maria Cristina Uehara, Sivan Tamir（企业秘书）；Cyril Muller（对外关系部）；Mukesh Chawla, Robert Palacios, Olav Christensen, Jee - Peng Tan（人力发展部）；Caroline Heider, Andrew Stone, Beata Lenard, Jack Glen, Leonardo Alfonso Bravo, Raghavan Narayanan, Stoyan Tenev（独立评估机构）；Jaine Saavedra - Chanduvi, Lucia Hanmer, Swati Ghosh（扶贫与经济管理组织）；Vijay Iyer（可持续发展组织）；Madelyn Antoncic（司库部）。

背景工作曾经提交给 14 个全球金融发展研讨会（http://www.worldbank.org/financial development）。发言人和讨论人除了核心团队之外，还包括：Abauyomi Alawode, Michael Bennett, Gunhild Berg, Timothy Brennan, Francisco Campos, Robert Cull, Tatiana Didier, Vincenzo Di Maro, Xavier Giné, Mary Hallward - Driemeier, Zamir Iqbal, Leora Klapper, Chend Hoon Lim, Rafe Mazer, David Medine, Martin Melecký, Bernardo Morais, Florentina Mulaj, Maria Lourdes Camba Opem, Douglas Pearce, Valeria Perotti, Mehnaz Safavian, Sergio Schmukler, Sandeep Singh, Jonathan Spader, P. S. Srinivas, Wendy Teleki, Niraj Verma, Bial Zia.

没有制作组，本报告是不可能完成

的。制作组成员包括：Stephen McGroarty（主编），Janice Tuten（项目经理），Nora Ridolfi（印制协调员）和 Debra Naylor（图表设计员）。Roula Yazigi 协助团队处理网址。信息交流组成员包括：Merrell Tuck，Nicole Frost，Ryan Douglas Hahn，Vamsee Kanchi，Jane Zhang。Hédia Arbi，Zenaida Kranzer，Tourya Tourougui 提供了优秀的管理支持。Parabal Singh，Meaghan Conway，Julia Reichelstein 提供了有价值的协助工作。

Azita Amjadi，Liu Cui，Shelley Lai Fu，Patricia Katayama，Buyant Erdene Khaltarkhuu，William Prince，Nora Ridolfi，Jomo Tariku，Janice Tuten 在准备附随本报告的《金融发展数据简表》时提供了有益的帮助。

作者们还感谢很多国家的官员和其他专家，他们参与了本报告的调查工作，包括《金融发展晴雨表》。

对于《用知识来改变》项目的研究支持预算和 IFC 的财务支持，我们感激不尽。

缩略语和术语

GDP	国内生产总值
IFC	国际金融公司
MFI	微型金融机构
SME	中小企业

术语

国家	在单独和独立的基础上向国际提供自身的统计数据并予以保存的地理实体（不一定是国际法理论和实践意义上的国家）。
金融发展	从概念上讲，金融发展是一个降低获取信息、执行合同和实施交易的成本的过程。从实证上讲，直接测量金融发展程度是具有挑战性的。本报告集中测量金融机构和市场的四个特性（深度、可获得性、效率和稳定性，即“4×2 框架”）。
普惠金融	使用金融服务的个人和企业的份额。
金融服务	金融系统给个人和企业提供的服务。
金融制度	一国的金融制度包括金融机构（银行、保险企业和其他非银行金融机构）和金融市场（比如股票、债券和金融衍生品市场）。它还包括金融基础设施（例如信用信息分享系统和支付结算系统）。

正式金融机构	商业银行、保险企业或者其他任何由政府监管的金融机构。
政府	国家的政府（government）或自治/半自治机构，比如中央银行或金融监管机构。
未开户	不使用或者没有获得商业银行服务的个人。

概 述

普惠金融——一般被定义为使用金融服务的个人和企业的比例——已经成为引起政策制定者、研究人员和其他利益相关者浓厚兴趣的话题。在G20等国际论坛中，普惠金融已经提上了改革日程。在国家层面，当前大约三分之二的监管部门被赋予提升金融普惠性的职责。近年来，大约50个国家已经为普惠金融设定了正式目标。

对普惠金融的兴趣日益高涨反映出人们对于普惠金融对经济和社会发展的重要性有了更加深刻的领悟。它说明人们越来越认识到获得金融服务对于降低极度贫困、促进共同繁荣、支撑包容和可持续发展具有关键作用。这种兴趣也来源于人们对普惠金融的巨大缺口的认识越来越深刻。例如，这个世界上一半的成年人——超过25亿人——没有正式金融机构的账户（图0.1）。其中有些是因为没有需求，但是诸如开户成本、地理位置不便和大量过于烦琐的手续等是关键因素。令人鼓舞的是，通过改善政策可以降低这些障碍中的大多数。

实际上已经取得了某些成效。例如在南非，4年间已经开设了600万个基本银行账户，显著提高了成年人银行账户持有率。世界范围内，几亿人已经借助移动电话平台实现了电子支付。在世界银行发布的《全球金融晴雨表》（Čihák，2012；世界银行，2012a）中，78%接受调查的金融部门从业者表示，根据他们的评估，他们所在的国家过去5年获得金融服务的水平得到显著提高。

但是，促进普惠金融不是轻而易举的。创造的新账户并不总是经常使用。例如，上文提到的南非600万个新开账户中，只有350万个被激活，其余的则处于休眠状态。

而且，事情可能——并且的确正在——变坏，尤其是当信用开始快速扩张的时候。在对金融稳定性没有给予充分关注的情况下促进信贷很可能导致一场危机。

图 0.1 银行账户的使用和自我汇报的使用障碍

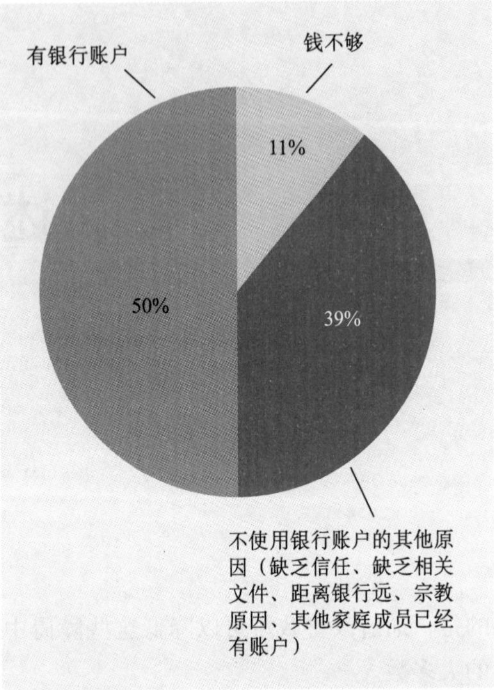

来源：全球普惠金融数据库，世界银行，华盛顿，http://www.worldbank.org/globalfindex.

注：自我汇报使用正式银行账户的障碍。受访者可以选择一个以上的原因。“钱不够”指所有成年人里只汇报这个原因的百分比。

近期的最明显事件就是2008年发生在美国的次贷危机：危机的关键触发因素中包括向信用不足的借款人过度授信，并放松了抵押债券承销的标准。另一个以提高金融服务的可获得性的名义过度授信的例子是2010年印度的微型金融部门危机。因为信贷额快速增长，印度的微型金融机构多年保持财务回报高收益，可这些都建立在客户的高负债之上。尽管这两个例子（相关分析见第一章图1.5）很复杂，但它们说明了一个范围更广的观点，即深层次的社会问题不可能仅仅通过注入信用来解决。如果不能适当地实施，促进普惠金融的努力会导致违约和其他负面影响。

这就是本报告的切入点。它对普惠金融的近期和正在进行的相关研究进行了详细的评述和汇总，识别了哪些政策有效，哪些政策无效；哪些领域仍需要证据支持。专栏0.1详细提供了这些综合信息。

虽然对普惠金融的关注日益增加，但是政策制定者和其余金融部门从业者对于最有效的政策是什么仍然存在分歧（专栏0.2），这一分歧刻画出对于普惠金融关键政策的有效性的认识存在巨大的落差。因此，尽管意识到问题的复杂性和当前认识的局限性，本报告仍然提供新数据和研究，吸取可获得的慧见和经验，以期为政策探讨做出贡献。

普惠金融：测量和影响

普惠金融和金融的可获得性是不同的问题。本报告中的普惠金融是指使用金融服务的个人和企业占全部个人和企业的份额。缺乏金融服务的使用并不等同于缺乏可获得性。某些人能够以可承受的价格获得金融服务，但是对某些金融服务选择弃之不用；而某些人因为无法承担的价格，或者仅仅因为监管障碍、法律障碍，或者因为市场划分和文化现象等而不能获得金融服务。关键问题在于，低普惠性是因为对金融服务缺乏需求导致，还是因为各种障碍阻挠个人或企业获得金融服务。

就全球范围来看，50%的成年人有不止一个银行账户，相同数量的另一群人几乎没有银行账户。2011年，有银行账户的成年人中有9%能获得贷款，22%通过金融机构储蓄。

纵观全球平均水平，我们发现，普惠金融的水平在全球范围内波动幅度较大。

专栏 0.1 本报告的主要内容

普惠金融发展状况在全球范围内波动较大。全球范围内，大约 50% 的成年人拥有银行账户，但是其余的则不使用或得不到银行服务（unbanked），这意味着这些人在正式金融机构中没有开设账户。并不是所有的这 25 亿不使用或得不到银行服务的人都需要金融服务，但是成本、距离和手续等因素很关键。例如，不使用或得不到银行服务的人中有 20% 把距离作为他们不开设账户的主要原因。穷人、妇女、年轻人和农村居民在获得金融服务时往往面临更大的障碍。对于企业，成立时间短的企业和小型企业面临更大的约束。例如，调查显示在发展中国家，难以获得金融服务是中小企业经营中的主要障碍，与此相比，大企业面临相同困境的在发展中国家只占 25%，而发达国家为 8%。

普惠金融对于促进发展、消除贫困至关重要。大量证据表明，穷人能极大程度地从基本支付、储蓄和保险业务中受益。对于企业，尤其是受到更多约束的小企业和创业企业，获得金融服务的机会与创新、工作岗位的创造和增长密切相关。但是，许多小额贷款试验表明对特定企业专门实施的小额信贷项目带来的发展效益并不确定。

普惠金融并不意味着要不计代价地面向所有人开放。某些个人和企业对金融服务没有实质的需求或业务需要。对这些金融服务提供补贴是没有效率的；就信用来说，反而会导致过度负债和金融不稳定。但是，很多情况下，金融服务又受到监管障碍或者市场失灵的约束，它们妨碍人们从获得金融服务中受益。

公共政策的侧重点应当放在解决市场失灵。大多数情况下，金融服务的使用受到市场失灵的约束；市场失灵导致金融服务的价格过高，或者因为管制障碍、法律障碍、市场分割和文化因素导致无法获得金融服务。这些证据表明，政府可以通过构建相关的法律监管与管理框架（例如，通过保护债权人的权利、规制商业合同、监督索赔机制来保护消费者），维护信息环境（例如，制定公开与透明标准并改善信用信息共享和抵押登记制度），教育和保护消费者等手段应对这些市场失灵。消费者保护中的一个重要部分是由竞争政策体现出来的，因为供应商之间的良好竞争会带来更好的回报，加强消费者在市场中的权力。拓展账户持有率的政策（例如，要求银行提供基本或低收费账户、授权免除繁复的文书、允许代理行支付、允许政府电子支付）对于穷人、妇女、年轻人和农民等被传统金融排斥的人群尤其有效。其他的政府直接干预手段（直接信贷、债务豁免、通过国有银行贷款等方式）都倾向于带有政治性且不易成功，尤其是在制度环境弱的情况下更是如此。

新的技术为推广普惠金融带来希望。移动支付、移动银行以及借助生物识别数据（指纹识别、虹膜扫描等）识别借款人身份等技术创新使得人们在加强金融安全的同时可以低价高效地享受金融服务。私营部门采取的经营模式完善了技术平台（比如代理银行），这一举动放大了技术的影响力。为了确保技术释放助力，监管部门要允许有竞争力的金融服务提供商和消费者能够充分利用技术创新。

解决市场失灵、满足消费者需求、克服行为问题的产品设计能够促进金融服务的广泛使用。创造性的金融产品，例如指数保险，能够减轻农业生产中与气候相关的风险，促进对农业企业的投资，提升其生产效率。借助现存的关系就能够实现提升小微企业贷款的目标。例如，利用零售链条或大型供应商提供信贷、借助历史支付记录做出贷款决策、利用现有的销售网络降低成本，这些新的机制扩大了普惠金融服务的范围。

精心设计、目标明确的干预能够提升金融能力，包括金融知识、技术、态度和行为习惯。如果人们在开始工作或者购买金融产品时能够接受某些金融

专栏 0.1　本报告的主要内容（续）

相关教育，这些教育能够获得极大的影响力。对于缺乏金融技巧的个人，金融教育尤其有用。利用社会网络（例如包含父母和孩子双方）能够扩大金融教育的影响力。传播模式也很重要，因此，类似寓教于乐的传播模式能够取得很好的效果。现已发现针对小微企业的商业培训项目可以提升商业知识，但是在商业实践和执行方面收效甚微，受情境影响，效果模糊。培训的内容也很重要：在商业和会计培训中，经验类培训比规范类培训更有成效。

专栏 0.2　从业者对普惠金融的观点：全球金融晴雨表

为了考察世界银行的某些客户对普惠金融的看法，《全球金融发展报告》团队进行了第二轮的金融发展晴雨表调查，紧跟先前的第一轮调查（Čihák，2012；世界银行，2012a）。晴雨表是全球非正式民意测验，测验内容包括金融部门从业者（中央银行家、财政部官员、市场参与人、学者、非政府组织的代表以及关注金融领域问题的跨学科调查研究组织）的某些观点、意见和情绪等。

这份晴雨表包含 23 个问题，分为两大类：（1）关于金融发展的一般问题；（2）与《全球金融发展报告》有关的特殊问题。第一份晴雨表提出了政府在金融发展中的位置，其调查结果发表在《2013 年金融发展报告》里。第二份晴雨表里部分结果特别针对普惠金融中的特殊问题，呈现在本专栏里（其余信息可在报告的网站上查询，http：//www.worldbank.org/financialdevelopment）。这份晴雨表民意调查是在 2012 年至 2013 年进行的，调查对象覆盖 21 个发达经济体和 54 个发展中经济体。在 265 个接受调查的个人中，有 161 人回复（回复率为 61%）。

根据调查结果，大部分受访者认为普惠金融对于家庭和小企业都是大问题。同时，大多数受访者观察到过去 5 年中，在金融可获得性方面具有改善的趋势（表 B0.2.1，1—3 行）。

表 B0.2.1　**2012—2013 年金融发展晴雨表某些调查结果**

同意以下陈述的受访者所占百分比

1. 获得基本金融服务对我国家庭是一个重要问题	61
2. 获得金融服务对于我国小企业的发展构成重要影响	76
3. 在我国，过去 5 年内金融可获得性有了很大改善	78
4. 国有银行和针对穷人的定向贷款项目（社会银行）是促进金融可获得性的有用工具	80
5. 在我国，社会银行在促进金融可获得性中实际上发挥了重要作用	43
6. 对基本的金融产品和服务知识的缺乏是阻碍我国贫困人口获得金融服务的主要障碍	78

数据来源：金融发展晴雨表；完整报告参见《全球金融发展报告》网站，http：//www.worldbank.org/financialdevelopment.

专栏0.2　从业者对普惠金融的观点：全球金融晴雨表（续）

至于政府在其中的作用，存在一个有趣的断层：80%的受访者认为社会银行，即国有银行和针对特定贫困人口提供的贷款项目在促进金融可获得性中是一个有用的工具；但是，只有50%的人们认为社会银行在扩大金融可获得性方面发挥了重要作用（表B0.2.1，4—5行）。

另一个有趣的调查结果是，78%的认为缺少基本金融产品和服务的知识是阻碍穷人获得金融服务的重要原因（表B0.2.1，第6行）。和这一结果相呼应，大多数受访者（32%）认为提升低收入群体金融可获得性的最优政策是金融教育（图B0.2.1）。

图B0.2.1　关于普惠金融有效政策的观点

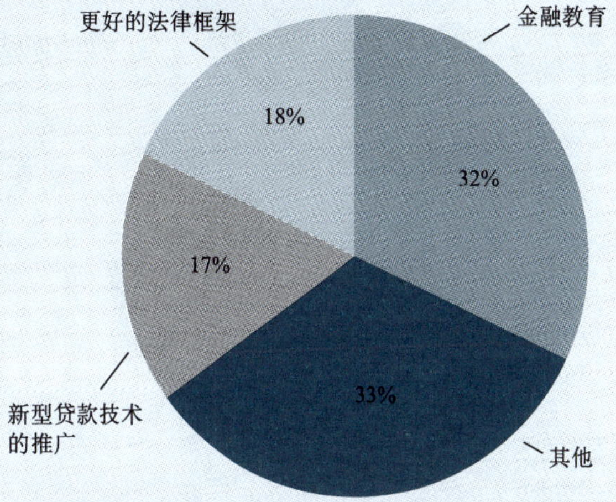

数据来源：金融发展晴雨表；完整报告参见《全球金融发展报告》网站，http://www.worldbank.org/financialdevelopment.

最新可得到的高端用户使用数据显示，在个人使用金融服务上，发展中国家和发达国家存在显著差距。例如，发达国家中拥有个人账户成年人的比例是发展中国家的两倍。如果我们统计实际使用账户，这一差距甚至更大（地图0.1）。世界范围内，44%的成年人经常使用银行账户。但是，如果我们聚焦发展中国家中收入最少的40%的人，仅仅有23%经常使用账户。这一比例，是这些国家其余人口参与率的一半（与此相对，发达国家的参与率分别为81%和88%）。

从共享繁荣的角度来看，就人口细分来讲，国内的普惠金融的差距尤其令人不安。穷人、年轻人、失业者、丧失劳动能力者、受教育程度低者或者农村居民更难获得银行账户（图0.2）。账户拥有率和收入不均衡相伴：如果国内的收入分配更加公平，那么账户的持有率就更高。便捷的金融服务环境，例如更少的银行服务成本、靠近金融服务提供者和较少的开户文件，有助于人们获得金融服务。

虽然总体而言企业获得金融服务的差距没有那么明显，但是不同国家、不同企业规模和成立时间等原因对企业金融服务可获得性的影响都是显著的。年轻的小企业面临着更多约束，而且它们的成长更易受到这些约束的影响。

本报告中的重点研究表明，普惠金融对于经济发展和减少贫困至关重要。一系列的理论模型都论证了缺乏金融可获得性将会导致贫困陷阱和不平等。实验证据表

地图 0.1 **特定月份使用银行账户的成年人数量分布**

数据来源：全球普惠金融数据库，世界银行，华盛顿，http：//www.worldbank.org/globalfindex.

图 0.2 **普惠金融的关联因素**

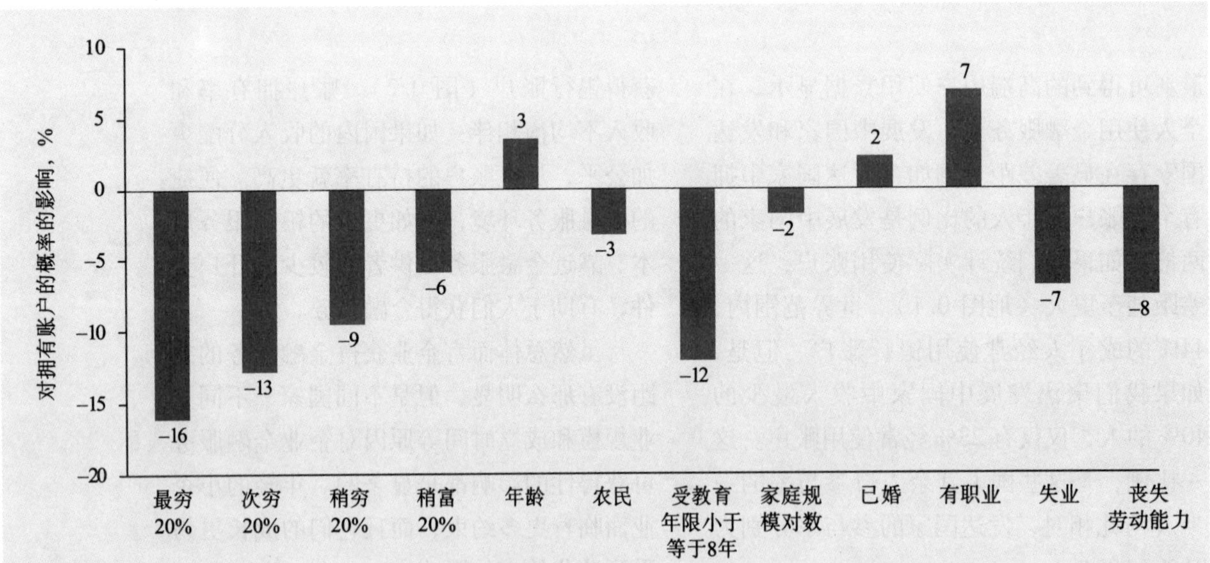

数据来源：根据 Allen，Demirguc – Kunt，and others（2012）.

注：结果是根据国家固定效果普惠金融指数以及一组由 12 434 位成人的个人特征（15 岁以上）数据回归分析得出来的。数据来自 2011 年全球普惠金融数据库（http：//www.worldbank.org/globalfidex）。普惠金融指数是从 0—1 的变量，表示个人是否在 2011 年拥有正式金融机构的账户。相关定义、数据来源、指数估测的标准方差、额外的估测方法以及额外的对其他因变量（储蓄、使用账户的频率）的回归分析，参见 Allen，Demirgüç – Kunt，and others（2012）。

明，普惠金融的影响并非那么黑白分明，而是根据金融服务的类型而发生变化。对于基础的支付和储蓄，尤其是在贫苦家庭中，证据表明这一服务的好处尤为明显。对于保险产品，尽管关于微型保险的研究并不全面，但是也有某些证据显示出积极的影响。至于信用的可获得性，关于小额信贷的证据是复杂的，对小额信贷的陷阱有某些警告性结论。对于小型和年轻的企业，获得信用是至关重要的。

所以，研究传达出的信息很微妙：为了使得普惠金融具有积极的影响，我们必须负责任地实现它。制造出众多休眠账户是没有任何意义的。虽然普惠金融存在重大好处，但政策不能为了普惠而强行普惠，最终的目的并不是让每人都借钱。

图 0.3　动产担保登记注册改革对获得金融服务的影响

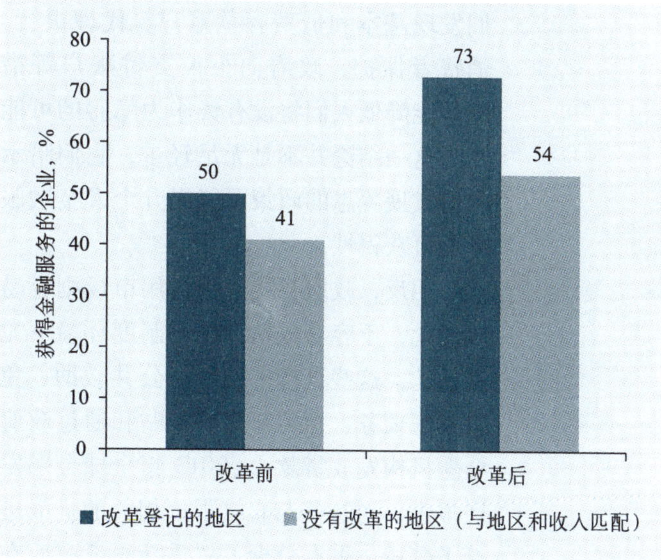

数据来源：经营数据库（Doing Business Database），IFC 与世界银行，华盛顿，http：//www. enterprisesurveys. org；calculations，Love，Martínez Pería，and Singh 2013.

注：以 73 个国家企业层面的调查为基础，本研究将七个引进动产担保注册登记的国家企业获得金融服务的情况与样本国家企业获得金融服务的情况进行比较，按照地区和人均收入进行对比。

关于普惠金融的公共政策：总体研究结果

提升金融普惠性，需要解决造成金融障碍的各种政策和市场问题。公共部门可以借助众多方法推动实现这一目标，包括建立适当的法律和监督机制、支持信息环境发展、教育和保护金融服务使用者。如果能够吸收私营部门的加入，公共部门的许多干预将会事半功倍。例如，借助私营部门的补充和支持，信用环境、信息公开实践和担保机制的改善将更有效。

本报告中举出的新例子表明，政府在监管信息环境中的作用尤为重要。如果能够改革信用机构和担保注册制度，公共政策将会对普惠金融发挥重大作用。本报告特别指出，引进机器和其他设备等动产担保或者对其进行改革，能够极大地促进企业获得金融服务（图 0.3）。重要的是，获得金融服务的改善集中在小企业。

这些证据表明，一般有助于经济发展的法律、监管和制度环境的改善，对于普惠金融同样有用。

如果政策能够更加直接地针对普惠金融，效果如何？来自 123 个国家的 142 000 人的新证据表明，旨在提升账户渗透性和可支付性的特定政策，对于穷人、年轻人、妇女和农民尤其有效。

特别地，有研究（Allen，Demirgüç－Kunt，and others，2012）指出，在银行业务成本较高的国家，遭受金融排斥的人们更容易将没有足够的钱作为不开户的最大障碍。当仅仅聚焦这些声称没有足够的钱是唯一障碍的受到金融排斥的人群时，他们发现基本和低费存款账户、代理银行、消费者保护、政府向个人支付账户等措施，能降低人们将没有钱作为障碍的可能性。这一结论并不是无足轻重，它们暗示政府发展普惠的政策可能提升个人金融服务的可获得性。

相反，政府直接干预信用市场则容易政治化，不容易成功，在弱制度环境下尤其如此。这些直接干预包括公共救助、免除家庭债务、指定贷款、补贴和通过政府金融机构发放贷款。《2013 年全球金融发展报告》对这些与直接干预相关的挑战进行了分析，重点分析了“重新思考政府在金融中担任的角色”。本报告重点关注其他的新证据。例如，最近对印度 2008 年高额负债的农村家庭的债务免除深入分析表明，虽然这一行为最初是打算减少乡村地区家庭的债务，但是间接导致了投资的减少和农业产量的降低（Kanz，2012）。

研究还认为对各种干预如何组合使用也至关重要。把各种改革措施打包可能会导致正面或负面的规模效应，引发其他后续问题。例如，在一个因为司法运行不力而导致债权人权利保护脆弱的国家，如果不结合其他作用较慢的支持性改革措施，仅仅关注电算化和动产担保信用注册统一的政策只能对普惠信用产生有限影响。考虑到这些，能够给那些将全民享有金融服务这一伟大抱负作为目标的国家带来现实的鼓舞，并帮助各国实施其普惠金融发展战略。

针对这一宽泛的政策语境，这篇报告聚焦考察三个领域：（1）新技术推动普惠金融的潜力；（2）商业模型和产品设计的作用；（3）金融知识、金融能力和商业培训的作用。这三个方面相辅相成。例如，新技术不仅可以促进发展普惠金融，还可以提升产品设计和增强金融能力（正如在第二章中提到的利用短信改善储蓄习惯）。本报告之所以关注这三个领域，是因为它们对于普惠金融和共享繁荣产生重要影响。还有一点，即在这些领域出现需要加以强调的新证据（为了更好地理解本报告，参见专栏 0.3）。

聚焦领域一：技术的承诺

技术的创新能够降低获得金融服务的成本，减少不便。最近十年技术创新大量出现，其中最令人瞩目的包括移动支付、移动银行、网络银行和生物识别技术。这些技术创新能够明显降低交易成本，促进普惠金融的进一步发展。

尽管大多数的公共讨论关注移动支付和移动银行，但其他的新技术也有发展前景。最近的研究表明，生物识别技术（例如指纹识别、虹膜扫描等等）能够有效减少信用市场的信息难题和道德风险。例如，图 0.4 列举了世界银行研究者基于向借款人引入指纹识别技术的实验研究结果。相对以前的偿还状况，这一干预能够有效地提升贷款人针对借款人此前的不良偿付状况拒绝进一步提供未来贷款的能力。这反过来会减少逆向选择和道德风险，促使偿付力最为薄弱的借款人更好地利用贷款。

不同经济体采用不同的路径应用新技术。以手机技术为例，移动电话的普遍存在或者高普及率都不是发展移动银行的必要前提。为了说明这一问题，我们以肯尼亚为例。在肯尼亚，电话普及率刚刚达到

专栏 0.3 报告导读

本报告的其余部分包括三章，内容涵盖：（1）普惠金融的重要性、某些关键事实和普惠金融的发展动力；（2）个人普惠金融；（3）企业普惠金融。在这些宽泛的话题领域内，本报告重点关注与政策相关的问题，并提供新的证据。

第一章引入普惠金融的概念并对揭示普惠金融与金融、经济和社会发展的种种联系的各种证据进行评论。本章探讨普惠金融的优势及其局限性，以及负责任地把普惠金融提上工作日程的重要意义。本章突出强调建立在理论和实证研究基础上的证据，这些证据证明了普惠金融对经济发展的影响；本章也对于普惠金融借以促进收入公平和减少贫困的渠道进行了识别。这一章也介绍关于普惠金融的交叉问题，例如金融部门结构与普惠性之间的关系。

第二章聚焦个人普惠金融。首先，本章讨论新技术在普惠金融中的作用。然后，本章考察私营部门在普惠金融方面所做的努力，尤其是它们为了解决市场失灵、满足消费者需求、克服行为问题，以便促进更加广泛地使用金融服务而进行的产品设计。金融知识和能力是另一个特别关注的问题。本章最后对各种普惠金融方面的公共部门政策进行深入探讨，并在证据的基础上提出政策建议。

第三章关注企业普惠金融。本章聚焦那些因为市场失灵而在获得金融服务方面受到约束的企业，比如小型企业和年轻的企业。本部分讨论的金融服务不仅包括正式的银行信贷，还包括微型金融、私募股权和诸如保理和租赁等其他类型的金融模式。本章虽然主要讨论获得信用的能力，但是也分析储蓄和保险产品对企业的重要意义。本章突出强调近年来政策和研究日益关注的三个话题：（1）性别对获得贷款是否有重要影响，女性或者男性拥有的企业因金融可获得性的不同而引起企业增长的不同是否存在、程度如何；（2）农村企业面临的挑战和金融需求；（3）金融在促进创新中的作用。

统计附录由三个部分组成。附录 A 提供世界范围内国与国之间的基本金融制度特征数据。同时，也提供了同类国家的同等类别数据的平均值，并随附总结地图。这是对《2013 年全球金融发展报告》数据的更新。附录 B 对世界范围内普惠金融的关键方面补充了某些数据。附录 C 包含伊斯兰银行业和伊斯兰合作组织成员国普惠金融的相关数据。

附带的网站（http://www.worldbank.org/financialdevelopment）包含丰富的背景研究、补充证据（包括国家案例）和关于金融系统发展的广泛的数据库。本网站能够让用户以交互的方式了解金融系统的发展信息。本网站同时也允许用户对本报告提出反馈意见，参与网络版金融发展晴雨表测试，对报告相关的未来问题提出建议。网站还提供全球金融发展的最新、最前沿的数据库，数据库包含的数据集始于 1960 年，覆盖 203 个经济体的 104 个金融制度特征数据。该网站与《2013 年全球金融发展报告》同时发布。本数据库中的数据已更新至 2011 年，新的一系列数据正被输入，尤其是非银行金融部门的相关数据。

20% 的时候，移动支付服务就开始飞速发展了。这一普及率和阿富汗、卢旺达、坦桑尼亚接近，但是以上地区的移动支付并没有发展到肯尼亚的水准。

这些证据表明，影响新技术作用的真正因素之一是金融服务提供者之间的竞争。为了最大限度地发挥技术潜力，监管者要允许金融服务提供商相互竞争，并保证消费者能够最大限度地利用技术创新。这可能基于以下两个似乎相互矛盾的原

图 0.4　指纹识别技术和支付率，马拉维

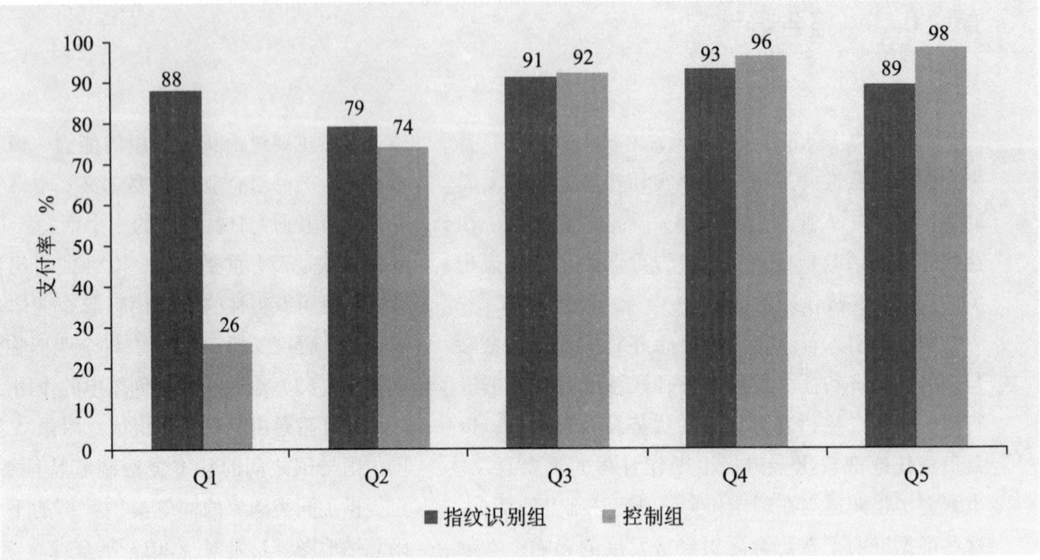

数据来源：根据 Giné，Goldberg and Yang，2012 计算整理。

备注：指纹识别组和控制组都按预期违约率分为五组。在“最严重”的 1/5 区域（Q1）的个人是那些违约率最高的个人，在这些人群中指纹识别技术能够发挥最大的效力。

因。首先，监管者不得不在为新的支付技术（允许技术提供商获得垄断租金以补偿其初期投资）提供激励机制和要求平台开放性之间寻找微妙的平衡。其次，没有恰当的监督和监管的竞争容易赋予不合格的人过多的信用，从而导致信用危机。但是，正如第一份《全球金融发展报告》（世界银行，2012a）中提到的，众多危机的证据证明金融服务提供商之间的健康竞争能够使业绩良好的提供商得到回报，同时增强消费者对市场的影响力。本报告延续了这一主题，突出新的证据表明银行之间缺乏竞争会降低企业获取金融服务的能力。如果金融发展程度较低，国有银行在银行体系占有的份额过高，信用信息难以获得或质量很差，效果会更加显著。

聚焦领域二：产品设计与商业模式

解决市场失灵、满足消费者需求并克服行为难题的创新产品设计也能够促进金融服务的广泛使用。这种产品设计的一个例子是承诺储蓄账户，即个人存入特定数额的存款并且在一段时间内放弃提取现金或者直到目标达成后才提取现金。这种储蓄账户被视为一种通过缓和自我控制难题和家庭分享意外之财的压力而促进储蓄的工具。本报告中世界银行研究人员的一项研究成果（Brune and others，2011）发现，被提供承诺储蓄账户的农民相对于被提供活期账户的农民储蓄的钱更多。这些对于农业投入的使用、谷物销售和家庭开支都有积极影响。研究发现，承诺储蓄账户主要通过把农民的资金保护起来，免受其社交网络的侵犯而发挥作用，而不是帮助农

户解决自我控制问题。

另一个创新的产品设计例子是指数保险。和传统的保险不同，指数保险的支付和一系列可测量的指数联系在一起，例如在给定时间内的降水量和给定日期的产品价格。指数保险降低了道德风险，因为保险的支付所依据的是超越保单持有人控制力之外的可测量的指数。而且，指数保险能够有效地对抗对多数非正式的保险网络同时产生影响的负面冲击。这一产品设计对于贷款人具有明显的利益，同时有促进普惠金融的发展并提高农产品产量的潜力。然而，有趣的是，指数保险的利用率非常低。例如，在本报告中提到的农民随机实验，采用降水量保险贷款的只有20%，与此相对的是33%的农户贷款都没有任何保险（Giné and Yang，2009）。新的证据表明，缺乏信任和流动性约束是重要的制约需求的非价格性障碍。因此，管用的办法是设计支付便捷的金融产品；由信用好且运行良好的机构背书；提供简洁明晰的产品；消费者教育。

除产品设计之外，创新的商业模式也能够促进经济增长。例如，微型企业经常因为缺乏信息而受到金融约束。可以通过利用现有的关系克服这些约束。近年来，通过零售链和大型供应商提供信用的创新渠道得以发展，这种模式可以依据支付历史记录制定贷款决策，利用现有的分销渠道降低成本。

一个有趣的例子可以证明这一点，即墨西哥的阿兹特克银行（Banco Azteca）（Bruhn and Love，2013）。2002 年 10 月，这家银行同时在其母公司 Grupo Elektra（一家大型消费品零售商）的所有分销商店开设了超过 800 家的分支机构。这家银行主要定位于被传统金融机构排斥的中低收入群体。利用母公司丰富的数据、已经建立的信息搜集技术和对商户的小额贷款经验，相对于传统银行这家银行能够降低文件审批要求。这家银行经常接受委托和抵押，而不需提供有效的文件。本报告中的分析指出，这些新的分支机构导致经营非正式企业的人群所占比例有所上升，但是经营正式企业的人群没有变化。在阿兹特克银行分支机构设立后，其所在城市里经营非正式企业的人数有了巨大的上升（图 0.5）。另外，阿兹特克银行的分支机构也促使就业率和收入水平上升。这个例子说明，创新性商业模式能够解决导致金融排斥的某些市场失灵。

聚焦领域三：金融知识和商业培训

金融知识和金融能力是不一样的。研究表明，针对普通人群的标准化课堂金融教育对普惠金融影响有限。培养从金融服务中获利的金融能力，讲座和概念记忆远远不够。我们可以通过与开车类比来阐述这个道理。一个人有能力学习道路标志，但是并不表明他能够驾驶车辆。类似地，金融知识不能确保一个人有金融能力并且能够做出财务稳健的决策。通过标准化的金融教育提升金融能力极具挑战性。

最近的研究发现某些干预能够提升个人和企业的金融技巧。通过精心设计和有针对性的金融干预，能够提高金融能力。在诸如开始一份工作或购买金融产品这些适合受教的时刻进行干预，收到了良好的效果。这些证据也表明，金融教育对于中低教育水平且金融技巧有限的人群尤其有益。通过利用现有的社会关系，例如亲子

图 0.5　随着时间的推移，有（没有）阿兹特克银行的城市里非正式企业所有人的人数

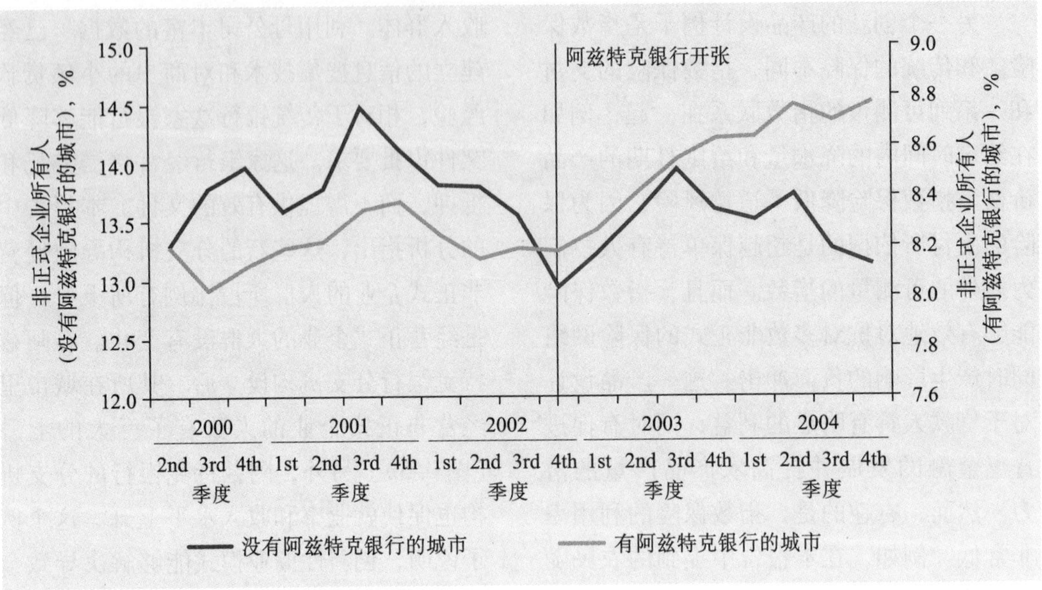

数据来源：Bruhn and Love，2013。

注：这个研究利用事先确定的阿兹特克银行分支机构地点，通过倍差法，识别阿兹特克银行开设分支机构对经济活动的影响。对城市是否有 Grupo Elektra 分店这一因素对结果变量时间趋势可能产生的影响已进行了控制（见正文）。

图 0.6　寓教于乐的效果

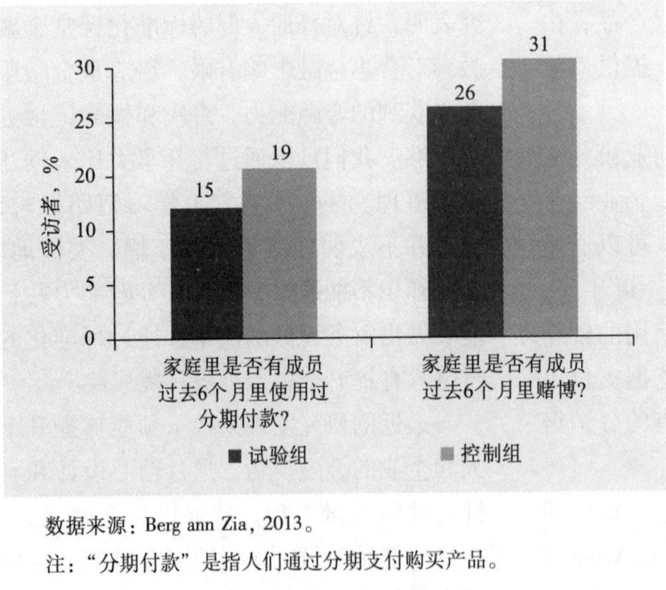

数据来源：Berg ann Zia，2013。

注："分期付款"是指人们通过分期支付购买产品。

关系或者借贷关系，普惠金融的影响会得到提升。在微型企业，人们发现商业培训项目可以提升相关知识；但是，对于企业实践和绩效的影响不大。最近的研究表明，为了避免信息负担过重，实践教育更加有益。

对金融能力的新研究表明信息传播模式是影响信息有效性的主要因素。参与性传播渠道的一个很有前景的例子是寓教于乐，这在本报告中分析南非肥皂剧“丑闻”的部分加以说明。这些肥皂剧的故事情节中包含金融不当行为和这些行为的后果。研究者发现肥皂剧对观看人群中受访者的金融行为产生了统计上和经济上的重要影响（图 0.6）。同时，这些影响及其他金融干预的效果持续时间都很短，因此需要重复干预。

第一章　关键信息

- 金融普惠性是指使用金融服务的个人和企业的比例，它在世界范围内差异很大。
- 超过25亿成年人没有银行账户，这几乎占世界成年人口的一半。尽管其中的某些人没有账户需求，但大多数人是由于成本、距离和大量文书工作的原因而受到金融排斥。
- 在137个国家进行的企业调查显示，在发展中经济体只有34%的企业有银行贷款，而发达经济体同类型的贷款所占比例高达51%。在发展中经济体，35%的小企业认为金融是发展的主要约束，但是在发达经济体这一比例只有16%。
- 理论和实证的研究都表明普惠金融对于发展和减轻贫困很重要。对于穷人而言，获得储蓄和自动支付方面的证据尤其充分；但是在获得信用方面的证据就微弱得多。对于企业而言，尤其是对中小型企业和新型创业企业，提升获得信用的能力一般有助于提升盈利能力。
- 如果普惠具有积极的影响，那么应该负责地推动普惠金融。普惠金融并不意味着不计成本地使所有人都能够获得信用。
- 一个多元的、充满竞争性的金融部门（包含各种各样的金融服务提供商和金融市场）有助于提供多样的金融产品和服务，这对于构建健康的普惠金融很有必要。

第一章

普惠金融：重要性、关键事实、推动因素

运转良好的金融制度通过向企业和个人提供储蓄、支付、信用和风险管理服务发挥着重要作用。[1] 普惠金融制度是指能够利用金融服务的个人和企业所占比例很高的制度。若是没有金融的普惠性，居民必须依靠个人的有限存款为教育融资或者创业。同样，新成立的企业只能依靠有限的盈余利用有前景的发展机会。这些都会造成持续的收入分配不均并减缓经济增长。

发展理论为普惠金融对经济发展的影响提供了重要的线索。现有的模型揭示了金融排斥现象（具体而言就是缺乏获得金融服务的机会）如何导致了贫困陷阱和不公平（Aghion and Bolton，1997；Banerjee and Newman，1993；Galor and Zeira，1993）。例如，在 Galor 和 Zeira（Galor and Zeira，1993）的模型中，因为金融排斥，尽管穷人拥有很高的边际投资效率，也不能投资于自身教育。在 Banerjee 和 Newman（Banerjee and Newman，1993）的模型中，个人的职业选择（成为企业家或者继续作为工薪阶层）受到初始禀赋的制约。这些职业选择决定了个人能够储蓄和承受风险的程度，这对发展和收入分配具有长期影响。[2] 这些模型表明，缺乏获得金融服务的机会从根本上导致了持续的收入不公平、贫困陷阱和低增长率。

金融普惠性的定义

金融普惠性，正如本报告所定义，是指使用金融服务的个人和企业的比例。[3] 这是一个多维度的概念，反映了可能的金融服务的多样性，从支付和储蓄账户到信用、保险、养老金和证券市场都包括在内。对于个人和企业，普惠金融的定义也是不同的。

金融普惠性不是越强越好。在大多数情况下，越来越多的可获得的金融服务能够促进个人和企业充分利用商业机会、投

图 1.1 使用和获得金融服务

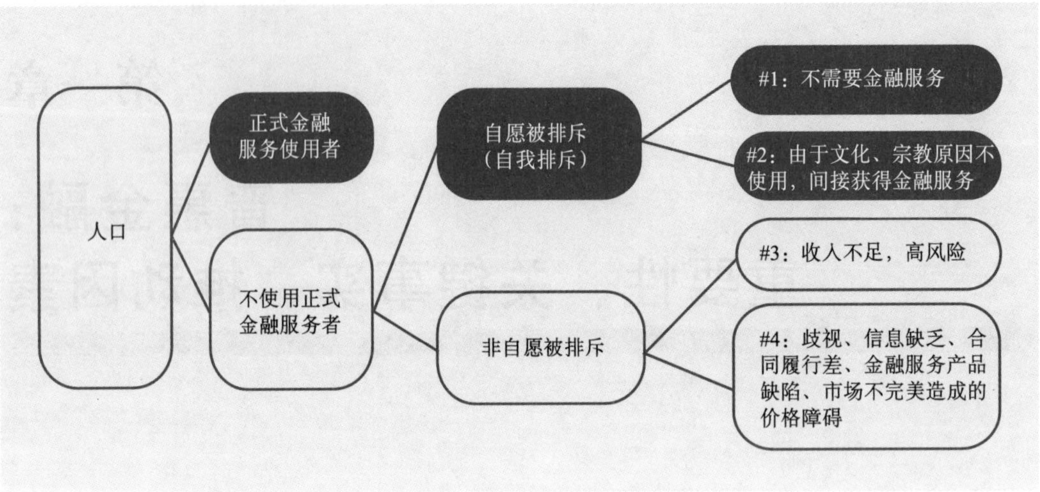

数据来源：节选自 Demirgüç – Kunt，Beck，and Honohan，2008。

资教育、为退休储蓄并为风险投保（Demirgüç – Kunt，Beck，and Honohan，2008）。但是并不是所有的金融服务对所有人都适合（尤其是信贷），因为存在过度授信的风险。

分清“使用”与“获得”金融服务的区别很重要（图 1.1）。[4] 实际上“使用”更容易从经验上观察出来。某些个人和企业有获得金融服务的机会，但是选择不使用金融服务。某些个人或企业或许有间接获得金融服务的机会，例如能够使用其他人的银行账户。其他人或者因为不需要，或者因为文化或者宗教原因而不使用金融服务。不使用金融服务的人群包括喜欢用现金的个人或者没有好的投资项目的企业。对于政策制定者来说，不使用人群不构成问题，因为他们是由于自身缺乏需求而选择不使用金融服务。但是，金融知识还是能够提升金融意识并创造需求的。[5] 另外，对于因为宗教原因而不使用金融服务的，例如伊斯兰教，可以通过提供遵守伊斯兰教法的金融服务（详见专栏 1.4）的金融机构解决。

某些消费者可能非自愿地被排除在金融服务之外（见图 1.1“非自愿排斥”）。这一类别包括数个群体。其中一个重要的群体包括因为没有足够的收入或者具有过度放贷的风险而被商业金融机构和市场视为不适合获得银行服务的个人和企业。这种情况下，不使用金融服务不是由市场或者政府失灵引起的。该类别里的其他人群可能是由于歧视、缺乏信息、合约执行差、低效的信息环境、导致金融服务不适合某类消费者群体的金融产品缺陷、非完美市场造成的价格缺陷、消息不灵通情况导致的监管不力或者监管者因政治因素监管不力等原因而不能获得金融服务的机会。如果大多数人是因成本而不能获得金融服务，这可能是欠发达的实体或制度基础设施、监管障碍或者市场缺乏竞争性的表现。如果金融排斥是因为限制个人获得

专栏 1.1　什么使得金融与众不同？道德风险和逆向选择

金融服务市场和其他产品及服务市场不同。例如人们经常听说信用市场上存在获得信用服务的困难，但是不会在泡泡糖市场上听到这样的说法。经济学的基本规则之一就是价格的调节，因此，在市场均衡的时候，供求相等。所以，如果泡泡糖的需求超过了供给，那么泡泡糖的价格就会上升，直到供需在新的均衡价格相等。如果对于某些消费者而言，泡泡糖的价格已经过高，他们就会放弃购买。但是那些仍然愿意而且有能力购买的人，仍然乐意支付这个价格。所以，如果价格机制如预期那样发挥作用，就不会存在获得产品或者服务的难题。

在一篇经典的论文中，Stiglitz Weiss（Stiglitz and Weiss，1981）对于为什么金融市场，尤其是信用和保险市场与众不同，提出了令人信服的解释。[a] 他们证明信息问题会导致金融市场的信用配给和排斥，甚至在均衡情况下也是如此。信用市场和保险市场的特征之一就是严重的代理问题，包括逆向选择（不愿意归还贷款的借款人反而更倾向于寻求外部金融）和道德风险（一但获得贷款，借款人可能从事和贷款者利益不一致的行为）。因此，在考虑非自愿被排斥的金融服务用户时，要注意区分因为高的特殊风险和较差的项目质量（正如图 1.1 中的#3 组人群）引起金融排斥的人群，以及因为类似信息不对称等市场不完美因素造成阻碍的人群（图 1.1，#4 组人群）。

在充分竞争的信用市场中，甚至也会产生配给现象，因为银行利率和手续费不仅影响到需求，还会影响到银行客户的风险状况：高利率倾向于吸引高风险借款人（逆向选择）并改变还款激励（道德风险）。因此，预期贷款收益率要比利率上升得慢，达到某一临界点后，还会下降（图 B1.1.1，左侧）。因为银行并没有完整的借款人的信用信息，因此贷款的供给会在高于银行最优利率 r^* 时向后弯曲。这表明金融排斥甚至在市场均衡（利率点 r^m）时也会存在。因为如果银行面临超额信贷需求时提供更多的信贷是没有利润的，银行就会拒绝给那些表面上看和已获得贷款的人没有区别的借款人提供贷款。这些被拒绝的贷款申请人即便承诺提供更高的利息，也不可能获得贷款。因此，他们无法获得金融服务。也就是说，他们可能是应该获得银行服务的（即他们在理论上有资格获得金融服务），但是他们被非自愿地排斥了。

图 B1.1.1　均衡市场中的金融排斥

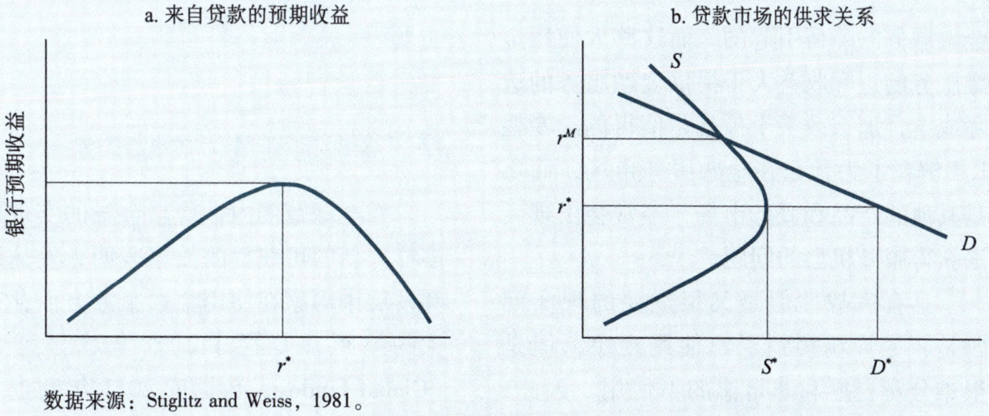

数据来源：Stiglitz and Weiss，1981。

注：D = 需求；S = 供给

专栏1.1 什么使得金融与众不同？道德风险和逆向选择（续）

确定个人或企业是否本来有机会获得信用但是主动选择不用，还是因被排斥而无法获得金融服务，这是很复杂的。逆向选择和道德风险的影响是难以分清的。所以，在图B1.1.1右侧，提升信用供给到超越S^*水准是很难的，因为这势必要求银行降低筛选标准，进而转化为银行和借款人的更高风险。全球金融危机已经突出说明，以降低筛选和监督标准为代价的信用扩张会对消费者和金融稳定性都带来严重的负面影响。因此，就信用而言，最好的解决办法是通过干预，以消除市场不完备的方式提高市场供给，从而提升普惠金融。这方面的证据包括使用新的贷款技术降低交易成本，提升借款人的身份认证水平，从而缓解（尽管不能根除）信息不对称问题。

道德风险和逆向选择问题在保险市场也有充分的记录。其他的金融服务，比如存款和支付，受道德风险和逆向选择的影响没有这么严重；但是就普惠金融而言，它们仍然对未来的政策提出了挑战。例如，代理问题仍然存在于储户之中，尤其是小额储户，他们把金融资源委托给金融中介，但是这些中介难以监督。在缺乏信任成为不在正式金融机构开户的主要原因的情况下，这些问题可能变得尖锐，并限制储蓄参与度（就全球而言，13%的成年人汇报这个原因）。

非价格障碍也很严重。例如，潜在的客户可能因金融产品本身的设计缺陷排斥，或者因为缺少某些文件而难以获得金融服务。某些人难以获得金融服务是因为在他们所在的区域内根本没有金融机构，在偏远的乡村地区确实存在这种现象。其他的排斥原因可能是监管制度设计得不好，例如开户所需的某些文件要求有正式的居住地址或者在正式部门工作。对于这些人而言，图B1.1.1中右侧的供给曲线在开始时就是垂直的，使得金融服务的供给和需求从来不会交汇，导致了金融排斥。

政策制定者担心高价格和固定成本会使得大多数人不能使用诸如简单的储存和支付服务等基本的金融服务。严格意义上讲，这不是一个关于金融服务获得性的问题，但是它仍然代表一种政策挑战，因为它反映了缺乏竞争或者实体和制度基础设施落后。政府在解决这一问题中能够有所作为。

a. 还有其他的解释，如Keeton（1979）and Williamson（1987）。

金融服务的障碍引起的，而这些人使用金融服务的边际收益大于提供金融服务的边际成本，那么政策干预就是值得的。专栏1.1解释了为什么在金融服务市场，而不是其他的产品和服务市场，经常会出现无法获得服务机会的问题。[6]

具有挑战性但是又很重要的现实问题是，尽管观察到了不使用现象，但是很难分辨自愿和非自愿的不使用。因此，基于政策原因，如何适当地测量金融普惠性是关键。这是下面部分将要探讨的主题。

普惠金融的测量：关键事实

在全球范围内，普惠金融的实现形式多样。新的可获得的数据表明，发达国家和发展中国家在使用金融服务方面存在巨大的差距（专栏1.2）。全球普惠金融（Global Findex）数据库2011年调查了超过150 000名个人，他们代表了全世界97%的成年人样本，提供了一个新的指标

专栏 1.2　全球普惠金融数据库概览

直到最近，全球范围内的普惠金融的测量一直关注密度指标，例如人均占有银行分支机构或自动取款机（ATM）数量。这方面的数据通过调查金融服务的提供者搜集（参见 Beck，Demirgüç – Kunt，and Martínez Pería，2007；Kendall，Mylenko，and Ponce，2010）。普惠金融提供商一端的信息汇编已经成为金融服务获得调查的一部分，这个调查覆盖 187 个司法管辖区自 2001 年至 2011 年的年度数据。[a] 虽然这些指标能够说明金融服务提供商一端的金融服务使用信息，但全球范围内的金融部门覆盖情况，也就是说普惠金融的发展程度以及穷人、女性和其他群体被正式金融排斥的程度，直到最近人们仍然知之甚少。

数据中的差距已经被全球普惠金融数据库解决，这个数据库由世界银行联合盖茨基金会和盖洛普公司合作建立（见 Demirgüç – Kunt and Klapper，2012）。[b] 这些来自使用者一端的指标由盖洛普全球调查汇编，测量世界范围内 148 个经济体里的成年人如何管理他们的日常金融，如何计划未来。这些指标是在超过 150 000 名代表各个国家的受访者和在 2011 年随机抽取的成年人的访谈的基础上制作出来的。这个数据库包含超过 40 项与账户持有、支付、储蓄、借款和风险管理相关的指标。作为一组以调查为主的数据集，搜集使用方一端的数据面临某些挑战，它们已经通过调查设计和执行解决了（例如，自我汇报无法获得金融服务可能具有误导性，因为受访者对正式金融产品的益处的认识有限，他们可能将别的原因而不是自身金融知识的缺乏作为被排斥的主要原因）。

现在，普惠金融数据库只有 2011 年的数据。最终，此数据库会提供可使用的时间序列（已经计划于 2014 年和 2017 年完全更新）。调查问卷已经被翻译成 142 种语言，以便确保适用于 148 个经济体。当地政府可以利用这些问卷搜集额外的数据。

使用方一端的数据正在逐渐扩充，包括金融能力、生活水平等调查以及企业调查。[c] 虽然在乡村地区覆盖较弱，但是某些使用者一端的数据仍然对普惠金融状况的调查产生了巨大的影响（例如，南非 FineMark 信托组织进行的 FinScope 调查，现在已经超出了地区限制）。[d] Collines 等人（Collines and others，2009）使用日记调查方法搜集的数据也提供了重要的贡献，其中包括穷人使用金融交易的次数等信息。

至于企业获得金融服务的状况，世界银行企业调查是测量世界范围内各类别企业普惠金融最前沿的数据集。[e] 世界银行也组织非正式调查，形式上和企业调查类似，但是更加关注非正式部门的企业。[f] 全球金融发展数据库包含补充变量，例如各国家企业获得证券市场支持的指数。[g] 这些数据已经被更新和增补，成为本报告的一部分（详见统计附录）。

在 2012 年 6 月的峰会上，G20 的领导人签署了“G20 普惠金融基本指标集”。这一举措整合了现有的全球构建能够反映获得和使用金融服务状况的指标的所有努力。这些数据库包括金融可获得性调查、全球普惠金融数据库和企业调查。[h]

a. 参见金融服务获得调查（数据库），世界银行，华盛顿，http：//fas. imf. org/.

b. 参见全球普惠金融数据库，世界银行，华盛顿，http：//www. worldbank. org/globalfindex.

c. 参见世界银行（2013a）和负责任的金融（数据库），世界银行，华盛顿，http：//responsiblefinance. worldbank. org/.

d. 参见 FinScope（database），FinMark Trust，Randjespark，South Africa，http：//www. finscope. co. za/.

e. 参见企业调查数据库，IFC 与世界银行，华盛顿，http：//www. enterprisesurveys. org.

f. 更多的关于非正式调查的内容参见“企业调查数据”，世界银行，华盛顿，http：//www. enterprisesurveys. org/Data.

g. 全球金融发展报告（数据库），世界银行，华盛顿，http：//responsiblefinance. worldbank. org/financialdevelopment.

h. 参见“G20 基本普惠金融指标集”，全球普惠金融合作，华盛顿，http：//datatopics. worldbank. org/g20fidata/.

集，用这个指标集测量 148 个经济体里成年人（15 岁及以上）的储蓄、借贷、支付和控制风险行为。[7] 例如，发达经济体里的成年人在正式金融机构持有账户的比率是发展中经济体同类型比率的两倍。因为收入或性别等个人特质的不同，普惠金融在各个国家内部也存在相当的多样性。尽管就企业来说获得金融服务的差距并不是很大，但是各国间的差异以及因为企业成立时间和企业规模等特征的不同造成的差距还是很大的（见 Beck，Demirgüç – Kunt，and Martínez Pería，2007；Cull，Demirgüç – Kunt，and Morduch，2012；Demirgüç – Kunt and Klapper，2012）.

普惠金融的基本趋势

可获得的变量表明，随着时间的推移，对金融服务的使用在缓慢但稳定地增长。例如，商业银行的储蓄和贷款账户的数量在数据可持续获得的整个时期内一直在上升（图 1.2）。[8]

存款和贷款账户数量的增长趋势在 2008 年全球金融危机开始时有所下降，但是除此之外，账户数量持续上升。低收入国家确实出现了账户数量的轻微上升，但是增长率一般还是低于高收入国家。因此，就普惠金融而言，两个国家群体之间的差距逐渐增大。

这些数据清晰地表明世界范围内普惠金融具有广阔的分散度。例如，用户方指标，比如账户持有人的比率（在图 1.3 的纵坐标上标注）波动范围从低于 1%（土库曼斯坦）到高于 99%（丹麦）。类似的，供应商一方的指标，比如银行分支机构密度和 ATM 密度（在图 1.3 的横坐标上标注），在各国间差距巨大。用户方和供应商一方的数据是相关的，但是正如图 1.3 揭示的那样，两者的对应称不上完美。[9] 例如，保加利亚在 2004 年 11 月份每 100 000 成年人拥有 84 个银行分支机构，明显高于全球平均水平的 19 个分支机构（标准方差为 19）。同时，根据全球普惠

图 1.2 商业银行账户数量的基本趋势，2004—2011 年

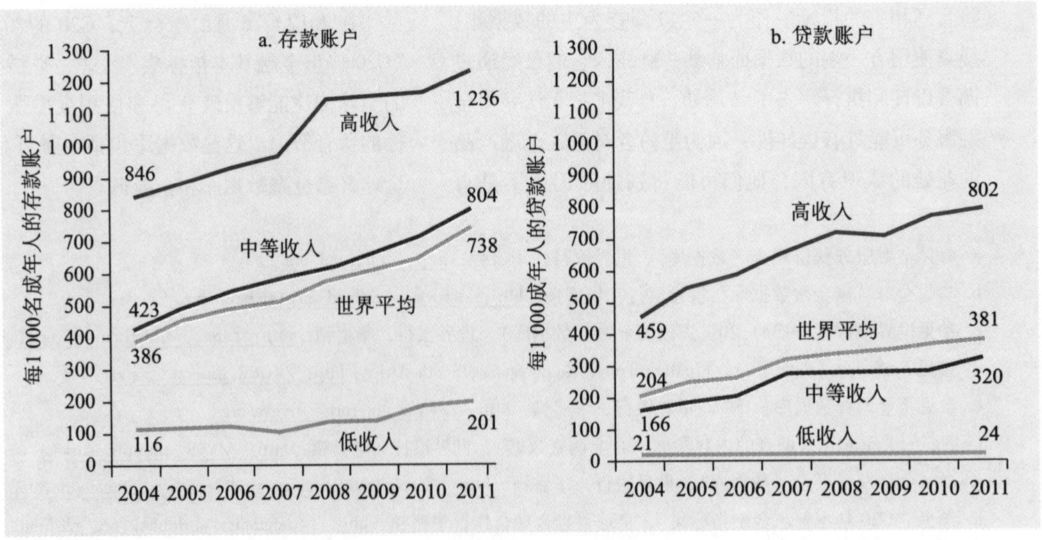

数据来源：根据金融服务调查（数据库）的数据计算得出，IMF，华盛顿，http//fas. imf. org.

图 1.3　使用者一端和提供者一端的普惠金融数据

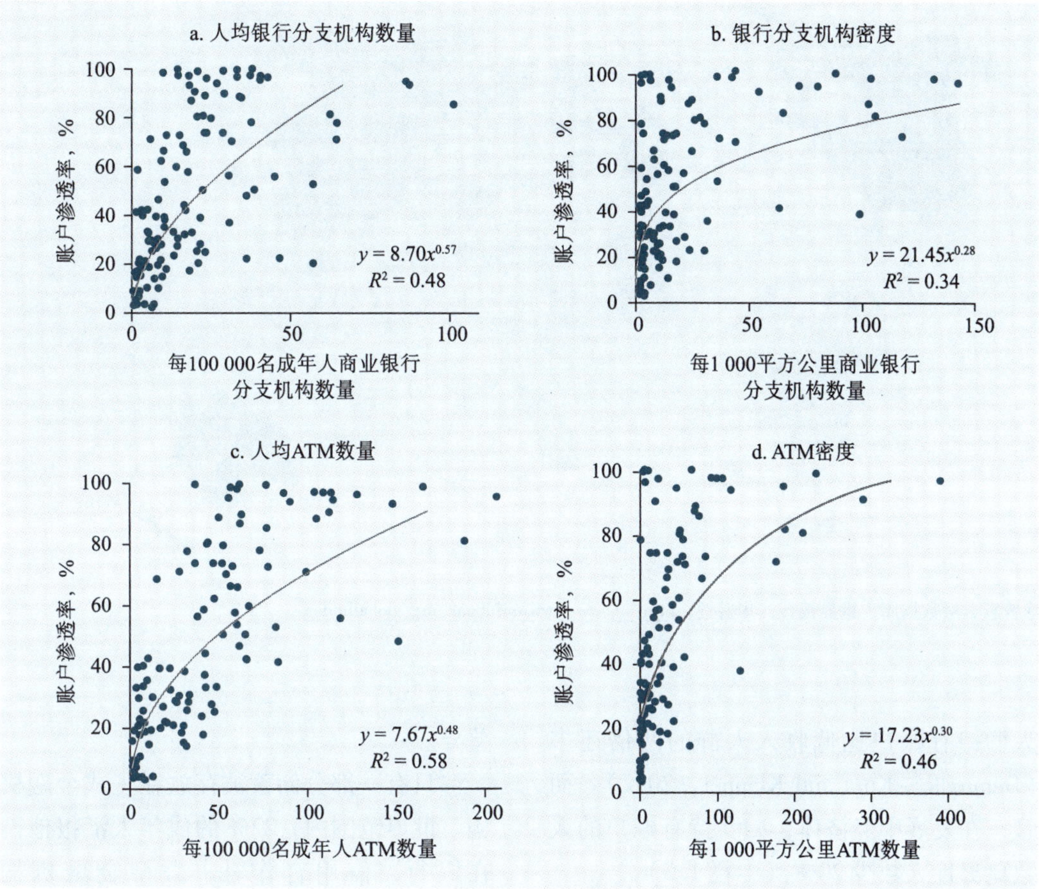

数据来源：根据以下来源计算得出：由全球普惠金融数据库，世界银行，华盛顿，http：//www. worldbank. org/globalfindex 获得账户渗透率；由金融可得性调查（数据库），IMF，华盛顿，http：//fas. imf. org/获得其他指标。

注：ATM = 自动取款机。

金融数据库，仅有53%的保加利亚成年人有正式金融机构的账户。[10]相比而言，拥有几乎相同人口和国土面积的捷克共和国拥有 81% 的账户渗透率，每 100 000 人享有 22 个银行分支机构。这些不同强调的是，尽管银行分支机构密度等这些变量有用，但也只能粗略地反映普惠金融水平。

持有账户

账户是普惠金融的核心测量要素，因为几乎所有的金融活动都和账户有关。在发达经济体，89%的成年人报告他们在正式金融机构中有账户，但是这一比率在低收入经济体中仅有 24%。全球范围内，50%的成年人（超过 25 亿的人）没有正式的银行账户。在非洲、中东、东南亚国家中，持有账户的成年人比例不到 20%（参见地图 1.1）。

账户渗透率不仅在各国间波动显著，同一国家内的不同人群之间差异也很大。例如，在发展中经济体，前20%的高收入

地图 1.1 在正式金融机构持有账户的成年人

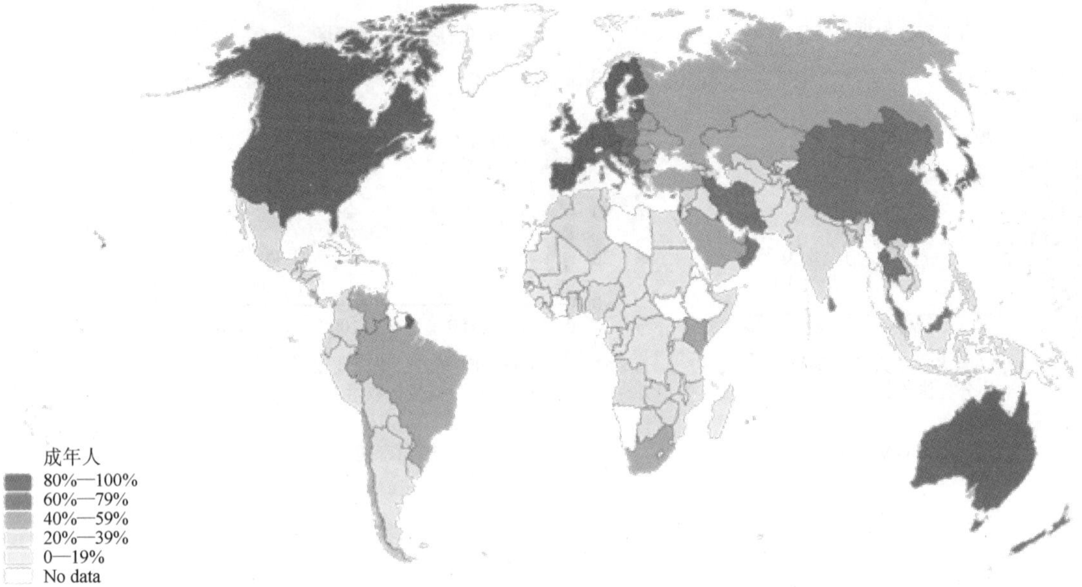

数据来源：全球普惠金融数据库，世界银行，华盛顿，http：//www. wwworldbank. org/globalfindex.

人群持有账户比低收入人群的两倍还多（Demirgüç - Kunt and Klapper，2012）。而且，在发展中经济体，妇女持有账户的人数比男性人数少 20%（专栏 1.3）。

支付

非现金支付方式变得越来越重要，但是就渗透率来讲，仍然落后于现金支付方式。借记卡和信用卡是非现金零售交易的重要方式。只有少量的成年人使用移动支付，尽管这一领域显示了很好的前景（图 1.4；也可参见第二章）。

储蓄

全球范围内，36% 的成年人汇报他们在前一年进行过储蓄或留出一笔钱。在高收入经济体，这一比率是 58%，但是在低收入经济体，仅有 30%。和账户持有状况类似，储蓄的比率在各国间和本国内都有差异。

只有一部分储蓄被存放在正式金融机构。世界范围内，22% 的成年人汇报他们在银行、信用合作社、微型金融机构（MFI）储蓄（2011）。这一比率变化范围从高收入经济体的 45% 到低收入经济体的 11%。其他人，包括那些有正式账户的人，仍然依赖其他存款方式。社区存款模式，例如储蓄俱乐部这一形式，普遍认为是正式金融机构的替代和补充机构。这些方式在低收入经济体中普遍存在（例如，在撒哈拉以南的非洲地区，2011 年有 19% 的人自称参与储蓄俱乐部或类似组织）。

至于账户渗透率，正式储蓄行为因国家类别和国内个人特质的不同而变化多样（Demirgüç - Kunt and Klapper，2012）。例如，2011 年全世界范围内 43% 的账户持有者在正式金融机构有存款。这一比率变

专栏 1.3　使用金融服务中的性别差距

性别是决定经济体和金融机遇的强有力的因素。女性使用正式金融服务少于男性，尤其在发展中经济体更是如此。全球范围内，47% 的妇女持有或共有一个金融账户，与之相比，男性为 55%。[a] 还有其他的主要差别。例如，每日人均生活水平低于 2 美元的人群和生活在南亚、中东地区的人们的差距最大。但是，根据 Demirgüç-Kunt 等人（Demirgüç-Kunt，Klapper，Singer，2013）的分析，这种明显的差距存在于世界的各个地区以及各国国内收入的各个阶层。

即使在同一收入群体之内，性别差距也是很大的：在发展中经济体，差距为 6%—9%。这表明，差距并不仅仅与收入有关。确实，Demirgüç-Kunt 等人的经济分析表明，即使在控制收入和教育这些因素后，性别差异仍然存在。

这个差距超越是否开设账户这一因素。女性在正式金融机构储蓄、借贷等方面依然落后于男性，甚至在把年龄、教育、收入、城市和乡村居住等差异考虑进去之后也同样如此。例如，在拉丁美洲，8% 的女性汇报前一年在正式金融机构进行过储蓄，与之相比，男性为 12%。

这些使得女性这一家庭中的主要成员处于劣势。如果她们没有账户，她们在正式储蓄、接受政府支付和接受居住在国外家人的汇款等方面都面临很大的麻烦。缺少正式账户也对获得正式的信用机会造成障碍，妨碍其创业或接受教育。

许多原因导致这种局面。对妇女的法律歧视，例如劳动法和继承法，强有力地解释了发展中国家的性别差距，即使在控制人均 GDP 差异这一要素的情况下仍是如此。

作为对这一歧视的回应，更多的女性转而寻求替代方法管理她们的日常金融活动，并为将来的金融需求作打算。例如，在撒哈拉以南的非洲，53% 的女性利用轮流储蓄和信用合作社这些非正式的社区储蓄方法，与之相对的是，如此储蓄的男性为 43%。

全球普惠金融调查发现，女性经常将可以使用他人的账户作为没有个人账户的理由。[a] 实际上，26% 的没有账户的女性是因为她们的其他家庭成员拥有账户，与之相比，男性为 20%。

而且，缺乏资产所有权可能对自主权和自我雇佣产生负面效应。几个有趣的随机控制实验研究表明，提供个人储蓄工具能够促进消费和高效投资。这一现象在女性群体中尤为明显，所以能够促进女性获得自主权（Ashraf，Karlan，and Yin，2010；Dupas and robinson，2013）。所以，女性有机会获得账户可能还不够，她们也需要成为自己账户和储蓄存款的所有者。

在某些国家，使用账户方面的性别差距比账户持有方面的性别差距还要大。例如，世界银行在巴基斯坦的研究表明，大约 50%—70% 的发放给女性的贷款被她们的男性亲属使用（Safavian and Haq，2013）。这些都突出了测量普惠性以及设计提升金融可获得性政策面临的挑战：即使在信用方面给予女性某些资助，扩大对女性客户的信贷却不一定能使女性获得更多的金融机会。

a. 全球普惠金融数据库，世界银行，华盛顿，http：//www. worldbank. org/globalfindex.

化范围从亚美尼亚、柬埔寨、埃及、吉尔吉斯共和国、土库曼斯坦、乌兹别克斯坦的低于 1% 到澳大利亚、新西兰、瑞典的高于 60% 不等。

世界范围内，12% 的账户持有者使用账户之外的其他方式储蓄。出现这一现象

图 1.4　**被选择的支付手段，2011**

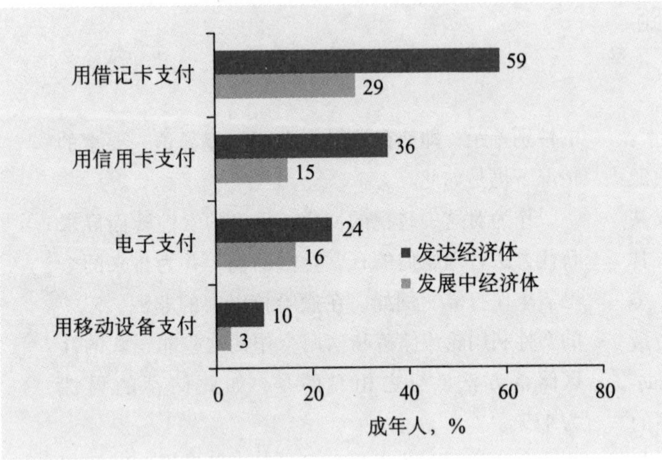

数据来源：根据全球普惠金融数据库，世界银行，华盛顿，http：//www. worldbank. org/lobal findex 的数据计算得出。

注：移动支付可能与其他支付方式重合（例如，受访者会将通过手机使用信用卡支付看做移动支付）。

的原因包括使用账户带来的高成本，比如余额和取款费用以及因距离较远产生的成本。政策制定者和商业银行家应当推出新的产品鼓励现有的账户持有人在正式金融机构储蓄。

2011 年，全球汇报自己储蓄或者储备一笔钱的成年人中有一部分既没有利用正式的金融机构，也没有借助社区储蓄手段。全球 29% 的人借助囤积黄金、牲畜或者将钱“放在床垫下”等其他方法储蓄。

保险

保险是控制风险的关键手段，不管是关系到个人健康的风险还是生活中的风险都是如此。在发展中经济体，17% 的受访者表示他们会购买健康保险（作为国家健康保险的适当补充）。这一比率在撒哈拉以南的非洲地区、欧洲、中亚和南亚从 3% 到 5% 之间波动。类似的比率在东亚和太平洋地区是 38%，这一比率是中国拉动的，中国 47% 的受访者表示会购买健康保险；如果排除中国，这一地区的平均水平会降低至 9%。

从事农业、林业和渔业的人群更容易受到恶劣天气的影响。但是，2011 年仅有 6% 的人表示他们会购买谷物、降水和牲畜保险。在欧洲和中亚，只有 4% 的受访者表示会购买这种保险。

信用

在发展中经济体，多数借贷来源于非正式渠道，例如家庭和朋友。世界范围内，9% 的成年人汇报在此前的 12 个月，他们从正式金融机构获得一笔新的贷款。但是在发展中经济体，成年人更倾向于向朋友或者家人借款，这种借款倾向比向正式金融机构借款多出三倍以上。在高收入经济体，最常见的借款目的是购买房屋，而在发展中经济体则是意外和健康原因。

信用卡的引入，对短期正式信用的需求和使用产生了巨大的影响。在高收入经济体，50% 的成年人汇报有信用卡。尽管近些年有了快速的发展，发展中经济体中有信用卡的人数还远远落后于发达经济体。在前者，大约 7% 的人汇报有信用卡（明显的例外是巴西、土耳其和乌拉圭。在这些地区，信用卡持有率超过 35%）。

因为信用卡的广泛持有，高收入经济体的成年人对金融机构的短期借贷没有需求。这很好地说明了为什么这些经济体中汇报在前一年从正式金融机构（比如银行、合作社、信用社或者 MFI）获得贷款的成年人的比率如此之低。事实上，如果把高收入经济体中持有信用卡的人数包括在汇报前一年从正式金融系统借款的人

地图 1.2　**新的正式贷款来源**

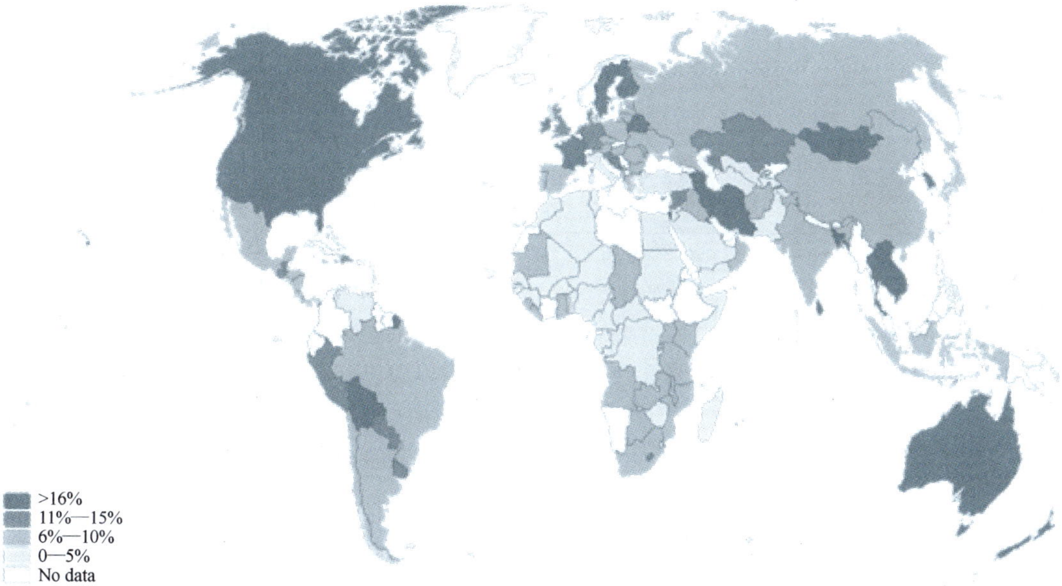

数据来源：全球普惠金融数据库，世界银行，华盛顿，http：//www. wwoldbank. org/globalfindex.

数中（这种测量可以不包含信用卡余额），则这一比率将从 14% 上升至 54%。

高收入经济体的人更倾向于从正式渠道借款，而低收入经济体的人一般更依赖非正式渠道。例如，在芬兰，24% 的成年人汇报前一年他们从诸如银行、信用社或者 MFI 等正式的金融机构借款（地图 1.2）。在乌克兰，只有 8% 的民众汇报他们这么做；在布隆迪，只有 2% 的人汇报使用了正式信用渠道。至于从非正式来源获得信用的比例，结果正好相反（使用非正式来源获得信用的成年人比例在芬兰、乌克兰、布隆迪分别是 15%、37%、44%）。非正式借款的倾向在中低收入国家长期存在。朋友和家人是中高收入、中低收入和低收入经济体最常见的新贷款来源。但是在高收入经济体并不常见。在低收入经济体，20% 的人表示朋友和家人是他们去年唯一的借款来源。另一方面，只有 6% 的成年人表示正式金融机构是他们唯一的借款来源。近年来，贫穷国家的成年人更加倾向于向私营非正式放贷人借款。对于这一发现，有一点要注意，社会习俗对借款方式的选择有重要影响。

图 1.5　**发展中经济体中，借款人汇报的借款原因**

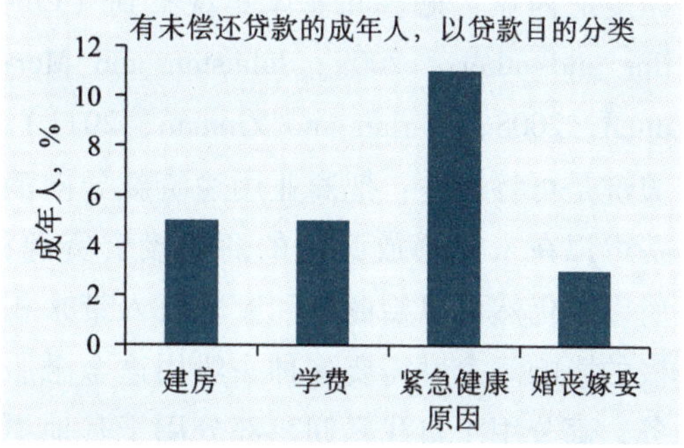

数据来源：全球普惠金融数据库，世界银行，华盛顿，http：//www. worldbank. org/lobal findex.

和信用来源的差别类似，借款的目的因经济体和个体特质的差异呈现出很大的差别。发展中经济体的数据表明，健康问题和意外事件是存在未偿还贷款的普遍原因（图 1.5）。更深入的研究将商业贷款

图 1.6 企业使用账户和贷款的比率

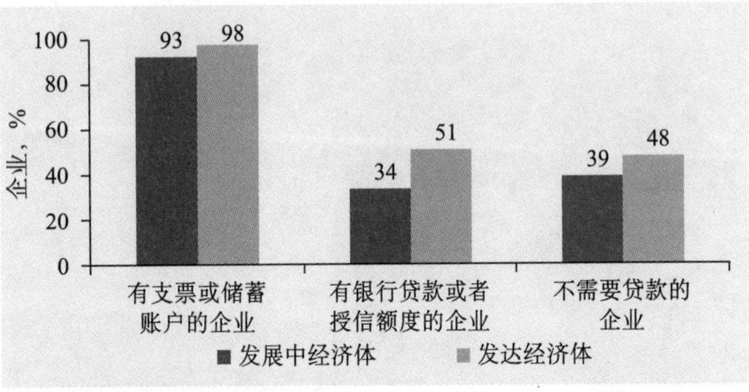

数据来源：企业调查（数据库），IFC 和世界银行，华盛顿，http：//www. enterpriseurveys. ory.

注：样本包括137个国家2005—2011年的数据。根据世界银行的定义划分收入群体；高收入群体是指人均国民总收入高于12 476美元的经济体。

和家庭贷款区分开。例如，蒙古的证据表明大约一半的微型信用商业贷款被用作购买家用电器等生活用途（Attanasio and others，2011）。类似的结论还在孟加拉、印度尼西亚、秘鲁和菲律宾观察到（Collins and others，2009；Johnston and Morduch，2008；Karlan and Zinman，2011）。关键是可替代性：把商业用途贷款导向消费可以在未来释放其他的商业投资资源；所以，仍然可以给商业和家庭收入带来积极的影响。家庭需要这种一般用途金融服务，部分用于自我雇佣，部分用于其他更优先的事项。

数据表明，不同经济体的不同收入阶层在使用房屋抵押贷款上具有不同的特点。在高收入经济体，24%的成年人汇报他们有尚未偿还的贷款用于购买房屋或公寓。在发展中经济体，相对应的比例只有3%。即使在欧盟内部，在使用抵押贷款上也是千差万别。例如，尽管有21%的德国成年人有尚未偿还的抵押贷款，但是在波兰这一比例只有3%。这些差异可能部分反映了各经济体在住房金融制度上的不同，比如金融产品多样性、贷款人的类型、抵押贷款基金和政府参与程度等。

企业普惠金融

许多关于个人普惠金融的发现也适用于企业。[11]例如，发达经济体的企业总体上更倾向于使用银行信用（图 1.6）。事实上，在某些方面，个人金融和企业金融之间的界限已经模糊，尤其是对于小型企业和贫穷人群而言更是如此。贫穷人群一般是提升普惠金融的政策设计所针对的群体。通常情况下，一个家庭就是一个生产单位，也就是说是一个小型企业。因此，在准实验研究和随机试验中一般并不明确区分这两者。[12]

对（正式部门）企业使用支票、储蓄账户、贷款的情况进行对比研究发现，在发展中经济体和发达经济体之间，两者的差别不大（图 1.6）。在这两类国家中，大量的企业使用银行账户。和高收入经济体里同类的企业相比，中低收入经济体里的企业受到的金融约束更大。有趣的是，高收入经济体（48%）和中低收入经济体（39%）里都有相当一部分企业汇报自己不需要贷款。90%的东欧企业有账户，44%的企业有贷款；76%的中东企业汇报有账户，但是只有27%汇报有贷款。同一地区内不同国家的差异也很明显。比如，在阿塞拜疆，77%的企业有账户，20%的有贷款；而在罗马尼亚，50%的企业有账户，大约42%有贷款。

在把获得金融服务认定为企业营运和发展的主要障碍方面，发达经济体和发展中经济体里的企业确实存在差异。中低收入经济体里的企业一般将获得金融服务视为一个重要问题，发达经济体里这种企业数量少一些（图1.7）。金融服务的缺乏和企业规模呈负相关，这一点在两种收入类型的国家里相同：小企业中，把获得金融服务视为发展的主要约束的企业占比更高。

大约66%的投资是企业内部融资。在外部融资渠道中，银行是最普遍的融资选择，平均占投资融资的18%。供应商信用和发行新股也是经常使用的选择（图1.8）。企业内部融资因地域差别而多变。例如，在南亚，企业利用内部资源为投资融资的比例占到75%；在拉丁美洲，企业利用内部资源融资的比例达到58%。即使在同一地区内部，也存在着巨大的差别：平均而言，巴基斯坦的企业利用内部融资的投资比例为80%，类似的比例在斯里兰卡企业中占52%。我们把目光转向银行业，这是最被广泛接受的外部融资资源。

图1.7　融资是企业面临的主要约束，尤其是小企业

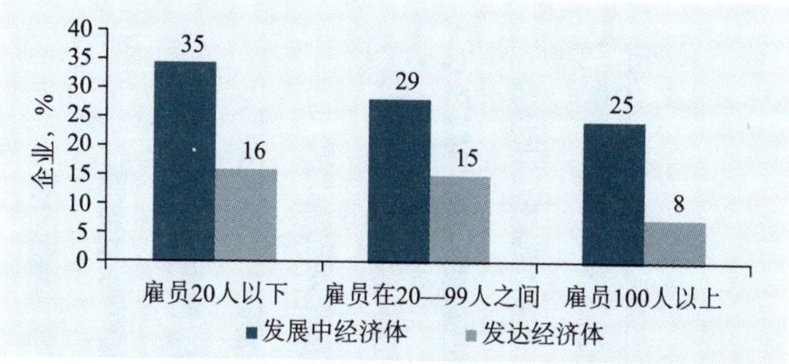

数据来源：企业调查（数据库），IFC与世界银行，华盛顿，http：//www.enterprisesurveys.org.

注：样本包括137个国家2005—2011年的数据。根据世界银行的定义划分收入类别；高收入是指人均国民总收入高于12 476美元的国家。

可以发现在巴基斯坦通过银行融资的投资的比率低于15%；而在斯里兰卡，银行融资的比例大约30%。

影响企业增长和营运的最大约束包括宏观经济的不稳定（图1.9）。这些负面影响从近期的经济危机对全球范围内总需

图1.8　用以购买固定资产的外部融资来源

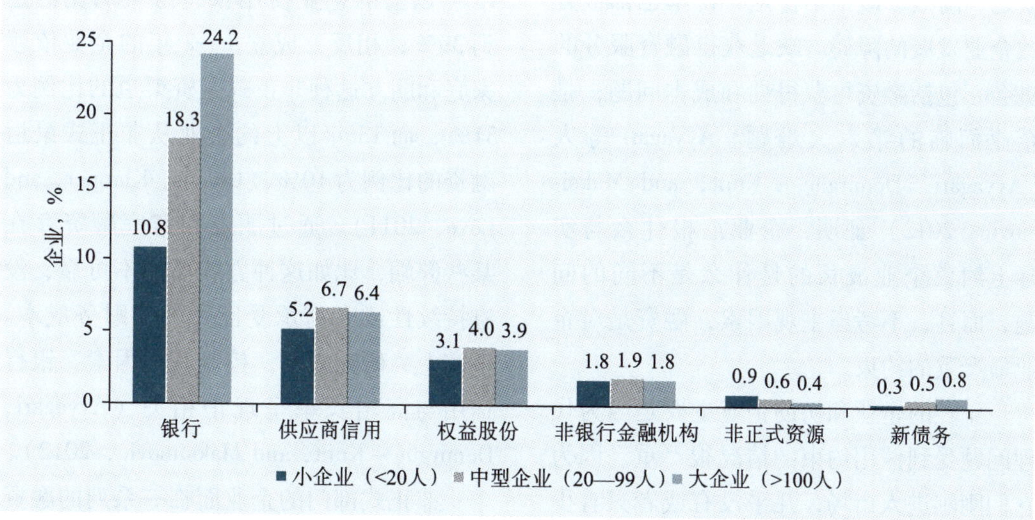

数据来源：企业调查（数据库），IFC和世界银行，华盛顿，http：//www.enterprisesurvey.org

注：样本包括120个国家2006—2012年的数据。括号里的人数代表雇员人数；新债务是指发行新债务工具，比如商业票据和债券。

图 1.9　企业面临的约束

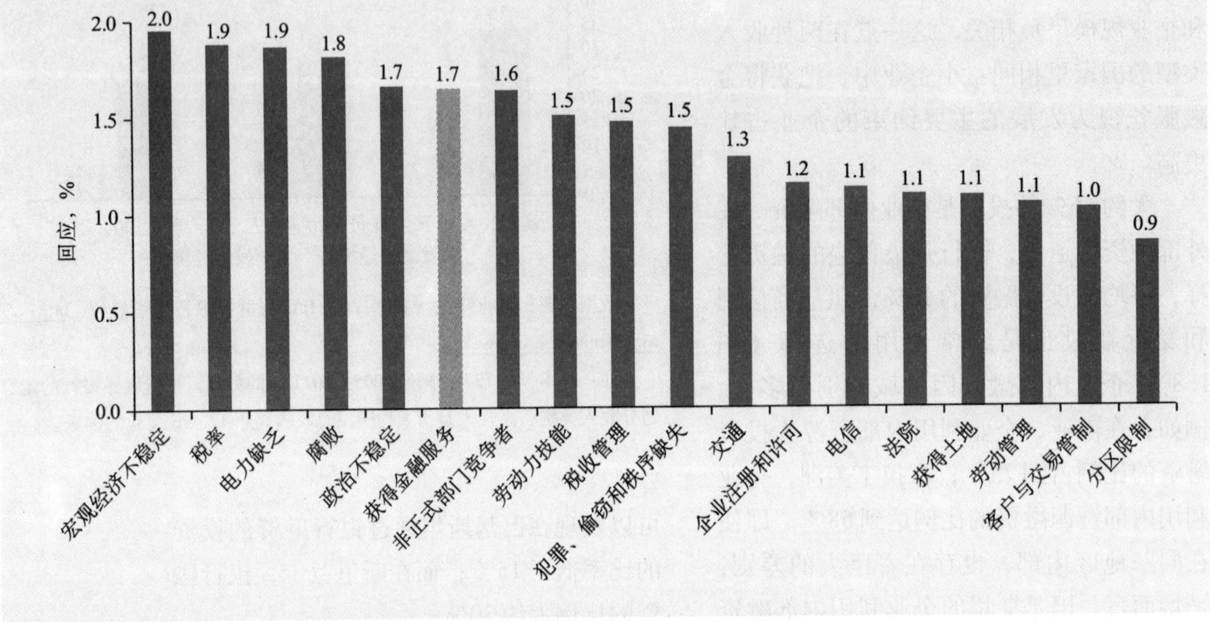

数据来源：企业调查（数据库），IFC 和世界银行，华盛顿，http：//www. enterpriseurvery. org.

注：样本包括 120 个国家 2006—2012 年间的数据。本图描述了对调查问卷中所问的问题“企业面临的最严重障碍”的所有答复。

求增长的抑制、发展中国家出口的减少和微观经济的波动中都可以显现出来。电力缺乏、腐败、政治不稳定、税率也都被看做企业发展的障碍。缺乏获得融资服务的机会，包括融资可获得性和成本问题，是企业面临的第六大难题。Ayyagari 等人（Ayyagari，Demirgüç - Kunt，and Maksimovic，2012）证明，企业汇报什么与实际上约束企业成长的是什么是不同的问题，而且，不考虑主观因素，融资是对企业最严重的约束。

年轻的企业和初创企业主要是因为代理问题受到信用约束的情况很严重。因为它们刚刚进入市场，几乎没有或者只有少量的信息能反映其业绩和信用。世界银行企业调查数据显示，在很多国家，年轻企业很少借助银行融资，而是更多地借助朋友或家庭的非正式融资。[13] 世界范围内成立 1—2 年的企业使用银行融资的只有 18%，13 年以上的企业使用银行融资的比例达到 39%；相反，成立 1—2 年的企业依赖家庭和朋友这种非正式融资渠道的比例为 31%，而 13 年以上的企业从非正式渠道融资的比例为 10%（Chavis，Klapper，and Love，2011）。通过朋友和家庭融资存在某些弊端，比如这种方式可能不可靠、没有持续性或者需承受巨大的非财务成本。事实上，研究表明，控制其他因素，银行信用与高增长率呈现正相关（Ayyagari，Demirgüç - Kunt，and Maksimovic，2012）。

非正式部门的企业面临一系列的融资难题。根据世界银行对非正式部门企业的调查，47% 的非正式部门企业没有营运账户，88% 没有贷款（表 1.10）。另一方面，正式部门的企业具有相对更多的银行账户和贷款。大约 86% 的正式企业拥有账户，47% 有贷款。正式和非正式部门的企业之间使用金融服务的差异也表现在国家层面。例如，卢旺达的正式部门中，86% 的企业持有账户，18% 有贷款；但是在非正式部门中，只有 36% 的企业拥有账户，9% 有贷款。

在正式（42%）和非正式（37%）两个部门内有大量的企业汇报不需要贷款。那些需要但是没有申请的企业其不申请的原因包括：复杂的申请程序、过高的利率、缺乏银行要求的担保、过高的担保财产要求（图 1.11）。对于正式和非正式部门里的企业，不申请贷款的原因是相似的。

如果不研究企业的证券市场融资渠道，企业的融资研究就不完整。借助证券市场，企业可以使用非银行渠道发行股票和债券等融资。地图 1.3 用 10 个最大企业之外的市值份额阐述企业参与股票市场的差异。研究表明，一般情况下份额越高，小企业就更容易在这个市场发行证券。在大多数国家，前 10 大发行企业占筹资总额的大部分。高收入国家的小企业参与证券市场融资一般更容易。对于中国或印度这样大的经济体相对也容易。但是，即使在这样的经济体，大企业与小企业之间也存在着严重的差距：企业越大，

图 1.10　持有账户和贷款的正式和非正式企业的比率

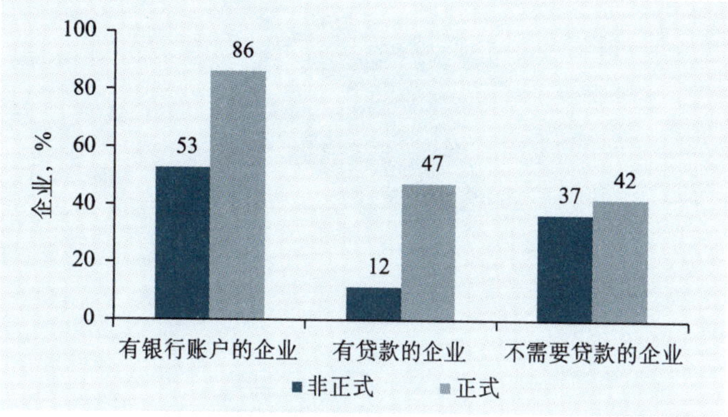

数据来源：世界银行非正式调查；企业调查（数据库），IFC 和世界银行，华盛顿，http://www.enterprisesurveys.org.

注：样本包括 13 个国家 2008—2011 年的数据。

图 1.11　不申请贷款的原因

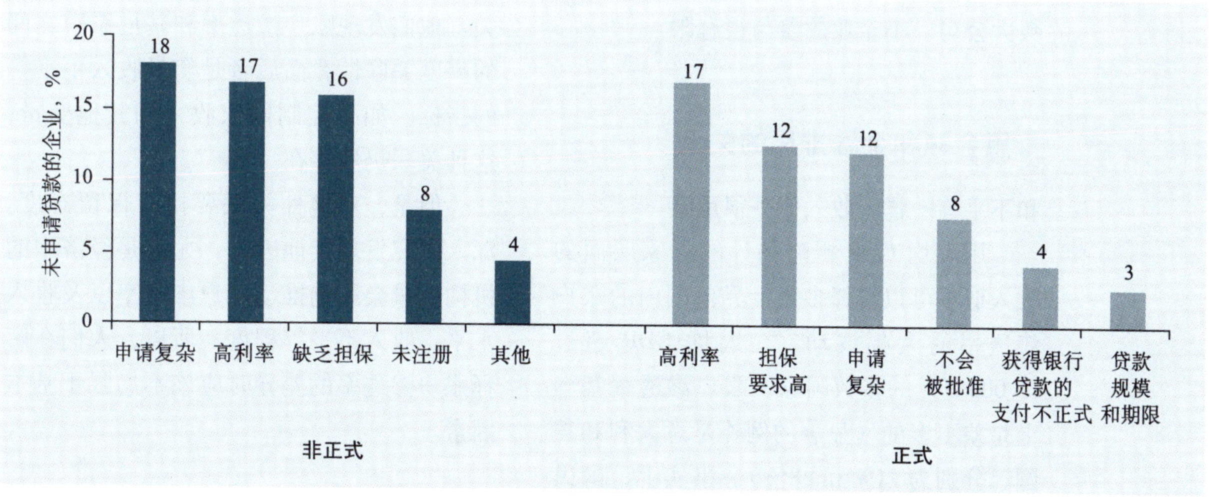

数据来源：世界银行非正式调查；企业调查（数据库），IFC 和世界银行，华盛顿，http://www.enterprisesurveys.org.

注：样本包括 13 个国家 2008—2011 年的数据。

地图 1.3 企业参与证券市场

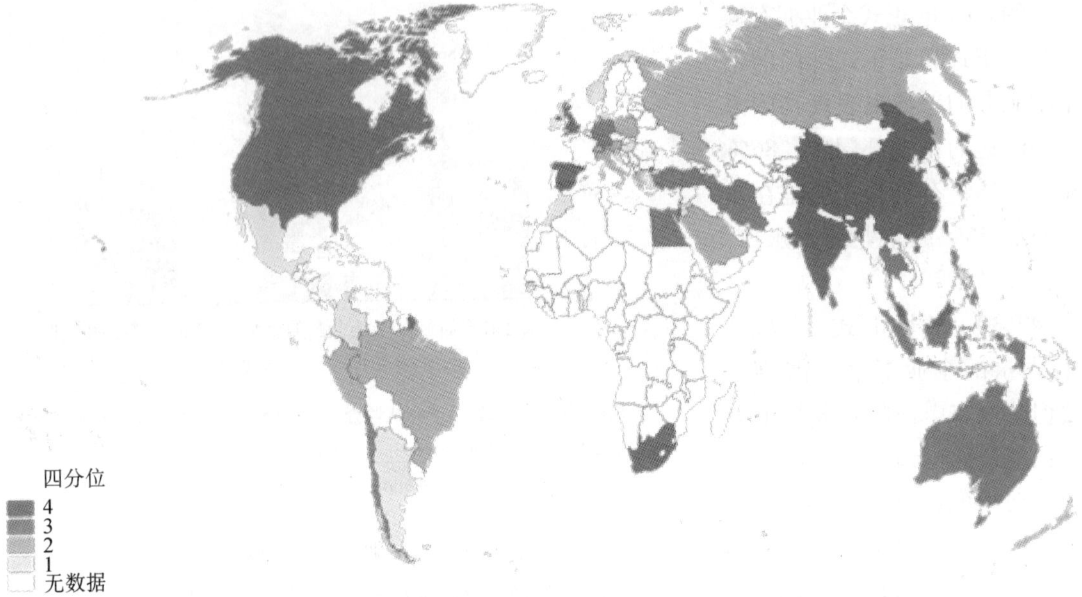

来源：全球金融发展报告（数据库），世界银行，华盛顿，http：//www. worldbank. org/financialdevelopment.

注：本图是根据除去前 10 大企业的其他企业所占市值比重绘制。世界交易所联合会提供各个交易所的数据。通过取交易所的简单平均值，对各个变量在国家层面加总。地图中的四种色度根据变量在 2008—2011 年间的平均值标注。每加深一个度数，就表示在该变量的统计分布中高出一个四分位。

就越倾向于发行新股票（Didier and Schmukler，2013）。相反，规模较小的低收入经济体要么没有可利用的证券市场，要么证券市场里的大多数资本都集中在少数大公司，小企业的参与很有限。

普惠金融和金融排斥的关系

和不平等一样，收入似乎很重要

用人均 GDP 粗略估计的国家层面的收入似乎可以解释多数世界范围内的账户渗透率的大幅波动。在人均 GDP 超过 15 000美元的多数国家，账户渗透率基本上是差不多的（显著的例外是意大利和美国，分别为 71% 和 88%）。事实上，国民收入解释了世界范围内 73% 的国家层面的成人账户持有率波动。[14]

账户所有状况似乎也和收入不平等相伴。Demirgüç - Kunt 等人（Demirgüç - Kunt and Klapper，2012）表明国内使用正式账户的不平等性与该国的收入不平等有关。他们发现账户渗透率和基尼系数之间的高度关联性，而后者是衡量收入不平等的指标。如果控制国家收入和其他变量，这种关联仍然存在。

但是，对这种关联要持有保留态度。深入研究发现其他因素，尤其是经济中的机构质量会影响推动账户渗透率以及收入水平、收入不平等程度。所以，人们在解释账户渗透率的差异时应该不局限于基本因素。

地理环境也很重要

在一国之内，金融服务的使用也是不

地图 1.4　地理很重要：国家层级以下的普惠金融数据案例

数据来源：根据墨西哥 Comission Nacional Bancariay de Valoves 数据计算得出。

注：以所有正式金融的账户总和为指标，账户包括：存款账户、储蓄账户、公开市场交易账户、借记卡账户、信用卡账户和工资单交易账户。

均衡的：与乡村地区相比，人口密度较大的市区拥有密度更大的零售点（银行分支机构、ATM 机和代理网点）和更高的金融服务使用率。尽管移动货币和其他新技术都有长足的发展，但距离零售点近对个人享受金融服务而言还是很重要的。对于穷人来说更重要，因为他们在使用移动支付和现代技术方面处于劣势。但是，建造零售点的成本很高，所以金融服务的提供商会最大限度地将零售点的建立最优化，即把零售点的建设与已有或者潜在的客户群联系起来。普惠金融的提倡者希望能够通过金融销售点提升金融服务的人口覆盖水平，希望看到某些客户群体，比如穷人，也能享有这些渠道。但是这一点和金融服务提供商的利益不一致。这就引出了重要的政策问题：如何识别可行的政策，政策干预应该并且能在多大程度上推动金融提供商在之前不想提供金融服务的地区提供服务？这些问题将在第二章深入讨论。[15]

地图 1.4 通过标注墨西哥的精细数据表明地理因素对普惠金融的重大影响。相对于其他地区，在首都地区（图中黑色中心区域），人们更多使用正式金融。人均账户持有数在北部和旅游区域相对较高。更一般地，人口密度越高且越接近分销点的城市地区账户数量就越多。

普惠金融与深度、效率和稳定性的对比

金融系统内存在包括商业和个人消费在内的大量的信用，这并不经常导致广泛的金融服务的使用，因为信用可能集中在某些大的企业和富裕的个人手中。事实上，正式金融账户的使用与测量金融深度

图 1.12 金融普惠性与深度、效率和稳定性（金融机构）对比

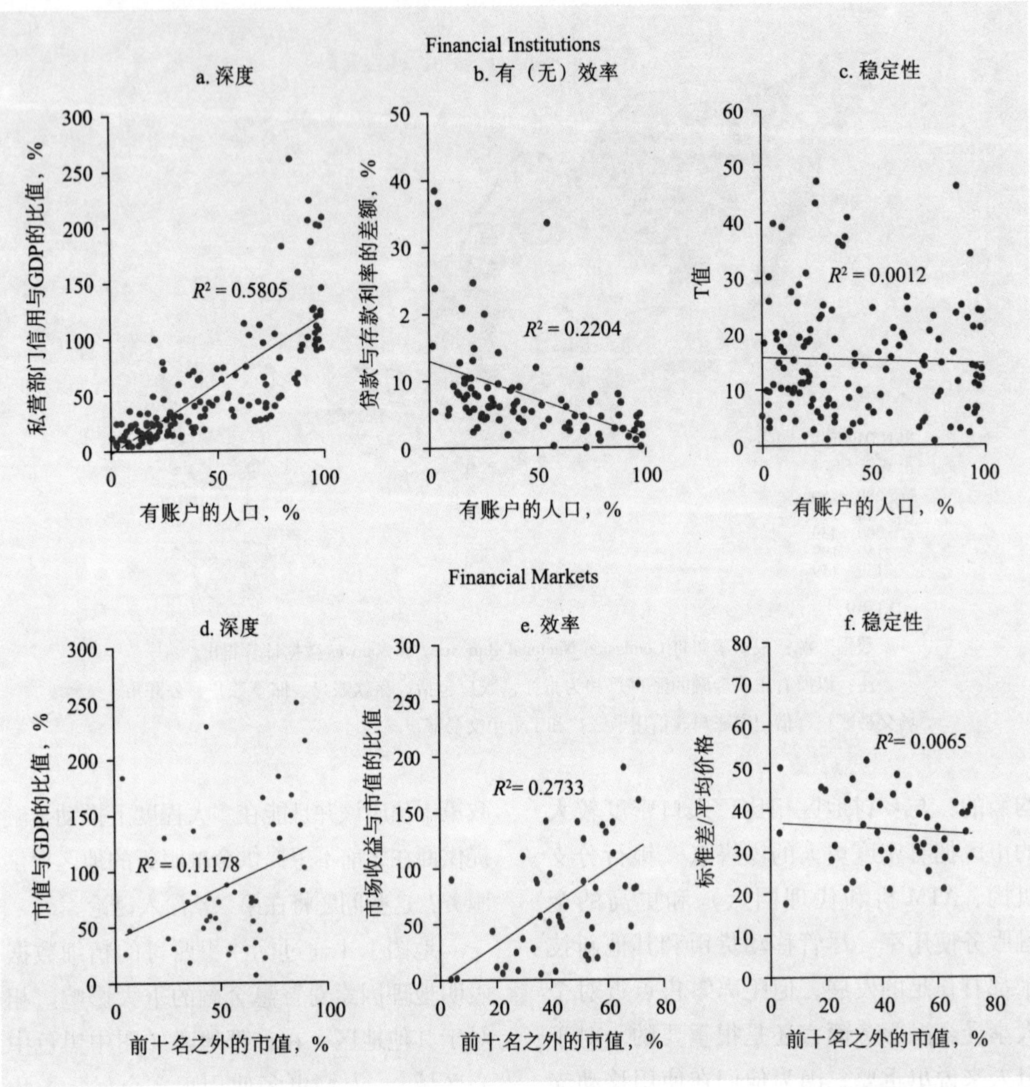

来源：全球金融发展报告（数据库），世界银行，华盛顿，http：//www.worldbank.org/financialdevelopment.

注：每一点都对应一个国家。“平均”是指 2008—2011 年间的平均值。4×2 矩阵的定义及其作为金融体系的衡量基准的讨论，见 Čihák and others，2013。

T 值是一个比率，定义为［（ROA + equity）/assets］/sd（ROA），其中 ROA 是年终资产的平均收益率，sd（ROA）是 ROA 的标准差。

的普通指标——私营部门的国内信用占 GDP 的比例（图 1.12 中的 a）——之间的关联度并不完美。乡村实例也证明了这一点。越南私营部门的国内信用为 GDP 的 125%，但是仅有 21% 的成年人汇报有正式银行账户。相反，捷克拥有相对中等的金融深度（私营部门的国内信用是 GDP 的 56%），但是有相对较高的账户渗透率（81%）。这说明，金融深度和普惠金融是金融发展的不同维度，金融系统可能有很好的金融深度但同时拥有较低水平的普惠性。[16]

图 1.13　普惠金融的关联因素

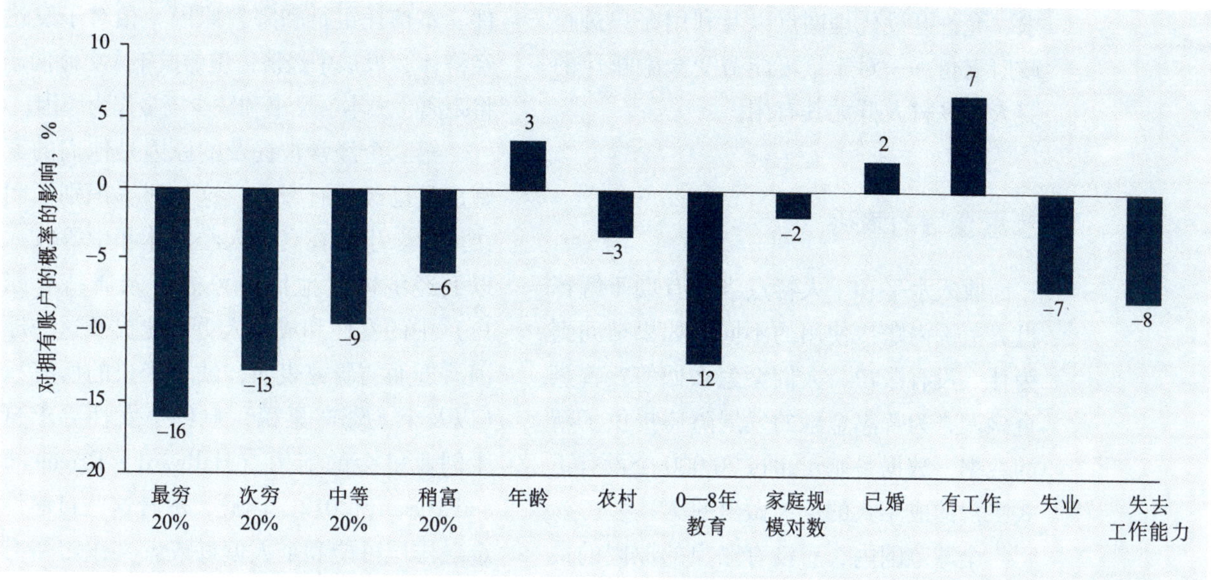

数据来源：根据 Allen，Demirgüç – Kunt，and others，2012.

注：本图从全球普惠金融数据库里抽取 124 334 个成年人（收录于 2011 年全球普惠金融数据库 http：//www.worldbank.org/globalfindex），描述了一个普惠金融指标对国家固定效应和一系列个人指标（15 岁以上）之间的概率回归结果。普惠金融指标是一个 0/1 变量，表示受访者 2011 年是否在正式金融机构有账户。更多关于定义、数据来源、参数估值的标准误和其他因变量（储蓄和使用账户频率）的回归分析，详见 Allen，Demirgüç – Kunt，and others，2012.

正式账户的使用频率与金融机构的效率存在正相关。这在图 1.12 的 b 中得到清晰的反映：账户渗透率与存贷利率差分布呈负相关。即使使用不同的效率统计口径和账户渗透指标，这种关系依然可靠。

最后，账户渗透率与金融稳定性之间没有重要的关联。这种关系在图 1.12 的 c 中得到反映。这种关系不因金融稳定性的统计方式的改变而改变。例如，Laeven 和 Valencia（Laeven and Valencia，2012）发现，如果对比遭受金融危机和没有遭受金融危机影响的国家，会发现两者之间在账户使用程度上，平均起来没有显著差别。

普惠金融的计量经济学分析

一份 124 000 人的数据能够对普惠金融的推动力作出什么解释？全球普惠金融数据库中的大量数据为探讨全球普惠金融的推动力提供了新的独特的信息来源。[17] Allen 等人（Allen，Demirgüç – Kunt，and others，2012）为了搞清楚普惠金融的推动力，用一组统计公式对一系列数据集进行检验。他们将某些其他国家层面的特点和政策作为使用账户的潜在决定因素。他们的分析聚焦使用账户的三个指标：（1）拥有账户；（2）利用账户进行储蓄；（3）经常使用账户（按照每月至少取款三次定义）。他们发现这些指标与有助于推进使用金融服务的宽松环境有关：更低的银行成本、更加接近服务提供商、更少的开户所需文件。贫穷、年轻、失业、失去工作能力、受教育程度低或者居住在乡村地区的人一般更不容易拥有账户（图 1.13）。以推动普惠金融为目标的政策——比如提供基本和低收费账户、豁免烦琐的文件要求、允许开设代理网点以及利用账户进行政府支付——对于最可能遭受金融排斥的穷人和乡村人群尤其有用。

普惠金融的障碍

收入水平和个人特点当然有助于解释世界范围内账户使用的不同。如果被问到为什么没有账户，人们会怎么回答？普惠金融调查为普惠金融的发展障碍提供了新的数据，数据是基于超过 70 000 个没有正式账户的成年人的反馈做出的。[18]

全球范围内，对没有账户的原因的最常见的解释是缺乏足够的资金（图 1.14）。30% 的没有账户的成年人将此作为唯一原因。下一个最常被提及的原因是其他家庭成员已经持有账户。其他汇报的原因（按照重要性排序）包括银行账户成本太高、距离银行太远、缺乏必要的文件、不信任银行和宗教原因。相对于发达经济体，发展中经济体里的成年人更倾向于将距离、成本、文书和缺少资金作为原因。

第二个经常被提及的原因是他们的家庭成员已经持有账户，这一回答识别了间接用户。生活在高收入经济体和中等收入以上经济体（他们更可能有亲属持有账户）中的女性和成年人更可能提及这一原因。近期的研究表明，缺乏账户的所有权（以及个人资产累积）制约了女性寻求自主创业机会的能力（Hallward - Driemeier and Hasan，2012。因此，尽管这些自愿性金融排斥可能和个人偏好或者文化习俗有关，但它也可能暗示了金融产品意识的缺乏，或者更一般地，金融知识的缺失。[19]

负担能力是账户持有的主要障碍。平均四分之一的无银行账户受访者回答高成本是主要障碍；这一比例在低收入经济体是32%。无法承担固定交易费用和年费使得大多数人负担不起小额交易。例如，塞拉利昂活期储蓄账户的年费相当于人均GDP 的 27%。这个国家中 44% 没有账户的成年人将高费用作为不开设账户的主要障碍也就不足为怪了。研究发现，将高成本视为自我报告的主要障碍和成本的客观测量标准之间存在重要的联系（Demirgüç-Kunt and Klapper，2012）。更重要的是，开户和维持账户的高成本与某个国家的金融市场缺乏竞争性以及实体和制度基础设施落后有关系。关键是：小账户的高成本并不仅仅代表金融产品的固定成本，但是现在有证据表明，某些成本与背后的金融扭曲有关（Allen，Demirgüç - Kunt and others，2012）。

20% 的无银行账户受访者将距离作为

图 1.14 未持有银行账户的报告原因

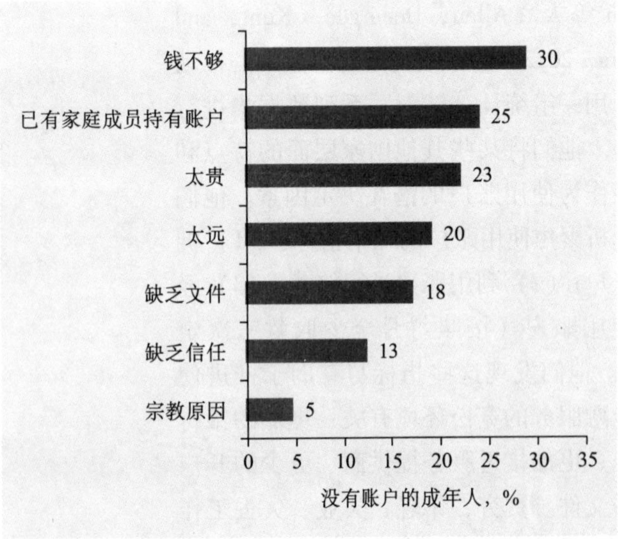

来源：全球金融发展报告（数据库），世界银行，华盛顿，http://www.worldbank.org/financialdevelopment.

注：受访者可以选择多个原因。

他们不开设账户的主要原因。随着国家收入水平的降低，这个原因被提及的频率逐渐增高，从高收入国家的 10% 提升至低收入国家的 28%。在发展中经济体，将距离视为主要阻碍与金融服务提供商的客观测量标准（例如银行的分支机构渗透率）之间存在重要的关联。例如，坦桑尼亚无银行账户的人中大部分将距离作为无账户的主要障碍，比例为 47%；该国的银行分支机构渗透率也在排名中垫底，平均每 1 000 平方公里仅有 0.5 个银行分支机构。

开户所需的文件可能将农村或非正式部门的工人排斥在外，因为他们没有工资单或者正式的居住地证明。将文件作为使用账户的障碍与主观和客观的文件要求测量标准之间具有重要的关联，即使考虑人均 GDP 这一因素，这一关联仍然存在（Demirgüç - Kunt and Klapper, 2012）。金融行动特别小组是一个政府间组织，专门负责打击洗钱、恐怖主义融资及其他对国际金融体系的威胁。该组织发现针对洗钱和恐怖主义融资的过于谨慎的防护措施会产生意想不到的后果：将合法的企业和消费者排挤出金融系统之外。因此，它呼吁在采取这些防护措施的同时也要支持普惠金融。[20]

对正式金融机构的不信任对于发展普惠金融而言不是一个小障碍，而且短期内这个问题难以解决。13% 的无正式账户的成年人将对正式金融系统的不信任作为主要障碍。这种不信任可能是由于文化习俗、对某些人群的歧视、过去某些时段政府对银行的征用或者经济危机和不确定性。在欧洲和中亚，31% 的未持有账户人将对银行缺乏信任作为不持有账户的原因，平均而言，是其他地区此项比率的三倍。

5% 的不开户者将宗教原因作为不持有正式账户的原因。这一比率在某些中东和南亚经济体更高。在这些地区，若金融产品的发展能够和宗教信仰（尤其是伊斯兰金融）相融合，账户渗透和各种金融服务的使用就可能得到提升（专栏 1.4）。

金融部门结构、竞争与普惠金融

哪种金融部门结构能够包容广泛的个人和企业？就普惠金融和经济发展而言，以银行为基础建立的金融系统与以金融市场为基础建立的金融系统相比如何？研究结果一致表明，对经济增长而言，最重要的是金融体系的整体发展状况，而不是银行和金融市场的相对比重。换句话说，在相似的金融发展水平，高水平的银行（或金融市场）导向的经济体并不必然导致更高的经济增长率、工业增长或者企业更容易获得外部融资（Beck and Levine, 2004; Demirgüç - Kunt and Maksimovic, 2002; Levine, 2002）。

尽管金融体系的结构对于产出增长似乎没有关系，但 Demirgüç - Kunt 等（Demirgüç - Kunt and Maksimovic, 2002）发现结构确实影响了融资的企业和项目类型，这恰恰对于普惠金融具有重要的启示。通过调查 40 个国家的企业层面的数据，他们得出结论：资本市场发展水平较高的经济体中，企业更倾向于选择长期融资手段。相反，在金融结构为银行主导型的国家，企业更多依赖短期融资。

与这些结果一致，Demirgüç - Kunt 等（Demirgüç - Kunt, Feyen, and Levine, 2011）发现，金融结构和经济发展同步，

专栏 1.4 伊斯兰金融和普惠性

符合伊斯兰教法的金融产品和手段能够促进金融普惠性在穆斯林人群中的增长。世界上大约 7 亿贫困人口生活在穆斯林人口占主导的国家。近年来，以伊斯兰金融为手段促进普惠金融在穆斯林人口中的发展越来越受到关注（Mohieldin and others, 2011）。

穆斯林主导的家庭及小微企业可能因为伊斯兰教法而自愿将自身排除在正式金融市场之外。伊斯兰教法，都禁止进行有确定利率的贷款。他们还要求金融提供方分担金融服务接受方的商业经营风险（损益共享）。鉴于这些要求，大多数的传统金融服务都不符合有融资需求的穆斯林个人和企业的宗教理念。

根据 2010 盖洛普民意测验，90% 的居住在伊斯兰合作组织（OIC）成员国的居民将宗教视为他们日常生活很重要的一部分（Crabtree，2010）。这很好地解释了为什么 OIC 成员国拥有正式金融机构账户的比例仅为 25%，远低于世界平均水准 50%。而且，世界上 18% 的非穆斯林成年人有正式的储蓄账户，只有 9% 的穆斯林成年人有此类账户（Demirgüç-Kunt，Klapper，and Randall，即将发表）。另外，4% 的非 OIC 成员国的无银行账户受访者将宗教因素作为原因，在 OIC 成员国为 7%（表 B1.4.1），在中东和北非为 12%。

表 B1.4.1 OIC 成员国和世界其他国家

除非另有注明，此为受访者所占的百分比*	国家总数	OIC 成员国	非 OIC 成员国
在正式金融机构有账户	50	25	57
没有账户的原因			
宗教原因	5	7	4
距离	20	23	19
账户成本太高	25	29	23
缺少文件	18	22	16
缺少信任	13	13	13
缺钱	65	75	61
家庭成员已经持有账户	23	11	28

数据来源：根据以下数据计算得出：全球普惠金融数据库，世界银行，华盛顿，http://www.worldbank.org/globalfindex.

* OIC（伊斯兰发展合作组织）成员国和非 OIC 成员国的 T 检验值为 1%，结果显著。

伊斯兰国家的金融普惠性是有差异的。尽管阿富汗和马来西亚的盖洛普宗教信仰程度指数差不多高（分别为 97% 和 96%，详见统计附录），但是 34% 的阿富汗无银行账户民众将宗教原因作为未持有的原因，只有 0.1% 的马来西亚民众这样认为。[a] 这可以用来考察给定国家中伊斯兰金融机构存在的程度。分析指出人均伊斯兰资产和无银行账户中将宗教因素视为主要障碍的人数呈负相关（表 B1.4.2）。如果聚焦 OIC 成员国，就会发现这种联系很紧密。对于宗教信仰指数超过 85% 的国家，其联系更加紧密。

根据全球普惠金融，OIC 成员国中有大约 5 100 万成年人因为宗教原因而不持有银行账户。由于 OIC 成员国的大部分居民都是贫困人口，伊斯兰微型金融可能尤其具有吸引力。例如，49% 的阿尔及利亚和 54% 的摩洛哥成年人更喜欢伊斯兰贷款而非普通贷款，尽管前者可能成本较高（Demirgüç - Kunt，Klapper，and Randall，即将发表）。

专栏1.4　伊斯兰金融和普惠性（续）

表B1.4.2　伊斯兰银行、宗教信仰程度和家庭获得金融服务的机会

指标	所有国家	OIC成员国	宗教信仰高于85%的OIC成员国	非OIC成员国
OIC虚拟变量	5.79***	—	—	—
人均GDP，1 000美元	0.02	0.38	0.43**	-0.005
成年人均伊斯兰资产，1 000美元	-0.18*	-0.61***	-0.65**	-3.85
观察次数	137	41	32	96
R^2	0.21	0.06	0.08	0.00

数据来源：全球普惠金融数据库，世界银行，华盛顿，http://www.worldbank.org/globalfindex. 世界发展指标（数据库），世界银行，华盛顿，http://data.worldbank.org/data-catalog/world-development-indicators; Bankscope（数据库），Bureau van Dijk，布鲁塞尔，http://www.bvdinfo.com/en-gb/products/company-information/international/bankscope.

注：因变量：把宗教作为没有账户的原因的成人比例。所有回归均包括常量。汇报了稳健标准误。

—表示回归中不包含的变量。OIC是指伊斯兰合作组织。

显著性：*代表10%，**代表5%，***代表1%。

扶贫咨询小组（CGAP）2007和2012年组织的全球伊斯兰微型金融调查，对快速增长的伊斯兰微型金融业提出了新的独创性慧见。2007年的CGAP调查观察到不到130家伊斯兰MFI和不到50 0000个客户（Karim，Tarazi，and Reille，2008）。五年之内，这些数字增长了两倍多，达到了256家MFI和130万活跃客户（El-Zoghbi and Tarazi，2013）。因为这些数据来源于57个OIC成员国中的16个国家（剔除了某些伊斯兰金融业活跃的经济体，如伊朗、马来西亚和土耳其），所以这些都是保守数据。总之，合乎伊斯兰教法的金融产品的需求仍未能得到满足，加上快速增长的伊斯兰MFI，以及令人吃惊的伊斯兰金融产业整体增长态势，都表明与伊斯教法相符的金融产品供应短缺，可见其产品吸引力在不断增长。[b]

宗教信仰对OIC成员国的企业获得融资服务也有影响。每100 000人拥有的伊斯兰银行数量和企业认为缺乏融资服务为主要约束条件的比例呈负相关。如果只关注宗教信仰程度指数高于85%的国家，这种负相关更为强烈（表B1.4.3）。这种相关

表B1.4.3　伊斯兰银行、笃信宗教和企业获得融资机会

指标	所有国家	OIC成员国	宗教信仰程度高于85%的OIC成员国
OIC虚拟变量	8.59**	—	—
人均GDP，1 000美元	-1.23***	-6.12***	-5.79***
每10 000成年人拥有伊斯兰银行数	-52.70*	-61.97*	-108.76**
样本数	107	32	24
R^2	0.25	0.35	0.38

数据来源：全球普惠金融数据库，世界银行，华盛顿，http://www.worldbank.org/globalfindex. 世界发展指标（数据库），世界银行，华盛顿，http://data.worldbank.org/data-catalog/world-development-indicators; Bankscope（数据库），Bureau van Dijk，布鲁塞尔，http://www.bvdinfo.com/en-gb/products/company-information/international/bankscope.

注：因变量：把宗教信仰作为没有账户的原因的成人比例。所有回归均包括常量。汇报了稳健标准误。

—表示回归中不包含的变量。OIC是指伊斯兰合作组织。

显著性：*代表10%，**代表5%，***代表1%。

专栏1.4 伊斯兰金融和普惠性（续）

图 B1.4.1 伊斯兰银行业、宗教信仰程度和企业获得融资服务的状况

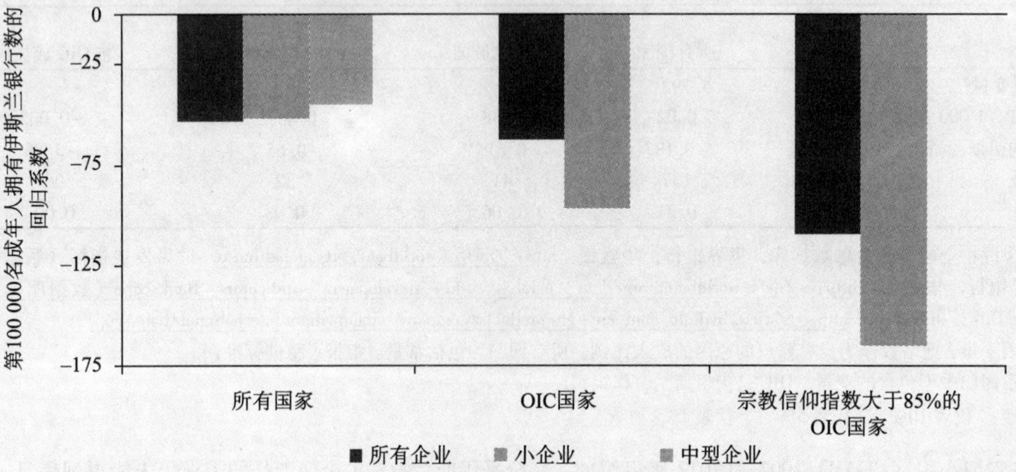

数据来源：企业调查（数据库），IFC 和世界银行，华盛顿，http：//www. enterpriseurvery. org；世界发展指数（数据库），世界银行，华盛顿，http：//data. worldbank. org/data - catalog/world - development - indicators；Bankscope（数据库），Bureou Van Dijk，布鲁塞尔，http：//www. bvdinfo. com/en - gb/products/company - information/international/bankscope.

注：因变量是将融资作为主要约束的企业所占的比例。所有回归都包含一个常量和人均 GDP。使用稳健性标准误。本图中只包含显著性范围（P 值）小于等于 10% 的关联系数。OIC 指伊斯兰合作组织。

通常由小企业推动（图 B1.4.1），说明通过减少获得正式金融服务的障碍提高符合伊斯兰教法机构数量会对伊斯兰人口为主导的国家内小型企业（雇佣工人数为0—20 人）的运营产生积极影响。

要想提升穆斯林聚居区的金融普惠性，需要用可持续的机制向辖区内的所有居民提供符合伊斯兰教法的金融服务，尤其是针对穆斯林贫困人群。这一群体大约有 7 亿人口，每日生活费用低于 2 美元。目前面临的困难之一是没有用来评估金融机构是否符合伊斯兰教法的标准程序，已有的评估也缺乏透明度，这使得人们很难分清楚哪些是符合伊斯兰标准的金融机构，哪些不符合。另一个难题是缺乏关于伊斯兰金融的信息和培训。例如，在阿尔及利亚、埃及、摩纳哥、突尼斯和也门，只有 48% 的人听说过伊斯兰银行（Demirgüç - Kunt，Klapper，and Randall，即将出版）。最后，因为伊斯兰金融机构处于发展初期，规模较小，而伊斯兰金融产品相对于传统同类型产品价格更高，所以降低了它们的吸引力。

a. 盖洛普宗教信仰程度指数由 2009 年盖洛普民意调查中对“宗教是否是你生活中的重要部分”作出肯定回答的成人比例计算（Crabtree，2010）。这一问题并没有区分是哪一种宗教（此处的分析结果也适用于其他宗教）。本指数的可靠性依赖于受调查者是否诚实回答调查问题。尽管如此，这一变量在以前的研究中被用过。

b. 全球范围内，自 2006 年伊斯兰资产已经增长了一倍以上（Mohieldin and others，2011）。关于伊斯兰金融部门的增长和稳定性，参见 Čihák and Hesse，2010。

图 1.15　合作社、国家专业金融机构、MFI 分支机构与商业银行分支机构的比率

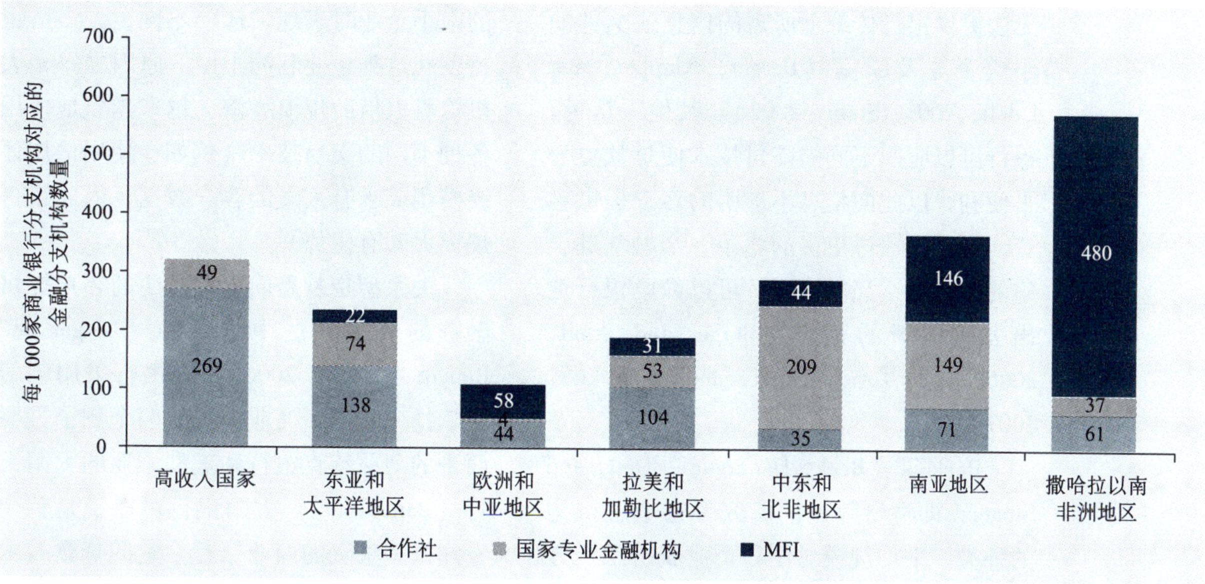

数据来源：融资渠道（数据库）2010。扶贫咨询小组和世界银行，华盛顿，http://www.cgap.org/data/fi nancial-access-2010-database-cgap.

因为资本市场提供的服务与银行不同。尤其是，相对于银行导向融资，市场导向型融资对增长的重要性不断增加。他们证明，随着经济的发展，证券市场提供的服务对经济活动的重要性越来越大，而银行提供的服务的重要性则逐渐减弱。

这一研究领域的另一部分已经从关注市场与银行融资的对比分析转向探索金融多样性的多角度研究，尤其着重于研究金融机构的种类（比如中小银行、合作社和MFI）及其与获得融资机会和经济增长之间的联系。

在发展中经济体，家庭和企业的大部分融资需求由其他替代性的金融机构提供，比如合作社、信用联社、MFI 和保理或租赁公司。尽管银行在各地区都是最重要的机构，但它们的相对重要性差别较大。例如，每一个 MFI 在欧洲和中亚对应 46 个银行分支机构，拉丁美洲 32 个，撒哈拉以南的非洲地区只有 2 个。[21]

市场中金融机构的组合在各国间差异也很大，因为某些机构在特定区域更加受欢迎（图 1.15）。在中东和北非，每1 000家商业银行分支机构，就对应有 35 个合作社、209 个国家专业金融机构和 44 个 MFI 分支机构。但是，在撒哈拉以南的非洲地区，每 1 000 个银行对应 480 个 MFI、61 个合作社和 37 个公共银行分支机构。拉丁美洲、东亚和太平洋地区的国家相比其他地区的发展中经济体，更依赖合作社。在高收入国家，合作社与银行分支机构的比率最高，每 1 000 个银行分支机构对应 269 个合作社。在西欧经济体，这种趋势尤其强烈，这一地区的地方金融体系更依赖这些金融机构。[22]

某些人认为，比如合作社这类金融机构的比较优势可能在于它们能够利用更灵活的贷款技术，使之可能获得信息更不透

明的客户的相关资料，这些客户包括那些无法提供银行传统上所需的信息或文件的小微企业及家庭（Berger，Klapper，and Udell，2001；Stein，2002）。其他人认为，银行可以应用不同的支付技术使贷款更公平便利，以此向信息不透明的客户提供融资。而且，通过更多的竞争、金融基础设施的改善和适当的激励，可以鼓励银行走出去接纳新的客户（Berger and Udell，2006；de la Torre，Gozzi，and Schmukler，2007）。

Beck等（Beck，Demirgüç－Kunt，and Singer，即将出版）的研究考察金融机构的种类、平均规模对便利企业获得融资方面所起的作用；他们发现因国家和企业规模的不同，作用也不尽相同。更具体地，在低收入国家，低端金融机构（如合作社、信用合作社和MFI）和专业贷款机构（比如保理融资和融资租赁企业）占比高，则企业更容易获得融资。作者提供的证据表明，金融机构的平均规模对普惠金融很重要。早期的研究认为，小规模的金融机构更容易满足小型、信息不透明的借款人的信用需求（Berger and Udell，1995；Keeton，1995）。与之相反，作者反对小型金融机构能更好地便利企业融资的观点。他们认为在人均GDP较少的国家，大银行和低端金融机构似乎更有助于企业获得金融服务，而且大银行和专业贷款企业似乎更便于小型企业贷款和透支。

这些结论和近期的发现相一致。Berger等（Berger，Klapper，and Udell，2001）发现，大银行在服务小规模客户方面可以与小银行一样好，因为它们有多样的贷款技术。De la Torre等（De la Torre，Gozzi，and Schmukler，2007）也发现，与传统观点认为"大银行服务信息较不透明的中小企业时表现欠佳"不同，大多数银行发现这类企业利润丰厚，原因之一是大机构可以借助规模经济，越来越多地使用各种不同的交易技术（例如，使用信用评级模型要求有大量的客户数据，因此银行规模大就有优势）。

关系型贷款是向更不透明的客户提供融资的众多方法中的一种（Berger and BancoSol Udell，2006）。大银行采用创新贷款技术和创新商业模式的两个例子是墨西哥的阿兹特克银行和玻利维亚的太阳银行（Banco Sol）。太阳银行可以说是首个专注微型融资的商业银行。它的贷款技术依靠群体连带责任贷款策略（solidarity group lending strategy），其成员组成小的连带责任信用群体，银行向所有群体成员同时发放贷款（Gonzalez－Vega and others，1997）。另一方面，阿兹特克银行关注在非正式部门工作的客户，允许这些客户用其耐用品抵押获得贷款。Ruiz（Ruiz，2013）发现，在这个银行开设分支机构的城市，家庭成员里有在非正式机构工作的家庭，更倾向于向银行贷款，而不再依赖其他昂贵的贷款来源。因此，这些人能够改善他们的消费，积累更多有价值的耐用品。

除了金融结构，有证据表明金融部门内的竞争是提升普惠金融的关键因素。Love等人（Love and Martínez Pería，2012）分析了53个国家2002—2010年的企业数据，发现银行的竞争极大地促进了企业获得融资。相对于其他的研究，他们的研究优势在于他们的数据将度量一国金融机构竞争程度与获得更高效融资这两个变量分离了出来。Lewis等（Lewis，Morais, and Ruiz, 2013）在一个更微观的分析中检测了墨西哥银行的竞争性。他们的研究结果显示，大银行更倾向于参与竞争性较小的活动；并且确认，正如预期的结论，竞争使得共谋行为减少。重要的是，竞争程度的减低对小型企业的融资造成不成比例的影响。

总之，最近的研究表明金融市场更强的多样性有助于促进普惠金融。改善金融多样性的政策建议包括：(1) 提升金融系统内部的竞争，同时允许多种金融机构经营（包括专业贷款机构、低端机构，以及具备新型贷款技术或者经营模式并以负责任的方式服务客户的银行）；(2) 增强金融和贷款基础设施建设，包括完善商法、破产法，增强合同执行力；(3) 创造条件发展资本市场，促进资本市场提供长期融资。

普惠金融对穷人的现实影响：证据

至此，我们的讨论聚焦从经济学理论的角度回答为什么普惠金融对发展如此重要；普惠金融定义是什么，其测量方法、推动力有哪些并分析了其发展障碍。接下来，我们转而用经验证据研究普惠金融和经济发展之间的关系。

近期的关于普惠金融对经济发展和贫困的影响的经验证据随着金融服务种类的不同而变化。[23]就获取基本支付和储蓄而言，关于收益，尤其是对于贫困家庭的收益的证据很具有支持性。关于保险类产品，也有证据表明其存在积极影响。对于企业，尤其是面临更多约束的小微企业和年轻企业，获得融资与创新、创造就业和增长具有紧密联系。但是，就获得小额信贷而言，众多的小额信贷实验数据和跨国研究呈现出相当混乱的状况（Bauchet and others, 2011；Roodman, 2011）。[24]这些调查传递的一个共同信息就是，有效率的普惠金融意味着负责任的普惠（McKee, Lahaye, and Koning, 2011）。普惠金融不是为了普惠而普惠，而且它绝不意味着让每一个人都借款。

储蓄和支付的影响

新的全球可获得数据揭示了收入不平等与使用银行账户不平等间的紧密联系。在瑞典这个全球收入分配最均衡的国家，穷人和富人拥有账户的比率是一样的。海地是另一个极端，收入不平等比率很高，最富有的20%人持有账户的比率是最贫穷的20%人的14倍。图1.16说明，一般而言，各国账户渗透率的不平等（金融不平等）和收入的不平等紧密关联（关联系数为0.33）。

因此，金融的不平等和收入的不平等相伴而生。甚至在控制国家收入这一因素后，这一联系仍然存在。但是，这种关联是不完美的。例如，菲律宾的金融不平等水平和海地接近，但是菲律宾的收入分配更加公平。而且，这种关联仅仅说明了金融和经济不均衡是紧密联系的，并不表明两者之间有必然的因果关系。

田野实验提供了更直接的证据，说明获得储蓄和支付服务与实体经济变量之间的因果联系。例如，一系列的随机控制实验发现给个人提供储蓄账户或者简单的非正式储蓄技术可以增加储蓄（Aportela, 1999; Ashraf, Karlan, and Yin, 2006）、妇女权利（Ashraf, Karlan, and Yin, 2010）、生产性投资（Dupas and Robinson, 2011,

图 1.16 金融服务使用的不平等和收入不平等之间的相关性

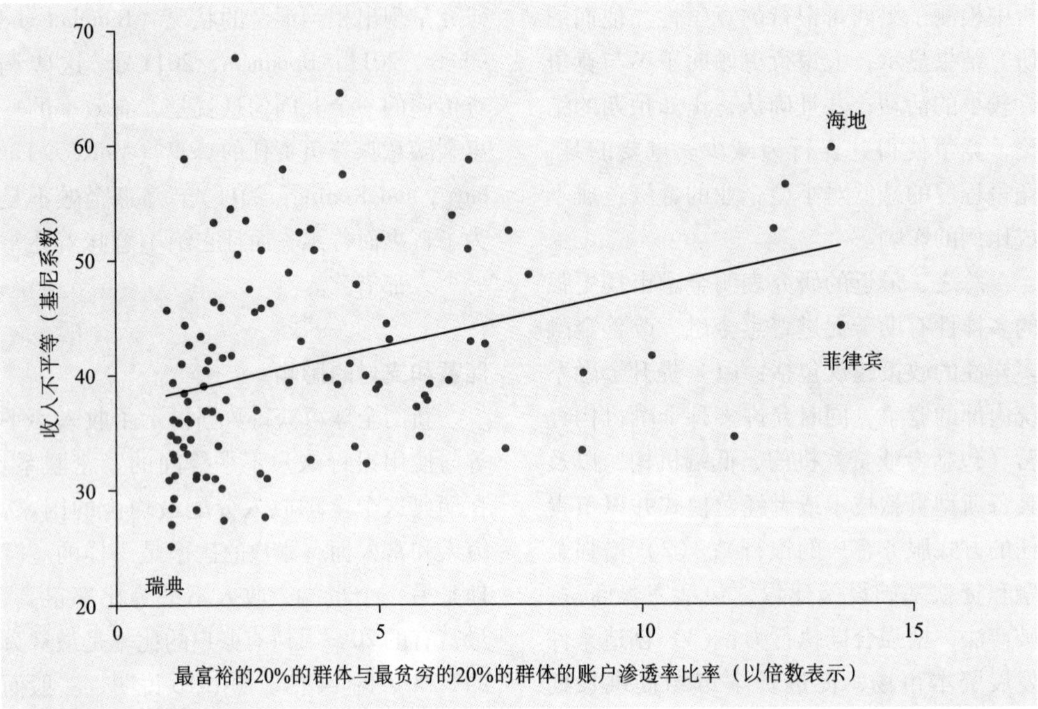

数据来源：基于 Demirgüç – Kunt and Klapper，2012，世界银行世界发展指数（数据库），http：//data. worldbank. org/data – catalog/world – evelopment – indicators 计算得出。

注：基尼系数越高意味着越不平等。关于基尼系数的数据是 2009 年或者可以得到的最近一年的数据。账户渗透率是指 2011 年在正式金融机构有账户的成年人的比例。

2013）、用于预防性医疗消费与投资、生产率和收入（Ashraf，Karlan，and Yin，2010；Dupas and Robinson，2013）。[25]

随机控制实验的发现与其他几个研究的结论一致。例如，对美国银行放松管制的一份深入研究发现，金融普惠性促进经济增长、强化竞争、推动劳动力需求。它通常也导致处于收入分配低端的人们获得相对更大的利益，因此有助于实现包容性增长（Beck，Levine，and Levkov，2010）。

综上，这些研究为鼓励提供基本储蓄和支付账户提供了坚实的理由。[26]增强储蓄和支付的普惠性，如果做得好，既有助于降低极端贫困，又能促进共同繁荣。

保险的影响

对于保险产品对经济发展的影响，这方面的不同证据之间有些细微差别，但是总体上是积极的。基于名义保险费用总额的证据显示出了一些模棱两可的影响。Ward 等（Ward and Zurbruegg，2000）使用协整分析方法分析了 9 个 OECD 国家 1960 年到 1990 年的数据，发现在某些国家保险产业是经济发展的格兰杰（Granger）原因，但是在其他国家，结论则相反。他们得出结论认为，保险与增长之间的关系因各国的具体情况各异。后续的研究者（Kugler and Ofoghi，2005）指出，只有在总水平上才出现协整，但是在分类水平上不能；反之亦然。因此，更详尽地考察各类国家的数据是很重要的。

近期的分类数据证据是令人鼓舞的。具体地，Cai 等（Cai and others，2010）在中国西南地区进行了大型的随机实验，评估保险对种植业的影响。他们发现，提供正式的保险极大地增强了农民种植的积极性。在另一项研究中，Cole 等人（Cole，Giné，and Vickery，2012）检验了降雨量保险如何影响印度中小规模农民的投资和产出决策。他们发现对总支出没有影响。但是，他们发现增加保险使得农民改变生产活动，朝着种植高回报高风险的商品作物发展。最后，Shapiro（Shapiro，2012）评估了墨西哥政府的灾害救助计划的作用，此计划具有与保险类似的特性。具体地，如果农村家庭的农作物或者财产的价值遭受自然灾害的影响，则政府提供固定赔偿。评估发现自然灾害损失保险改变了农村家庭的农业投资模式。具体地，得到保险的农民进行更昂贵的资本投入，购买更好的种子。

信用的影响

经济学原理认为提升获得信用的机会有助于减少贫困和增加创业活动。在欠发达地区，提升获得信用的机会使得家庭更容易随着时间的推移增加消费，并给家庭和小企业提供事实上的对抗风险的保险。出于同样的原因，提升获得信用的机会还通过降低企业投资约束，使得小企业更容易超越以生计为目的的经营，从而鼓励创业。

充分的证据表明，受限的信用渠道是创业和企业发展的主要障碍，对于小型企业和年轻企业更是如此（Banerjeeand Duflo，2007；Beck，Demirgüç - Kunt，and Maksimovic，2005；Beck and others，2006；Evans and Jovanovic，1989）。跨国调查分析了 80 个国家的 10 000 家企业，发现融资约束与产出增长的减缓有关联，但是汇报的其他限制因素与增长之间没有明显关联（Ayyagari，Demirgüç - Kunt，and Maksimovic，2008）。还有证据表明资本回报率很高（deMel，McKenzie，and Woodruff，2008，2012a）。所以，为潜在的企业家提供更好的融资渠道不仅保证企业获利丰厚，还使得社会整体受益。

某些证据表明，提升获得信用的机会与可观测到的贫穷测量标准的降低有关联。Burgess 等（Burgess and Pande，2005）发现，印度银行监管法规对于减贫有重要影响。在 20 世纪 70—90 年代，印度银行分支机构监管法规要求银行每在城市地区开设一个分支机构，就必须同时在未开设银行的乡村地区开设 4 个分支机构。这促成建立了 30 000 家农村银行分支机构，研究还提供直接的证据证明拓展银行分支机构网络对普惠金融产生积极影响，并对降低农村贫困作出贡献。同时，我们必须认识到，印度的银行分支机构扩展计划是在一个国有银行主导的银行体系内，由政府牵头的行为。我们应该追问这项计划的成本收益计算是否高于其他形式的政府援助项目；因为印度的社会银行业实验会导致长期信贷市场的扭曲。我们还要追问政策带来的利益应该在多大程度上进行调整，以便抵消其带来的市场扭曲成本。果不其然，这一项目部分因为乡村银行分支机构的高违约率而于 1991 年被迫中断。

新的研究为获得信用的机会对减贫的

影响以及减贫的可能渠道提供了慧见，即越来越多的个人成为创业者是减贫的渠道。Bruhn 等（Bruhn and Love，即将出版）近期的研究分析了阿兹特克银行，这是一家新开设的商业银行，专注墨西哥的中低收入借款人。他们发现阿兹特克银行的开设，使得处于金字塔底部的家庭获得信用的状况有明显提升，促使新设银行分支机构所在地区的非正式企业数量有7.6%的提升，失业率降低了1.4%，而且在分支机构开设两年后，收入水平上升约7%。阿兹特克银行的开设对正式企业没有任何影响，这与新银行关注低收入个体、文件要求低是一致的。相反，正式企业的所有人能更容易地获得商业银行信用，并且因为阿兹特克银行收取的高利率而更倾向于使用商业银行信用。测量到的影响更大的是那些在阿兹特克银行开设之前正式银行部门服务不足的中等收入水平以下的个人和大城市（关于阿兹特克银行的更多信息，请查看第三章专栏3.3）。

总之，大量的证据表明获得融资机会对企业很重要，尤其是对小型企业和年轻的企业。如果企业不能获得融资，经济增长会停滞。但是对于小额信贷的优劣，当前存在争论，这一部分在下文论述。

小额信贷的影响

在世界上大部分地区，通过近几十年来小额信贷的快速扩张，家庭和小型企业获得信用的机会得到很大提升。最初的描述强调小额信贷不仅是缓解极度贫困的工具，而且能够释放穷人的企业家潜能。但是，最近的证据都在强调小额信贷的局限性，呈现出微妙差异。尽管如果被作为促进消费和风险控制方面的有效手段，小额信贷能带来积极的财富效应，但是，多数研究发现其对于投资和企业家精神的影响相对较小。

很多研究记录了小额信贷对家庭福利和收入的影响，包括对消费、经济的自给自足和身心健康的某些方面的积极作用（Kaboski and Townsend，2011，2012；Karlan and Zinman，2010；Khandker，2005；Pitt and handker，1998）。相反，考察小额信贷对企业家精神影响的研究则发现影响程度很一般（Giné，Jakiela，and others，2010；Morduch and Karlan，2009）。在一个通过实验方法改变获得小额信贷的机会的研究中，Banerjee 等（Banerjee and others，2013）发现，微型金融对于固定资产投资有很大影响，但是他们也指出这种影响集中表现在已经拥有企业的富裕家庭；而对于开始成为企业家的可能性很低的个人，他们更倾向于消费而非投资。小额信贷作为资助企业家的工具存在的众多局限性可能都是其僵化性所导致的，如缺乏宽限期、支付频率高和妨碍冒险的连带责任（Field and others，forthcoming；Gine，Jakiela，and others，2010）。虽然连带责任合同能使信用扩张至边缘客户，但是这种合同可能不太适合企业贷款，因为很难观测企业的现金流动和风险管控（参见第二章关于产品设计的讨论）。

在宏观经济层面，扩大小额信贷的效果可能多数是收入再分配和金融不稳定。近期的这一领域的研究使用一般均衡分析模型，提供了新的有趣的慧见。例如，Buera 等（Buera，Kaboski，and Shin，2012）对小额贷款的总效应和分配效应进行了定量分析。分析发现，如果把一般均衡效果考虑进去，扩大小额贷款项目规模对人均收入只有很小的影响。这是因为，总要素生产力的提升被由高储蓄者传导到低储蓄者的收入再分配造成的资本积累降低所抵消。收益主要是通过工资上涨和缺少资金的企业家获得更多的融资带来的。同时，也存在着某些成本：朝着新借款人群进行的信用再分配可能导致金融中介效率的丧失（例如存在高昂的筛选和信息成本）；因为银行向新的借款人提供贷款，这些人平均而言是风险更大的客户，因而改变了银行贷款的风险状况。这些意味着，应当把提高融资可获得性带来的经济收益与其对银行和非银行贷款的风险效应进行仔细的权衡。如果信用扩张不能得到妥善的管理，而且如果伴随低的资本化，则可能导致金融危机。这一观点在专栏 1.5 的波黑、印度和美国的例子中得到了有力的证明。

专栏 1.5　信用过度的三个例子：波黑、印度、美国

关于美国次贷危机的根源的争论突出了扩张信用带来的问题及其权衡。众多解释中主要的一种观点（Rajan，2010）认为，信用的扩张和抵押贷款承销标准的放松（再加上把由此产生的垃圾债券打包，重新作为高回报债券销售）逐渐导致了本次危机。有证据表明，房地美和房利美这两家由美国政府资助的大型企业的损失反映了这些标准的放松。承保标准的降低至少部分是要求房地美和房利美达到逐渐针对低收入者、少数借款人和金融服务不足的地方增加抵押贷款或者抵押贷款担保的证券的发行的结果。根据 Calomiris（Calomiris，2011）的描述，2004 年是转折点。房地美和房利美曾经很少向没有或收入证明少的借款人发放贷款，因为它们的风险控制守则限制这种贷款。但是，在 2004 年早期，高级经理们发现达到政治命令的唯一途径就是降低承销标准。风险经理，尤其是房地美的经理，在向高级管理层公开传送的邮件里抱怨。他们拒绝为没有收入证明的贷款背书，但是在与降低承销标准的斗争中落败。政治，而不是短视行为或者风险管理经理不称职，推动了房地美解除此前对无收入证明贷款的限制。在房地美和房利美决定实施无证明贷款后，新的低质量抵押贷款在 2004 年总额上升至 7 150 亿美元，在 2006 年超过 1 万亿美元，而在 2003 年仅为 3 950 亿美元。在司法鉴定分析 2000 年之后几年增加的抵押贷款风险时，Rajan 等（Rajan，Seru，and Vig，即将发表）证明，超过半数的抵押贷款损失超过抵押贷款发放之初的乐观预期的损失，这些损失反映了证明标准过低甚至无证明标准。

另一个以获得金融服务的名义过度授信的例子发生在地球的另一端。在 2010 年 10 月，印度的安得拉邦微型金融部门正处于危机之中。分析表明，这场危机的源头是专业的 MFI 自 20 世纪 90 年代初期开始就快速增加发放借款（Mader，2013）。1991 年之后，印度经济和金融部门的自由化改变了贷款构成：来自私营部门的借款（尤其是向 MFI 和非银行金融机构）增长迅速，尽管政府仍然是主要的推动力量。证据表明，印度微型金融的扩张的确产生了一定的影响（Banerjee and others，2013）。同时，在很多情况下，印度的 MFI 引人注目的增长和盈利能力也导致低收入客户的多重贷款和过度负债。尽管印度的 MFI 危机根植于 MFI 的快速增长，而且有时这种增长又缺乏监管，但是还存在其他促成危机的因素。首先，制度基础设施发展滞后于 MFI 部门的快速发展。这尤其表现在没有建立可靠的信用汇报系统。对 MFI 借款人来说，这套系统可以限制他们过度负债和多重借款。因为缺乏有效的可以有序

专栏 1.5 信用过度的三个例子：波黑、印度、美国（续）

解决过度债务的个人破产法，这种问题的负面影响被放大了。其次，MFI 部门面临受到政府补贴的项目的竞争。这些项目向处于金字塔底部的借款人发放条件宽松的信贷，这些无疑促进了过度举债和还款时的道德风险。最后，这些部门受到公开的信用市场的政策干预影响：政府在选举前鼓励民众停止向 MFI 支付借款。所以，印度的实例说明，面对发展不完善的法律和制度基础设施，以及信用市场普遍存在政治干预的环境，低文件要求的借贷的迅速发展尤其有问题。这次危机的重要教训，现已逐渐被转化成政策，就是适当的消费者保护规则、信用市场基础设施和有序处理过度债务负担的法律（个人破产）可以降低政治对信用市场的干预。政策干预通常会导致信用市场的更多扭曲。

对过度举债的第三个研究对象是波黑的微型金融产业。它形象地描述了信用供给者之间的过度竞争、高风险借贷、机构的快速增长、信用纪律的缺陷、客户负债状况缺乏透明如何导致贷款违约危机。这个国家的微型金融产业在 2004—2008 年间发展迅速。违约问题在 2008 年后期开始出现，和欧洲的衰退同步。尽管经济下行加剧了偿还危机的速度和范围，但它并非主要原因。衰退仅仅是把已经隐藏了一段时间的危机推到表面，真正的原因是结构的不合理和过度的市场增长。58% 的小额贷款借款人持有来自多家小额信贷放贷人的重复贷款，而 28% 已经严重负债或过度负债（Maurer and Pytkowska, 2010）。微型金融产业的三个弱点导致了行业难题：（1）贷款集中和多重借款；（2）MFI 过度扩张；（3）MFI 缺乏信用纪律（Chen, Rasmussen, and Reille, 2010）。在集中市场里金融机构的激烈竞争使得客户能够从不同的贷款机构多重借款，在债权人不知情的情况下贷款总额上升。在 2005 年，这个国家开始成立征信机构，但是只有在偿还危机爆发后，征信机构才开始运作。这导致客户的偿还难题，而且 16% 的 MFI 客户被认定为接近无力偿还贷款（Maurer and Pytkowska, 2010）。为了在激烈的竞争环境中胜出，MFI 开始借助更有说服力的技术、雇佣缺乏经验的新雇员、根据简单的还款能力评估快速发放贷款。60% 的还款困难客户反映，金融机构的更加进取的销售造成了他们现在的难题；30% 的问题顾客陈述在信贷评估时并没有见到过信贷员（Maurer and Pytkowska, 2010）。为了适应增长的业务，MFI 雇员增长的速度跟不上雇员的培训速度；培训是为了使他们能够对现有贷款进行监督，发现新的低风险客户。不审慎的贷款和监管质量的下降使得 MFI 贷款资产池的质量更加恶化。30 天内有风险的贷款资产从 2003 年的 1% 升至 2009 年的 11%（Lützenkirchen and Weistroffer, 2012）。在低监督环境里，深陷目标驱动的增长，MFI 的内部控制受到损害，信用纪律受到侵蚀。员工在强调增长和市场份额的激励机制下工作，会经常忽视他们的贷款准则。这些加剧了信用危机，导致了后续的还款危机。缺乏行业行为准则标准也助长了这一问题，因为缺乏负责任的融资标准，不负责任的贷款就不可能得到抑制。

关于增加小额贷款对于经济发展和降低贫困的总体影响的证据充其量是微弱的。Kaboski（Kaboski and Townsend, 2011）利用 Townsend Thai Survey 的数据评估 Thai Million Baht Village 基金项目。这一项目将泰国 GDP 的 1.5% 转移至大约 8 000 个村庄开设村镇银行，这是同类中最大规模的政府微型金融行动之一。[27] 他们发现此项目给某些家庭带来的收入大于成本，但是总体而言，整个项目的成本超出收益 30%。

一个相对明显的结论是：小额信贷确实具有明显的再分配潜力。虽然小额信贷成本高昂，其对于经济增长的总体影响还有待商榷，但是现有的研究表明，大部分人已经因为收入的增加而受到积极的影响。

公共和私营部门在普惠金融上的突破

公共或者私人部门在拓展普惠金融方面具有明显的潜力，可能取得突破。例如，全球普惠金融数据表明，在肯尼亚，68% 的成年人汇报在过去的 12 个月使用移动电话支付账单或者存取款。[28]移动货币产品的广泛使用、银行代理的激增以及逐渐升温的借助正式账户分配政府的转移支付，都具有极大改变人们管理日常融资方式的潜力。

公共部门会对全球范围内成年人如何与正式金融部门互动方面带来改变。政府正逐渐更多地使用正式账户进行转移支付。在巴西，政府允许有条件现金转移支付的接受者（作为其家庭互助计划的一部分）借助廉价的银行账户接受支付，尽管大多数人愿意借助虚拟账户，这种账户不允许存款和无定期存储。尽管如此，在巴西有 20% 的成年人表示使用银行账户接受政府转账，这是发展中国家的最高比例。[29]在印度，政府近期将政府养老金和奖学金直接存入大约 20 个地区的 250 000 人的银行账户；政府计划扩展这一举措，旨在预防腐败并增加获得融资的机会。这些改革措施，有可能将正式金融部门推广至最贫穷的个人。

公共政策的挑战在于确保通过消除市场和管制扭曲的方式提升获得融资的机会，而不是通过价格管制或其他反竞争的政策来实现，因为后者会加剧扭曲并威胁金融稳定。政策可以通过解决金融服务的供应端缺陷（例如，通过现代支付和征信系统、使用新的贷款技术、支持金融服务供给的竞争）和需求端缺陷（借助金融知识提升运动，提升金融意识，促进负责任地使用金融）提升普惠金融水平。支持普惠金融的政策也包括消除阻挠公平获得融资机会的市场障碍（例如，通过消费者保护和反歧视法律）。更一般地，政策的挑战是保证金融服务提供者能够更加广泛和包容地提供金融服务，并且使用金融服务不会受到限制金融服务的不适当的管制政策或非市场障碍的阻挠。[30]

公共部门和普惠金融之间具有很多重要的联系。“弱政府”对普惠金融是有害的；因此，政府部门治理水平的提升有助于公平地使用和获得金融服务。在另一个方面也有重要影响：如果电子支付广泛使用，就能刺激政府部门项目提升效率。本报告接下来将深入讨论影响个人普惠金融（第二章）和企业普惠金融（第三章）的政策。

注释

1. 关于金融系统的关键功能的进一步讨论，参见首期《全球金融发展报告》（World Bank，2012a）以及 Čihák and others（2013）的相关研究。
2. 参见 Demirgüç – Kunt and Levine（2008）及其中的引用文献。
3. 普惠金融可以从多角度进行定义。本报告的定义优势在于可以用行为表达（即“使用”）而且可测量（例如在地图 1.1，“使用”相当于“至少有一个账户”；在地图 0.1，测量范围更窄，指“至少每月从账户存取一次”）。

4. 除了“使用”和“获得”之外，金融服务的“质量”也是一个相对性很强的概念。“质量”比“使用”更难进行实证性测量。但是，这个问题是很重要的，如对于消费者保护而言就是如此（见第二章）。

5. 缺乏金融知识也可能导致超常使用金融服务。例如，人们可能会购买他们不需要的保单或者获得他们不需要的贷款，把钱存入高费用低收益的储蓄账户等等。

6. 未开设银行账户不一定意味着被金融服务排斥。某些没有银行账户的人也能获得转账服务和其他金融性账户（比如由移动手机运营商提供的账号）。甚至更广泛地，私人放贷人这样的非正式服务提供商也提供金融服务。这些弥补了正式普惠金融的缺陷，但是也存在着很大的缺点，因为这些服务可能成本高昂或缺乏法律保护。

7. 参见全球普惠金融数据库，世界银行，华盛顿，http：//www. worldbank. org/globalfi ndex. 也可参见 Demirgüç－Kunt and Klapper（2012）。

8. 需要说明的是，目前为止，追踪普惠性的趋势是仅建立在金融服务提供商的数据基础上进行的。直到最近才开始搜集用户端的数据，而且时间序列尚未建立起来。即便是金融服务提供商一方的数据，世界范围内同步数据自2004年才开始可以获得。

9. 地理密度的相关性更低，反映了人们可以通过移动技术和其他形式的远程技术获得服务。

10. 参见全球普惠金融数据库，世界银行，华盛顿，http：//www. worldbank. org/globalfi ndex.

11. 从发展的角度来看，家庭普惠和企业普惠之间关系密切。例如，在20世纪初期的拉丁美洲、中欧和东欧，家庭普惠发展很快，但是企业金融发展很慢。近期的研究指出，在企业普惠实现之前发展家庭普惠存在代价；金融深化对经济发展和收入不平等的影响源于企业信用，而非家庭信用（Beck and others，2008）。其警示就是，就小型企业而言，世界上很多国家的家庭和企业之间的界限已经模糊了。

12. 近期的活跃研究关注金融服务是否并且如何能够使微型企业扩展业务并雇佣更多的雇员。小额信贷研究发现，在印度、摩洛哥和菲律宾，获得更多的金融服务对妇女拥有的微型企业并不产生影响（Baner－jee and others，2013；Crépon and others，2011；Karlan Zinman，2011）。

13. 参见企业调查（数据库），国际金融合作组织（IFC）和世界银行，华盛顿，http：//www. enterprisesurveys. org.

14. 这是根据国家层面的账户渗透率对人均GDP的对数进行方差回归得到的（Demirgüç－Kunt and Klapper，2012）。

15. 新技术，比如价格不贵的全球定位系统接收器、地图软件、容易获得的空间数据，使得掌握多国的金融系统覆盖的地理范围变得非常容易。这使对商业部门、公共部门、监管部门和捐助机构的研究变得更加便捷。例如盖茨基金会已经资助了一个项目。这个项目借助地图软件和空间信息评估肯尼亚、秘鲁和其他国家的金融服务相对人口的地理分布。在Kaboski 和 Townsend（2011）的研究中，通过家庭互助计划，获得了64个小村庄的960个家庭的数据。相关的调查，参见http：//cier. uchicago. edu/data/baseline－survey. shtml.

16. 这个讨论强调了设立4×2矩阵测量金融体系的作用，这个矩阵在第一份《全球金融发展报告》中有介绍，用来测量金融机构和金融市场的深度、可获得性、稳定性和效率。（World Bank，2012a；Čihák and others，2013）

17. 参见全球普惠金融数据库，世界银行，华盛顿，http：//www. worldbank. org/globalfindex.

18. 参见全球普惠金融数据库，世界银行，华盛顿，http：//www. worldbank. org/globalfindex.

19. Allen，Demirgüç－Kunt and others，2012 分析了发展普惠金融的制度障碍。

20. 更多资料，参见金融行动工作组（2013）。
21. 根据以下数据计算：金融服务（数据库）2010，扶赤贫咨询小组和世界银行，华盛顿，http：//www.cgap.org/data/fi nancial - access - 2010 - database - cgap.
22. 在西欧的奥地利、德国等国家，合作社的数量甚至多于银行的数量。2010 年，德国每 100 000 名成年人对应 15.9 个商业银行分支机构和 17.4 个合作社。在奥地利，对应的分支机构数量分别为 27.5 个和 30.6 个。
23. 关于金融部门对经济发展的影响的早期研究突出强调总体金融深度对经济增长的影响（Demirgüç - Kunt and Maksimovic，1998；King and Levine，1993；Levine and Zervos，1998；Rajan and Zingales，1998），以及对减贫和收入平等的影响（Beck，Demirgüç - Kunt，and Levine，2007；Clarke，Xu，and Zou，2006；Li，Squire，Zouand，1998；Li，Xu，and Zou，2000）。但是正如图 1.12 表明，金融深度与普惠金融不一定是一回事，这就是为什么近期和正在进行的理论研究和实证分析都着重分析普惠金融以及对不同金融手段的获得和使用，但同时又与金融深度加以区别。
24. 例如，Karlan 等（Karlan and Zinman，2011）根据在菲律宾的创新实验，发现获得信用导致商业活动和实验中相对可控的企业员工的减少，主观福利有轻微下降。但是，他们的确发现小额贷款提升了对抗风险的能力，使群体的联系更紧密，促进了非正式信贷的获得。这些发现表明小额贷款有积极作用，但是其发挥作用渠道不一定和小额贷款的支持者们的假设一致。
25. Ashraf 等也发现生病和其他意外事件的可能性有所降低（Ashraf，Karlan，and Yin，2010）。
26. 总体而言，本部分重点放在与储蓄账户相关的储蓄和转账上。但是，仍然有证据表明获得金融服务对支付服务也有重大影响。这种影响的一个方面是收入的国际汇款带来的收益，以及对移民家庭的生活水平带来的影响，关于这方面也有一些证据（见第三章专栏 3.1 关于汇款和普惠金融的讨论）。
27. 关于这一调查，见“家庭互助计划：底线调查（大调查）”，国家经济研究局，Canbridge，MA，http：//cier.uchicago.edu/data/baseline - survey.shtml.
28. 全球普惠金融数据库，世界银行，华盛顿，http：//www.worldbank.org/globalfindex.
29. 全球普惠金融数据库，世界银行，华盛顿，http：//www.worldbank.org/globalfindex.
30. Beck 等（Beck and de la Torre，2007）依据获得金融服务的可能性边界这一概念对此进行解释。

第二章：关键信息

- 提升个人对金融服务的使用要求解决市场扭曲，比如信息不对称或者滥用市场力量。这些扭曲妨碍金融产品的推广。必须找到办法以更低的成本向供应商和消费者提供服务；教育并保护消费者以便他们能够使用符合其需要的产品并避免成本高昂的错误。政府可以通过建立适当的法律和监管框架、支持信息环境、促进竞争并便利金融服务提供者采用有利于实施普惠金融的商业模式克服市场失灵，提升普惠金融水平。
- 技术进步为拓展普惠金融提供了前景。如果普惠金融提供者服务低收入客户不能盈利，交易成本就成为普惠金融的一个障碍。技术创新，比如移动银行、移动支付和对个人信息的生物计量识别技术有助于降低交易成本。什么技术适合普惠金融取决于传统银行部门的发展状况、市场规模、结构和密度以及支持性基础设施的发展水平。
- 旨在应对市场失灵，满足消费者需求并克服行为问题的产品设计可以促进金融服务的广泛使用。某些商业模式和渠道也可以通过降低使用金融服务的成本而提升普惠金融。政府采取的监管立场也影响金融机构的产品设计和商业模式。所以，政府应该在金融稳定性和支持为了拓展普惠金融而进行的产品设计和商业模式创新之间维持精确的平衡。
- 证据表明，为了保护消费者，政府在设定信息披露和透明标准，监管企业行为并监督有效的追溯机制方面发挥重要作用。为了避免利益冲突，可以把审慎监管从金融消费者保护中分离出来。竞争也是消费者保护的一个关键部分，因为它创造了一种机制，这种机制奖励表现好的市场主体并提升了消费者在市场上的力量。
- 政府也可以对金融服务提供补贴，并实施其他的直接提升普惠金融的政策。但是，这些做法的有效性尚需更多的证据证明。金融排斥一般也是高负债导致的结果，尤其是在农村经济里。为了最小化道德风险并恢复普惠金融，债务重组可能比无条件的免债更可取。

第二章

个人普惠金融

改善个人金融服务需要解决各种阻碍广泛使用金融产品的市场失灵，比如信息不对称和道德风险。它还涉及设计适合消费者需要的金融产品并向个人消费者提供可以支付得起的金融服务。它要求对消费者提供教育，保护他们在缔结金融合同时避免犯代价高昂的错误。为了拓展个人普惠金融，私营部门和政府的参与都是必要的。由私营部门推动并由公共部门提供便利的可能出现的技术进步，预期将帮助推动个人普惠金融。

本章考察在加强普惠金融过程中，技术、产品设计、金融能力、金融教育项目、消费者保护和市场行为以及政府政策所起的作用。

技术的作用

在过去二十年里，具有重大改善金融服务潜力的新技术层出不穷。正如第一章所述，交易成本和地理障碍是提供金融服务的主要障碍。创新性技术（包括移动银行、电子信用信息系统和生物测定个人识别）可以降低这些交易成本，从而帮助克服某些传统的金融服务障碍。

零售支付系统的主要创新可以追溯到信用卡支付服务的兴起。信用卡是20世纪50年代出现的，在随后的三十年里其应用得益于基础设施的发展而快速增长，其管理主要由Visa和MasterCard信用卡联合会实施。从20世纪80年代末到90年代末，因为信息加工和电信技术的不断进步，这些技术除了具有之前的特质之外，还允许信用卡发行人进行线上交易授权，这使得信用卡成为很多国家广泛接受的支付形式。在20世纪80年代，借记卡开始登上舞台，演变成主要的电子支付工具。今天，在某些国家，因为信用信息基础设施的限制以及其他问题，比如文化偏好，采用信用卡的步伐很慢，使得借记卡成为最受欢迎的零售支付电子工具。[1]过去25—30年里，借记卡发展迅猛。一开始，借记卡使得客户从银行柜台转移到新出现的ATM 系统。过一段时间，银行客户不必使用借记卡从 ATM 提取现金，而是直接向商人出示借记卡并在其银行账户上借记。由于这个巨大的潜力，借记卡产品在全球范围迅速发展，并基于已有的基础设施，开始在交易点开展信用卡业务。

预付卡或储值卡市场也开始成为零售支付领域发展最快的部分之一。[2]20 世纪 90 年代，当储值卡刚出现的时候，它们只是由非金融企业发行，而且使用范围有限，比如公交卡。近年来，随着金融集团和非银行组织把目标对准没有得到银行服务的流动汇款人群，储值卡得到显著发展。某些储值卡已经依赖现有的传统信用卡和借记卡基础设施。信息存储方式（比如磁条或计算机芯片）、支付机制的物理形式以及生物计量账户登录认证系统等技术的创新正在共同提高服务效率、减少销售端的交易次数并降低交易成本。

尽管以各类卡为基础的零售支付创新已经扩展到金融领域，并在很多国家一直是主要交易模式，但它仍然有一些局限。从消费者保护角度，以卡为基础的支付系统可能因为潜在的不透明费用而有问题。从技术角度，一个潜在的风险是银行和支付系统提供商花费大量的投资成本用于以卡为基础的支付基础设施，这可能妨碍不同支付形式的协同性并造成市场分割，从而对竞争和产品创新带来负面影响。

更近一段时间以来，移动银行在普惠金融中的作用得到更多的关注。原因在于移动电话已经快速得到消费者的接受，几乎无处不在了。世界各地的穷人完全消费得起移动电话。在很多中低收入水平国家，使用移动电话的人口份额比拥有正式银行账户的人口份额大得多。例如，2011 年，南非每 100 位居民就有 127 个移动电话用户，但是只有 54% 的人口拥有银行账户。在巴西，每 100 位居民就有 123 个移动电话用户，但是只有 56% 的人口拥有银行账户。在印度，每 100 位居民就有 72 个人拥有移动电话，但是只有 35% 的人口拥有银行账户。[3] 这些数字说明移动电话对于提升金融普惠性具有相当大的潜力。

移动银行业务可能是最明显的使用新技术促进普惠金融的例子，但是新技术在其他领域也有影响。例如，现代信息技术使得银行得以通过代理业务给以前没有银行服务的地区提供服务。信用报告和借款人认证技术的改进极大地降低了金融中介的成本，使得银行得以向那些如果没有这些技术的话就将被排斥在正规金融服务之外的客户提供金融服务。随着计算能力的增强，银行也有能力用客户行为的历史数据更好地估测信用风险并向以前服务不足的客户提供信用。

尽管新技术原则上可以在全球范围内使用，但是，这些技术对普惠金融的影响在各国之间不一样；而且这些技术是被传统金融机构采用还是被其他参与人使用，这方面的差别也很大。例如，印度的普惠金融战略通过建立在传统银行的分支机构和技术基础上的代理行提供基本银行服务，两者都是由国家最大的国有银行领导的。与之相反，肯尼亚的大众移动支付服务 M－PESA 则是由私营电讯服务商运营的，独立于传统银行部门之外，获得了全国性的吸引力。

本部分考察技术在普惠金融中的作用。本部分回顾移动银行和支付系统的增长，讨论技术基础上的商业模式以及改善借款人认证和信用汇报技术在普惠金融中的作用。本部分强调技术基础上的普惠金融战略在国家间差别很大，分析决定哪些技术最适合提升普惠金融的国家市场环境中的特性，并分析可能使得某些技术基础上的解决方案的成功很难在其他地方复制的与市场结构和监管相关的问题。

移动银行和移动支付业务

移动银行和移动支付是过去几十年里最重要的金融创新之一。广泛的地理覆盖和移动技术的快速发展极大地降低了高额的通信成本，使得通信的价格从发展中国家中低收入的个人无力承受降低到可以广泛接受的范围之内（地图 2.1；图 2.1）。在技术革命的初期，人们将转让通话积分作为网内的支付方式。很快，这一模式就让位于第一代正规移动支付系统，即由通信运营商（例如肯尼亚的 Safaricom）或者允许客户通过移动手机网络进行接收、转款、存取的银行运营的支付系统。

将移动技术的广泛应用转化为大规模的金融服务还有很大的空间。例如，Alonso 等（Alonso and others，2013）利用墨西哥的数据估算了移动银行的潜在需求缺口，即移动电话的持有与现有银行账户的可获得性之间的差距，大约为 40%。

对这一问题的正确观察是，尽管移动货币已经改变了全球银行经济学，但是和传统支付工具创造的交易价值相比，移动银行交易支付的规模还很小。我们回到肯尼亚这个例子，肯尼亚是世界上利用移动支付最成功的国家，即使如此银行间的支付交易仍是 M - PESA 移动账户交易规模的将近 700 倍（Jack and Suri，2011）。

地图 2.1　每百人移动电话拥有量，2011 年

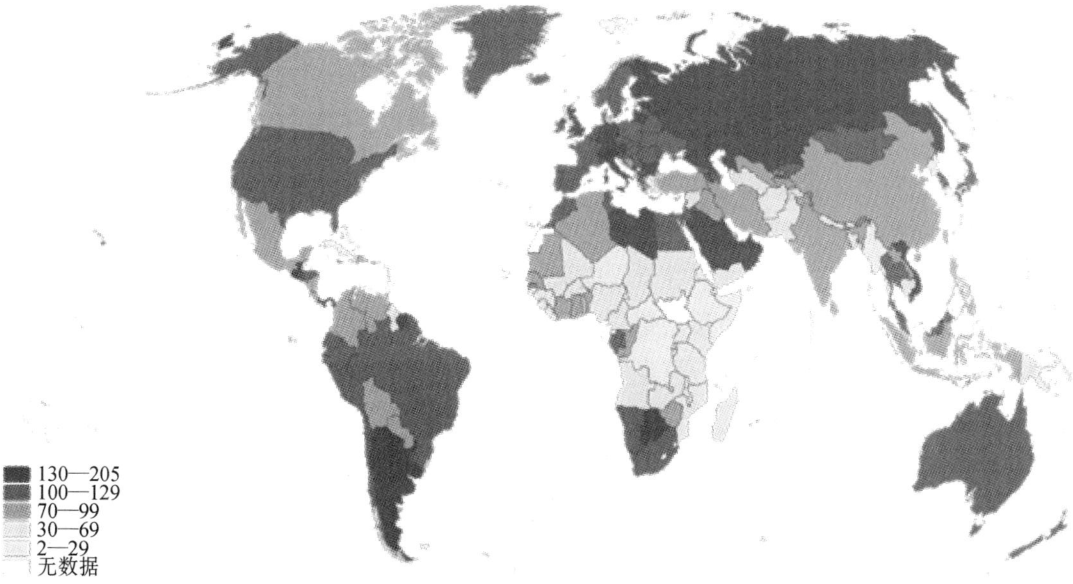

数据来源：根据世界发展指标（数据库）计算，世界银行，华盛顿，http：//data. worldbank. org/data - catalog/world - development - indicators.

图 2.1 每百人移动电话拥有量，以国家收入分组，1990—2011 年

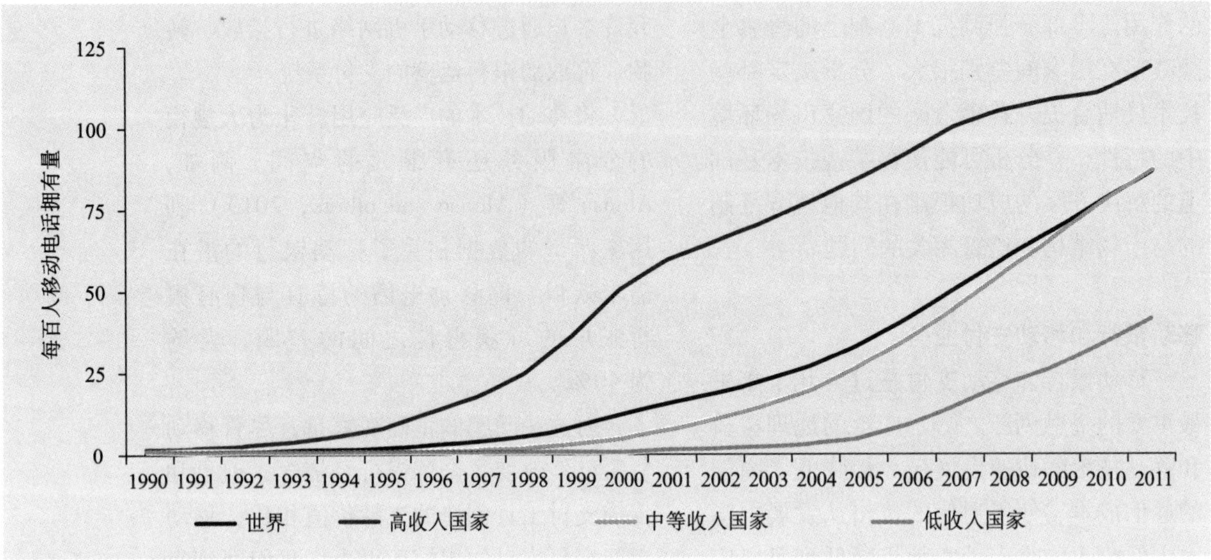

数据来源：根据世界发展指标（数据库）计算，世界银行，华盛顿，http：//data. worldbank. org/data – catalog/world – development-indicators.

移动技术可以成为变革的重要动力的一个领域是汇款。尽管移动支付逐渐成为国内汇款的主要渠道，但是技术和监管障碍使得国际间的广泛使用仍然受限。专栏 2.1 深入分析了汇款、技术和普惠金融之间的联系。

移动银行与支付技术可以成为使用正式金融服务的先导，但是主要的挑战是设计安全的移动应用，使得人们在日常交易中可以随时随地使用。因为移动银行与支付应用具有网络外部性，随着更多的人加入这个系统，成本将会变得更具有效性。这就意味着移动银行与支付系统的成功关键在于参与者可以与之交易的潜在使用者人数。因为在发展中国家，移动货币的应用是建立在现金支付体系背景中，所以，决定这一模式被接受的其他重要因素是现金兑现点，以及现金通过这些兑现点进入和退出移动系统的便捷性。

要复制肯尼亚采用移动支付模式的成功经验需要具备哪些条件呢？移动银行经济依赖网络外部性和规模经济。在肯尼亚这个例子中，移动银行的快速应用是由 Safaricom 推动的。Safaricom 是该国最大的移动运营商，它所提供的网络足够大，使得运营商和潜在客户在移动银行业务上都有利可图。但是，在移动银行市场分割的情况下，因为运营商对于使移动银行经济可行的大规模基础设施投资缺乏足够的激励，这些技术的采用就非常缓慢。

这说明监管者在为发展移动支付平台提供激励和要求这些平台开放两者中间应谨慎权衡。作为消费者，当然是希望各种电子支付平台和银行之间能够彼此互通，以便消费者可以随意使用各种移动银行服务而避免技术壁垒和额外收费。但是，如

专栏2.1　汇款、技术与普惠金融

对于获得正式银行服务的机会有限的人群，汇款是最重要的金融交易之一。过去的十年，汇款总额一直在稳步上升。世界银行（2013b）估计官方记录2012年向发展中国家汇入的国际流动人口汇款（定义为工人汇款、雇员补偿款以及移民汇款的总和）总额达到4 010亿美元。国内汇款，即从一个省或市向另一个省或市汇款，是这个数额的几倍。很多国家收到的汇款额之多，以至于对宏观经济产生重要影响，其中包括实际汇率的提高。

汇款流入与普惠金融之间应该具有强关联。一个关键的原因是汇款一般是经常且可预测的流入，所以原则上应该使得汇款接收人相对更倾向于使用正式金融部门的服务。但是，这个判断在跨国数据上并不明显。低收入国家一般既有更高水平的汇款与GDP比率，也有低水平的账户渗透率（图B2.1.1，左）。从这个观察中很难得出结论，因为在国家内部，低收入人群更可能有家庭成员从外面汇款而且没有银行账户。尽管现在可以用全球普惠金融数据库获取普惠金融数据，但关于汇款的数据仍然需要通过进一步调查进行更系统的收集[a]（2014年盖洛普全球调查计划增加一个模块，通过这种方式，这个领域里有望取得重要的进展）。

实际上，为了汇出与接收汇款，家庭越来越依赖移动银行和其他的现代零售支付手段。对很多家庭来说，这可以作为首要的进入金融系统并使用支付系统以外的金融服务的切入点。数据显示贫穷的国家在账户渗透率上远远落后于移动电话普及率，这明白无误地说明了移动银行的潜力（图B2.1.1，右）。当人们进入一家银行或者信用社从事汇款交易的时候，他们来过几次之后一般都会开设一个银行账户。很多金融服务提供商已经认识到通过汇款引进新的金融服务客户群体具有相当大的潜力，因而

图B2.1.1　汇款与普惠金融

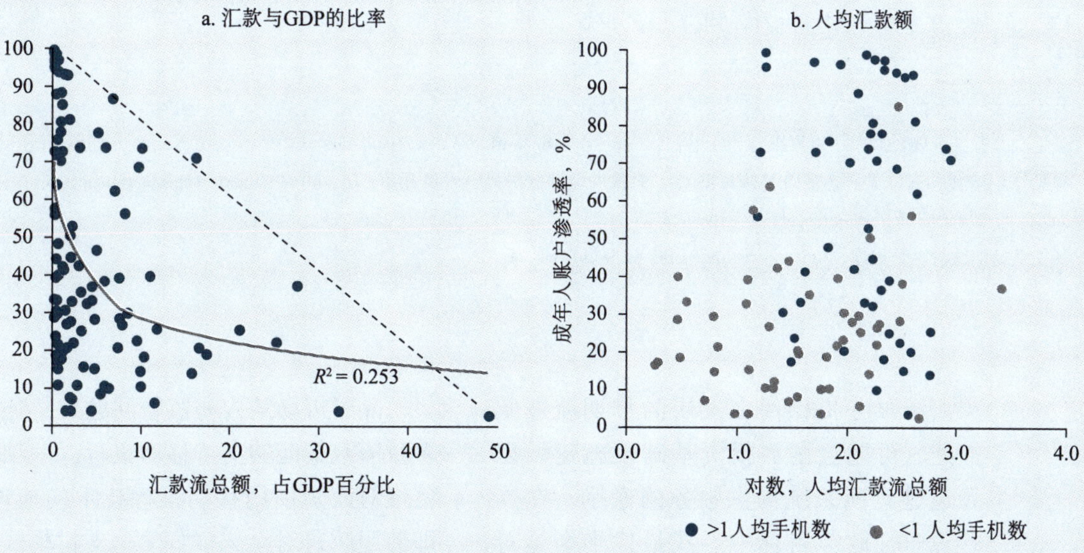

数据来源：根据全球普惠金融数据库提供的数据计算，世界银行，华盛顿，http：//www.worldbank.org/globalfindex.

注：汇款流总额是所有汇款收付的总额。

专栏 2.1 汇款、技术与普惠金融（续）

在汇款账户之外积极地提供额外的服务。

把汇款账户和其他金融产品捆绑起来对普惠金融的积极影响在其他方面也很明显。汇款的固定成本比较高，汇款的现金流入一般是季节性、分批次集中数额。这使家庭需要一种既能安全储蓄又能随时支取的金融工具，以便平滑消费（Anzoategui, Demirgüç - Kunt, and Martínez Pería, 2011）。汇款一般也会提升获得信用的机会，因为汇款的流动过程给金融机构提供了关于贫穷的汇款接收家庭的信息，这使金融机构更愿意提供信用和微型贷款。最后，汇款可以便利微型保险，尤其是外出务工人员亲属购买保险。例如为其母国的家庭购买健康保险。

给定汇款在提高普惠金融方面的潜在作用，降低支付系统的成本、提高效率和透明性非常重要。根据最近的调查数据（世界银行，2013a），非伙伴关系银行之间的账户的产品转移支付成本非常高，平均成本达到 13.6%，而银行内部账户之间或者向伙伴银行的账户的转移成本平均大约是 8.4%。移动服务是最便宜的产品类型之一，成本大约是 7.4%。但是，在多数国家，跨境移动汇款服务很难获得，而且在移动货币转移支付的成本透明性方面还有很长的路要走。监管活动可以帮助解决这些问题，比如美国制定的汇款转移支付规则及其在改善消费者意识上的努力。[b]

已有几个国家把汇款产品和国家普惠金融政策融合起来。例如，根据印度国家普惠金融战略，很多公共部门银行提供不收汇款费用的账户。菲律宾发展计划（2011—2016）明确指出需要推动普惠金融并便利国内外的汇款（NEDA, 2011）。为了实现此目标，中央银行已经批准了很多替代性的汇款方式，比如智能 Padala、G 现金和价值储存卡。而且竞争也有助于降低交易成本并减少提供服务的时间。

在全球水平，G8 和 G20 领导人一再强调便利汇款流动和降低成本的价值（参见 G8 拉奎拉宣言和 G20 戛纳宣言）。全球汇款工作组（世界银行金融与私营部门发展副总裁担任领导）在努力确保 G8 和 G20 承诺五年内把汇款成本降低 5%（5 × 5 目标）上取得了成功。建立汇款价格比较数据库在实现并监督完成此目标的过程中被证明是有效的。[c]

a. 参见全球普惠金融数据库，世界银行，华盛顿，http://www.worldbank.org/globalfindex.

b. 参见“汇款转移支付规则（规则 E 修订案），”消费者金融保护局，爱奥瓦市，IA，http://www.consumerfinance.gov/remittances-transfer-rule-amendment-to-regulation-e/.

c. 参见全球汇款价格数据库，http://remittanceprices.worldbank.org.

果要求服务提供商在发展的早期就彼此互通，可能会削弱投资基础设施建设以及通过此项系统提供服务的激励。在这些竞争性政策目标中寻找最优平衡是对新型支付技术进行监管时面临的关键挑战。

除了市场结构和监管问题外，还有许多政府政策能够支持移动银行。一项政策已经对鼓励使用移动银行技术初显成效，即使用政府对个人（G2P）支付模式。这种支付模式通过引导连续的资金流进入金融账户，为把从前没有银行账户的受益人融入正规金融服务提供了极具吸引力的机会。例如，一些政府已经开始小规模地实验使用移动支付技术，作为政府福利流向个人的方式。这些项目的规模和总效用目前还相对有限；大多数政府利用银行卡或直接存款技术进行 G2P 支付。但是，目前已有两个完全采用移动支付的大额政府转移支付项目的例子，即哥伦比亚的 Familias en Acción 项目和巴基斯坦的 Benazir Income Support 项目。

巴基斯坦的政府支付数字化为如何有效地借助移动网络的 G2P 支付模式促进普惠金融发展提供了一个案例。在巴基斯坦，现在大约有 1 800 万移动银行账户和 31 000 多家代理（覆盖了巴基斯坦 90% 的地区），每月处理超过 1 000 万起支付交易。在巴基斯坦，有好几家移动银行供应商正在运营，它们几乎都加入了 G2P 数字化支付服务（Rotman, Kumar, and Parada, 2013）。巴基斯坦的例子也很好地说明了政府如何与私营部门通力合作利用移动银行技术的好处：巴基斯坦政府部门热衷于通过移动银行业务引导 G2P 支付，从而降低行政成本并增加透明度；而移动银行提供商认为 G2P 支付是在中低收入人群中发展基础客户的有效手段。因此，巴基斯坦移动网络上的 G2P 支付份额一直稳步上升，而且预计在 5 年内，巴基斯坦国内 75% 的 G2P 支付都有望数字化。

移动银行业务对储蓄的影响存在争议。因为许多移动银行业务平台起初是作为单纯的支付系统设计的，从而有一种忧虑认为移动银行方便了消费和支付，但是不能为储蓄和从事其他提升福利的金融行为提供激励。某些证据表明移动银行业务服务被当做交易模式而不是储蓄模式使用。例如，在一个关于肯尼亚移动银行业务的研究中，Mbiti 等（Mbiti and Weil, 2011）认为获得使用 M - PESA 的机会对个人储蓄能力的影响有限。Demombynes 等（Demombynes and Thegeya, 2012）在最近的研究中证明加入肯尼亚的 M - PESA 系统使得存款的可能性增加了 20%。平均情况下，仅有 M - PESA 的人储蓄金额为每月 1 305 肯尼亚先令（大约为 13 美元）；与之相比，只用其他账户储蓄的人平均储蓄金额为每月 2 282 肯尼亚先令，两类储蓄都有的人平均月储蓄金额为 2 959肯尼亚先令。

考虑到用非 M - PESA 账户储蓄的人更有可能是富人，他们一般储蓄更多，我们可能得出结论认为移动银行除了通过基本的支付服务覆盖前所未有的大量低收入个人外还会促进储蓄。然而，关于这一点的可靠证据还少之又少。原因之一就是许多的电子零售支付系统仍然偏重于方便交易，而不提供有足够吸引力的储蓄产品。从某些情况下，这是因为监管者不允许移动银行业务提供商从事存款业务。但是，不同监管制度之间差别很大，某些运营商，例如肯尼亚的 M - Shwari 已经和银行合作，开始提供信用产品。

创新的服务渠道

除了直接提升金融普惠性，新的移动银行业务和支付技术也催生了以技术为支持的商业模式，它们能够扩展基础金融服务的可获得性。银行代理利用银行卡和移动技术加以组合，很好地诠释了银行如何利用新技术向以前得不到银行服务的用户和地区提供金融服务。

银行代理是处于银行分支机构网络之外，代表一家或几家银行进行交易的银行代表。银行代理这一术语在广义上也包括邮政网点、超市、杂货店、加油站点和彩票投注站等提供基本金融服务的地方。银行代理可以是固定的零售营业点，向以前没有营业网点地区的顾客以收取佣金的形式提供金融服务；或者作为移动银行业务代理人经常性地造访偏远地区，提供基础金融服务。有必要区分银行业务代理与移动代理，前者代表银行提供多样的金融服务，后者仅仅是代表移动电话或者支付运营商，一般只提供典型的基础交易服务。随着新的移动银行业务和支付技术的出现，两种代理模式都得到迅速发展。它们依靠移动银行业务和点对点销售技术降低交易成本，跨越现有银行分支网络覆盖的地区提供金融服务。

移动技术基础上的代理银行业的创新点在于融合了移动技术和新的支付渠道，例如，使用分销点作为银行代理。这使得银行可以在不进行实体分支机构投资的前提下，向现有的客户提供更多的便捷服务点、缓解当前分支机构的拥堵、催收支付并获得更广阔的地域占有率。这些所需要的技术与基本的移动银行业务所需的技术相似。但是，代理银行业也可以不借助移动电话就覆盖更多的客户。更重要的是，它经常提供比移动银行业务更广泛的金融服务，包括保险和储蓄产品。最近，一些比较成熟的移动支付平台开始联合银行，通过银行已经建立的银行代理网分销渠道，向客户提供更广泛的产品。[4]

有证据显示，代理银行业务对普惠金融具有重要的影响。例如，Allen 等人（Allen，Demirgüç - Kunt，and others，2012）发现，在最低收入的四分之一人群中，引入代理银行业务将使用正规金融账户的比例提升了 5%。

在很多国家，包括巴西、印度、肯尼亚和墨西哥，代理银行业务是提升基本金融服务可获得性的有力方式。例如，建立在技术基础上的商业模式在印度的改善普惠金融政策中发挥了关键作用。在 2006 年，印度采用了一种银行主导、技术推进的银行代理模式。印度储备银行号召各银行对没有银行服务的村庄提供基础金融服务，分为两个阶段：第一阶段，向所有超过 2 000 人口的村庄提供服务；第二阶段，向人口少于 2 000 人的村庄提供服务。银行把新的分支机构、固定商业代理网点和移动技术基础上的银行代理结合起来实现此目标。到 2012 年 3 月，在这一项目下建成了 96 828 个新的消费者服务点。[5] 根据全球普惠金融数据，2011 年只有 35% 的印度成年人有银行账户。[6]

巴西在代理银行的覆盖面和数量两个方面领先全球。巴西强大的支付系统基础设施为代理银行业务的成功和快速发展奠定了技术基础。巴西每千人拥有 1 471 个销售点终端，是智利的三倍多（每 100 000 人有 450 个）；而且在 ATM 方面在本地区也处于领先地位，每 100 000 人有 121 个，覆盖率接近德国和其他欧洲国家。大量的通过公共银行进行的政府转移支付项目给网络的立即使用提供了机会。如今，这些很大程度上都归于 Família conditional 现金转移支付项目，这一项目服务约 1 400 万家庭（是发展中国家同类项目中最大的）。中央银行监管规则也鼓励金融机构覆盖更多的偏远消费者和以前不活跃的社区。巴西的例子不仅表明了这一项目的巨大成功，同时也呈现出这一创造性渠道面临的某些挑战。例如，尽管有了一定的发展，但是贫穷和更偏远地区的代理仍然局限于提供基础的支付服务。但是，像储蓄、信用和保险这些服务对于很多低收入消费者而言仍然未列入马上解决的议程（专栏 2.2）。

专栏 2.2　巴西的代理银行业务和普惠金融

在巴西，推动普惠金融发展的主要因素之一是广泛发展的代理银行网络。中央银行鼓励金融机构通过与各种零售网点合伙覆盖更偏远的消费者以及那些之前它们的不活跃的地区，包括低收入地区。监管者根据这一项目早期取得的成功，逐渐减少对代理银行的限制，例如对个人批准程序的限制。立法给被监管的金融机构施加培训与监督其代理的义务，以此便利代理银行的稳健扩张。一个重要的步骤是把使用邮局作为代理银行的权利拍卖出去，私营银行可以竞拍到此权利。这促进了其他银行寻找其他代理的动力。

从 2005 年到 2010 年，银行代理的数量大约翻了一番，2010 年 12 月，数量超过 150 000 人（表 B2. 2. 1）。同一时期，银行分支机构的数量增加了大约 12%，从 17 627 增加到 19 813 个。银行和非银行金融机构都与零售网点合伙，某些与公共部门合伙，比如邮局网络和彩票网点。几家金融机构，比如 Bracesdo and Caixa 银行沿着亚马孙河流域设立河船银行（riverboat bank），以便覆盖偏远的社区（图 B2. 2. 1）。

巴西的例子突出显示创新的商业模式如何能够利用新技术把金融服务延伸到之前没有银行服务的家庭和地区。表 B2. 2. 1 阐述了这种渠道正在面临的某些挑战。例如，更富裕的地区（比如南部和东南部）银行代理的份额更高，而且这些地区的代理更可能提供全面的服务（比如开设账户、提供贷款服

表 B2. 2. 1　代理银行，巴西，2010 年 12 月

		联系，%		授权活动、营业代理，%				
地区	数量	银行	金融公司	公开账户	转移支付	支付（汇出与接收）	贷款与融资	信用卡
北部	6 850	91	14	34	48	79	53	42
东北部	31 752	93	13	29	47	81	51	41
中西部	11 948	86	19	25	40	72	58	40
东南部	67 878	82	31	23	31	61	66	38
南部	31 195	80	27	28	37	68	66	38
总数	151 623	84	24	26	37	68	62	39

数据来源：根据巴西中央银行数据计算得出。

专栏 2.2 巴西的代理银行业务和普惠金融（续）

图 B2.2.1 旅行者三号，Bradesco 在亚马孙河上的代理银行

数据来源：Banco Bradesco。数据使用得到许可，重新使用需要进一步的许可。

务），而很多北部和东北部的代理只处理支付业务（比如与公共服务账单和提供月度政府福利有关的支付）。很多低收入消费者仍然很难获得支付之外的金融服务（包括储蓄、信用和保险）。政府部门正在拓展使用银行代理进行政府支付，并提供更多使用代理银行进行储蓄的激励。

其他的拉美国家也在开展类似的利用代理银行网络拓展金融服务的活动。在墨西哥，2009 年和 2010 年进行的监管框架改革使得代理银行的数量翻了一番还多，从 2010 年第四季度的 9 303 家上升到一年之后的 21 071 家。这意味着每 10 000 个成年人估计就有 2.64 个代理银行网点，与之相比的是每 10 000 个成年人只有 1.83 个传统银行分支机构（2011 年银行分支机构总数是 14 631 个）。墨西哥几乎一半的银行代理（2011 年这个数字是 9 964）坐落在便利店里，是 OXXO 零售链的一部分。沃尔玛、7－11 便利店和几家药店也兼任银行代理网点。墨西哥主要的公有银行代理合伙人是墨西哥电讯公司（2011 年拥有 1 597 家银行网点），这是墨西哥第三大代理网点合伙人，但是比巴西的公共部门网点合伙人（比如彩票或邮局）要小得多。墨西哥的监管制度很灵活，甚至允许有笔记本电脑的个人作为银行代理活动，也允许提供全面银行服务的大型零售商作为银行代理。阿兹特克银行在 Elektra 零售链上经营，是这个市场上的高端提供商的一个例子：它通过 Elektra 零售店向大量的低收入客户提供全面的银行服务。

哥伦比亚政府于 2006 年创造了一个创新性项目促进普惠金融，即 Bance de las Oportunidades：其做法是把包括监管改革、金融能力项目的政策行为与激励普惠金融提供者满足低收入银行服务消费者需求结合起来。代理银行是 Bance de las Oportunidades 支持普惠金融的方式之一，支持路径包括监管改革，比如创造非银行代理人，以及简化“了解客户”规则。2013 年第一季度，哥伦比亚有 35 765 个银行代理，几乎相当于每 10 000 个成年人里超过 10 个，而传统金融分支机构只有 7 183 个。[a]

来自拉美的这三个例子都说明监管环境对于拓展代理银行的重要性。在每种情况下，不论是巴西、哥伦比亚还是墨西哥，监管者为了便利代理银行而采取的步骤，比如在文件要求上更灵活以及降低为建立小额盈余账户而对客户信息的要求，对于增强银行与其他金融机构拓展网络的能力都很关键。

a. 参见 http：//www. bancadelasoportunidades. gov. co/portal/default. aspx，the Banca de las Oportunidades 网站。

改善借款人识别和信用汇报的技术

减少信用市场的信息不对称是提升金融普惠性的另一种技术创新方向。很多金融市场都受困于严重的信息难题，这是造成金融排斥的主要原因。贷款人将通过提高担保要求、批准贷款之前对借款人进行成本高昂的甄别或者拒绝向某一借款人群体提供贷款等方式弥补借款人身份和信用历史信息的缺乏。这些导致了对本来信用可靠的借款人的信用配给和金融排斥。

大多数发达经济体都有国家识别体系，使得识别借款人和追踪个人信用记录都相当容易。为了使信用报告体系运转良好，必须能够识别个人资质。对于没有统一的识别体系的中低收入国家，这是一个不小的挑战。即使存在正规识别形式的地区，也很难证明文件的真实性。这些表明借款人可以轻易地背弃财务承诺，导致贷款人不愿意向新客户提供金融服务和信用。微型金融机构（MFI）传统上依赖群体出借以及借款人和贷款人信贷员之间经常性的个人互动克服这一难题。但是，最近的微型融资（详见第一章，专栏1.5）违约危机之后，即使MFI都越来越依赖于传统的信用报告制度，这突出了金融金字塔底端对可靠的识别的需求。

为了解决这一挑战，许多国家诉诸增强借款人识别的创新技术解决方案。地方和国家政府已经开始使用生物计量识别技术，这种技术利用个人的生物计量数据，比如指纹。这些数据可以和个人信用记录相联系。印度正在实施全球最大的生物计量借款人识别项目：印度的Aadhaar项目下的特征识别管理署正在向全国的公民分配识别编码。在2014年这一项目完成时，每个人都会有一个与生物计量数据相联系的识别编码。这些生物数据包括照片、虹膜扫描和指纹。根据设想，这一编码可以和Aadhaar激活支付系统（Aadhaar Enabled Payment Systems）以及个人信用记录（例如银行和微型融资机构的贷款）相连接，以便增强信用市场透明性并减少信息问题。

最近的研究表明，借款人识别技术的提升能够有效减少信用市场的信息问题和道德风险。Giné等人（Giné，Goldberg，and Yang，2012）发表了关于在马拉维引入借款人指纹作为生物计量识别形式的田野实验报告。和理论预测一致，这一干预提高了贷款人实施动态激励的能力（即根据以前的还款表现拒绝以后提供信用的能力），降低了逆向选择和道德风险（专栏2.3）。这一研究仅仅是关于这个话题的大量文献之一。Karlan等（Karlan and Zinman，2009）发表的相关论文发现了南非城市地区关于道德风险的实验证据和较弱的逆向选择证据。大量的近期文献提供了经验证据，证明在发达和发展中经济体的信用市场都存在信息不对称，而且都有影响（例如：Edelberg，2004；Giné and Klonner，2005；Visaria，2009）。

许多国家都在努力建设更好的借款人识别机制，政府通常使用多种具有特定目标的识别体系。这违背了构建基本泛用识别基础设施并在此基础上由私营部门发展普惠金融产品的目标。因此，创建具有泛用性的有效且单一的识别系统的政策启示是，有必要将生物计量识别系统从为了某一特殊目标而特设的识别系统中解放出来，因为后者会限制系统使用的范围。

专栏 2.3 改进个人识别技术对信用市场的影响

直到最近，实际上还没有经验证据证明个人识别对信用市场的影响。三个问题具有广泛的利害关系。第一，个人识别技术的改善如何影响借款人和贷款人行为，以及最终影响贷款偿还率？第二，逆向选择和道德风险在信用市场多普遍？最后，个人识别技术的改善如何影响信用汇报制度的运行？

Giné 等（Giné，Goldberg，and Yang，2012）从随机田野实验得出的结论对回答以上问题具有启发性。实验随机抽取贷款申请人的指纹，以检验改进个人识别技术的影响。实验在马拉维农村进行，那里识别系统不完备，获得信用受限制（图 B2.3.1）。根据全球金融发展报告数据库，马拉维 2011 年可获私人信用与 GDP 的比率在 153 个国家里排名第 124 位，私人信用与 GDP 的比率是一个常用的测量金融部门深度的标准。[a] 马拉维在信用信息指数深度上得分也很低，该指数代表贷款人可以得到的借款人信息的数量和质量。[b] 马拉维农村家庭很少有获得贷款从事生产活动的机会：只有 12% 的家庭汇报在过去的 12

图 B2.3.1 马拉维的提取指纹实验

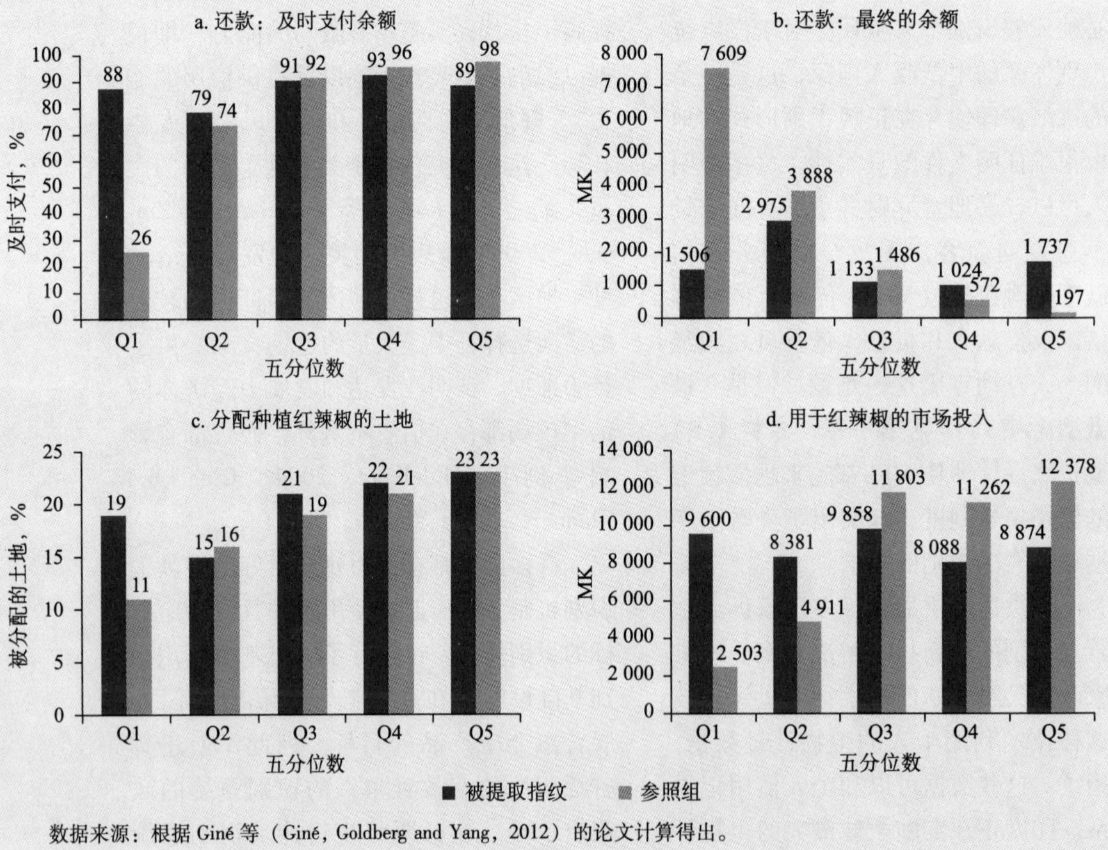

数据来源：根据 Giné 等（Giné，Goldberg and Yang，2012）的论文计算得出。

注：这些图表示被提取指纹的组与参照组的还款比率，以事前违约率的五分位数计算。在违约率最差（Q1）的组里的个人是违约率最高的人，提取指纹对其影响最大。MK = 马拉维克瓦查。

专栏2.3　改进个人识别技术对信用市场的影响（续）

个月内获得过生产贷款，而且，在这些贷款中，49%来自于正式的贷款人。在实验中，申请农业生产资料贷款种植红辣椒的农民被随机分配到两个小组，一个参照组，一个实验组。每个组的成员的指纹都被收集起来作为贷款申请的条件。

研究发现提取指纹技术极大地提高了事前违约风险最大的一组借款人的还款率。这说明提取指纹改进了个人信息识别，因而提升了贷款人动态激励的可信度，即在以前的还款表现的基础上拒绝提供信用的威胁。提取指纹对违约风险最高的一组（占借款人的20%）带来的还款影响最大：参照组的贷款平均偿还率（到期后两个月）为67%，借款人被提取指纹的组为92%。换句话说，在这些农民中，提取指纹对参照组还款率与完全偿还之间的差距的贡献率大约为四分之三。相反，对于事前违约风险低的农民，提取指纹对还款没有影响。

研究人员也搜集了独特的额外证据，证明道德风险和逆向选择的存在。提取指纹导致农民选择规模小的贷款，这和降低逆向选择是一致的。另外，违约风险高的农民被提取指纹之后从合同约定的农作物（红辣椒）投入中将资金转移他用的比率也降低了，这说明道德风险也降低了。如果把这些收益与估测的执行成本进行比较，会发现采用提取指纹的做法具有成本有效性，收益与成本的比大约为2.3∶1。该论文对信用汇报制度的可感知的好处也有启示性。尽管马拉维没有信用部门，但研究参与人被告知他们的指纹和相关的信用历史可以被其他人分享。因为指纹导致借款人行为的积极变化，该论文强调了借款人相信识别技术的改善使得贷款人可以根据过去的信用表现设定贷款条件。这很重要，因为它表明如果建立一家信用机构，借款人将如何回应。这些研究结果与de Janvry等（de Janvry, Mclntosh, and Sadoulet, 2010）最近的研究相得益彰，后者研究了在危地马拉为微型金融借款人引进一家信用机构的效果，发现借款人信息的改善降低了道德风险和逆向选择，从而带来大量的效率收益。

---

a. 全球金融发展报告（数据库），世界银行，华盛顿，http://www.worldbank.org/financialdevelopment.

b. 参见企业经营数据库，世界银行，华盛顿，http://www.doingbusiness.org/data

很多发展中国家在建立具有唯一性的借款人识别基础设施时仍然面临基本技术挑战，但对于拥有先进的信用报告基础设施的国家而言，也存在多种可行的政策干预手段。多数情况下，这些政策都致力于为新的借款人识别技术和信用报告技术构造适当的法律和技术框架（也可参见IFC，2012a；世界银行，2011a）。

首先，在存在信用报告机构的地区，实践中很难实现不同金融机构间的信用共享。因为贷款人可以从对潜在借款人的信用价值信息的排他性使用中获利，所以，已经建立优势的贷款人不愿意和竞争者分享信息，尤其是不愿意和那些挑战传统借贷模式的市场参与者分享，比如消费信用提供商或者MFI。确保获取信用信息的平等和透明，可以使得消费者利用个人信用记录做名誉抵押，增强信用市场的竞争性并扩展融资渠道。最近几年，这些信用报告机构的基本功能得到新的技术的支持，这些新技术包括上文提及的生物计量借款人识别工具，以及使得分享和收集借款人信息更加便捷的改进的银行业务技术。

其次，现有的信用报告机构仅覆盖传统银行业的借贷和交易。为了加强信用报告机构作为普惠金融工具的作用，应该将信用报告系统的覆盖范围扩展至非传统贷款人，例如非银行金融机构和微型金融机构。这不仅有利于将微型金融客户导向正规银行业务，更有利于防范低收入借款人陷入过度负债。低收入借款人的过度负债是微型金融领域反复发生的违约危机主要原因，也是新兴国家消费者融资快速扩张可能引起的主要问题之一。

最后，如果普惠金融有充分的法律框架规制，而这种充分的法律框架能够捍卫消费者权益、降低与个人大量私人信用信息可得性相关的风险，并确保各种市场参与者之间信息分享的平等和透明，那么全面的信用报告机构的建立将会对普惠金融产生更多的影响。

采用新技术：市场环境和竞争的影响

新型技术，尤其是移动银行业务和零售支付系统已经成为世界范围内普惠金融不可分割的一部分，但是新技术的使用在不同经济体内有不同的路径。事实上，手机使用的普遍性和高渗透率都不是发展移动银行业务的必要前提。例如，M－PESA在肯尼亚开始提供移动支付服务时其手机渗透率只有20%，阿富汗、卢旺达、坦桑尼亚引进这一服务时其手机渗透率大概也是这样。在国家间的比较中，手机用户数与利用手机进行支付和转账之间的相关性并不显著（图2.2）。

为了进一步理解这种令人吃惊的低相关性背后的原因，用两个截然不同的国家，即俄罗斯和索马里作为案例聚焦观察会很有用处。俄罗斯是世界范围内手机用户数最高的国家之一（每100人拥有179个用户数），但是在使用手机进行金融交易方面排名在下游（每100个成年人低于2人）。造成这一现象的一种解释是相对于其他交易方式，对现金交易建立起来的长期偏爱：许多私营部门雇主以现金的方式给雇员发放工资，而且，尽管电子商务有所增长，但是最受欢迎的网上订单支付方式是现金支付。大约50%的俄罗斯人对借记卡和信用卡持怀疑态度，即使他们已经有了这些工具。因此，超过1亿4 000万激活的银行卡中83%是工资卡，这些卡中可查的90%的使用活动是发薪日到ATM机取款（Adelaja，2012；Evdokimov，2013）。导致这一情况的原因之一是俄罗斯银行在电子支付和移动银行业务方面发展缓慢。在2012年中期，俄罗斯最大的30家银行中只有4家银行提供完整的移动银行业务服务，只有7家允许个人间的货币交易。[7]到2011年才通过电子支付立法，使电子交易合法化并建立法律和安全框架并使电子支付成为可行（Adelaja，2012）。由于这些因素，现金仍然是俄罗斯的主要支付形式。和其他教育水平、福利、科技进步程和手机渗透率近似的国家相比，俄罗斯在移动支付和交易方面相对落后。[8]

索马里是一个完全不同的例子。它的移动手机渗透率排名全球倒数第四，但是是世界上使用移动支付频率最高的三个国家之一。这个有点矛盾的现象很大程度上

图 2.2　手机渗透率和移动支付

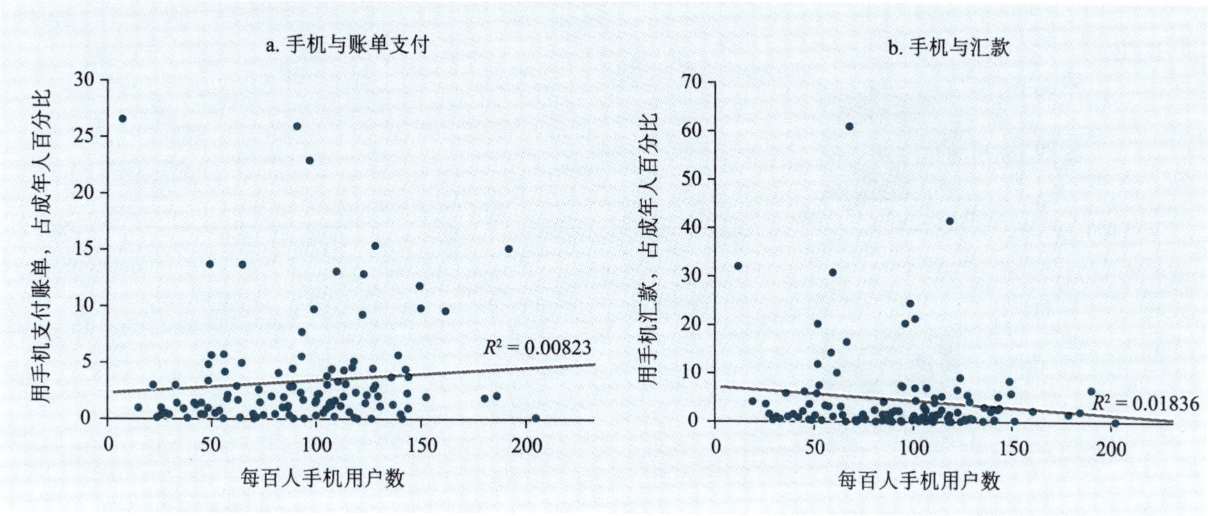

数据来源：基于世界发展指标（数据库）数据计算，世界银行，华盛顿，http：//data. worldbank. org/data - catalog/world - developmentindicators；全球普惠金融数据库，世界银行，华盛顿，http：//data. worldbank. org/globalfindex.

反映了索马里严峻的安全形势。当这个国家最大的通讯公司开展移动银行服务业务时，这些服务很快被证明是有利的。现在个人可以很容易和其他手机用户进行支付交易，可以不需携带现金就便捷地进行购物、支付账单。这项新的服务使得索马里人可以轻易获取家人和朋友从国外寄出的汇款；鉴于汇款占索马里 GDP 的比例高达70%，并且已经成为饱受战争困扰的索马里的经济支柱，这一转变意义重大（Maimbo，2006）。索马里的例子突出说明，使用手机进行支付的程度虽然是一个很好的指标，但是不应该被认为是唯一的目标。

没有哪种单一的促进普惠金融策略能够适用于所有的市场和经济经济环境，这一观点已经被普遍接受。确实，当研究者开始调查监管规模、法律权利的内容、替代方式的成本、市场规模和金融排斥人口的规模等情况时，结果是不确定的（例如 Flores - Roux and Mariscal，2010）。这就提出一个问题：为了支持发展，必须创造什么样的宽松条件？例如，应该创造什么样的移动银行业务和支付服务条件才能足够充分地提升金融普惠性？

尽管没有哪种单一的因素可以解释各国间采用移动银行业务和支付技术的明显不同，但是确实存在某些模式。在许多时候，传统上，针对低收入消费者提供金融服务和实体零售业务在很多方面是相似的。向大众化市场提供金融服务的利润是由实体分支行机构覆盖范围内的潜在消费者数量和每个潜在消费者带来的收益决定的。这两个变量中的第一个受到人口密度的影响；第二个受到潜在消费者人均收入的影响。

人口密度和人均收入是与普惠金融具有系统性相关的两个关键因素。图 2.3 展

图 2.3 在正规金融机构有账户的成年人的比例

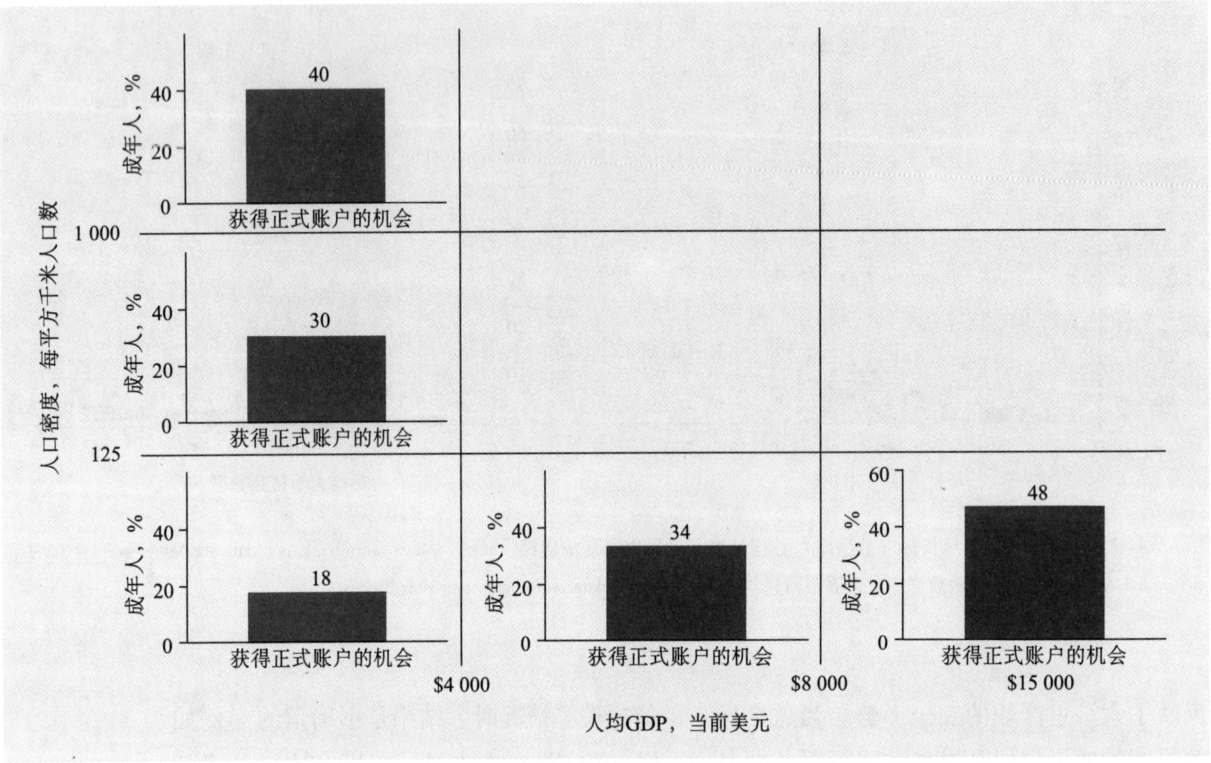

数据来源：全球普惠金融数据库，世界银行，华盛顿，http：//www. worldbank. org/globalindex；基于世界发展指标（数据库）数据计算，世界银行，华盛顿，http：//data. worldbank. org/data－catalog/world－developmentindicators；Faz and Moser，2013。

示了15岁以上根据人均收入列出的拥有正式银行账户的成年人百分比（水平轴）和人口密度（纵轴）。如果按照拥有银行账户统计，普惠金融随着人均收入的增加而增加。人口密度和普惠金融之间也存在着明显的正相关。这一关系很大程度上可以用规模经济效应进行解释，如孟加拉、印度和印度尼西亚等国。在这些国家，尽管人均收入水平低，但是高人口密度成为借助传统银行的分支机构实施普惠金融的有利条件。

普惠金融环境的这种分类突出了移动银行业务和移动支付能够对普惠金融产生最强烈影响的环境。根据图 2.3 中的四个拐点中的三个，可以识别出三种一般性普惠金融环境，人们可以预测出三种不同的使用移动银行业服务的路径：（1）低收入和低人口密度环境，其特征表现为缺乏广泛分布的银行业务基础设施，而且一般有一家占主导地位的通讯服务供应商；（2）低收入和高人口密度环境，其特征为广泛分布的银行、MFI 和先进的电信运营商网络；（3）高收入和低人口密度环境，其特征为发达的银行业务部门、广泛分布的有组织的零售部门和实力雄厚的通讯供应商。

移动银行业务和支付技术改变了银行业经济学，因为这些技术极大地降低了提供金融服务的成本。在低人口密度、低人均收入的环境下，尤其是传统金融服务提供商没有覆盖过的地区，交易成本的降低幅度尤其大。这些是移动银行业务技术具有最大的福利效益潜力的场合，因为这些技术为覆盖那些之前因为成本较高而被排斥在金融服务之外的地区和消费者提供了可行的商业模式。新的技术在市场中对扩展普惠金融起到重要作用，肯尼亚、菲律宾和坦桑尼亚就是这种市场的很好的例子。

在图2.3中的其他部分，我们可以发现移动银行业务和建立在新技术基础上的商业模式仍然很重要，但是对于传统的建立在银行基础上的普惠金融政策，它们更像是一种补充而不是替代品。在高人口密度和低收入的经济类别（图2.3的左上角）中，这点更加明显。这些例子包括孟加拉、印度、印度尼西亚和中国部分地区。在这些经济体中，大量消费者可以由单一的银行分支机构服务，这在某种程度上弥补了相对较低的平均账户余额和交易规模。因此，这些经济体拥有发达的传统银行分支机构和微型金融提供商，专门服务于低收入客户。移动银行业务和建立在新技术基础上的商务模式能够在这些环境中帮助扩展普惠金融。例如，印度的普惠金融政策专注银行主导的模式，这种模式将实体银行分支机构的广泛网络优势与建立在新技术基础上的代理银行业务方案相结合，服务于以前没有银行服务的地区和人群。移动技术可以作为补充，缓解现有的分支机构拥堵，为消费者带来更方便的服务，把金融服务扩展至那些可能不符合提供金融服务的大规模人群标准的偏远地区。

在第三种普惠金融环境中利用新技术的潜能促进普惠金融可能更具挑战性，即高收入和中低人口密度环境（图2.3右下角）。案例包括东欧和拉丁美洲大部分地区。在这种环境下，银行、零售商和电信运营商一般都已经发展得很完善了，因此引入新银行业务和支付技术一般更可能在已经享受银行服务人群中重新分配服务的市场份额，而不是向正式金融部门注入新的客户群。出于对既有银行业务关系的价值的考虑，这种环境下当前的金融服务提供商不愿意采用会威胁到它们市场地位的新技术，或者用新技术替代类似信用卡这样的拥有明确的市场份额和收入结构的传统技术。所以，在这类环境下发展普惠金融对于监管者更有压力。监管者首先必须确保新技术的采用；其次，确保这些技术能够以可接受的价格和方式服务于没有银行账户的人群。鉴于在这种环境中监管俘获的风险增加这一事实，挑战也更大了。

最后，采用能够在各种市场环境下提升金融普惠性的新技术的重要前提是充分的法律和监管框架。监管框架必须为建立在新技术基础上的金融服务提供商创造宽松的条件，同时保护消费者的权利。移动支付系统就是一个很好的例子：像监管普通银行那样监管新支付系统可能降低竞争，并给消费者带来风险。这也同样适用于那些使得收集和分享借款人信息更加方便的新技术。

产品设计的重要性

金融产品的设计对个人使用金融服务有重要的影响。近期的研究表明，产品设计能够对个人使用金融服务的范围和效果产生影响。[9]

信用

信用产品的某些设计特征有助于缓解市场的不完善性并增强普惠性。例如，帮助揭示隐藏信息的产品通过缓解信息不对称问题有助于扩张信用。Drugov 等（Drugov Macchiavello，2008）和 Ghosh 等（Ghosh and Ray，2001）描述了小额的起步阶段的测试贷款如何能够对后续大额贷款的风险评估提供有用的信息。

在发展中国家，群体贷款是一个经常被讨论的最具争议性的信息不对称的解决方法，这一点毫无疑问。Ghatak（Ghatak，1999）论述了群体借贷如何能够降低逆向选择。在选择借款人组成群体借款同伴时，潜在的客户会向其他借款人了解信息，以便筛除坏的借款人；这些信息借款人知道，但是银行不知道。群体贷款也通过给客户提供激励，使其向同伴施加压力，确保资金被投资到恰当的项目并努力还款，直到贷款还清，通过这些机制解决道德风险问题。Karalan（Karalan，2007）利用秘鲁的一个 MFI 的群体形成过程中的准随机变量显示拥有更高水平社会关系的群体（种族联系和地理接近）违约率更低，储蓄率更高。但是，对于群体贷款也有一些担忧，担心群体贷款可能在社群里产生错误的激励，例如胁迫家庭或邻居参与。[10]

依据在印度进行的一系列投资试验，Fischer（Fischer，2008）发现连带责任（群体贷款的一个特征）在有限信息条件下会造成搭便车和风险升高，但是在完全信息条件下不会。同时，同伴监督有助于通过抑制高风险投资活动降低事前道德风险。Giné 等（Giné，Jakiela，and others，2010）通过与秘鲁的借款人进行的博弈游戏得到类似的结果。Giné 等（Giné and Karlan，2009）根据菲律宾的实验发现连带责任不是获得高还款率的必要条件。

另一个关于信用产品设计的重要问题与还款的时机有关。Field（Field and others，即将发表）对开始偿还贷款前提供宽限期的效果进行一项随机评估。具体地，他们给来自印度西孟加拉邦的农村福利社的一组借款人提供传统的群体小额贷款，每半个星期支付一次，没有宽限期；另一组借款人获得有两个月宽限期的贷款。作者发现，和没有宽限期的借款人相比，有宽限期的借款人其贷款中投资所占比例要高出 6%；平均收益率要高 30%。平均来讲，有宽限期的借款人的家庭收入也更高。但是，在有宽限期这组借款人内部，结果有较大差异。有些借款人运作良好，其他人则不好。9% 的有宽限期的借款人发生贷款违约，没有宽限期的借款人的此项比率为 2%。这一实验表明，尽管宽限期能够让借款人更多地投资，因此有时获得更高的利润，但机构必须把这些好处与此类借款人因为更高的违约率产生的潜在损失进行权衡，或许解决的办法是抬高贷款利率。

尽管宽限期似乎对违约率有负面影响，但是动态激励——贷款者因为当前的还款行为而在未来受到惩罚（不能获得贷款）或得到奖励（贷款价格折扣）——似乎能促进贷款的偿还。在南非的一项研究中，Karlan（Karlan and Zinman，2010）与一位贷款人合作。这位贷款人随机给某些客户提供动态激励，承诺如果客户还清现在的贷款，将来就会享受贷款折扣。这使得违约率下降了10%，激励规模和违约率降低成比例。

储蓄

很多心理因素有助于解释为什么人们使用储蓄产品有限。其一是缺少自我控制：人们是想存款的，但是自我控制难题使得人们很难抵挡当下花钱的冲动。这种行为被认为是双曲贴现的一个表现，即人们不成比例地高估今天的货币价值，低估明天的货币价值（Laibson，1997）。另一个解释是，个人承受来自家庭成员和其他人分享超额资金的压力，侵蚀他们的存款。最后，缺乏远见使得人们意识不到他们需要为了将来而储蓄。

承诺储蓄账户，即允许个人存储一定数额但是在一段时间内放弃取出的权利，或者直到达到一定目标时才可取出。这种账户经过检验被认定是一种可能促进储蓄的工具：它缓解了自我控制难题，并减轻了家庭分享意外收获的压力。证据主要来自于两个研究：Ashraf，Karlan，and Yin，2006和Brune and others，2011。第一个研究是对菲律宾一家金融机构的承诺账户进行随机化评估。账户的接受率是28%。有一个实验组，研究中没有不同的接受率。

第二个研究聚焦马拉维的一个机构，承诺账户的接受率为21%。在这项研究中，有两个实验组；向其中一组只提供支票账户，向另一组提供一个支票账户加上一个承诺储蓄账户。两组的账户接受率没有区别，但是有支票加承诺账户的一组储蓄额更高。换句话说，观察到的结果不是由于接受率的区别引起的。Brune等（Brune and others，2011）发现承诺储蓄导致银行的存款增多，而且和下一年的农业投入、谷物销售和家庭开支的增加有关联。承诺储蓄账户对农户的帮助似乎主要是保护其资金免受其社会网络侵蚀，在减轻农户自我控制问题上提供的帮助少一些，因为和他们的同伴相比，被认为有自我控制难题的农户并没有因为承诺账户而变得不同。另一方面，承诺账户对于较富裕的个人有更大的影响，这些人面临更大的分享资金压力。

储蓄产品设计的另一个创新之处在于，尝试让储户关注长期储蓄目标从而降低短期内受到干扰和使用资金的趋势。在近期的研究中测试了两种方法。其中一种是使用储蓄提醒，另一种是提供标记账户，后者是个人根据具体的储蓄目标（例如购房或教育融资）设置的账户。

带有一般性自动储蓄提醒功能的账户推动了储蓄的发展，但是带特定目标提醒的账户对于促进储蓄更有效。Karlan等（Karlan and others，2010）发现提醒能够影响储蓄存款账户的使用。他们对三家银行进行了田野研究，一个在玻利维亚，一个在秘鲁，一个在菲律宾。在每一个实验中，个人开设包括不同激励或者承诺的银行储蓄账户，用以鼓励个人达到存储目标。某些个人被随机抽选通过短信或者邮件获得每月提醒，但是控制组没有收到提醒。提醒使得达到储蓄目标的可能性增加了3%，在银行里的储蓄总额增加了6%。突出个人特定目标的提醒，也就是与未来特定支出有关（例如学费）的提醒，比没有提到目标的提醒更有效，是后者效力的两倍。

账户标记是给账户指定具体储蓄目标，目前已经表现出对增加储蓄的高度有效性。Karlan 等（Karlan, Kutsoiati, and others, 2012）在加纳东部一家银行随机选择一组客户，给他们提供针对不同目的开设不同标注储蓄账户的机会。研究发现获得标记账户的实验组平均比控制组储蓄额高出 31%。

基本账户（费率低且要求最低账户），如果设计得好，能够起到鼓励使用账户的作用。德国、英国和很多其他欧洲国家使用基本储蓄账户作为入门产品（entry product）。在美国，通过商业银行创设的公私合伙一般账户项目，银行极大地促进了之前得不到服务的消费者对基本账户的使用。[11]某些针对通用产品的努力并不成功，巴西的实验就是一个这样的例子。有几个国家当前拥有能抽奖的储蓄促进项目，这也算是一种简单的承诺储蓄产品。

保险

产品设计在保险产品上也很重要。发展中经济体里的家庭面临的风险能造成极端的收入波动。协变量风险，比如干旱或者自然灾害，尤其如此：这些风险影响的地理范围和人群广泛，但是非正式保险机制对此又覆盖不足。现代保险产品可以极大地降低这些风险带来的福利损失。但是，因为在易受影响的人群里推广基本保险产品极具挑战性，这些潜力中的大部分仍然没有发挥出来（Cole and others, 2013）。获得保险产品的一个重要障碍源于一个事实，即保险市场充斥道德风险和逆向选择：风险更大的客户更倾向于先提出要求并购买保险（逆向选择），家庭获得保险之后可能按照更容易出现负面结果的方式行为（道德风险）。因为保险提供商只能对个人客户的真实风险状况进行不充分的评估，保险的市场价格一般要比合同的实际公平价值高得多，而后者才是给定客户的风险状况的合理价值。这意味着，在很多发展中经济体，基本保险产品或者无法得到，或者价格超出大多数受到风险困扰的家庭的承受能力。

农业保险领域的一个重要创新是引进指数保险产品。传统农业保险产品是建立在损害赔偿基础上的，即保险公司对农作物损失或损坏进行赔付。农民为一定量的损失买保险，如果发生保险覆盖的事件并造成投保量以内的损失，只要索赔的有效性成立，农民就获得保险赔偿。问题是，这种保险带来的道德风险和逆向选择问题经常导致保险配给或者高额保费。以指数为基础进行保险，比如通过以客观的降雨量指数为基础确定赔偿，可以避免以损害赔偿为基础的保险所产生的某些问题（专栏 2.4）。

很多情况下，指数保险产品和消费者可能已经习惯的其他类型的保险单不同。理解指数保险合同相对普通保险的潜在好处需要相对高水平的金融知识。实践中，这经常意味着指数保险发展很慢，尚未产生如政策制定者在开始引进这种产品时所预想的那样广泛的影响。

商业模式的重要性

银行和其他金融机构使用的商业模式可能对普惠金融产生很大的影响。贯穿在本报告里的很多例子描述了金融机构如何瞄准低收入人群，它们包括孟加拉国的 BRAC 和格莱珉银行、玻利维亚的太阳银行、巴西的 Bradesco and Caixa 银行、肯尼

专栏 2.4　保险：设计合适的风险管理产品

有两种方法可以扩大基本保险产品的可获得性。一种方法是通过缓解信息问题而降低对保险产品的加价。例如，应用地理空间地图测量天气风险可以降低计算保险溢价的不确定性。把保险与其他金融服务捆绑在一起可以提供更好的客户信息，使得风险评估更准确，降低提供保险的成本。第二种方法是借助一种新型的保险合同，即指数保险。与传统保险合同相比，这种保险产品的支付与可测量的指数相联系。比如，这种指数可以是给定时期内的降雨量，也可以是给定日期的商品价格。指数保险提供了另一种尤其有吸引力的金融创新，因为它消除了道德风险问题（支付建立在可测量的指数基础上，保单持有人无法操控）。指数保险也尤其适合对那些同时影响非正式保险网络上很多成员的突发性负面事件进行保险。

Giné 等（Giné and Yang，2009）用随机田野实验的方法分析特定的指数保险产品，实验考察针对某一主要的生产风险提供保险能否诱使农民办理贷款以便采用新的种植技术。研究样本包括大约 800 户马拉维的玉米和花生种植户，这里主要的生产风险来源是降雨。半数的农民被随机选择接受贷款用来购买高产的杂交玉米与杂交花生种子；另外一半被提供类似的信用组合，但是同时被要求购买（以精算公平费率）一种天气保险单，根据保险条款，如果出现降雨不足，则部分或者全部豁免偿还贷款。令人惊奇的是，在要求购买保险的贷款的农民中，贷款购买率降低了 13%。不需要买保险的农民中，接受贷款的比率是 33%。证据表明，搭上保险的贷款的购买率低是因为农民在贷款合同里已经通过有限责任条款获得隐性的保险：搭上保险的贷款的购买率与农民的教育水平、收入和财富水平正相关；财富水平可能代表个人的违约成本。相反，不搭上保险的贷款购买率与农民的这些特性没有联系。如果考虑贷款人的想法，会更容易理解。对贷款人来说，天气保险一般能有效降低违约风险。所以，天气保险可以成为有效的风险管理工具，具有低成本地增加农业贷款的潜力。

在印度，降雨量保险越来越受欢迎了，尽管对这种保险的使用的增长有限。Giné 等（Giné, Menand, and Yang, 2010）使用 BASIX 的数据研究印度安得拉邦的降雨量保险，BASIX 是一家微型银行，代表 ICICI Lombard 在安得拉邦销售天气保险单。图 B2.4.1 绘制了 BASIX 自 2005 年以来出售的降雨量保险与牲畜保险（作为对比）的增长情况。在此期间，牲畜保险的覆盖增长了五倍，与之相比，天气保险覆盖增长了大约 50%。这不仅仅是因为价值上的差别，正如图 2.4.2 所汇报的，相比牲畜保险，降雨量保险的赔付比保险费要高。从图中可以清楚地发现两个事实：第一，降雨量保险的平均赔付额波动大得多，反映出季风的强度波动很大。第二，这段时间保险产品的平均收益很高，远高于这些年在赔付率的简单平均数基础上计算出精算

图 B2.4.1　牲畜与天气微型保险增长，印度

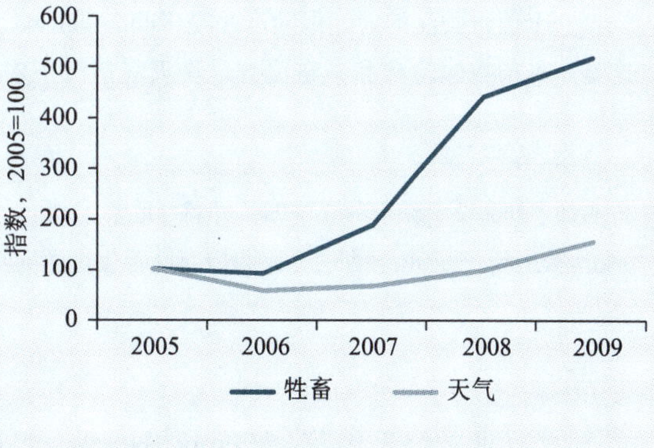

数据来源：BASIX 管理数据。

注：全部名义保费都来自牲畜和天气微型保险的保单。降雨量保险数据仅来自安得拉邦；牲畜保险数据来自所有各邦。

专栏 2.4 保险：设计合适的风险管理产品（续）

图 B2.4.2 赔付与保费的对比，牲畜与天气保险，印度

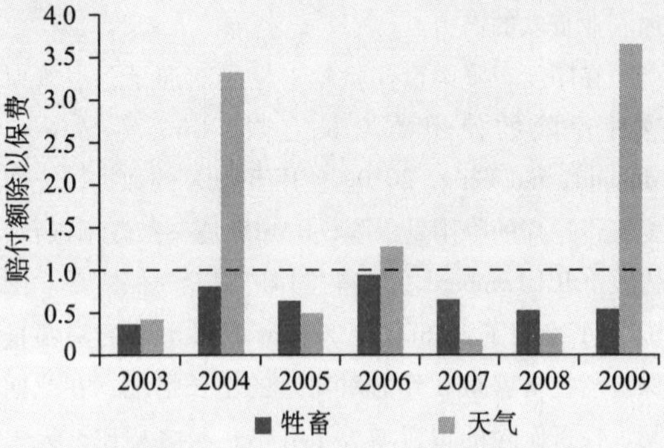

数据来源：BASIX 管理数据。

注：本图显示 BASIX 在所有邦出售的保险单的赔付额与保费总额的比。

公平保费率。这可能反映了过去几年出现了不寻常的突发事件，尤其是 2009 年的历史上最严重的干旱。另外，这也可能反映了天气的结构性变化，比如季风波动性的增加。

一个值得关注的天气保险产品是 Kilimo Salama，这是一种指数保险产品，它覆盖旱涝天气情况下农民投入的损失。这是由 Sygenta 可持续农业发展基金与 Safaricom 公司（肯尼亚最大的移动网络运营商）以及 UAP 公司（肯尼亚一家大型保险公司）以合伙的方式在肯尼亚发起的。Kilimo Salama 之所以值得关注是因为这是第一个通过移动电话网络发行的微型保险产品。尽管对该产品目前尚无正式的评估，但用户数量的快速增长说明该产品似乎给农民带来了收益。该项目从 2009 年开始试验，到 2010 年产品使用人数已经从开始的 200 人增加到 12 000 人。Kilimo Salama 已经成为 IFC 产品设计案例研究中的典型。[a]

最近的研究对家庭参与保险市场提供了新的慧见，这些有助于设计新产品和新政策。Cole 等（Cole and others，2013）使用在印度的进行的田野实验数据，发现缺乏信任以及流动性约束是重要的制约需求的非价格障碍。这项研究对于设计保险产品提供了几个启示。第一，产品的设计应该做到经常支付，以便在用户人群里建立信任。同时，研究发现由信用好的机构进行担保会增加客户信任度。第二，因为流动性约束很重要，所以快速支付很重要。因为这些约束，在支付保费时把保险与贷款捆绑起来可能也很有用。

a. 参加“产品设计案例研究，”IFC，华盛顿地区，http：//www1. ifc. org/wps/wcm/connect/industry_ ext_ content/ifc_ external_ corporate_ site/industries? financial + markets/publications/product + design + case + studies.

亚的公平银行（Equity Bank）、墨西哥的阿兹特克银行和 BBVA 以及很多其他金融机构。

尽管这些金融机构都把目标锁定在没有银行服务或者银行服务不足的群体，但是各自商业模式的关注点差别很大。例如，阿兹特克银行的策略是依赖与同一家母公司所有的大型零售链产生的协同效应，母公司允许银行使用现有的客户信息和收款技术（第三章，专栏 3.3）。BBVA 没有这种零售公司，它依赖引入代理运作，这种代理使得商业网点可以代表银行提供基本的金融服务。其战略重点放在简单、低成本账户，面向墨西哥的低收入人群。自从 2011 年 3 月发起这个程序以来，这种简单化的账户开户程序已经推动了 200 万新增账户（其中 62% 的账户开户人是在最贫困的州。Alonso and others，2013）。这些新账户持有人受益于 BBVA 的替代性渠道网络，多数交易（8200 万）通过 ATM 机和银行代理完成。该银行正在发起一项微型人寿保险产品，通过代理发售。

不同的机构在如何平衡服务覆盖范围（覆盖更贫穷和更偏远地方的人群）和可持续性（收回营运成本并创造利润的能力）上也有不同。不同机构的战略目的各有不同，有以利润为目的（盈利性）的银行，比如阿兹特克银行、BBVA 和公平银行，也有明显不以营利为目的的发展性金融机构，比如 BRAC。

本部分更多专注于一个金融机构案例，该机构追求特别的分支机构战略：以服务不足的地区和条件较差的人群为服务对象。公平银行这家金融机构是肯尼亚的私营商业银行，专注微型金融。[12]

1994 年，公平银行的前身，股权住房合作社（Equity Building Society），技术上破产了。因为经济不景气，加上管理不善，其贷款组合里超过一半成为不良资产，其累计损失超过可用资产的十倍。肯尼亚中央银行给其时间把储户转化成股东。新上任的总裁把公司的主业从竞争性的抵押贷款市场转向小额贷款。新战略的支柱是向肯尼亚大量的无银行服务人群提供小额贷款，最低额度为 500 肯尼亚先令，约合 5.81 美元；平均贷款额 16 000 肯尼亚先令。

随后，这家银行一反肯尼亚当时关闭银行分支机构的潮流，建立分支机构。它取消财产所有权要求，只要有身份证号码，任何人都允许开设银行账户。它对担保形式要求灵活，接受任何私有物品。某些客户甚至用牛奶支付贷款。在客户数量实在太少无法开办分支机构的地方，它建立流动网点，比如安装卫星天线的运钞车，车里配备一名银行经理。新型服务标准创造了大量的忠实客户基础。2000 年以来，银行税前利润以年平均 65% 的速度增长。今天，肯尼亚境内银行全部账户中大约一半是公平银行的。2011 年，其不良贷款只有 1.3%（《经济学人》，2012 年 12 月 8 日）。

最近以 2006 年和 2009 年地区级家庭调查和银行渗透率数据为基础对公平银行进行的一项研究考察了其对肯尼亚普惠金融的影响（Allen and others，2012a）。研究发现该银行的存在对家庭使用银行账户和银行信用产生积极、重要的影响，尤其是对那些低收入、没有支付薪水的工作、受教育水平低以及无房的肯尼亚人（图 2.4）。

公平银行的商业模式，即向一般被传统商业银行忽视的人群提供金融服务并在此过程中创造可持续的利润，在多大程度上可以帮助解决其他国家面临的普惠金融挑战？公平银行还未能在国外复制其成功经验。例如，在过去的四年里，它在投资建立东非平台所投入的 9 600 万美元里损失了 359 000 美元。2011 年，它在乌干达的股权收益率是 18%，数字是正值，但是，低于同时期其在肯尼亚的 34%。公平银行这种在为无银行服务的人群提供银行服务的商业模式在多大程度上可以被借鉴目前尚待观察。

尽管某些金融服务提供商，比如公平银行已经开发了以低收入人群为专门服务

图 2.4 公平银行对普惠金融的影响

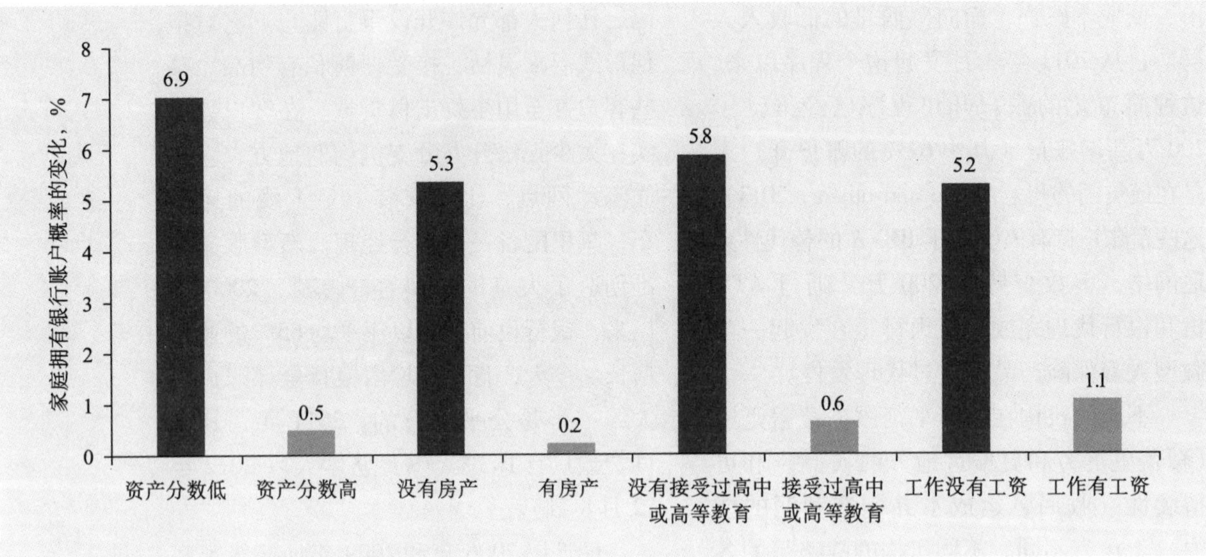

数据来源：在 Allen and others，2012a 基础上计算。

注：本图显示用 probit 模型估测家庭拥有银行账户概率的变化与公平银行之间的关系。

对象的商业模式和产品，但金融机构的产品设计和商业模式却经常遭到批评，尤其是在发展中世界，因为它们不是需求驱动的。[13]一种普遍的抱怨是认为它们提供的多数产品并非针对低收入客户的需要，却与更发达的市场上的高端客户产品非常相似。

很多因素可以解释金融机构为什么不能提供更有助于普惠金融的产品，不能采用更有助于普惠金融的商业模式。[14]第一，金融机构一般不追求以人为本的设计程序，以人为本要求他们真正地和客户打成一片，了解客户的生活和需求。[15]

第二，需求驱动的产品设计方法要求金融机构组织整体上以客户为中心，包括其治理、人力资本、交付渠道、程序、激励和核心系统。这意味着做出一定程度的承诺，但是却经常被金融机构所误解。

第三，金融机构需要有尝试的意愿，并准备面对某些失败。换句话说，金融机构需要在核心业务之外创造试验创新并从失败的产品中学习的空间。

第四，金融机构需要感受到监管环境支持产品设计和实施的创新。因此，政府可以在推动或者窒息产品设计和实施创新中起到重要作用。尽管监管者考虑金融稳定和消费者保护是正确的，但他们也应该对普惠金融创新产品和商业模式保持开放和支持的态度。他们应该建立一个监管框架，这个框架与创新产品和服务的风险相匹配，并建立在对当前监管制度的差距和障碍的理解基础之上（GPFI，2011a）。除了采纳合适的监管措施，政府还可以通过搜集个人在金融产品上的偏好与习惯方面的数据来支持创新产品设计和实施，金融机构可以使用这些数据，以便使其开发的产品和商业模式适合目标人群（Group of 20 Financial Inclusion Experts，2010）。

随着金融服务的使用的扩展，可以使用的新产品越来越多，消费者拥有金融知识和能力显得尤为关键。全球金融危机导致金融监管者把金融知识和能力放进其全球政策日程上，这是因为他们认识到促成金融危机的因素之一是这样一个事实，即脆弱的消费者经常不了解推销给他们的贷款（在美国，这些贷款一般被称为次级贷款），而且没有能力使用这些贷款。在新兴市场，比如印度，也产生了类似的担忧。在印度，强力的市场营销造成的微型金融的快速增长导致农村的穷人过度负债，有时产生悲剧后果（第一章，专栏 1.5）。全球政策制定者现在认识到金融能力和金融教育的重要性。[16]各国以及世界银行和各种致力于经济发展的组织正在全球范围内开展此类活动。

金融能力这个术语一般包括几个概念，从金融知识（包括金融产品、机构和概念的知识）、金融技能（比如计算复利支付的能力）到广义金融能力（包括所有使得个人有能力为了个人利益而使用金融服务的技能、态度和行为）。金融知识不见得必然转化成睿智的金融行为，即金融能力。在实践中，这些概念经常相互重叠。

世界范围内基本的金融知识

对调查数据的广泛分析发现发展中经济体和发达经济体都缺乏基本的金融知识（表 2.1）。平均地，只有 55% 的个人表现出对复利的基本理解；61% 能够正确地回答关于通胀对储蓄的影响的基本问题；49% 的人能够正确地回答关于风险分散的基本问题。虽然国家之间差别很大，低收入国家一般在金融知识表现上较差。

这项研究表明基本金融知识很弱。人们一般对通货膨胀的理解相对比复利的理解要好一些。在中高收入国家尤其如此，在几乎所有此类国家，能正确回答通货膨胀问题的人都更多，但是能正确地回答复利问题的人就少得多了。关于风险分散问题，在高收入国家里多数人都不能正确回答。可能是因为这个问题涉及股票，但是即便在发达国家很多金融消费者也不持有股票。

消费者犯金融错误的证据

消费信用卡和抵押市场上的证据表明消费者缺乏信息和不理性造成金融选择上的重大错误。金融产品提供者想要利用消费者理解上的缺陷设计产品，恶化了后者在金融选择上的错误。

消费者信用随着时间的推移可以平滑消费，因而可以提升家庭财富。但是，消费者信用的增长有时会成为担忧，这里有很多原因（Bar - Gill and Warren，2008）。例如，研究显示，消费者对其所消费产品的特性经常一无所知；他们经常做出不明智的消费决策；而且信用提供商经常利用消费者犯错误的倾向。具体地，诸如指数偏好等消费者偏好和诸如缺乏金融知识等认知局限都会导致消费信贷市场的无效率和过度负债（Lusardi and Tufano，2009；Stango and Zinman，2009）。

消费者使用信用卡方面犯错误的证据很多。例如，Shui 等（Shui and Ausubel，2004）发现多数接受低入门费信用卡邀约的消费者在第一张信用卡的入门期到期之后不转换成新卡享受新的入门费率，即使在入门期限过后他们的债务没有降低。

表 2.1 世界范围内的金融知识

经济体，年	Q1:[a] 复利，%	Q2:[b] 通胀率，%	Q3:[c] 风险分散，%	调查样本，总数	数据来源
高收入					
英属维尔京群岛，2011	63（20）	74	41	535	OECD 调查报告
捷克，2010	60（32）	80	54	1 005	OECD 调查报告
爱沙尼亚，2010	64（31）	86	57	993	OECD 调查报告
德国，2009	82	78	62	1 059	Bucher – Loenen and Lusaidi，2011
德国，2010	64（47）	61	60	1 005	OECD 调查报告
匈牙利，2010	61（46）	78	61	998	OECD 调查报告
爱尔兰，2010	76（29）	58	47	1 010	OECD 调查报告
意大利，2006	40	60	45	3 992	Fornero and Monticone，2011
日本，2010	71	59	40	5 268	Sekita，2011
荷兰，2010	85	77	52	1 324	Alessie，Van Rooij，and Lusardi，2011
新西兰，2009	86	81	27	850	Crossan，Feslier，and Hurnard，2011
挪威，2010	75（54）	87	51	2 117	OECD 调查报告
波兰，2010	60（27）	77	55	1 008	OECD 调查报告
瑞典，2010	35	60	68	1 302	Almenberg and Save – Soderbergh，2011
英国，2010	61（37）	61	55	1 579	OECD 调查报告
美国，2009	65	64	52	1 488	Lusardi and Mitchell，2011a
中高收入					
阿尔巴尼亚，2011	40（10）	61	63	1 008	OECD 调查报告
阿塞拜疆，2009	46	46		1 207	世界银行
波黑，2011	22	58		1 036	世界银行
保加利亚，2010	39	46		1 618	世界银行
智利，2006	2	26	46	13 054	Behrman and others，2010
哥伦比亚，2012	26	69		1 526	世界银行
马来西亚，2010	54（30）	62	43	1 046	OECD 调查报告
墨西哥，2012	31	56		2 022	世界银行
秘鲁，2010	40（14）	63	51	2 254	OECD 调查报告
罗马尼亚，2010	24	43		2 048	世界银行
俄罗斯，2009	36	51	13	1 366	Klapper and Panos，2011
南非，2010	44（21）	49	48	3 017	OECD 调查报告
中低收入与更低收入					
亚美尼亚，2010	53（18）	83	59	1 545	OECD 调查报告
印度，2006	59	25	31	1 496	Cole，Sampson，and Zia，2011
印尼，2007	78	61	28	3 360	Cole，Sampson，and Zia，2011
蒙古，2012	58	39	60	2 500	世界银行
塔吉克斯坦，2012	56	17	52	1 000	世界银行
西岸和加沙，2011	51	64		2 022	世界银行

数据来源：本图表是对 Xu and Zia，2012 研究结果的扩展和更新。

注：国家按照字母顺序排列。对世界银行金融能力调查的进一步信息可以参见负责任的金融（数据库），世界银行，华盛顿，http：//responsiblefinance. worldbank. org/. 空格表示没有可以得到的数据。所提问的金融知识如下，斜体字表示正确答案。

a. Q1：“假设你在储蓄账户里有 100 美元，年利率是 2%，如果你从来不动用这些存款，5 年后，账户上有多少钱？（选项：大于 102 美元；小于 102 美元；不知道；拒绝回答）”。阿塞拜疆、智利、罗马尼亚、俄罗斯和瑞典的受访者被问的问题更难一些。例如，在瑞典，问题是“假设你在储蓄账户里有 200 克朗，年利率是 10%，获得的利息放在同一账户里，两年后账户里有多少钱？”表格里 OECD 的复利数据是答对一个关于本息计算的问题的人数，括号里是答对两个复利问题的人数”。

b. Q2：“假设你的储蓄账户的年利率是 1%，年通胀率是 2%，1 年之后，你账户里的钱的购买力和今天比如何？（选项：比今天强；不变；比今天弱；不知道）”。在俄罗斯、西岸和加沙地区的问题是：“假设 2010 年你的收入比今天增加了一倍，消费价格也增加了一倍，你认为 2010 年你的购买力比今天强了，弱了，还是不变？”。

c. Q3：“判断对错：购买单一公司的股票一般比购买股票共同基金收益更安全。（选项：对；错；不知道；拒绝回答）”。新西兰的受访者被提问了更难的问题：“下列投资哪一项会在未来 15—20 年里给你带来最多的收益：储蓄账户、一系列股票、一系列固定收益投资、支票账户？”俄罗斯的受访者被提问的问题是：“以下投资资产哪一个风险更大：某单一公司的股票还是某单一基金？或者两者相同？”在印尼和印度，被问的问题是：“你认为以下陈述对还是错？对农民来说，种植一种庄稼比种植很多种庄稼一般更安全。”意大利的结果来自 2008 年的调查的更新版，因为 2006 年很多问题没有提问。

Gross 等（Gross and Souleles，2002）显示很多消费者即使存款账户上有流动资产，也还在为庞大的信用卡余额支付高利率。Massoud 等（Massoud，Saunders，and Scholnick，2007）得出相似的结论。Agarwal 等（Agarwal and others，2009）随机选择 2002 年 1 月至 2004 年 12 月时间段的大约 128 000 个信用卡账户样本进行研究，得出结论认为超过 28% 的消费者因为犯错误而产生费用，包括滞纳和现金预付费用。

抵押贷款一般比其他形式的家庭信用更复杂，提供了更多的犯错误机会。以美国次贷危机为例，证据表明，美国很多次级抵押贷款的借款人实际上本来有资格申请优惠利率贷款（Willis，2006）。2002 年，美国培训与信息中心进行的一项研究发现，至少 40% 的次级抵押贷款借款人本来有资格获得优惠市场利率贷款（利率更低）。2002 年对 75 000 份房屋净值贷款进行的一项研究发现消费者在申请贷款时对房屋价值的估值持续犯错误，导致贷款与房屋价值比偏高，从而提高了贷款利率（Agarwal and others，2009）。很多研究表明消费者没有能力选择对其担保物进行再融资，导致其担保利率高于市场利率（Van Order，Firestone，and Zorn，2007）。

关于金融产品提供商的行为的证据进一步证明消费者会做出错误的选择，而提供商在设计金融产品时利用了消费者的信息不完备和非理性。例如，关于信用卡市场的证据表明，随着消费者信用卡债务的增长，在消费者眼里，利率成为评判信用卡的一个关键指标，信用卡发行人因此以低利率但高年费的信用卡吸引并留住客户（Evans and Schmalensee，1999）。信用卡合同的其他特性也是利用消费者的信息不完备和不完全理性设计的。这方面的例子包括分期偿还率、复利利率和欺骗性余额计算方法。

不合适的产品可能造成严重的收入分配效果。因为受教育水平高的消费者在金融选择上犯错误的几率低，金融机构更倾向于瞄准因为贫穷且受教育水平低而更容易犯错误的消费者销售高风险和高成本产品。美国抵押贷款市场上的经验证据也支持这个观点，即受教育水平高的消费者犯错误的倾向低（Van Order，Firestone，and Zorn，2007；Woodward，2003）。信用卡市场也能找到类似的证据（Massoud，Saunders，and Scholnick，2007）。

金融能力的测量

近年来，在更精确地定义并测量金融能力方面已经取得很多进展。这方面的努力中最重要的一部分是世界银行—俄罗斯信托基金对金融能力所做的多国调查（Holzmann，Mulaj，and Perotti，2013）。[17] 调查的设计反映发展中经济体里低收入消费者目标群体的状况。调查覆盖三个关键领域：行为、态度和动机。调查准备工作自 2011 年开始，在七个国家进行（美国、哥伦比亚、黎巴嫩、墨西哥、尼日利亚、土耳其和乌拉圭），具体调查时间从 2012 年到 2013 年。有人在蒙古和塔吉克斯坦进行了类似的调查，该调查另外加上测量普惠金融和消费者保护的内容。[18]

调查显示了相当数量人群的金融脆弱性，甚至在相对富裕国家亦如此。例如，在多数被调查的中等收入国家，超过四分之一的人群表示他们为了生活必需品而借贷（图 2.5）。在多数情况下，受教育水

图 2.5 为了购买食物和其他必需品而借贷，根据教育水平划分

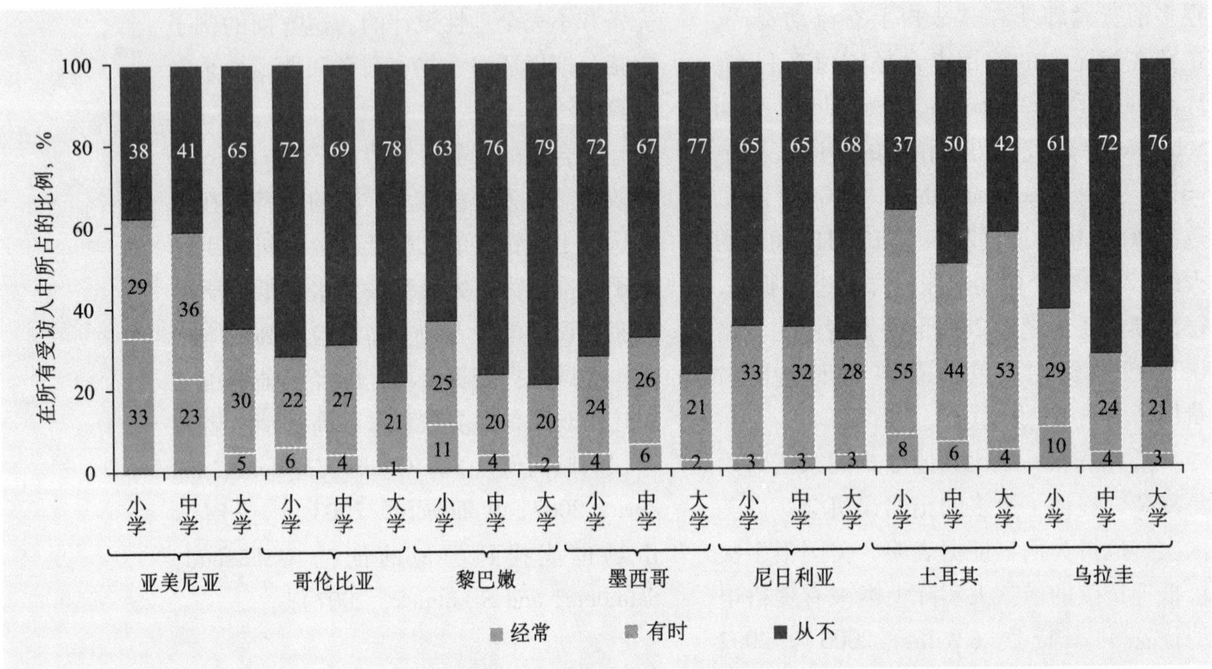

数据来源：根据世界银行 2012 年金融能力数据整理；世界银行 2013a。

注：小学、中学、大学指的是受访人接受的最高教育。图表显示的是对这个问题的回答："你用信用卡或者现金购买食物或者必需品吗？"

平低的人群更容易依赖借款满足基本生活需求，但是，即便是在受过大学教育的群体中，仍然有 20% 以上表示他们有时候为了生计而被迫借贷。

在各国焦点群体中存在高度的一致。一个高度一致的观点是，焦点群体回应认为好的金融行为不一定由金融知识驱动：个人可能有金融知识但是仍然做出非理性的金融决策。金融能力也不一定和收入有关联（尽管低收入可能在妨碍人们计划未来方面起到关键作用）。所以，态度、动机和经验对金融很重要。

研究的主要目标之一是测量中等收入国家的金融能力，测量方式应该既适用于不同国家，也适用于国内不同人群。对国家调查生成的数据使用要素分析，以便建立起测量金融能力的变量，这些变量与焦点群组中识别的关键概念一致。这些变量包括预算、量入为出地生活、监督支出、不超支、使用信息、为预料不到的花费存储、储蓄、对未来的态度、不（消费）冲动和成就取向。

金融能力调查结果表明，尽管多数受访者表示他们相对有能力处理日常财务管理（这可以由"不超支"和"量入为出地生活"这两项变量的高分数反映出来，见图 2.6），他们在自我约束方面就表现得落后了，这由预算、监督支出和储蓄表现出来。调查也确认老年人比年轻人更倾向于量入为出地生活而不超支。更高的家庭收入与多数领域里的更高的分数相关，但是似乎和预算或者（消费）冲动无关。

图 2.6　金融能力调查结果

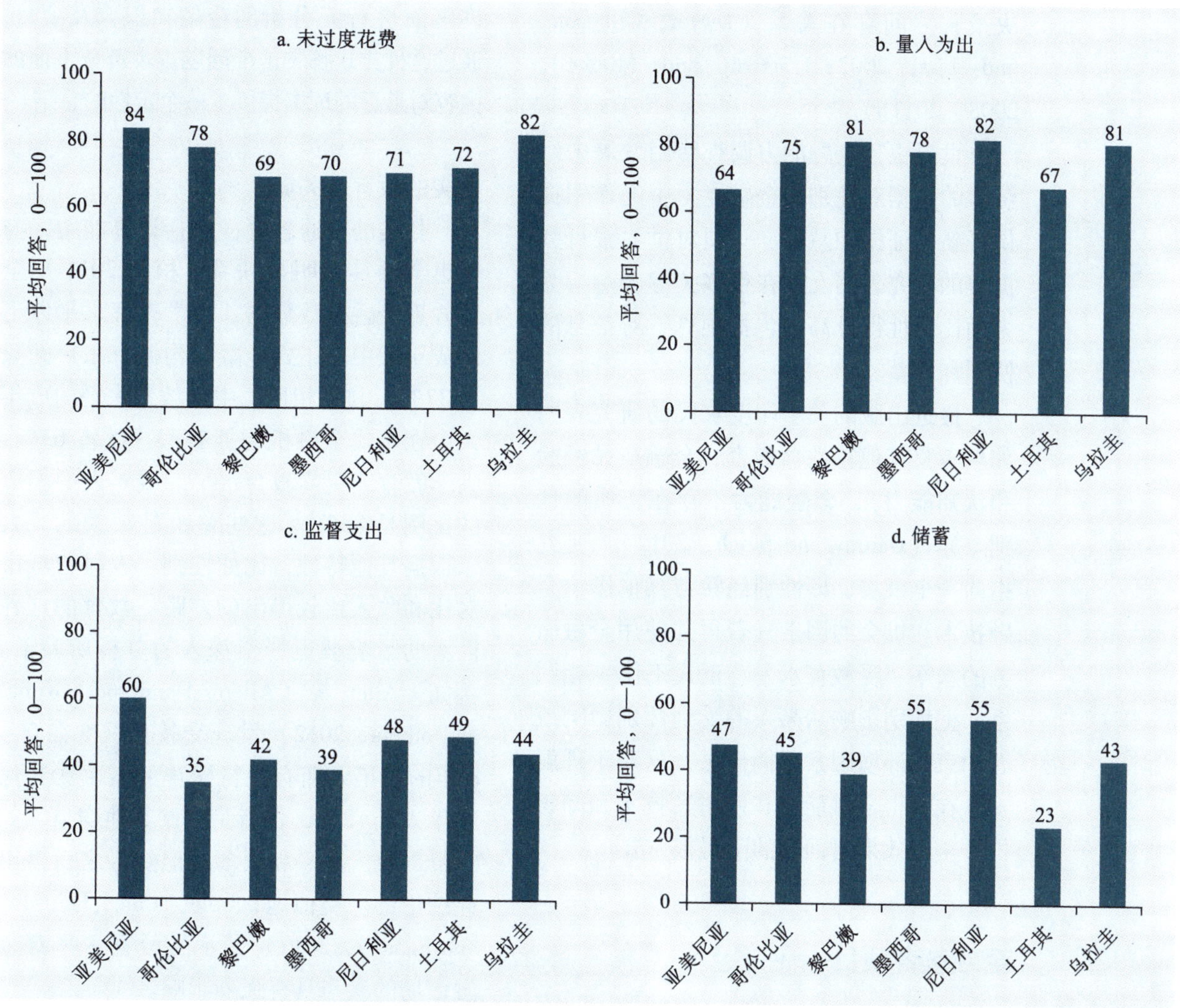

数据来源：2012 年世界银行金融能力调查；Kempson，Perotti，and Scott，2013.

注：本图显示受访者回答的平均数，区间范围 0—100；每一个变量获得的分数是对几个不同但又相关的行为或态度问题的回答产生的变量的加权总值。

总之，调查突出了与金融能力相关的心理特点和动机的重要性，包括一个人对未来的态度、冲动和目标取向。调查结果证实了之前对荷兰、英国和美国等发达经济体进行的金融能力研究。[19]在国家间，几个关键的行为技术被发现具有关键作用，尤其是财务管理、预算和为未来储蓄的能力。

有广泛的证据证明性别影响金融知识和能力的水平，只有德国东部和俄罗斯等地是少数例外（Bucher – Koenen and Lusardi，2011；Klapper and Panos，2011；Xu and Zia，2012）。大多来自美国和其他发达经济体的广泛证据证明女性在金融知识测验中得到的分数低一些（Fonseca and others，2012；Van Rooij，Lusardi，and Alessie，2011）。也有证据证明金融知识水平与金融行为（比如养老金计划和投资决策）之间存在关系（Dwyer，Gilkeson，and List，2002；Lusardi and Mitchell，2008，2011b）。

世界银行金融能力调查使用发展中经济体的数据对性别在金融能力中的作用提供了新的证据和慧见。一项对世界银行数据集的研究表明女性在很多关键金融行为方面比男性得分高，包括预算、对信息的使用和储蓄。

最近出版的关于印度农民的研究表明如果考察其他特性（教育、金融产品经验和认知能力），金融能力不存在实质的性别差异（Gaurav and Singh，2012）。研究指向一个事实，即性别经常与其他影响金融技术和机会的因素（获得并使用金融服务的水平、受教育水平、正式工作）相联系。把性别影响从某人的受到性别影响或者约束的环境因素里摘出去，这对于理解女性在获得金融能力和使用其技术和知识提升金融效果时面临的障碍很重要。

金融教育项目

近年来，人们对金融知识的兴趣与日俱增，这可以从大量的新研究和金融知识评论上反映出来。[20]越来越多的证据表明金融知识普及项目可以提高金融知识并影响行为。

人们能有效地学习金融知识和技能、态度以及最终学会改善财务效果的行为吗？现有研究的多样性使我们很难做出结论。[21]但是，在适当的说明的前提下，有可能识别正在出现的问题。[22]在作为本报告基础的一项研究中，Miller 等（Miller and others，2013）系统地分析了金融能力影响评估的文献并构建了一个详细的数据库，该数据库描述了一系列被研究过的允许事前进行元分析的金融知识普及项目，通过这种方式解决这个问题。本部分下面的内容对最近的证据提供了一个定性的总结。

扎实的教育是关键

扎实的普通教育，包括计算能力，与普惠金融具有明显联系。根据 2011 年全球普惠金融指数数据，小学教育水平以下的成年人中在正式金融机构拥有账户的只占 37%，与之相比，中学教育水平的成年人中在正式金融机构拥有账户的占 63%，大学教育或更高教育水平的成年人中相应的比例是 83%。[23]这些差距是很大的，大于根据其他特性，比如性别、农村与城市对比和收入比较得出的差距。教育的这种巨大的影响被更严格深入的分析所验证。例如，Allen 等（Allen，Demirgüç - Kunt，and others，2012）发现受教育程度在 0 - 8 年的成年人拥有银行账户的概率比其他成年人低 12%，作者是控制其他变量，如年龄、收入水平和很多其他要素之后得出此结论的。类似地，Cole（Cole，Paulson，and Shastry，2012）显示受教育水平对金融市场的参与具有强烈影响。

受教育水平与金融能力之间也具有明显联系，尽管这种联系不完美。金融能力的测量结果一般与受教育水平存在正相关（De Meza，Irlenbusch，and Reyniers，2008），具有更高教育水平的人在很多维度都表现得更好，包括预算、量入而出的生活、对未来的态度和冲动控制（Kempson，Perotti，and Scott，2013）。

瞄准一般教育或者金融教育水平低的人群是管用的

目标定位于普通民众的金融知识项目尚未

表现出效果，但是专注特定人群，尤其是那些正式或者非正式教育水平低的人群的项目，可以产生实质性的重大效果。

关于扩展普惠金融的争论经常聚焦于供应端问题，比如创造适合低收入消费者的金融服务，而对需求端的关注不多，例如为什么看上去似乎有吸引力的服务，比如人人支付得起的基本银行账户，却只创造出有限的使用率？对此问题的解释也不多。Cole（Cole，Sampson，and Zia，2011）使用印度尼西亚的实验数据评估了金融知识干预和货币激励对开设银行账户的影响。只有41%的印度尼西亚家庭汇报有银行账户，但是51%在非银行机构有储蓄。当被调查的家庭被问到如果没有手续费他们是否会开设银行账户时，58%的家庭回答会。另外的评估显示金融知识是使用银行账户的前提，但是相比其他要素，比如家庭财富，其重要性要低一些。

研究人员检验了消费者在印度尼西亚最大的银行印尼人民银行开设基本账户的意愿。该账户要求最低存款额 5 000 卢比（0.53 美元），每月进行的前四项交易免收手续费。存款余额超过 10 000 卢比（1.06 美元）后开始获得利息，而且该账户像印尼其他银行一样享受存款保险。随机并独立地选择家庭进行金融知识干预和货币激励。金融知识课程是两个小时的现场培训，课程设计目标是教授没有接受银行服务的个人关于银行账户的知识。货币激励范围从 25 000 卢比到 75 000 卢比和 125 000 卢比（分别相当于 3、8、14 美元），随机提供。

金融知识并没有在全部样本人群里产生重大影响；但是更多的货币激励确实提高了开设银行账户的概率，14 美元的激励提高 13.7 个百分点，是 8 美元的效果的两倍多（表 2.2）。第一次研究之后，过了两年，Cole 等（Cole，Sampson，and Zia，2011）又开展了一次研究。他们发现获得更多货币激励的家庭继续拥有更大数量的公开账户，而且这些家庭中大约三分之二在前一年使用过账户。

金融知识培训对那些没有经过正式学校教育的家庭产生重大影响，增加了开设账户的概率。金融知识干预也对起初金融知识水平低的客户产生更大的影响，极大地增加了他们开设账户的可能性（表 2.2）。这些结果突出了针对更弱势消费者进行金融知识培训的重要性，也突出了成

表 2.2 金融知识干预和金钱激励的影响，印度尼西亚

对开设银行账户的影响，百分点

参数	全部样本	教育水平	金融知识分数
接受金融知识培训	+2.9	-3.2	-4.9
接受金钱激励 75 000 印尼盾（8 美元）	+6.6*	+6.1**	+6.0
接受金钱激励 125 000 印尼盾（14 美元）	+13.7***	+9.9***	+10.0***
接受金融知识培训而且没受过正规教育		+15.5**	
接受金融知识培训而且原有金融知识低于平均水平			+10.0**

数据来源：基于 Cole，Sampson，and Zia，2011。

注：空白表示回归分析中未包含相关信息。

显著性水平：* =10%；** =5%；*** =1%。

本障碍的相对重要性，包括货币激励对推动参与普惠金融可能起到的作用。

瞄准年轻人也是管用的

以学校为基础针对年轻人的项目是讲授金融知识和提高金融能力的最常用的方法。以学校为基础的项目的好处是可获得的受众多、讲授人员技术水平高（尽管教师们不一定喜欢讲授金融概念）以及能够通过不同形式授课向不同的学生授课。不好的地方在于学生一般拥有的金钱有限，或者接触金融产品和服务的机会较少，因此不能把学到的理念付诸实践。而且，尽管这些项目有长期效果，却很难建立因果关系，而且几乎没有研究人员努力测算长期效果。尽管以学校为基础的金融教育是一个受欢迎的概念，而且很多国家有这种项目，但几乎没有项目得到严格评估。

在美国，关于对年轻人进行金融教育的证据似乎复杂多样。Bernheim 等（Bernheim，Garrett，and Maki，2001）显示学校里的个人金融课程与更高的资产积累水平相关。但是，Cole（Cole and Shastry，2010）发现两者之间没有联系。Carpena 等（Carpena and others，2011）拓展了该项研究并发现中学的金融教育课程的影响证据微弱，但是，对于基础数学教育对未来金融习惯的影响，尤其是在女孩子中间，却发现令人鼓舞的结果。美国非营利性组织 Jump $tart 的研究也表明个人金融课程与金融知识测验的表现提高之间没有关联（Mandell，2008）。然而，学生动机越强越容易展现出课程的积极影响，说明学生对课程内容的参与程度可能是成果的关键因素（Mandell and Klein，2007）。

在加纳，“为穷人创新行动”（一个非营利性组织）支持的一项研究汇报了相对有限的结果（Berry，Karlan，and Pradhan，2013）。尽管金融教育项目的效果是年轻人储蓄率的小规模上升和更大的风险规避，却对所有参与的年轻人在金融知识的整体水平、时间偏好或者财务计划行为上没有产生重大效果。

一个很有前景的综合性金融教育项目的例子是巴西试验的三个学期的高中金融教育项目。最近 Bruhn（Bruhn and others，2013）对该项目进行了评估。该项目极大地提升了学生的金融知识、态度和行为，而且正在全国范围内推广。在两项随后的评估中，学生的测验分数表明实验组的平均金融熟练水平比参照组高得多。平时成绩低的学生和高的学生在金融熟练水平上都有很大提高。项目的分布效应证明了项目的可行性并突出了无论平时成绩如何的学生都能受益。类似地，实验组里的学生提高了储蓄，相比参照组，其支出行为得到了巨大改善。相比参照组，实验组里的学生中“至少把收入的一部分储存起来”的比例更高。研究表明学生储蓄的比例以及每位学生的实际储蓄额都提高了（图 2.7）。

确定“最优讲授时刻”有意义

针对没有改变储蓄行为空间的贫穷家庭进行的金融知识普及项目产生的效果注定不会很大。但是，在关键的生活决策时刻实施这种项目将会很有价值。例如，在印度尼西亚对即将到国外工作（收入将大增）的工人进行的金融知识普及项目显示出对增加储蓄有较大影响（Doi，McKenzie，and Zia，2012）。

图 2.7　中学金融教育的影响，巴西

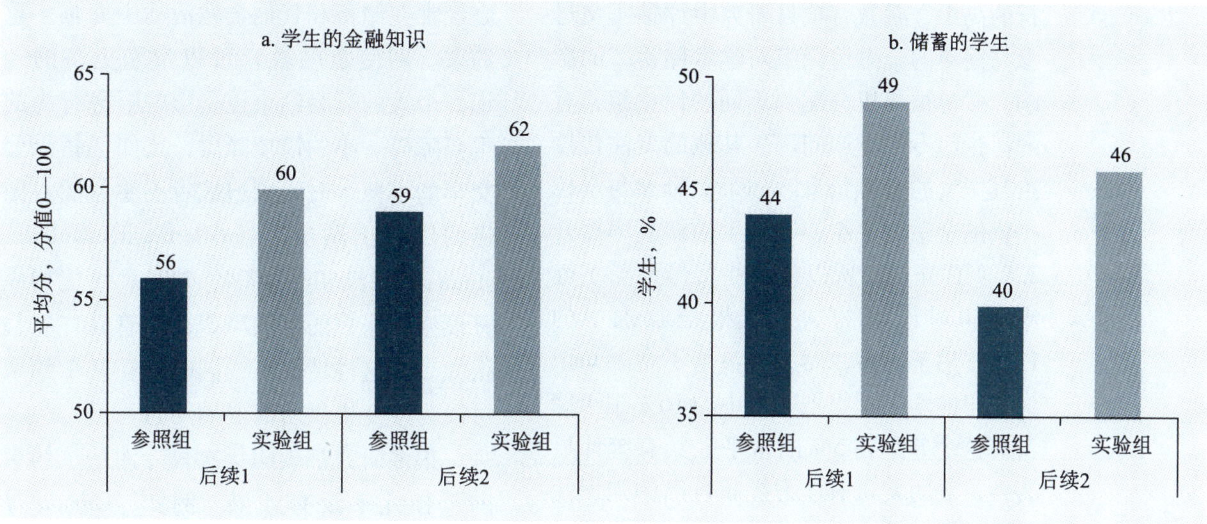

数据来源：Bruhn and others，2013

注：调查包括检验学生金融熟练程度，分数分布从 0—100。实验从 2010 年 8 月开始，第一次后续实验在 2010 年 12 月初举行；第二次后续实验在 2011 年 12 月举行。

“最优讲授时刻”这个术语是指人们可能尤其有动力获取并使用金融知识和技能，而且能够把知识付诸应用的时刻。人们在这段时间所做出的特定的金融决策可能影响其收入或正常支出，这些金融决策包括购买金融产品或服务；或者生活发生重大改变，比如结婚、离婚、开始工作、退休、生子或丧偶。

多数效果研究专注发达国家市场上的成年人金融教育（尤其是在美国）而且特别与最优讲授时刻相联系。有关成年人金融知识的文献里经常提到的最优讲授时刻包括退休计划和养老金（一般由雇主提供）；与抵押贷款和房屋所有权相关的培训；信用或者债务管理（一般针对有信用问题的人群）；在特定的金融决策或者交易中立即用上所学到的新的金融知识和技能的能力也有助于关于最优讲授时刻效果的研究。工作场所金融教育项目可以利用很多雇员共同适用的最优讲授时刻，比如新雇员参加养老金基金或者退休计划，或者当雇主提供的项目发生变化时对保险或者股票期权项目的收益做出决策。例如，Bayer 等（Bayer，Bernheim，and Scholz，2009）及 Bernheim 等（Bernheim and Garrett，2003）提供证据证明了美国在工作场所进行金融教育产生的积极效果。

为什么把金融教育推广到工作场所可能有效？对此有几个原因已经成为共识，包括：在工作场所有机会面对集中的人群，有助于降低干预成本；因为雇主与雇员之间具有激励相容性（雇员做出好的金融决策，双方都能从中受益），增加了所提供的信息的可信度。

通过社交网络加强信息传递会有所帮助

几项关键研究已经表明通过社交网络加强信息和行为很重要。Bruhn 等（Bruhn

and others，2013）在上文提到的在巴西进行的高中金融教育项目研究中评估了父母参与简单的金融讨论组对学术储蓄率的影响。父母被随机分配到不同的讨论组，有的讨论组专注健康问题，其他的专注传授给其子女的金融信息。如果父母参与学校提供的金融讨论组，则学生的储蓄率提升 2.5 个百分点。所以，那些父母参与了健康知识讨论组的学生汇报把收入中的 13.5% 用于储蓄，而父母参与了金融知识讨论组的学生汇报把收入中的 16% 用于储蓄。这个差距在 5% 的水平上具有统计显著性，表明父母有能力提高自己的知识并以此强化其子女在学校学到的金融知识。

在外出务工人员中间进行的金融知识研究发现，如果汇款的务工人员和接收汇款的个人都接受过金融知识培训，他们改变储蓄行为的欲望和把新学到的金融知识应用于实践的能力都会变得更强。例如，Doi 等（Doi，McKenzie，and Zia，2012）评估了金融知识培训对汇款的外出务工人员以及接受这些人汇款的家庭成员产生的影响。培训是在这些外出务工人员即将离家出国外出务工之际（即最优讲授时刻）提供的。培训项目侧重财务计划与管理、储蓄、债务管理、汇款与收款以及保险。作者得出结论认为对外出务工人员及其家属进行培训对金融知识、行为（比如制订财务计划和预算时更谨慎）和储蓄具有大而重要的影响。如果仅对家庭成员（汇款的接受者）进行培训，虽然效果也是积极的，但是小一些。如果仅对外出务工人员进行培训，则对家庭成员没有影响。可见，他们之间的态度具有互补性。

互补性干预很重要

把有目的的金融知识项目与其他干预结合起来对贫穷家庭尤其有帮助，这些家庭经常在储蓄和其他金融活动中面临多重约束。即使金融教育可以带来更多的知识，个人的行为约束也是影响财务行为的重要障碍。小的情境障碍，比如“搭乘公交车的不便、时间紧迫或者不愿意面对傲慢的银行出纳员”（Bertrand，Mullainathan，and Shafir，2004，420），可能构成开设银行账户的巨大障碍，尽管开户收益很大。在这种情况下，同时减轻几个约束可以为改变提供所需要的动力。

很多研究都表明每次只专注一个约束的干预几乎没有效果。例如，Gibson 等（Gibson，McKenzie，and Zia，2012）对澳大利亚和新西兰的外出务工人员金融知识教育的效果进行了研究，教育项目向外出务工人员讲授给国内家属汇款的各种方法和成本选择，结果发现金融教育对汇款的频率和水平都没有发生改变。类似地，Seshan 等（Seshan and Yang，2012）向卡塔尔的外出务工人员开设储蓄金融知识课程，但是发现对储蓄或者汇款水平没有产生重要影响。

在一项创新性研究中，Carpena 等（Carpena and others，2013）对更广泛的干预的影响进行了实证检验。他们研究使用 DVD 对印度储蓄、信用、保险和预算方面的金融教育的影响。调查准备过程包括来自目标受众的几轮的反馈，以便使得 DVD 内容适合城市地区的目标受众。面向随机选择的实验组播放 DVD 长达几个星期，结果和另一个观看健康知识 DVD 的参照组的结果进行比较。尽管干预时间相对较长，DVD 内容得到反复修改且具有吸引力，但对财务产出的影响有限。尽管研究发现对金融问题的态度和意识都有改善，在行为上只发现预算和借贷方面发生重大改变。所以，在这个案例中金融知识和行为结果直接的联系表现得很弱，这和前面对一次性干预的研究结果是一致的。

为了检验互补性干预（也就是一次性解决多个约束的干预）的效果，Carpena 等（Carpena and others，2013）把他们提出的金融知识项目和目标设定以及个性化金融咨询结合起来。这些整合项目的效果非常明显。首先，目标设定和金融咨询对金融产品的使用率产生重要影响。尽管金融教育本身不能引诱个人实施非正式或者正式的储蓄活动，在金融交易项目中把目标设定和金融咨询结合起来却实现了这一效果。在开设银行账户和购买诸如保险等金融产品等方面也产生了类似的效果。

其次，整合项目使得调查对象更小心地规划其财务；所以，被分配到整合项目小组里的调查对象降低了消费导向的借贷倾向，转而更倾向于了解关于其贷款的利率的细节。

这些研究结果表明把金融知识和个性化财务咨询整合起来再加上提醒机制，可以改善储蓄行为。所以，当我们考察个人或者家庭在不利情况下所面临的约束时，拓宽思路非常关键。

知识传授模式很重要

和儿童不一样，成年人一般在偏好上很固执，很难改变。同时，很多人注意力持续时间短，所以如果他们认为以讲座的形式传播的金融知识项目枯燥，即便项目是由一流的专家实施，他们也很容易分散注意力。所以，创新金融知识传授机制很重要。

金融知识和能力项目的传授方式可以有很多种，它们在成本和有效性方面差别很大。传统的授课形式，比如课堂指导、宣传手册及其他印刷品、一对一咨询，因为单位成本太高，所以相对太贵。技术辅助式解决方案可以降低成本，并针对特定的消费者需求量身定做所传授的信息和工具。

“寓教于乐”式的干预有潜力惠及大量的受众，包括那些需要加强其金融能力但又不愿意寻找或者参加特别培训课程的人。有越来越多的文献研究使用寓教于乐式的教育传授金融知识。Spader 等（Spader and others，2009）发现那些观看专门为拉丁裔美国人制作的电视节目肥皂剧“Nuertro Barrio”的人都提高了关键金融概念的意识。Tufano 等（Tufano，Flacke，and Maynard，2010）用 84 个参与人作为样本，评估 Doorways and Dreams 制作的电子游戏对参与人的影响，发现玩这种游戏提高了金融技术、知识和自信。Di Maro 等（Di Maro and others，2013）对尼日利亚的小企业主做过实验，研究使用电影鼓励储蓄的效果。研究发现，看电影有助于推动短期行为的改变（开设储蓄账户），但没有导致长期的储蓄增长。Berg 等（Berg and Zia，2013）分析了南非在商业肥皂剧里加上关于债务管理的金融知识带来的影响（专栏 2.5）。

消费者保护和市场行为

普惠金融为很多之前被排斥在金融市场之外或者获得银行服务不足的消费者提供了机会。但是，它也伴随着风险。近年来强调的负责任的普惠金融旨在金融市场上的机会和创新与保护消费者（尤其是最

专栏 2.5 通过大众媒体改变行为：南非的案例

在过去的十年，家庭负债一直是南非不断恶化的大问题。2012 年第二季度，家庭债务与可支配收入比是 76%，比 2002 年的 50% 大幅度增加了。[a]2012 年 6 月，全国信用监管署汇报，在其登记记录的大约 2 000 万消费贷款者中间，900 万（47%）信用记录很差。[b]

南非的金融困境不仅限于负债，还有家庭储蓄率低（2012 年第二季度为 1.7%）。[c] 根据 FinScope，67% 的人口根本不储蓄，尽管多数成年人相信储蓄有重要性。而且，在那些储蓄的人群里，只有 22% 通过正式渠道储蓄。[d]

在南非开展了一个项目，评估寓教于乐模式影响个人稳健管理财务的能力，重点放在债务管理上。项目涉及与金融能力有关的故事情节的内容开发、制作和效果评估，故事情节包含在一个受欢迎的南非肥皂剧里，剧名是"丑闻!"（图 B2.5.1）。这个肥皂剧每个星期上演四集，连续上演了八年（超过 1 500 集）。该剧在南非收视率第二的电台上映，覆盖人群大约 300 万，而且尤其在低收入人群里受欢迎。关于金融交易的故事连续上演了两个月，这是社会传播专家认为必要的时间长度，足以让观众与剧里的人物建立情感联系，让情节展开，让金融教育信息入脑。在前期准备阶段用目标受众验证故事情节里的金融交易信息，以便确保目标群体能准确地理解这些信息，确保情节看上去真实，确保目标群体认同剧里的人物及其面临的问题。这些都确保了目标受众能对最终的故事情节感兴趣。故事情节的创作和后期拍摄持续了八个月，成本大约 90 000 美元。

为了评估项目的影响，使用了随机鼓励设计方

图 B2.5.1 "丑闻!"的演员阵容

数据来源：Ochre 传媒与 e.tv，本图片的使用得到许可，重新使用需要获得进一步许可。

专栏2.5　通过大众媒体改变行为：南非的案例（续）

法，关键方法如下。给样本量半数的参与人（随机选择的实验组）60兰特（7美元）作为财务激励，鼓励参与人观看"丑闻!"。给另一半的参与人（随机选择的参照组）提供同样数额的财务激励观看另一个肥皂剧，这个肥皂剧的内容和收视状况与"丑闻!"相似，而且在同一时间播放，但是没有金融知识成分。开展了两项电话访谈调查。（财务激励以提供免费收视时长的形式发放）为了调查肥皂剧中有金融知识情节的部分播出四个月之后产生的长期影响，进行了面对面的调查。

效果评估发现受众的特定金融知识有显著的提高，受众更倾向于正式借款，对分期付款购物更疏远（以高利率在一段时间内分摊某种昂贵消费的成本），赌博也少了（Berg and Zia，2013）。分期付款购物与赌博可能产生的负面影响在肥皂剧里得到突出展现：剧中的主角因为分期付款购物与赌博而最终陷入严重的财务困境。

最终的面对面调查结果（图B2.5.2）显示实验组里的调查对象在之前的六个月里显著降低了签订分期付款购买合同或者赌博的可能性（参照组的数据分别为19%和31%；实验组的数据分别为15%和26%）。在那些初始金融知识水平低而且正式教育水平低的调查对象中间效果的差异最显著。补充分析证实了这些发现并突出显示了男女在对待借款上的某些关键性别差异：女性一般把借债视为最后的手段，男性更愿意借钱购物。

另外，从全国债务调解委员会获得的每日电话量数据显示，在关于金融知识肥皂剧播出之后，委员会接到的电话猛增。电话量从平均每天120个增加到每天超过500个，增加量超过300%。回归分析证实对存在正式的获得财务咨询的渠道的认识增加了很多：与参照组的69%相比，实验组里超过80%表示，如果需要他们会从正式的渠道寻求财务咨询。但是，这种效果在较长时间后会消逝，可能是因为相关的内容只是在肥皂剧里出现了很短的时间，而且，为了确保受众记住更多的知识，还需要通过其他的干预对信息加深认识。

研究表明娱乐媒体能吸引个人的注意力，因而可以成为政策制定者的有效工具，以便传播精心设计的教育信息。这些信息与观众产生共鸣，并至少在短期和中期影响其财务知识和行为。

图B2.5.2　寓教于乐模式的效果

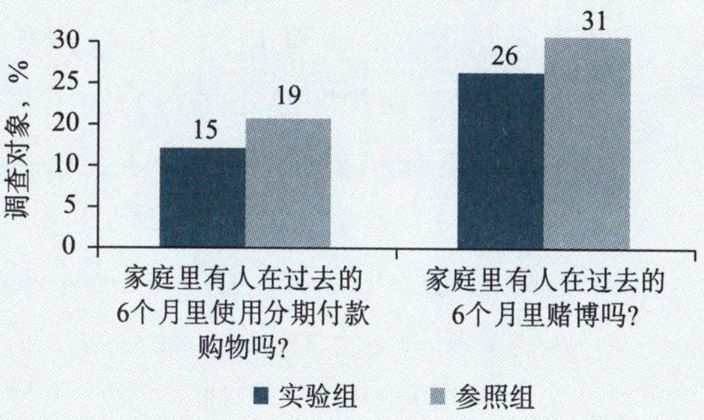

数据来源：Berg and Zia，2013。

---

a. 第265期季报（2012年9月），南非储备银行。

b. 信用署监管记录（2012年6月），全国信用监管署。

c. 第265期季报（2012年9月），南非储备银行。

d. FinScope（数据库），FinMark信托，Randjespark，南非，http：//www.finscope.co.za/.

脆弱的消费者）防止其受到滥用创新的损害、帮助其从获得金融服务中受益之间取得平衡。消费者保护和市场行为监管是负责任的金融计划中最关键的部分。“消费者保护”和“市场监管”这两个术语有时是可以互换使用的。但是，我们指的“消费者保护”是市场行为的子集。关于消费者保护的法律法规的三个主要成分是：（1）透明与披露；（2）公平；（3）有效的追索机制。[24]市场行为不仅包括消费者保护中的这三个部分，还有与市场准入和竞争相关的更广泛的监管责任，比如许可制度和旨在识别市场力量过强、新兴风险或者欺诈行为等的研究分析。

如果在金融知识和金融能力之间存在差距，尤其是当旨在提升普惠金融的政策打开了新的细分市场而且金融机构引进新的分销渠道时，消费者保护尤其有用。法律法规可以通过以下方式覆盖整个产品生命周期：（1）影响产品设计和向消费者营销的方式；（2）推动产品购买时费用和收益信息的披露；（3）明确当出现问题时消费者可以得到的索赔机制和适当的收款程序。

监管的程度、制度来源和有效性

消费者监管制度应该与其他的金融部门政策进行平衡。G20 全球普惠金融合作机制定义了四个明确的金融政策目标——普惠、稳定、健全和保护，并突出强调监管者需要了解某一方面的改变给其他三个方面带来的影响。消费者保护与金融体系的稳定和健全之间的关系很明确：为了提升消费者对金融产品和服务在信息充分的基础上进行决策而且当出现问题时寻求救济的能力所采取的措施对市场表现具有直接影响。与普惠金融之间的关系更复杂，但是也更重要。消费者保护可以提升消费者对金融产品和服务的信心，增加其进入市场的意愿。因为消费者保护监管规则在金融市场上增强透明性有助于改变产品需求结构，把对消费者对低价值产品的需求转移到对高质量产品的需求，从而带来更可持续的市场增长。

适度原则是被广泛接受的良性监管原则。它有助于确保消费者保护不会不必要地限制获得服务的机会。根据此原则，监管者给行业施加的限制必须与限制所带来的预期收益相称（Lyman，Pickens，and Porteous，2008）。一个与普惠金融有关的例子是客户识别和文件要求，这些可能有效地限制低收入人群获得金融服务的机会。今天的监管者不仅没有把放松这些形式的要求视为对金融稳定和健全的威胁，反而把普惠金融视为对诸如洗钱和恐怖主义融资等金融威胁的有效应对工具之一。金融行动工作组，一个旨在保护国际金融制度不被误用的组织，近来确认了普惠金融的价值，声称金融排斥推动不受监管的非正式金融的使用和蔓延，因而是一种风险。[25]

在信用方面，设计合理的政府监管制度有助于确保贷款流向信用可靠的家庭，从而帮助保护金融部门的稳定，避免消费者过度负债的负面效果。同时，政府有时容易受到错误的激励驱动（政治压力）扩大信用供给，甚至有可能超过最优水平供给信用。在还款方面，政府可以解决因为协调问题产生的潜在的市场失灵，从而在还款系统里起到关键作用。优化这些系统并改善其协同工作的能力可以提高效率并降低成本。

信息披露要求便利获得、理解和使用信息，从而提升金融市场的透明度，这是消费者保护法律法规的另一个关键部分。通过比较产品和服务，即使最有金融知识的人也能够从符合标准的信息披露中获益。例如，最近美国金融监管改革主要就是提高信息披露标准（Agarwal and others，2009；Barr，Mullainathan，and Shafir，2008）。在其他的改革中，美国2009年信用卡法案规定必须把重要的账务信息用清晰的语言在显著位置披露。除了关于最低还款的信息，还必须包括：如果借款人每月支付最低额度，还清债务所需要的时间（以月计算）；如果36个月内还清债务，每月所需要偿还的数额。最近的研究表明，因为这些披露要求，消费者行为有了一些改善，包括最低还款额的提高和在某些情况下为了实现36个月内还款的任务而改变了还款数额。但是这些改善并没有得到保持，那些支付了更多数额债务的人一般会提高其总体负债水平。

在低收入和获得金融服务机会弱的环境下，用消费者保护政策解决信息失灵并改善披露同样富有挑战性。其成功的实施有赖于消费者的能力和地方市场结构之间的协调（Beshears and others，2009；Gu and Wenzel，2011；Inderst and Ottaviani，2012）。一项正在墨西哥进行的调查显示信贷员主动选择不向低收入客户提供信息，而且，详细调查显示，他们多数似乎对其推销的产品的关键特点存在误解（Giné，Martínez de Cuellar，and Mazer，2013）。更重要的是，客户从来没有被提供适合其需要的最便宜的产品，最可能的原因是金融机构可以通过提供更贵的产品而获得更多的利润。这说明信息披露政策面临违背金融机构的商业利益的挑战（专栏2.6）。墨西哥的研究也突出显示了监管者的潜在价值，他们可以积极执行有关消费者保护的法律法规，可以使用神秘顾客法或其他工具以便获得准确的没有被过滤的信息，通过这些信息知晓金融产品和服务是如何被推销出去的。

世界银行消费者保护诊断评论突出显示了当前的披露制度的不完善（World Bank，2009a，2009b，2010）。这些评论发现提交给监管当局的投诉中至少一半是要求提供更多的背景信息，以便帮助消费者理解其所购买的金融服务。在金融服务获得水平低的环境里，各种条件都很差，包括知识和计算能力差、监管能力约束、存在不受监管的非正式金融服务提供商以及过度依赖信贷员的建议，这些都对有效实施信息披露构成障碍（Chien，2012）。

有效率的消费者保护规则还应该包括金融机构在销售端除了信息披露之外，用以向消费者提供信息的其他沟通渠道。除了从家人和朋友获取信息，很多消费者依靠广告或者媒体的比较（媒体可以独立，也可以不独立）作为其关于金融产品的主要信息来源。对广告的依赖在农村地区更明显，因为那里的消费者一般对金融服务的经验很少，所以更容易受到错误信息的误导。例如，世界银行在阿塞拜疆和罗马尼亚的研究发现，超过三分之一的农村消费者（在这两个国家分别为34%和38%）依赖广告作为其金融产品的信息来源，与此相对的是，城市地区的比率分别只有25%和17%。

一旦消费者做出决定购买一种金融产品或服务，很多商业实践问题就会涌现出来发挥作用。核心问题包括员工行为伦

专栏2.6 案例研究：墨西哥新的财务披露要求

金融消费者保护监管的传统方法专注向消费者提供信息，认为这样就可以导致理性的消费决策。但是，行为金融学洞察到多个原因使得结果偏离经典模型，如近期偏好、厌恶损失、很难处理模糊的信息或者过量的信息以及现状偏好。

来自不同国家的新的研究和实践案例表明，如果把人们实际上如何应对合同信息、贷款人提供的信息以及追溯机制的信息加以考虑，就可以把消费者保护监管规则和追溯机制设计得更有效。

墨西哥于2009年制定了金融服务透明与监管法案，该法案对信息披露的形式和定价政策做出新的要求。监管规则的一部分要求向消费者提供关键的财务指标。但是，在墨西哥金融市场上与信息披露相关的问题一直存在。为了了解监管规则的应用情况，研究人员与墨西哥全国金融服务使用者保护协会（负责金融消费者保护的政府部门）合作，向位于四个城镇的19家金融机构派出经过训练的神秘顾客（以顾客为名实施调查的人）。四个城镇距离墨西哥城很近，主要人口为中低收入人群，人口数量在3万到5万之间。神秘顾客对金融机构进行了112项调查，每次调查平均持续25分钟，包括15分钟的与员工面对面交流。神秘顾客针对不同的账户客户（支票账户或定期储蓄）、调查对象的金融知识（有无经验）以及对竞争和其他要约的意识，事先准备了不同的脚本。

Giné等（Giné，Martínez de Cuellar，and Mazer，2013）从三个维度分析了神秘顾客获得的信息的质量：账户的情况和条件，比如利率水平和利率类型；手续费和佣金，比如与最低余额和提前取款有关的费用和佣金；账户使用，包括余额查询和提取款项的程序。员工只对被调查的信息中的三分之一（18个里的6个）主动提供了口头信息。“有经验的”神秘顾客被提供了更多的关于手续费、账户的使用的信息，而且也比装做没有经验的神秘顾客更容易被出示贷款合同。年总收益是测量年利息的一个标准，因为有确定的公式，所以可以在不同的金融机构之间比较。这个数据只有经过有经验的神秘顾客要求时才会被提供，而且也只有在两个案例里金融机构的员工才能提供准确的解释。印刷材料，如果确实提供了，也没有更多的信息可以帮助评估产品。神秘顾客一般得到的产品要约与其说适合其需要，不如说更昂贵，这反映了金融机构与其客户之间存在激励的不一致。该研究表明对信息披露、透明性以及金融机构提供信息的监管在实践中存在困难。

理、出售实践、客户数据的处理以及与产品设计和营销有关的问题（Brix and McKee，2010）。例如，金融企业通过很多方式利用信息不对称以及消费者理解和使用信息能力的不足占便宜，包括利用定价策略以及突出不相关的信息或者以不老练的客户为目标开发多余的金融“创新”（Carlin，2009；Choi，Laibson，and Madrian，2010；Gabaix and Laibson，2005；Henderson and Pearson，2011；Johnson and Kwak，2012）。关心商业实践中的公平的政策制定者可以使用激励机制，包括监管、鼓励竞争和市场透明（以此识别好产品），以及诸如对特定产品和实践进行监管等强制性手段。但是，保证公平是复杂的，因为在服务机会少的环境，正式金融选择的缺乏会导致消费者接受正式或非正式金融部门里不公正的或者强制性待遇。

纸面的规制与执行之间的对比

纸上的消费者保护法律法规与执行之间存在重大差距。根据世界银行最近的银行监管调查（Cihak and others, 2012），很多国家都有纸面的消费者保护监管规则，但是只有一少部分实际上执行了这些规则（图 2.8）。在这些国家里，三分之二的银行监管者对消费者保护负有责任。中东欧的份额高一些（77%），东亚（63%）和撒哈拉以南的非洲地区（61%）低一些。监管者汇报他们有很多执行的手段；最常用的手段是发布警告（被调查国家里 64% 这样做），其次是施加罚款或者惩罚（55%）。最不常用的执行手段是最严厉的，即撤销服务提供商的执照。执行这一步的在样本国家里有 34%。除了中东和北非的国家之外，多数国家汇报手里有多个执行工具可以使用，平均使用的工具是四个。

高收入国家实施执行措施比其他类别的国家更普遍（图 2.8）。这可能从某种程度上反映了高收入国家里金融系统规模大。但是，分析表明即使用每个国家的银行系统资产衡量执行活动的数量，仍然存在重大差别，而且高收入国家里单位执行活动对应的财产数额比低收入国家大。在同一样本里，执行活动的分布也很不均匀：六个国家占据了执行活动总数的 85%。最严厉的惩罚，即撤销营业执照，在 34 个国家里有；但是 2006 年至 2011 年，这些国家里只有 4% 实际使用这一惩罚方式。

几个因素妨碍消费者保护法律制度的有效执行。一个是缺乏充分的资源。例如，在巴西，司法部里的消费者保护秘书处负责所有的经济部门。多数指控和问题来源于仅仅几个关键的产业。2010 年有 26 000 例指控与金融有关，占全部指控的 21.5%（排第二位）。即使这样，也没有全职的工作人员负责处理金融指控，巴西作为一个有 2 亿人口的国家，全国也只有不到 30 位全职的负责消费者保护问题的工作人员。[26]各国负责消费者保护的监管者中只有大约三分之二在这一领域组成了专门的团队或机构（Čihák and others, 2012）。某些国家也有几个各自独立的部门化的金融监管机构，它们各自有不同的消费者保护规章。这可能造成消费者保护的不平等、对消费者问题的关注不平等以及寻求限制消费者保护规则的影响的利益集团的监管套利。

在某些国家里有专门的机构负责消费者保护，这种机构也处理金融方面的消费者保护问题。因为这种机构缺乏关于金融

图 2.8　消费者保护监管与执行活动

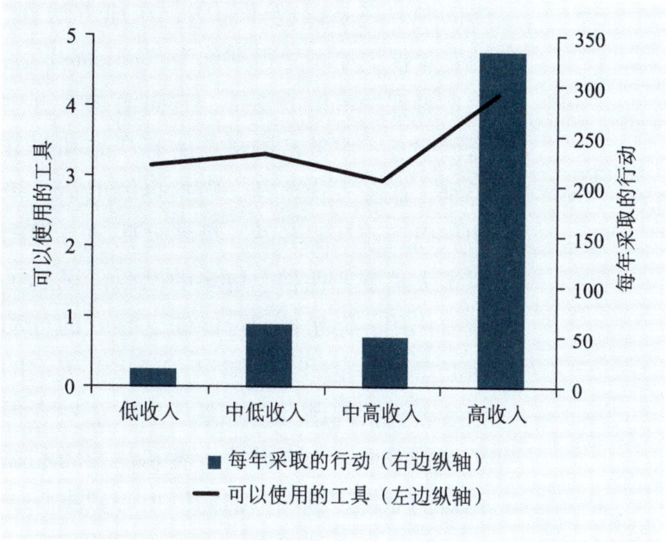

数据来源：银行监管调查（数据库），世界银行，华盛顿，http://go.worldbank.org/WFIEF81APO；Cihak and others 2013.

注：数字是各自的国家组里每个国家的平均数。

部门问题的专门知识，所以有可能产生很多问题。还是以巴西为例，在地方层面，消费者保护秘书处得到称为“procons”的消费者保护机构的支持，它向消费者直接提供服务，服务范围覆盖所有产品和服务类别，服务方式多样，包括热线电话、接访、以及流动服务站。虽然这些地方机构对扩大消费者保护至更多的巴西国民起了重要作用，但是他们可能缺乏有效的行动所必备的特定的金融知识。在几个关键的消费者保护问题上，主要的地方消费者保护机构采取了与金融监管者和消费者利益相对的立场。例如，他们以担心数据保护为由，批评在消费者信用系统里建立数据档案的法律，但是，他们没有权衡通过建立消费者档案，促进信用市场透明与竞争所带来的潜在收益。在信用卡方面，地方消费者保护机构声称捍卫统一价格，他们认为消费者不能因为用信用卡支付就比用现金支付承受更高的成本。但是，这种观点加强了信用卡持卡人与零售商交易时的地位，可能抬高物价，因而损害消费者的利益（巴西中央银行、财政部和司法部，2010）。

消费者保护组织

在某些国家，包括马拉维、葡萄牙和直到最近的美国，金融监管者同时有责任进行审慎监管和消费者保护。在那些资源和机构能力有限并缺乏有能力执行金融市场监管的专业人员的国家，把这两项功能合并可能是最好的解决方案。合并监管还有一个优势，那就是通过执行消费者保护获得的市场信息对审慎监管有用，反之亦然。负责审慎监管的部门通常还能获得资金优势并吸引高质量的员工，这给消费者保护和市场行为活动提供了强制度框架。但是，这种方法也有劣势。这些劣势可能包括无效率和规模不经济，因为在银行、保险和证券业之间可能缺乏协调、任务委托执行得不好；而且两种监管功能之间还存在资源竞争，可能导致监管者选择以牺牲消费者保护为代价维持金融部门稳定。

因为这些原因，某些国家已经成立特殊监管部门，专门负责金融消费者保护问题。把审慎监管和消费者保护监管分开的另一个原因是金融产品和服务的提供商范围广泛，很多是非银行金融机构。这种双峰监管模式被视为一种限制监管缺口并确保公平竞争的方式（Čihák and Podpiera，2008）。因为加拿大和澳大利亚等国家的银行系统在全球金融危机中保持相对稳定，近年来对双峰监管模式的兴趣与日俱增。在美国，已经以消费者金融保护局作为支点建立起新型监管结构，专注消费者保护和市场行为。在英国，通过建立金融市场行为监管局进行了类似的改变。

另一个替代方法是建立同时负责金融消费者保护的一般性消费者保护机构。例如，在美国，建立消费者金融保护局之前，由联邦贸易委员会处理金融消费者保护中的某些问题，包括与信用汇报有关的指控。这种做法的优势之一是监管的独立性，因为官员不仅仅处理与金融市场有关的事宜，而且有能力分析涉及受监管的金融机构之外的零售贷款融资问题。当然，也有潜在的缺点，包括工作人员缺乏金融产品和服务方面的知识，以及在影响银行和其他金融服务提供商等强大的利益相关者方面的能力有限。

图 2.9　从金融深度的角度看商业监管的变迁

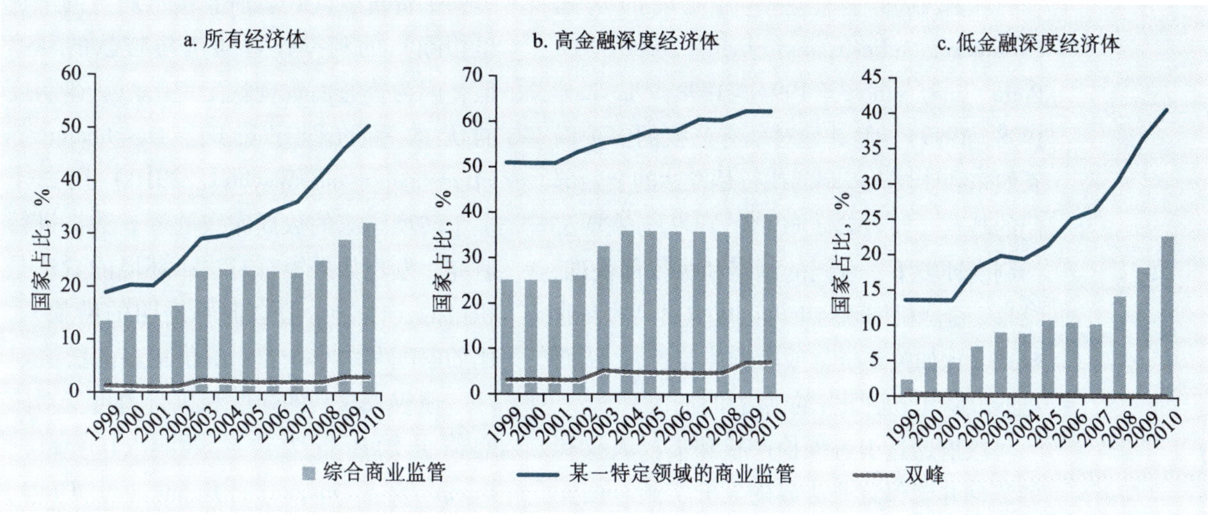

数据来源：Melecký and Podpiera 2012

不管具体的制度框架如何不同，正式的市场行为监管已经在发达和发展中经济体流行起来。根据 Melecký 等（Melecký and Podpiera，2012）的研究，被调查的98个国家里超过半数采取某种形式的正式的市场行为监管（图 2.9）。而且，尽管具体的规则可能不同，多数国家对市场行为监管的运行有着同样的总体结果目标：（1）对消费者的公平待遇；（2）加强对金融系统的参与度和信息披露；（3）维持对金融系统的公共信心和信任。

政府的普惠金融政策

政府在普惠金融方面的关键作用是处理金融服务的供给与需求中可能造成无效率的各种障碍。信息不对称（导致逆向选择和道德风险问题）和高交易成本是经常被提到的两个重要障碍。信息不对称和高交易成本会造成先发困境和协调问题，妨碍金融服务向某些特定人群延伸（de la Torre，Gozzi，and Schmukler，2007）。例如，某银行投资于一项能够覆盖服务不足的客户的新技术或商业模式，必须承担实验失败的风险和启动成本。但是，如果其他人模仿，银行将很快失去市场份额。这种问题造成对那些有助于缓解信息不对称和高交易成本的创新项目投资不足。同时，消费者偏离理性行为也可能造成无效率结果，这些都给政府干预提供了正当性。

下面的部分将专注政府在缓解普惠金融面临的信息不对称、高交易成本和消费者不理性问题时可能起到的三个作用：（1）建立法律与监管框架；（2）创造良好信息环境；（3）为获得金融服务提供补贴或者实施其他的直接政策扩展普惠金融。

建立法律与监管框架

法律制度是金融部门发展的基础（Djankov, Mcliesh, and Shleifer, 2007; La Porta and others, 1997, 1998; Levine, 1998, 1999）。尤其是对私有产权的保护以及股东和债权人权利的执行是发达的金融部门的基石（如Levine, 1998, 1999）。在弱法律制度环境下，合同的制定和执行都很难。结果，金融机构倾向于诉诸成本更高的商业模式（比如关系贷款或者群体监督），从而可能限制其金融服务的供给和需求。

政府通过引进保护产权和债权人权利的法律并确保这些法律的充分实施，在发展普惠金融中扮演重要角色。很多研究发现法律的质量和债权人权利的执行效率都会影响家庭获得信用的能力和成本。[27] Medor（Medor, 1982）发现，在美国，那些对担保财产过户进行司法干预成本更高、耗时更多的州，其抵押贷款市场的利率更高。Freixas（Freixas, 1991）的研究聚焦欧洲，发现担保财产过户所需要的司法程序的成本和时间与消费贷款和房屋贷款呈现负相关。Fabbri等（Fabbri and Padula, 2004）把意大利家庭和意大利司法区域的绩效数据合并研究，发现司法区域积压案件的增加对家庭拒绝贷款的概率产生统计和经济上显著的正效应。Japelli等（Japelli, Pagano, and Bianco, 2005）用意大利95个省的总信用数据研究，发现类似的证据。Warnock等（Warnock and Warnock, 2008）用62个国家2001—2005年间尚未支付的抵押债务数据研究，发现法律权利保护力度更大的国家，其住房金融系统深度更大。

法律制度的效率也很重要，因为它能影响贷款的构成。例如，Costa等（Costa and de Mello, 2006）发现，在巴西，银行提供工资贷款（还款时直接从雇员的工资里扣除）的利率比普通消费贷款的利率低，因为普通消费贷款受到巴西法律制度的无效率的程序影响。Haselmann等（Haselmann and Wachtel, 2010）用二十多个转型国家的数据库级的调查数据进行研究，发现如果银行对法律环境的看法是积极的，他们一般会向不透明的借款人，比如家庭和中小企业，提供更多的贷款。

债权人权利的强度和执行力可能对家庭债务偿还行为产生影响。Duygan - Bump等（Duygan - Bump and Grant, 2009）使用欧洲委员会从1994年到2001年的家庭面板数据进行研究，发现如果面临负面冲击，债权人权利保护弱的国家里的家庭更可能拖延支付贷款。所以，债权人权利设计不合理且执行力弱会抑制放贷并鼓励家庭违约。

现代抵押制度的一个关键组成部分是担保物注册登记制度。对财产权、土地权和金融服务可获得性进行的广泛的研究发现财产所有权对态度、信任和行为具有重要影响，而后者又对社会因素、收入因素甚至环境因素产生相当重要的影响（Di Tella, Galiani, and Schargrodsky, 2007; Goldstein and Udry, 2008; Jacoby, Li, and Rozelle, 2002）。传统观点认为财产权对于获得金融服务之所以重要是因为财产提供可靠的担保，但是，这种观点遭到新发现的证据的挑战。例如，Deininger等（Deininger and Goyal, 2012）对印度安得拉邦土地权利注册登记制度的影响进行了研究，发现只是在城市地区信用的获得性才发生显著但是温和的提升。Galiani等（Galiani and Schargrodsky, 2010）研究在布宜诺斯艾利斯贫穷的郊区获得清晰的土地确权对获得金融服务以及其他形式的财富的影响。他们发现家庭财产增加了，但是不是通过信用渠道增加的；相反，对不动产的长期投资和人力资本的形成（而不是正式的获得信用账户）带来财富的改变。Galiani 等（Galiani and Schargrodsky，2011a）讨论了低收入家庭因为行政成本相对很高而在长期保有正式的土地权利时面临的困难。Galiani 等（Galiani and Schargrodsky，2011b）发现证据证明在农村地区长期投资与更强的财产权保护之间有关联，但是，这些关联都和在正式信用市场使用土地作为担保物无关。这些研究都表明强财产权保护的重要性，但是也对仅仅关注提供土地权利的狭隘政策提出质疑。

建立信息环境

金融服务的供给方和需求方之间存在信息不对称，导致逆向选择和道德风险。例如，在信用市场，当贷款人不知道借款人的信息时，就产生逆向选择。道德风险是指这样一种情境，即当贷款人不能观察到借款人的影响还款的行动时，借款人可能产生机会主义行为。在这两种情况下，信息不对称都能造成配给（一种供给不足，低于需求的情形）。

理论模型说明信息分享可以降低市场上的逆向选择，在这种市场上，借款人会接触不同的贷款人（Pagano and Jappelli，1993）。而且，信息分享也会对借款人产生强纪律效应（Padilla and Pagano，2000）。Diamond（Diamond，1984）建立的模型表明信息分享可以推动借款人选择约定的项目。其他模型表明信息分享可以促使借款人对项目和偿还贷款倾注重大努力（Klein，1992；Padilla and Pagano，2000；Vercammen，1995）。

政府可以通过便利银行获得信息而提升普惠金融；为此，政府可以制定法律规章使得银行可以分享信息，或者直接设立公共信用注册机构。这些是中央银行或者金融监管部门建立并管理的数据库，用来获取个人和企业借款人及其信用状况的信息。同时，私营信用机构是指私营金融机构自发创设并维护的信息分享平台。

当前关于信息分享和信息市场表现之间的关系的证据主要来源于用整体或者企业层次的数据进行的跨国比较。Jappelli 等（Jappelli and Pagano，2002）及 Djankov 等（Djankov，McLiesh，and Shleifer，2007）证明，在信息分享发展得更成熟的国家，银行给私营部门授信的整体信用更充裕（图 2.10）。对企业层面的数据的研究结果表明，在有信用机构或者注册登记

图 2.10　信用信息分享与人均收入

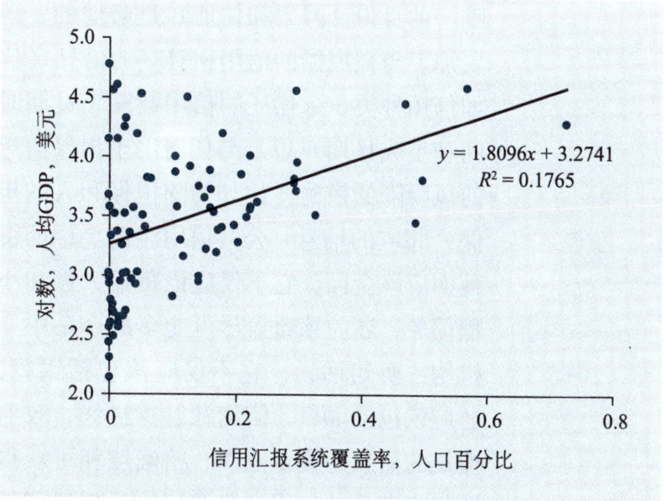

数据来源：全球金融发展报告（数据库），世界银行，华盛顿，http：//www. worldbank. org/financialdevelopment；国际金融统计（数据库），IMF，华盛顿，http：//elibrary – data. imf. org/FindDataReports. aspx？d = 33061&e = 169393.

机构的国家，获得银行信用更容易（Brown，Jappelli，and Pagano，2009；Galindo and Miller，2001；Love and Mylenko，2003）。尽管特别专注信用登记机构对消费者信贷影响的研究很少，但是证据一般都是积极的。例如，Cheng等（Cheng and Degryse，2010）用独特的信用卡应用和中国主要银行决策数据集，分析引进通过公共信用注册登记进行信息分享的制度如何影响银行贷款决策。他们发现有额外信息的借款人（指那些银行与其他金融机构分享其信息的人群）在其信用卡上获得的信用比那些只能从银行获得其信息的借款人获得的信用更多。

因为参与公共信用注册登记一般是强制性的，这就可以在没有私营信用机构的国家启动信用汇报机制（Jappelli and Pagano，2002）。但是，为了达到效果，公共信用注册登记需要提供关于借款人及其可信度的及时充分的数据（Maddedu，2010）。基本的借款人信息（比如全名、唯一的身份证号码和住址）是必要的，还要加上与被授予的信用相对应的信息（比如信用种类、未偿还的信用数额、过期时间和生成日期）以及与任何用于担保信用的风险降低措施（比如物的担保和人的担保）相应的信息。公共信用注册登记的覆盖面应该全面，它不仅应该覆盖大额和小额债务，还应该覆盖尽可能多的金融中介机构：换句话说，它不仅应该包括银行，还应该包括MFI、信用社等。最终，政府搜集的信息的覆盖范围、精确度和可获得性将决定公共信用注册登记作为拓展获得信用的工具箱的一部分的有用性。

虽然公共信用注册登记在金融发展的早期可能很重要，但它们也可能会降低私营机构的吸引力。在那些政府决定实行公共信用注册登记的国家，确保公平竞争应该是监管的一个主要目标（专栏2.7）。

补贴和债务豁免项目

正如其他领域的发展一样，很容易在改善获得金融服务并推动扶贫发展方面找到使用公共资金的理由。应该在与私人捐赠基金或者稀缺公共资金的很多其他用途进行比较的基础上对这种补贴进行评估，其中最重要的替代性用途是用于教育、医疗和其他穷人最优先需要的地方。在实践中，很少做这种成本收益计算。实际上，一般不衡量补贴的规模。

而且，对于金融部门税收来说，相比很多其他部门，补贴可能更容易受到金融部门的无谓成本影响（Honohan，2003）。一般情况下，尤其难保证与金融相关的补贴会到达目标群体或者达到希望的效果。

一个甚至更严重的问题是补贴可能对向穷人提供竞争性的和潜在的更好的商业服务带来激冷效应。金融补贴可能损害市场驱动的金融企业的创新和提供服务的动机和激励。正是这种风险，即补贴将阻碍可持续性金融创新的可行性，可能成为反对某些形式的补贴的决定性论点。

值得注意的是，应该质疑的不是给穷人补贴：穷人当然在很多方面需要帮助和补贴。相对于覆盖边际成本的补贴，覆盖固定成本（例如对支付系统里，尤其是对会创造网络外部性的系统）的补贴可能受到激冷效应的影响会弱一些。所以，每个案例都应该按照自身的特点来评估。

在微型金融领域，补贴受到的争议最大。很多人处于好意希望通过补贴向穷人提供可支付得起的信用。结果，今天多数

专栏 2.7　垄断租、银行集中与私营信用机构

建立广泛的信用汇报制度对金融市场整体上有好处，但是个人贷款人可能会从只与其他市场参与人分享部分信息中获得利润。如果只有一位贷款人掌握某一企业或者个人的信用信息，该贷款人在向这些借款人放贷时面临的竞争就小一些，因为其他的金融机构可能不愿意给这些市场主体提供信用。用经济学术语表述，就是贷款人通过不分享信息获得垄断租。如果信用市场被几家大银行把持，这个问题就变得更显著。这些银行中的每一家都拥有自己的广泛的客户基础，然后尽力通过把持信息维护其各自的市场份额。垄断信息也造成新银行进入市场的障碍。

Bruhn 等（Bruhn, Farazi, and Kanz, 2012）考察了银行集中与私营信用机构发展之间的关系。他们用将近 130 个国家的数据研究，发现银行集中与信用机构建立的概率之间负相关。从图 B2.7.1 可以看出，银行集中度低的国家里 80% 有私营信用机构，而银行集中度高的国家里只有 39% 有私营信用机构。在公立信用注册登记机构上的差距就小一些（56% 对比 37%），这可能反映了一个事实，即银行被强制要求向公立信用注册登记部门汇报，而参与私营信用机构则是自愿的。

如果控制混杂因子，研究结果会更稳固。另外，数据还显示银行集中度越高，信用机构的信息覆盖面越窄，信息的质量越差。这些研究结果说明市场失灵会妨碍有效的信用分享制度的发展，暗示政府干预将有助于克服这些障碍。

图 B2.7.1　如果银行力量大，则私营信用机构与官方信用注册登记机构出现的概率低

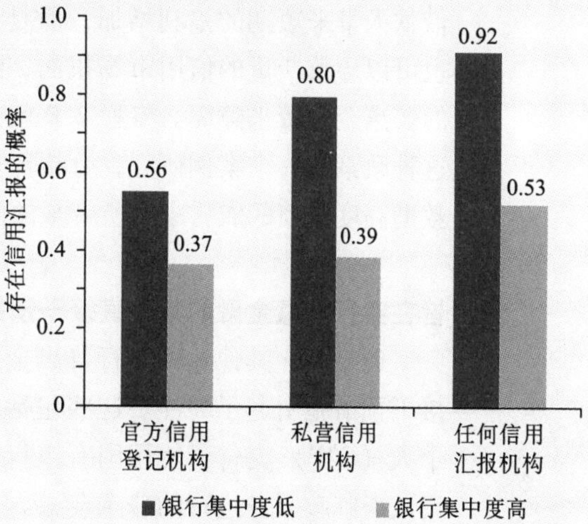

数据来源：基于 Bruhn, Farazi, and Kanz, 2012 整理。

注：本图显示拥有私营信用机构、公共信用注册登记机构或者任何信用汇报机构的国家的比例。国家按照银行集中度的高低（超过或低于样本平均值）划分。银行集中度是指某国最大的三家银行持有资产占银行业总资产的比率。

MFI（尽管最大的 MFI 中很少）是在补贴的基础上经营的（Cull, Demirgüç - Kunt, adn Morduch, 2009）。这些补贴中某些用于管理费用，而且 MFI 不把它们视为对利率的补贴。很多当前接受补贴的 MFI 努力追求达到盈亏平衡点，它们最终实现了完全盈利。其他的，包括著名的格莱珉银行，有意识地使用补贴以便降低利率。那些经营群体贷款项目因此更专注穷人的 MFI 相对依赖补贴的数额最多。

尽管很多借款人有能力而且愿意以有效率的 MFI 完全盈利的水平支付利率，毫无疑问，如果利率能降低一些，需求和借款人剩余都会增加。很多人会同意 Morduch（Morduch, 1999）的观点，即用不受补贴的信用覆盖很多穷人的前景很有限。但是，即使补贴的小额贷款可以用来拓展普惠金融，信用只是穷人所需要的几

项金融服务之一。确保可持续地进入信用市场要求穷人有更多的机会获得其他金融服务，如储蓄和保险产品。

支持以低于市场利率的利率获得信用的政策可能也是用来获得政治支持的政府项目。利率上限、利率补贴和债务重组项目在世界范围内都很普遍，在农村信贷中尤其普遍，因为这些项目有助于信用覆盖地理上分散的选区。尽管这些项目可以为借款人带来短期的福利增加，但是，它们也可以导致严重的信用市场扭曲，给长期的普惠金融带来障碍。专栏 2.8 就是关于这种政策的一个案例研究，分析印度政府救助高度负债的农村家庭所带来的影响。

旨在实行普惠金融的其他直接干预措施

近年来，其他几种实行普惠金融的直接干预措施引起了关注。这些包括政府对个人（G2P）支付、使用国有银行以及使用政府邮政服务进行的普惠金融。

在支付和储蓄场合，政府可以在提高金融普惠性中起到潜在的直接作用，即通过使用 G2P 支付增加对银行账户的需求。这些支付可能包括社会转移、工资和养老金支付，它们可以借助现有的政府基础设施，比如邮政网络，便利对金融的获得与使用。如果设计得当，这些支付有潜力成为推广普惠金融的工具。某些观察者已经注意到向贫困的 G2P 接受者提供金融服务可以加强 G2P 支付对发展的影响（Bold, Porteous, and Rotman, 2012; Pickens, Porteous, and Rotman, 2009）。Allen 等（Allen, Demirgüç - Kunt, and others, 2012）研究了 G2P 支付的效果，这是他们对推动普惠金融的因素进行的广泛研究的一个组成部分。具体地，他们在其账户渗透率模型里加上一个虚拟变量，变量代表政府是否汇报其已经鼓励或者强制通过银行账户支付政府转移支付项目或者社会支付。他们发现有接收 G2P 支付的账户会降低那些有账户的个人以缺乏资金作为获得普惠金融的障碍的概率。这说明政府提升普惠金融的政策可以增加个人感受到金融服务就在其可接触范围内的概率。

越来越多的证据表明邮政网络能够在普惠金融中发挥重要作用。根据某些观察者的观点，世界范围内的邮政网络已经或者正在经历一场转型：从信件为中心的官僚机构转型成为分散化的商业企业，其社会使命是服务全体国民并降低金融排斥（Berthaud and Davico, 2013; El - Zoghbi and Martínez, 2012）。全球普惠金融数据提供了某些新的关于这个主题的跨国商业证据，说明在哪里邮政普惠金融可能会起到重要作用并可实际使用。[28]数据显示邮政普惠金融覆盖了金字塔底部的更贫穷、更老、受教育程度更低以及失业的人群。

普惠金融战略

越来越多的国家制定了正式的国家普惠金融战略。这些都是经过协商程序制定的公共文件，协商程序一般涉及很多公共部门和机构（财政或经济部、中央银行、消费者保护机构、司法部、社会保障机构等等）、私营部门企业（商业银行、保险公司、非银行金融机构、电讯公司）和民间社会合伙人（比如微型金融组织和金融教育非政府组织）。在很多国家，普惠金融战略是由中央银行领导。例如，在肯尼亚，中央银行由金融部门深化信托协助实施普惠金融，后者由英国国家开发部支持；调查与研究工作由 Finmakr 信托实

专栏 2.8　走出债务陷阱：对借款人实施救助能否使其重新获得金融服务？

世界上很多家庭因为负债过高而被排斥在正式的金融服务之外。农村家庭尤其如此，他们要面对各种不断发生的经济冲击（旱灾、出口价格波动等）风险，但是却可能缺乏保险工具对冲这些冲击带来的收入波动。家庭极端债务带来的潜在的深远影响促使很多政府实施大型的政府主导的债务救助和重组计划，旨在让这些计划受益者重新回到正式的信用市场。

在印度，过度负债已经成为农村家庭尤其严重的问题，政府对此实施了不寻常的大胆的政策予以回应。受微型金融借款人违约潮以及贫穷地区农民因负债而自杀的鲜活事件的触动，印度政府实施了可能是历史上最大的家庭层面债务救助计划。2008 年 2 月发起了农业债豁免与债务救助计划（ADW-DRS），该计划针对贫困农民，为国内超过 4 000 万户农村家庭豁免了未偿付的债务，这个数字大约相当于印度 GDP 的 1.7%。

这种大规模的干预对获得金融服务、信用供给以及贷款表现有何影响？尽管债务救助计划对单个家庭可能产生重大的好处，作为一种工具，这种项目改善家庭福利的长期价值仍然存在争议。支持者认为家庭债务水平太高可能扭曲投资和生产决策，所以，债务救助有助于提高受益家庭的生产率。相反，批评者担心很难做到“勾销债务而不会消灭审慎借款和偿还的文化。”[a] 他们认为，如果债务救助改变了预期和借款人行为，救助可能事实上导致未来出现更大范围的道德风险和更严重的信用配给。尽管两种观点都有经济学理论支撑，但是，令人奇怪的是几乎没有证据证明负债以及债务豁免如何影响家庭层面的经济决策和获得信用的机会。印度的债务豁免实验提供了一个绝佳的机会，为这场争论提供某些可以验证的实证证据。

最近的两个研究使用来自于印度大规模借款人救助的自然实验考察债务救助在家庭和经济层面产生的影响。Kanz（Kanz，2012）对 2 897 个家庭进行了调查，这些家庭都是印度债务救助计划的受益人。调查收集了证据，证明债务计划对家庭后来的经济决策的影响。项目的一个重要意图在于通过解除担保物负担，为家庭提供“重新开始”的机会，并给家庭提供再融资的机会，使其有能力为有效率的投资项目融资。研究结果表明项目只是在一个维度上取得了成功。债务豁免给家庭债务带来实质性和持续性的降低。甚至在项目结束一年之后，获得无条件债务豁免的受益人平均比参照组里的家庭负债低大约 25 000 卢比（相当于 464 美元，或者平均年家庭收入的 50%）。但是，项目并没有做到让受益家庭重新融入正式的贷款关系。尽管银行被要求给项目受益人重新申请贷款的资格，但是，这些家庭里绝大多数并没有用其被解放出来的担保物申请新的贷款。这在家庭投资和生产效率方面反映得最直接：受益家庭降低了其在农业投入上的投资（这些一般是信用融资），从而导致农业生产率降低。综合分析，这些家庭层面的结果表明仅仅勾销债务可能对于帮助家庭重新获得融资的机会并从事有效率的投资来说是必要的，但却不是充分的政策。

这说明，如果债务救助旨在鼓励新的投资，豁免债务的同时应该辅以重新恢复银行关系的措施。按照同样的逻辑，结论表明，在投资的各种约束源头中，对未来获得融资的预期与悬在头顶的高负债产生的抑制因素同样重要。所以，旨在鼓励新投资的救助设计只有当以可信地提高家庭未来获得金融服务的长期预期的形式予以实施的时候才可能产生效力。

尽管从家庭层面研究中搜集的微型证据可以告诉我们债务豁免给个人家庭带来的某些影响，但却不能由此推导出这种项目给宏观经济带来的影响。例如，关于大规模债务豁免或者重组项目的一个重要警示就是可能产生重大的道德风险并对一国的信

专栏 2.8　走出债务陷阱：对借款人实施救助能否使其重新获得金融服务？（续）

用文化造成持续的损害。这反过来又会影响银行，使其改变其分配信用的方式，使得边缘家庭在未来更难获得信用。这些担忧站得住脚吗？

为了探索这些问题，Giné 等（Giné and Kanz，2013）使用社区层面的有关信用供给和贷款绩效的数据，选择印度几个社区作为面板数据，时间范围跨越 2001 年到 2012 年，也就是 ADWDRS 项目实施前后。研究表明，救助项目的实施导致新贷款从高救助区域流走，重新配置到其他区域；新贷款总体下滑；项目后期产生严重道德风险（图 B2.8.1）。尽管对影响最大的区域的信用供给在救助之后的几年里出现反弹，但是结果表明项目对边缘家庭获得金融服务产生的长期影响是负面的。这突出说明在设计有效的债务豁免和重组项目时必须应对的一个重要挑战就是最小化对还款激励和信用市场纪律产生的负面影响。

在印度这种大面积过度负债的场合，除了借款人救助项目之外还有替代性办法吗？某些国家尝试债务重组，给债务豁免施加条件，即借款人的表现。尽管这种办法降低了对偿还激励的扭曲，但是债务人一般很难达到豁免要求。所以，加强个人破产法律制度的实施可能是解决家庭过度负债的最有效的政策选择。个人破产法有助于有秩序地清理家庭债务，既避免激励扭曲，又可以在问题已经变得严重到需要大规模政策干预之前提前处理，从而避免管理不善和政治俘获。

图 B2.8.1　债务救助与道德风险

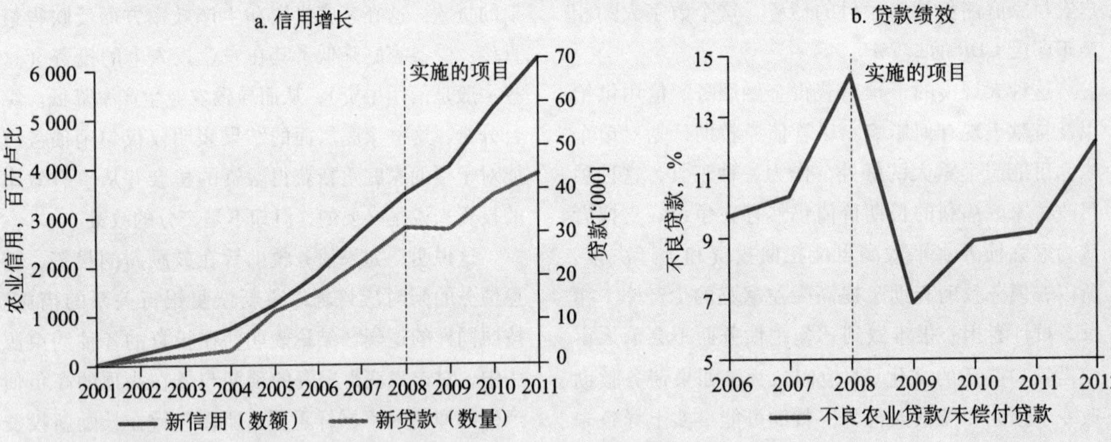

数据来源：在 Giné and Kanz，2013 论文基础上计算。

a. “豁免债务，而不是被债务淹死：印度勾销农民贷款，是否也消灭农村的信用文化？”经济学人，2008 年 7 月 3 日。

施。在哥伦比亚，一个由政府创建的独立的信托基金领导实施普惠金融。

这些战略所公布的主要目标是提升获得金融服务的机会。一个典型的战略一般会突出一个主要目标。例如，尼日利亚的战略于 2012 年公布，其目标是到 2020 年把金融排斥从 46% 降低到 20% 的水平。除了主要目标之外，该战略定义了普惠金融，识别了关键的利益相关人，概述了其主要角色和责任，汇报了与国际标准相比尼日利亚普惠金融的状况，讨论了普惠金融面临的障碍，引进一系列目标，提出一系列实现普惠金融目标的策略，讨论了对尼日利亚监管规则和政策的要求，引进了一般的监督和评估方法，并为战略的制度化建立了组织框架。值得注意的是，该战略设定了相当具体的目标，包括支付、储蓄、信用、保险、养老金、存款银行和微型金融银行的分支机构等。该战略的关键行动包括一个分层布置的方法，各层级包括宣传消费者规则意识、代理银行、移动支付、无现金政策、金融知识框架、消费者保护以及实施信用提升计划和项目。

普惠金融联盟是一个来自发展中和新兴国家的全球普惠金融政策制定者的网络。该联盟已经开始发起一个政策支持项目，旨在推动良好实践的推广。2012 年，联盟成员国发布了玛雅宣言，这是发展中国家和新兴国家政府发起的第一个全球性的可量化的承诺，旨在通过更好的普惠金融在全球范围内释放 25 亿人的经济和社会潜能。超过四十个国家签署了该宣言。[29]

这些战略文件的一个重要好处是在多个利益相关人和发起人中间有更好的协作。实际上，多数国家的权威机构汇报准备战略所涉及的协商程序使多个利益相关人和倡议发起人之间的协作更好了，对话改善了，对金融部门的知识增加了，而且对好的实践的承诺更清晰了。

国家普惠金融战略有效性的证据仍然只是刚刚出现。Duflos 等（Duflos and Glisovic - Mezieres，2008）讨论了三十个国家的国家微型金融战略，多数在非洲，指出这些战略一般是在捐赠者的要求下发起的。他们并未发现证据证明采纳战略的国家受到战略的影响。他们识别了某些挑战，比如弱诊断方法、政府领导力的不足以及不现实的行动计划。论文针对战略的发展向捐赠者提供了建议，包括在全面的部门诊断上投入（以便战略建立在坚实的数据基础上）、分析政治气候、确保地方所有权、评估结果以及对改变计划持开放态度。最近出版的一份普惠金融战略框架文件描述了被选中的国家如何实现目标并对那些可能打算采纳此战略的国家提供基本指南（世界银行，2012i）。

尽管现在对这些战略进行严格的检验仍然为时过早，还是有某些初期的迹象表明通过公共部门和私营部门合作承诺实施普惠金融可以取得某些进步。例如，南非金融部门宪章帮助提升成年人获得银行服务的机会，在四年内从 46% 提升到 64%，开设了六百万基本银行账户（被称为 Mzansi 账户）。在英国，一个普惠金融工作组通过电子货币监管、与银行账户联系的 G2P 支付以及通过邮局获得金融服务等方式，帮助把没有银行服务的成年人人数降低了一半。巴西政府实施了监管改革，使得金融部门用产品创新和改善服务的方式回应，极大地拓展了获得金融服务的比率。结果，巴西每一个城镇，包括农村偏远地区的城镇，现在都得到金融覆盖。

注释

1. 信用卡有几个变体，包括延迟支付借记卡，用这种借记卡支付发出的支付指令会使基础账户里的资金保留一段时间，而不是直接进入借记卡。

2. 尽管预付卡和储值卡这两个术语经常通用，这两种产品还是有差别的。预付卡一般发给把资金存入发卡行账户的人。在预支付的时候，大部分发卡行会给开卡人建立一个账户并要求获得开卡人的基本信息（名字、电话号码等等）。储值卡一般用开户，因为预支付的钱是直接存入卡里的。
3. 世界发展参数数据（数据库），世界银行，华盛顿，http：//data. worldbank. org/data – catalog/world – development – indicators；全球普惠金融数据库，世界银行，华盛顿，http：//www. worldbank. org/globalfindex. 还可参见 Demirgüç – Kunt and Kpaller，2012。
4. 这里专注于移动技术，因为移动技术发展快，而且有潜力提升普惠金融。但是，为了正确地看待问题，本段提到的大量的代理基础上的交易可以而且现在仍然通过银行卡而不是移动电话进行。
5. 印度储备银行数据，参见http：//www. rbi. org. in.
6. 全球普惠金融数据库，世界银行，华盛顿，http：//www. worldbank. org/globalfindex.
7. 参见 Markswebb Rank & Report website，at http：//markswebb. ru.
8. 参见“俄罗斯的电子商务：成功投资世界上最热的市场，品牌商、企业家和投资者需要知道什么，”东西数字新闻，http：//www. ewdn. com/e – commerce/insights. pdf.
9. 参见“产品设计案例研究，”IFC，华盛顿，http：//www1. ifc. org/wps/wcm/connect/industry_ ext_ content/ifc_ external_ corporate_ site/industries? financial + markets/publications/product + design + case + studies.
10. Carpena 等（Carpena and others，2011）考察小额信贷企业把个人责任转换为团体责任的情况。这对于多数个人责任（尤其是大额贷款时）推动的小额信贷公司尤为有用。
11. 参见“旧金山银行，”旧金山金融许可办公室，旧金山，http：//sfofe. org/programs/bank – on. 还可参见美国财政部（2011）。
12. 另一个相关的案例，墨西哥的阿兹特克银行，将在第三章专栏3.3讨论。
13. 参见“产品设计案例研究”，IFC，华盛顿，http：//www1. ifc. org/wps/wcm/connect/industry_ ext_ content/ifc_ external_ corporate_ site/industries? financial + markets/publications/product + design + case + studies.
14. 参见“产品开发”，CGAP 题目，扶贫顾问小组，世界银行，华盛顿，http：//www. cgap. org/topics/product – development.
15. 以人为本的设计是指设计产品时考虑产品目标客户和社区的需要。参见“以人为本的设计使我们基于人的需求创造并提供解决方案，”HCD 链接，http：//www. hcdconnect. org/toolkit/en.
16. 把更多的注意力放在金融能力上，其背后的原因之一也是对金融消费者保护制度的强调越来越多。这包括金融稳定委员会、G20 和 OECD 的活动。
17. 世界银行也组织了金融能力和消费者保护调查，调查建立在世界银行—俄罗斯信托基金问卷调查表之上，而且补充了金融知识和消费者保护问题。该扩展调查的结果目前尚未出来。
18. 之前世界银行用不同的问卷调查表进行了金融知识调查，调查国家包括阿塞拜疆、波黑、保加利亚、罗马尼亚和俄罗斯。
19. 广泛的研究发现具备金融能力的行为受到心理特质的影响，而不仅仅受到个人金融知识的影响。De Maza 等（De Maza，Irlenbusch，adn Reyniers，2008）在英国的研究对一项金融能力的调查进行了分析，发现心理差别（比如拖延的倾向）而非信息差别解释了金融能力中的很多波动。Mandell 等（Mandell and Klein，2011）在美国分析了 Jump $tart 高中生调查数据，发现动机是决定金融知识水平的关键因素。
20. 这些包括 Atkinson，2008；Fernandes，Lynch，

and Netemeyer，即将发表；Gale and Levine，2010；Hastings，Madrian，and Skimmyhorn，2012；Hathaway and Khatiwada，2008；Lusardi and others，2010；Martin，2007；Xu and Zia，2012. 研究认为金融知识与更高水平的退休计划和储蓄（Alessie，Van Rooij，and Lusardi，2011；Behrman and others，2010；Bucher - Koenen and Lusardi，2011；Lusardi and Mitchell，2007，2011b）、投资决定的质量（Abreu and Mendes，2010；Van Rooij，Lusardi，and Alessie，2011）、信用管理和执行（Akin and others，2012）以及承诺效果（Ding，Quercia，and Ratcliffe，2008；Gerardi，Goette，and Meier，2010；Quercia and Spader，2008）相关。

21. 尤其是不同金融知识普及项目的设计、质量和强度差别很大，使得很难比较；直到最近，多数研究专注于发达经济体；很少有研究评估长期或者可持续变化；几乎没有研究与其他可能的政策比较，提供不同金融知识普及项目的成本收益分析。

22. 在对超过 100 个研究的元分析的基础上，Miller 等（Miller and others，2013）发现，尽管这些论文中某些不能否定零假设，即金融教育对储蓄没有影响，但是把这些论文放在一起分析，它们的确提供了证据，证明对储蓄有影响。研究也显示积极的证据，证明对保留记录的影响，但是没有证据证明金融教育对违约的影响。在分析结果的时候需要注意的是这些元分析所依赖的研究在很多特性上存在差别，包括金融知识普及项目所在国的国家级金融知识普及项目的强度和形式。

23. 参见全球普惠金融数据库，世界银行，华盛顿，http：//www. worldbank. org/globalfindex.

24. 对此的全面分析，参见世界银行 2012a。

25. 参见 Cull，Demirgüç - Kunt，and Lyman，2012 和“部长们将金融行动工作组指令更新到 2020 年，”金融行动工作组，巴黎，2012 年 4 月 20 日，http：//www. fatf - gafi. org/topics/fatfgeneral/documents/ministersrenewthe-mandateofthefinancialactionrtaskforceuntil2020. html.

26. 根据 2012 年 3 月金融部门评估项目代表团期间在消费者保护部进行的访谈。

27. 其他的研究考虑到银行总信用与家庭贷款之间的对比得出类似的结论（Bae and Goyal，2009；Qian and Strahan，2007）。

28. 全球普惠金融数据库，世界银行，华盛顿，http：//www. worldbank. org/globalfindex.

29. 根据宣言，每个国家在四个领域里做出可量化的承诺：（1）创造宽松的环境，以便利用新技术提升金融服务的可获得性并降低使用金融服务的成本；（2）建立相应的法律框架，推进普惠金融中的适度性、稳定性以及健全性；（3）融合消费者保护与授权，作为普惠金融的关键支柱；（4）利用数据，以便在信息充分的基础上制定政策并追踪结果。

第三章：关键信息

- 金融影响经济发展的一个关键渠道是向最有前景的企业提供信用。因为市场不完美，比如存在信息不对称和交易成本，小微企业和年轻企业在获得金融服务上面临的约束最大。金融在支持创新方面的作用也很关键。研究表明私营大、中、小型企业使用外部融资与更大的创新之间具有关联。为了推动创造就业和经济发展，解决与新进入市场的企业和年轻企业有关的融资挑战也很重要，这些企业因为缺乏信息和担保财产而受到融资约束。
- 最近的研究结论认为，提供小额贷款不足以鼓励微型企业投资和企业成长，部分因为借款人的发展前景不同质，缺乏管理资本，并面临监管障碍和心理或者行为约束。而且，在某种程度上，债权可能不是适当的融资工具，因为偿还条件中不允许延期，加上连带责任抑制了有风险的投资活动。理论上，股权性合同可以克服这种困难，但是，因为道德风险和法律环境脆弱，这种合同又很难出现。尽管没有证据证明微型股权的有效性，最近的研究认为储蓄产品和微型保险可以促进微型企业投资和成长。
- 可以通过改善金融部门的基础设施极大地改善普惠金融。越来越多的证据表明，动产担保法律框架和注册登记制度以及信用信息系统可以克服信息问题，从而推动向中小企业（SME）贷款。鼓励金融部门里更多的竞争对于促进金融部门里的创新以及采纳有助于覆盖诸如 SME 等金融服务不足的企业的新技术具有重要意义。
- 商业模式和产品设计很重要。对于向小微企业贷款，利用关系很重要。创新的机制通过零售链条或者大型供应商提供信用，在此过程中，依赖支付历史做出贷款决定并通过使用现有的分销网络降低成本。
- 旨在提升财务管理水平的金融和商业培训导致更高的专业水平，尽管对企业实务和绩效的影响一般很小；而且取决于场景和性别，表现出混合的结果。培训的内容也很重要：简便的经验法则培训可能比标准的商业和会计培训更有效。
- 政府直接干预信贷市场，比如直接的贷款项目和风险分享安排，对 SME 获得金融服务和增长可能产生积极的影响，但是如何适当地设计和管理干预是个挑战。在弱制度环境下，很难建立好的治理，这个问题变得更严重。
- 女性所有的企业和农业企业在获得金融服务上面对独特的挑战。部分因为女性获得的金融服务少，女性拥有的企业一般比男性所有的企业的规模小，而且成长得慢。
- 农业企业受到约束是因为地理原因以及农业生产面临的季节性波动和与天气有关的风险。金融产品（比如保险）以及政府项目可能有助于降低这些风险并促进投资和农业企业的生产效率。

第三章

企业普惠金融

金融系统的核心功能之一是把资金配置到最有效率的用途上。那些具有好的增长机会并需要额外的资金为营运资本和固定资产投资融资的企业可能是资金最有效率的用途所在。可是，这类企业中的某些企业可能因为代理问题和交易成本而无法获得外部融资（见第一章，专栏1.1）。

本章讨论改善企业获得普惠金融的挑战和可能的解决办法。本章第一部分聚焦微型企业，然后考察中小企业（SME）和初创企业面临的情况，因为限制获得金融服务的代理问题和交易成本对这些企业的影响最突出。[1] 本章把微型企业定义为雇员少于5人的企业，把SME定义为5—99个雇员的企业。因为微型企业和SME的融资需求一般不一样，所以，本章对其进行分别单独讨论。[2] 微型企业一般需要的贷款数额少，由微型金融机构（MFI）提供。另一方面，SME需要的信贷额度大一些，它们可能通过银行或者其他形式的融资，比如保理和融资租赁（见下文）获得信贷。所以，对微型企业和SMI的政策干预也就不同。[3]

研究发现微型企业的资本收益很高。本章首先解决一个问题，即缺乏微型信贷、储蓄和保险是否妨碍微型企业融到更多的资本以便实现其资本收益？本章对一系列影响评估得出的证据进行概括，得出结论认为微型信贷不足以支持微型企业投资和发展。解释这一发现的原因之一似乎是僵硬的还款要求和连带责任会妨碍投资。股权性质的合同可能会克服这个问题，但是，目前尚无证据证明能否成功地运用股权投资支持微型企业发展。但是，某些最近的研究发现储蓄产品和保险能改善微型企业的投资。

然后，本章论证发展中国家的很多SME因为代理问题（而且缺乏必要的金融基础设施化解这些问题）而受到信贷约束的困扰。国家范围内的研究表明放松信贷约束可以推动SME发展。政府可以采取一系列的行动减轻影响SME的信贷约束。对信贷市场进行直接干预，比如直接贷款项目和风险分担安排会对SME获得融资和发展产生正面影响，但是，获得设计与管理权力是一个挑战。在弱制度环境里很难建立起好的治理环境，而且SME面临尤其严重的融资约束，所以这些担忧就更严重。

政策制定者可以采取其他的更具市场导向性的行动鼓励向SME贷款。这些行动旨在改善金融部门基础设施，减弱SME所面临的代理问题。越来越多的证据表明法律制度和动产登记制度以及信用信息制度可以增加对SME的贷款。保理和融资租赁是支持SME融资的两种方式，但是，目前尚无证据描述这两种金融工具对SME投资和增长的影响。

本章也指出，SME的高风险但是又具有潜在丰厚利润的投资机会可能无法得到银行的贷款支持。私募股权投资者可以介入，分享风险和潜在的回报。但是，这些种类的投资依赖于良好的执行合同的法律制度和先前的商业经验，发展中国家在这两方面可能都欠缺。国际机构已经启动一些项目帮助发展地方私募股权产业。需要开展更多的研究记录这些项目促进SME发展的程度。

很多政策和研究聚焦对SME实施的普惠金融，但是初创企业也面临金融约束。缓解这些约束可以潜在地促进提高生产效率和创造就业，尽管还需要更多关于它们之间关系的证据。天使投资和被投资企业一起承担风险，而且通过提供指导贡献商业经验，所以，它们为初创企业提供了一种有前景的融资资源。当前，发展中国家的天使投资没有发达国家普遍，但是，金融与技术协助有助于支持创设天使投资网络。

本章考察企业融资与创新之间的关系，以便理解普惠金融借以改善经济发展的渠道。创新性项目尤其难以用外部资金融资，因为这些项目一般风险大，而且企业因为担心被其他人模仿而不愿意披露关于创新的很多信息。政府可以介入，资助匹配补助金项目和商业竞争计划。证据表明匹配补助金项目可以改善企业生产效率、促进就业增长，但是，这些项目也很难实施好。有关商业竞争计划的影响的研究正在进行中，目前尚未完成。

然后，本章转向两个涉及面向企业的普惠金融的课题，它们最近得到很多政策和研究关注。第一，性别是否与获得金融服务有关联。几项研究都记录了女性获得信贷更少，因为她们比男性占有的财产少，获得的教育水平低，受到社会规范的限制或者有时候受到偏好歧视。证据也表明女性拥有的企业一般比男性拥有的企业规模小，而且发展慢。本章得出的结论认为，如果政策能解决导致获得融资上的性别差距的背后因素，给女性提供更多的信贷有助于提升女性拥有的企业的发展。

第二，本章讨论农业企业的挑战和融资需求。农业生产受制于季节变化和风险，比如害虫、牲畜疾病和不利的天气状况。结果，农业企业可能决定放弃更具风险的投资，以便确保获得低一些但是更确定的收入流。贷款人也可能不愿意向有风险的项目提供融资。本章分析金融产品（比如保险）以及政府项目怎样才能帮助降低这些风险并提升农业企业的投资和生产效率。

微型企业

世界上大多数企业是微型企业。国际金融公司的企业融资缺口数据库把雇员人数 1—4 人的企业定义为微型企业，按照其定义标准，发展中国家正式的微型企业和 SME 中大约四分之三属于微型企业。[4] 即便是在发达市场经济国家，全部微型企业和 SME 里 59% 属于微型企业（图 3.1）。

大约 80% 的微型企业和 SME 是非正式的。[5] 数据没有单独提供微型企业的数量，但是最小的企业中非正式比率最高（de Mel, McKenzie, and Woodruff, 即将发表）。根据世界银行非正式企业调查，非正式部门里的多数企业汇报其面临的最大挑战是缺乏获得金融的机会（图 3.2）。[6] 专栏 3.1 总结了 Farazi（Farazi, 2013）所做的调查，该调查针对非正式部门里的微型企业和小企业的融资问题。

微型企业的资本收益水平高

理论和证据表明微型企业可能获得高资本收益。从理论的角度，如果生产函数显示收益率递减，营运规模小的企业的资本收益可能更高（而且相对于大企业明显更高）。对加纳、墨西哥和斯里兰卡的研究提供的经验数据表明微型企业的资本收益水平的确可观，达到每月 5%—60% 的水平（de Mel, McKenzie, and Woodruff, 2008; Khandker, Samad, and Ali, 2013; McKenzie and Woodruff, 2008; Udry and Nanagol, 2006）。De Mel 等（De Mel, McKenzie, and Woodruff, 2008）用田野调查的方法阐述了微型企业为什么资本收益水平高（专栏 3.2）。

图 3.1　微型、很小型、小型、中型企业百分比

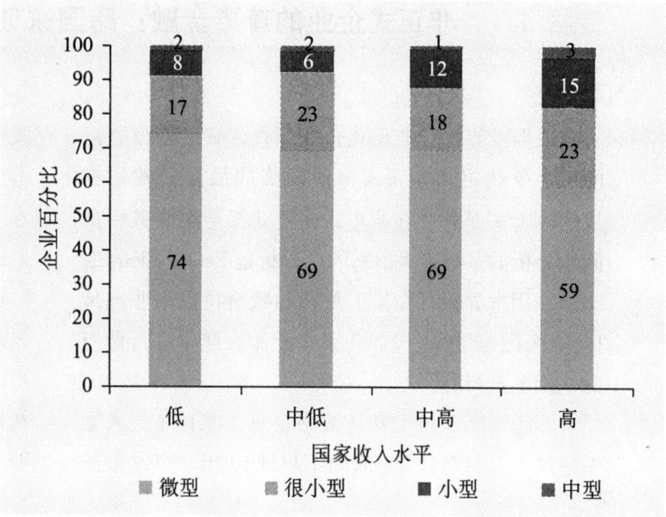

数据来源：IFC 企业融资缺口数据库，SME 金融论坛，http: //smefinanceforum. org.

注：数据覆盖 177 个国家。观察年跨越 2003—2010 年，随国家不同而不同。企业规模按照雇员人数划分（1—4：微型；5—9：很小型；10—49：小型；50—250：中型）。本数据集不包括大型企业（一般比中型数量少）。

图 3.2　影响非正式企业运营的最大障碍

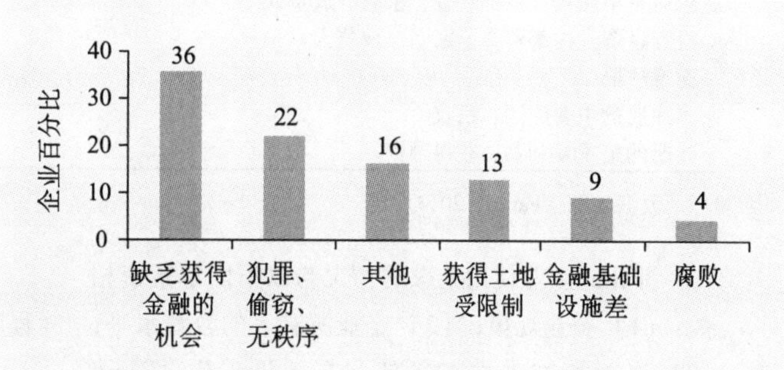

数据来源：世界银行非正式企业调查。

注：数据覆盖 13 个国家的微型企业（1—5 个雇员）和小型企业（6—20 个雇员）。条形代表把某一给定的选项认定为主要营运障碍的企业的百分比。“其他”包括企业注册程序困难、劳动力、产品或服务需求小、政治不稳定。

专栏3.1 非正式企业的普惠金融：跨国家证据

根据世界银行非正式企业调查，缺乏获得金融的机会被认定为非正式企业面临的最大的营运挑战。[a] 本专栏是建立在非正式企业获得金融服务中的问题分析的基础上做出来的。分析是Farazi（Farazi，2013）用世界银行在拉丁美洲和撒哈拉以南非洲地区13个国家里大约2 500家企业作为样本进行调查的基础上进行的。

非正式企业里主要是微型企业，即其雇员人数不超过5人，而且营业时间不超过10年。多数非正式企业所有人接受过某种教育或者职业培训。他们不在正式企业里任职，说明非正式企业是其主要收入来源。非正式企业汇报的使用贷款和银行账户水平低，绝大多数通过金融机构之外的资源为其营运提供融资，包括内部资金、放贷人、家庭和朋友。多数受访者愿意让他们的企业转正（即注册），但是因为注册要交税而放弃。他们表示获得融资的便利是他们能从注册中获得的最重要利益（表B3.1.1）。

表B3.1.1 非正式企业概要

指标	企业份额（百分比）
规模：微型企业（0—5个雇员）	89
年龄：10年或以下	74
教育水平：未接受教育	6
最大的所有人在正式企业里有一份工作	8
使用账户	23
使用贷款	11
营运资本融资：内部资金、家庭、放贷人	80
投资融资：内部资金、家庭、放贷人	84
愿意注册	59
不注册的主要原因：税收	26
注册的最重要利益：获得融资	52

数据来源：Farazi，2013。

非正式企业使用金融的情况与以下因素紧密相关：（1）企业规模；（2）企业所有人的教育水平；（3）企业所有人在正式部门有一份工作。Farazi（Farazi，2013）所做的回归分析结果表明，与小企业相比，微型企业使用银行账户比例更低，在营运资本融资上对银行的依赖更少，对MFI的依赖更多。规模与使用贷款之间并无实质性联系。企业所有人的受教育水平以及在正式部门有一份工作与使用银行账户之间正相关，与使用内部融资、从家人和放贷人融资用于营运资本之间呈现负相关。非正式企业的所有人的受教育水平也与其使用贷款之间呈现正相关（图B3.1.1）。

最近的研究显示降低初始注册成本并提供注册程序信息对成立企业的影响很小（Bruhn，2013；de Andrade，Bruhn，and McKenzie，2013；De Giorgi and Raman，2013）。在其正在为世界银行所做的研究中，Francisco Campos，Markus Goldstein，David McKenzie发现与成为正式企业相关的各种成本，比如税收支付成本可能对非正式企业来说相对更重要。除非这些企业成长起来并开始创造足以覆盖这些成本的充分利润，否则它们将很难进入正式部门。提升非正式企业的普惠金融水平将潜在地帮助其成长，为其成长为正式企业铺平道路（Campos，Goldstein，and Mckenzie，2013）。

专栏 3.1　非正式企业的普惠金融：跨国家证据（续）

图 B3.1.1　非正式企业使用金融的情况

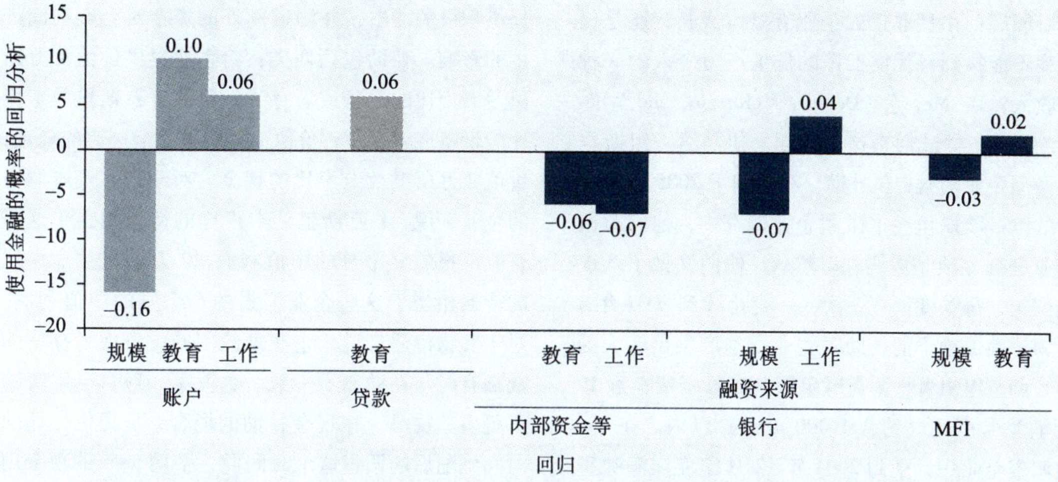

数据来源：Farazi，2013

注：横线上面的变量是自变量，下面的是因变量。最左的条形是把账户作为因变量（如果企业有银行账户，则变量值为1，否则为0）进行的回归分析；中左的条形是把贷款作为因变量（有贷款取值为1，否则为0）进行的回归分析；右侧的条形是根据营运资本融资的不同来源进行不同的回归分析（如果企业使用给定的融资来源则变量值为1，否则为0）得到的数据。每个回归分析都把公司层面的变量（年龄；微观规模；部门；所有人的性别、受教育水平和在正式部门有工作）和国家固定效果作为控制变量。如果使用国家层面的变量（金融部门发展和金融机构质量的参数）而不是国家固定效果，则回归结果很可靠。使用了 probit 模型；回归分析显示了边际效果。MFI = 微型金融机构。

a. 调查的更多的信息参见“企业调查数据”，http：//www.enterprisesurveys.org/Data.

给定高资本收益的证据，很自然地提出一个问题：为什么微型企业不购买更多的资本资产（比如机器或者工具）以便获得更多的资本收益？换句话说，获得更多的金融产品，包括信贷、储蓄和保险能否改善微型企业的融资和发展？需要注意的是，除了缺乏获得融资的渠道之外，还有很多其他的原因可以解释为什么微型企业不增加投资，包括监管障碍、缺乏技术或者合格的雇员、希望保持非正式形式的意愿以及心理和行为上的约束。对这些问题的详细研究超出了本章的范围。但是，对于这些因素如何影响微型企业获得融资以及融资对微型企业发展的影响，本章将再作讨论。

微型企业信贷

商业银行一般不愿意给微型企业放贷，因为与这种小额度的贷款所创造的收益相比较，给这些企业放贷的营运成本太高。微型企业一般缺乏充分的担保财产为商业银行贷款提供担保。一项对斯里兰卡的研究发现只有10%的微型企业得到银行贷款（de Mel，McKenzie，and Woodruff，

专栏 3.2 微型企业的资本收益：田野调查证据

MFI 发展基金的快速增长给政策制定者提出一个核心问题：小型非正式企业有潜力成长，还是仅仅代表不能找到替代性工作的低生产力个人的一种生存收入？De Mel 等（DeMel, McKenzie, and Woodruff, 2008）尝试回答这个问题。他们给一组斯里兰卡微型企业随机提供补助。在他们于 2005 年 4 月进行的第一波斯里兰卡微型企业调查中，他们对微型企业进行一项基本调查；然后，他们又做了八次小组调查，每季度调查一次，一直持续到 2007 年 4 月。为了确保给予的补助对企业资本产生足够大的冲击，调查组织者把调查对象限制在投资资本额 10 万斯里兰卡卢比（约合 1 000 美元）以内。在 659 个被调查企业中，受到 2004 年 12 月印度洋海啸直接影响的企业被排除在外，使得样本中只剩下 408 家企业。

补助的目的在于给随机挑选的企业的资本存量提供积极的冲击，并测量额外的资本对企业利润产生的影响。补助包括四类：给企业提供价值 1 万斯里兰卡卢比的设备或者存货；价值 2 万斯里兰卡卢比的设备或者存货；价值 1 万斯里兰卡卢比的现金；价值 2 万斯里兰卡卢比的现金。对于进入资本调查的企业来说，1 万斯里兰卡卢比的待遇相当于这些企业汇报的 3 个月的中值利润，2 万斯里兰卡卢比的待遇相当于这些企业汇报的 6 个月的中值利润。对于实物待遇来说，企业家使用的设备或者存货的数额有时与补助额不一致。企业家一般自己出资购买更多的物品。在现金补助的场合，从提供待遇的时间到随后的调查这个时间段，平均 58% 的现金用于企业投资。

图 B3.2.1 **估测资本收益**

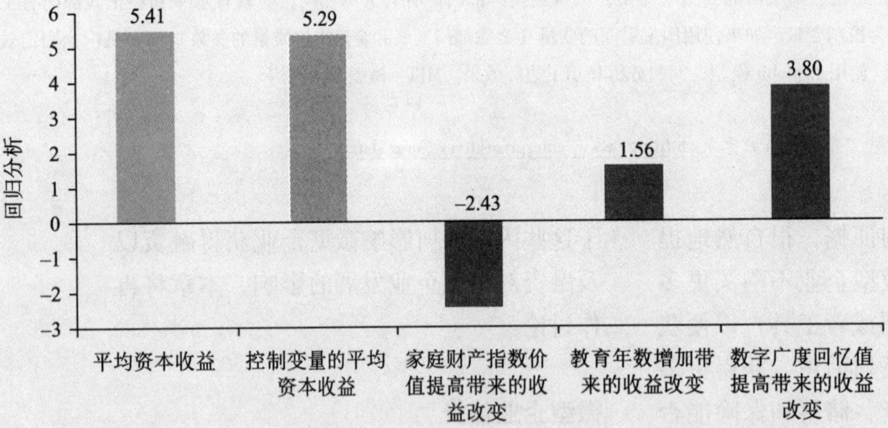

数据来源：De Mel, Mckenzie, and Woodruff, 2008

注：收益以每月百分比表示。最左条形代表全部样本的平均资本收益。中左条形表示控制能力变量（包括受教育年数和数字广度回忆）和家庭财产变量进行回归分析得到的估测收益。家庭财产指数是代表 17 个家庭耐用品所有权的变量中最重要的成份。数字广度回忆是指 10 秒后能回忆起来的卡片上的数字（3—11）的数量。三个右侧条形表示相对于中左条形，当家庭财产增加、受教育时间增加或者数字广度回忆提高后，收益如何变化。

专栏 3.2　微型企业的资本收益：田野调查证据（续）

图 B3.2.1 显示补助对整个样本的平均影响，并把企业所有人特点的不同质情况也纳入考虑。对于样本里的企业，作者估测到的平均实际资本收益大约是每月 5.4%（每年 6.5%），显著高于市场利率。作者通过观察补助待遇效果的不同质性，研究不完备信用和保险市场的重要性。他们声称，在不完备市场的情境下，那些资源禀赋约束更大、更厌恶风险的企业家的资本存量冲击收益也越大。作者发现收益随着企业家能力和家庭财富的不同而呈现出很大的差别。企业家资源禀赋约束越大（那些家庭财产少，即拥有的财富少的企业家），能力越强（用接受教育年数和数字广度回忆测量），其资本存量冲击收益更高。另一方面，资本收入并没有随着风险规避、销售或者利润的不确定性这种测量参数的变化而呈现显著变化。观察到的收入的不同质性似乎说明高收益与信用市场的缺失比与保险市场的缺失的联系更紧密。

作者估测的低水平资本存量的高收益说明以次优资本存量起步的企业家有能力通过利润再投资获得增长。个人可能在一段时间内处于规模小且没效率的状态，但是不会永远处于不利境地。但是，作者发现这些高收益水平有些令人困惑不解。妨碍企业通过利润再投资获得增量增长的因素是什么？这一点尚不清晰。研究结果指明了未来研究方向：需要进一步了解这些微型企业如何做出再投资决策。

2011）。很多微型企业想要贷款，但是因为无力提供担保财产、担保人或者其他行政程序，因而贷款能力受到限制。研究还发现一家当地银行给有更多的家庭财产作担保物的微型企业提供了贷款，却没有给那些显示出有相当高的收益的企业提供贷款。

微型企业获得银行贷款难的另一个原因是它们的正式财务账簿一般不充分，因而不透明。MFI 使用的贷款技术使其得以为这些小型的信息不透明的企业提供贷款。它们集中使用甄别技术搜集潜在借款人的信息，包括参访借款人的房屋或者企业。这些甄别技术意味着高成本，导致 MFI 一般比银行要求的利率高。但是，给定微型企业的资本收益也高，MFI 贷款可以潜在地给这些企业带来更多投资和增长（Khandker，Samad，and Ali，2013）。

尽管向微型企业融资存在诸多困难，还是有几个银行成功地满足微型企业信贷需求的案例。例如，在巴西，桑坦德银行一直向那些不能从其他渠道获得贷款的非正式的微型企业提供微型贷款，帮助企业家并鼓励小企业成长。这些贷款多数流向妇女经营的企业。在智利，Estado 银行通过其子公司 BancoEstado Microempresas 瞄准那些不能从商业银行得到服务的人群提供贷款。依靠其广泛的全国网点，Estado 银行向微型企业和低收入人群提供金融服务。

微型信贷会促进投资吗？

最近几项研究用严格的研究设计考察微型信贷是否推动了投资和增长，但是研究结果是多样的。多数论文倾向于发现微型融资对某些企业的产出产生积极效果，但对其他企业没有产生积极效果。这提出了额外的问题。

一项对墨西哥城的研究表明改善对微

型贷款的可获得性导致非常小型的零售企业增加了对存货的投资和固定资产（Cotler and Woodruff, 2007）。销售额和利润也上升了，只是效果不具有统计显著性。

类似地，一篇关于印度的论文发现微型信贷使得当前经营产业的家庭投资于更多的耐用产品，即扩张营业（Banerjee and others, 2010）。但是，微型信贷对这些家庭的非耐用消费没有明显的影响，意味着当前的营业扩张能否带来更多的利润尚不确定。

在波黑，作为随机试验的一部分从 MFI 获得贷款的个人相对于没有得到贷款的个人更倾向于单干或者拥有一个企业（Augsburg and others, 2012）。研究还发现企业投资增加了。但是，投资增加并不必然意味着利润大幅度增加。

相反，在泰国发起的大型微型信贷活动并没有对企业投资产生明显的效果，但是，信贷的扩张的确提高了企业收入（Kaboski and Townsend, 2012）。对这些发现的一种可能的解释是企业把微型信贷获得的融资用于营运资本。

对菲律宾的效果影响评估研究表明给微型企业提供的贷款降低了企业活动以及雇员的数量，而且主观财富也稍微降低了（Karlan and Zinman, 2011）。但是，微型信贷提高了抗风险能力，强化了社区纽带，并促进了获得非正式金融的能力。

总体上，这些研究结果证明信贷对微型企业具有积极影响，尽管影响并非总是体现在更多的投资和增长。有一点需要说明的是，多数研究论文仅分析微型信贷的短期影响；贷款可能需要更多的时间才能提高利润和增长。另外，研究样本可能不总是足够大，以至于不能形成足够的统计效力用来观察对投资、销售和利润的充分影响，因为这些变量随着企业与时间的不同而呈现出很大的波动。

某些研究发现微型信贷对企业成长产生积极效果，而其他的研究结果却不一样，导致这种结果的另一个原因可能在于微型金融借款人在发展前景上不同质。例如，de Mel 等（de Mel, MaKenzie, and Woodruff, 2010）对斯里兰卡的研究发现只有 30% 的微型企业主的个人特点与大型企业主相似，70% 的特点更接近挣工资的工人。也就是说，很多微型企业主可能以谋生为目的从事经营活动，他们一边经营一边找工作，可能没有扩张营业的计划（还可参见 Bruhn, 2013）。

此外，那些想要扩张业务的微型企业主可能缺乏这样做所必须的管理资本（Bruhn, Karlan, and Schoar, 2010）。某些 MFI 向客户提供金融和业务培训，以便提升其客户财务管理和使用微型贷款的水平。[7] 尽管很多研究发现培训促进了知识的提升，但是对业务实践和绩效的影响相对很小。其他的研究发现了培训对 MFI 的好处，比如改变了客户留下来的可能性或者申请贷款的客户的特点。其他研究发现培训在不同的情况下对某些群体最有效，比如波黑的妇女或者巴基斯坦的男人（Bruhn and Zia, 2013; Giné and Mansuri, 2012）。一项研究表明培训的内容很重要：简单的经验训练带来业务实践水平的相当的提升，而标准的财务训练却没有带来这种效果。但是，两种培训方式都未能给业务规模带来显著效果（Drexler, Fisher, and Schoar, 2011）。总之，似乎财务与业务培训没有显著放大微型贷款对微型企业整体投资和增长的影响，尽管对某些借款人在不同的场合会产生积极的影响。

微型贷款也有可能不是鼓励投资和增长的金融工具。多数微型贷款合同要求贷款发放之后立即开始偿还。一项对印度的研究发现这种偿还要求会打击有风险的流动性差的投资，限制微型贷款对企业成长的影响（Field and others，即将发表）。类似地，微型贷款要求连带责任可能打击投资，因为如果一位借款同伴从事有风险的投资并且投资失败了，小组成员将不得不支付多于其借款的金额，但是却分享不到投资如果成功所产生的利润。股权融资让投资者既分享更赚钱的项目的收益，又承担其风险，因而可能是一个解决这些激励问题的办法（Fischer，即将发表）。关于微型企业股权融资的可行性和影响的证据寥寥。但是，世行参与的一个研究团队正在南亚启动实施和评估一个微型股权投资项目。团队将与地方商会和MFI合作选择企业，给这些企业提供微型股权合同。根据合同，企业将得到资金投资于机器设备。企业有权选择债券或者股权偿还计划，即企业将同意支付其所得到的投资数额的一份，还要把其获得的收入的一份支付给投资者。在项目的第一阶段，企业可以选择一系列的合同，从其选择可以揭示企业对债权合同或者股权合同的偏好。

储蓄对提高微型企业成长的作用

储蓄账户是一种重要的融资工具，可以协助微型企业主积累资源购买额外的资本。这些账户对那些家庭储蓄有困难的个人可能尤其有好处；因为他们的家庭成员对其持有的现金有需求，或者因为行为偏好，导致他们家庭储蓄有困难。在肯尼亚进行的一项行为评估研究记录表明获得银行账户增加了女性市场商贩的储蓄和生产投资，但是对男性人力出租车司机却没有这种效果（Dupas and Robinson，2013）。女性从正式储蓄账户里获益更多的一个可能原因是他们的亲属、邻居或者丈夫可能对其收入有经常性的需求（Ashraf，Karlan，and Yin，2010）。更广泛地，对那些有现时偏向型偏好、倾向于花掉手里的现金的人，储蓄账户可能还有助于其提高自律（Gul and Pesendorfer，2004；Laibson，1997）。而且，由扶贫咨询小组和福特基金会支持的毕业模式强调用正式的方式有规律地储蓄有助于贫穷的企业家建立财务纪律并逐渐熟悉金融服务提供者（Hashemi and de Montesquiou，2011）。

创新的商业银行会走出去接纳微型企业家，向他们提供信贷和储蓄账户。例如，墨西哥的阿兹特克银行就能够以低文件材料标准提供微型贷款，该银行依靠的是同一家母公司Grupo Elektra所拥有的大型零售链所带来的协同效应。银行的多数支行位于零售商店内部，分担分销网络的成本。阿兹特克银行还利用零售链所积累的一个大型数据库，知晓客户对分期贷款的偿还行为。一项行为评估表明开设阿兹特克银行提高了非正式企业的存活率并扩展了低收入人群进入劳动力市场的机会，增加了其收入（专栏3.3）。[8] 阿兹特克银行的另一个特点是提供消费贷款。这样，除了向微型企业家提供金融服务外，它还提高潜在的微型企业客户的购买力，促进企业发展。

微型企业的保险

微型企业的另一个财务约束可能是没有能力投保收入险，以便对抗企业家收入

专栏 3.3 普惠金融对企业存活、劳动力市场和收益的影响

2002 年 10 月，阿兹特克银行在其母公司位于墨西哥的所有当前零售店里同时开设了 800 多家分行；其母公司是 Grupo Elektra，一家大型消费品连锁店。阿兹特克银行从一开始就把目标客户锁定中低收入借款人，他们一直被排斥在商业银行部门之外。阿兹特克银行利用 Grupo Elektra 的经验给那些购买母公司货物的客户提供小额、分期贷款，并依据母公司丰富的数据建立信息和收款技术。这样，阿兹特克银行就把自己定位成一家独特的专门针对相关人群的银行，估计这些人群占全部家庭的 70%。这些家庭里很多属于非正式经济里的一部分，他们经营小型非正式企业，这些企业缺乏必要的档案文件，无法获得传统的银行贷款。阿兹特克银行比传统商业银行要求的文件少，一般接受担保物的交付，而不是文件。

Bruhn 等（Bruhn and Love，2013）用差分再差分法（difference - in - difference）策略，用阿兹特克银行分行事前确定的地址识别开设分行对经济行为产生的因果效应。他们比较社区之间开办分行前后以及开设分行之时有无 Grupo Elektra 连锁店对就业选择和个人收入水平的变化产生的影响。他们对社区有无 Grupo Elektra 连锁店可能在结果变量的时间趋势上的不同的可能性进行控制。

研究结果表明开设分行给经营非正式企业的个人的比例提高了 7.6%，但是对经营正式企业的个人没有变化。这与坊间证据，即阿兹特克银行把目标客户锁定低收入个人相符；也和阿兹特克银行要求的档案文件灵活相符。相反，正式企业的所有人容易获得商业银行信用，而且也因为阿兹特克银行收取的利息更高而偏好商业银行信用。图 B3.3.1 表示在银行开办分行之前在不同社区和不同时间遵循相似模式的非正式企业所有人的比例。分行开办之后，那些有分行的社区里非正式企业所有人的比例激增，但是，那些没有新开办分行的社区里非正式企业所有人保持与开始相似的平均水平。Bruhn 等还发现开办分行提高就业达 1.4%，提高收入水平达 7.0%。

图 B3.3.1 有无阿兹特克银行分行的社区一段时间内的非正式企业所有人数量变化

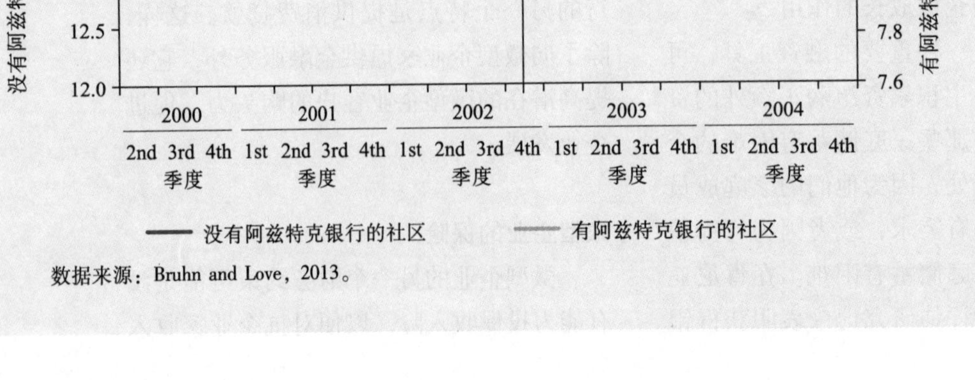

数据来源：Bruhn and Love，2013。

专栏 3.3　普惠金融对企业存活、劳动力市场和收益的影响（续）

测量到的阿兹特克银行对低于中值收入的个人和阿兹特克银行开办分行之前接受正式银行服务相对不足的社区（用银行分行覆盖的人口数据测量）的影响更大。这些研究结果提供了额外的证据，证明阿兹特克银行对经济活动施加影响的渠道是在低收入个人中扩展金融服务。

阿兹特克银行也提供其他金融服务，包括储蓄账户、企业贷款和消费者贷款。测量到的非正式企业家行为、就业和收入的增加可能与这些金融产品整体上的增加有关系。

面临的波动风险。也就是说，因为对能否成功或者投资能否回本没有把握，个人可能不愿意创建或者扩大微型企业。[9]最近在墨西哥进行的一项研究认为这种约束至少和资本投资缺乏流动性带来的约束同样重要，微型企业会从保险产品中受益（Bianchi and Bobba，即将发表）。研究发现附条件的现金转移项目对进入微型企业的可能性具有积极影响。现金转移有效地为企业家收入风险提供保险，因为一旦其企业收入低，他们可以依靠现金转移。所以，本研究的背景是特定的，其结论在多大程度上能推广到保险公司可以把保险产品出售给微型企业的经济体尚不清楚。因为道德风险问题，这些保险产品可能很难设计。那些信息不透明的企业缺乏正式的可信的档案，道德风险尤为突出，因为保险公司很难验证企业是否收入低以及收入低的原因。在某些产业，比如农业，如果保险支付能够和公开的可观察的事件，比如气象观测站可以测量的缺乏降水（下文讨论农业金融时将进行分析）挂钩，道德风险将会减轻。

总之，证据表明微型信贷不足以推动微型企业投资和企业发展。这一发现的原因之一似乎是偿还条件和连带责任打击了投资的积极性。股权性合同可能解决这个问题，但是尚无证据显示能够成功地运用股权投资推动微型企业成长。但是，越来越多的证据表明储蓄产品和保险可以推动微型企业投资。正在进行的研究将在未来几年里给这个问题提供启示。

SME 融资：为什么重要？怎么做？

在发展中国家，SME 雇佣了很大比例的工人。Ayyagari 等（Ayyagari，Demirgüç－Kunt，and Maksimovic，2011a）汇报发展中国家里正式的 SME 所雇佣的雇员占总就业人口约 50%（图 3.3）。他们还发现，即使把工作消失（job destruction）计算在内，SME 相对于大企业仍然创造了更多的净工作份额。[10]同时，在发展中国家 SME 对生产力增长的贡献没有大企业多（例如 Ayyagari，Demirgüç－Kunt，and Maksimovic，2011a）。而且，跨国研究表明存在一个庞大的 SME 部门不会提高人

图 3.3 SME 与大企业雇佣人数份额对比

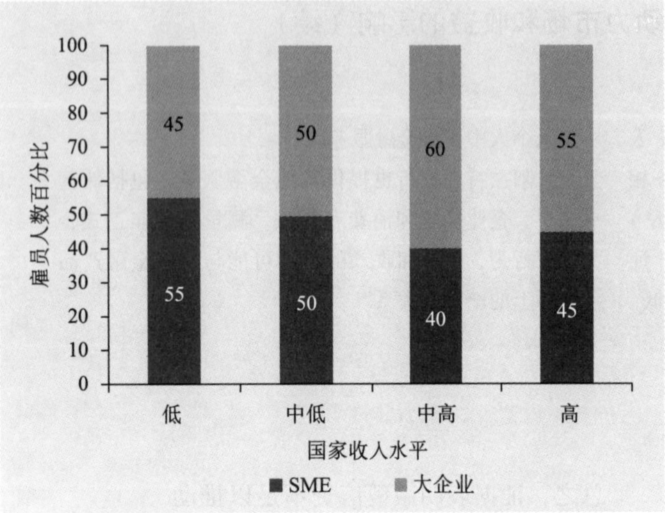

数据来源：基于 Ayyagari，Demirgüç－Kunt，and Maksimovic，2011a 的计算。

注：观察时间（年）随国家不同而各异，时间跨度从 2006 年到 2010 年。企业规模分类标准由雇员人数确定：5－99 人为 SME，100＋代表大企业。图中显示的是国家间每一组企业的平均雇佣人数份额。数据不包括雇员 5 人以下的企业以及非正式企业。

均 GDP 的增长率（Beck，Demirgüç－Kunt，and Levine，2005）。造成这些研究结果的原因之一可能是发展中国家脆弱的法律和金融体制妨碍 SME 发展成大型企业，所以，庞大的 SME 部门与直接损害发展的没有效率的体制并存（Beck，Demirgüç－Kunt，and Maksimovic，2005）。所以，进一步考察 SME 发展面临的制约因素非常关键。

SME 受到信贷约束吗？

几项跨国研究发现，在发展中国家，缺乏获得金融资源的能力是制约 SME 发展的关键因素（Beck，Demirgüç－Kunt，and Maksimovic，2005）。[11]在 80 个国家间以 10 000 家企业作为研究对象进行的跨国研究结果表明融资约束与产出增长放慢之间存在联系，而其他汇报的约束因素与增长之间的联系则弱一些（Ayyagari，Demirgüç－Kunt，and Maksimovic，2005）。国家内部范围的研究证据也指向 SME 的信贷约束。在印度进行的影响评估研究分析了获得目标贷款项目的波动，发现很多 SME 受到信贷约束，给 SME 提供额外的信贷可以提升其销售与利润增长（Banerjee and Duflo，2012）。另外，对巴基斯坦的研究发现出口补贴信贷的下跌导致小企业出口大幅度下跌，但是大企业未受影响。大企业能够以市场利率获得信贷，以替代补贴信贷，但是小企业做不到。可见，小企业实际上受到信贷约束（Zia，2008）。[12]

在分析 SME 面临的信贷约束的广泛性时，我们必须区分主动选择不使用信贷的企业与被排斥在信贷使用之外的企业。图 3.4 用世界银行企业调查数据为此研究提供启示。该图描述了高、中、低收入国家里去年申请或者未申请贷款的 SME 的百分比。对于未申请信贷的 SME，该图列出企业汇报其不需要贷款或者被排除在申请贷款之外。在所有 SME 中，被排除在申请贷款之外的百分比在低收入国家、中等收入国家和高收入国家分别是 44%、28% 和 20%。因为有时候企业申请贷款时其申请被拒绝，可能未获得贷款的企业的比例甚至更高。[13]所以，被排斥的企业的数量会更低。图 3.5 提供了相应的大企业的数据。与 SME 相比，被排斥在信贷之外的大企业的份额小一些：低收入国家 25%，中高收入国家都是 14%。

主动不申请贷款的原因各异。某些 SME 可能根本不能从投资机会中获得收益，因为这些投资机会只有按照市场利率融资才能产生充分的利润；或者其项目风险太高，银行不愿意放贷。其他SME受到信贷约束可能是因为代理问题（逆向选择与道德风险），这些问题在大企业中不突出。SME一般没有充分的档案和会计账目记录企业绩效，导致难以成功地申请贷款。有些SME的运营不正规，加剧了这个问题。所以，SME可能不在政府部门注册，或者如果注册了，也可能不公布其全部收入，说明它们没有正规的收入凭证，或者凭证不足。档案不充分可能是低收入国家里12%的SME表示因为复杂的申请程序而没有申请贷款的一个原因，也就是说，它们无法方便地提供申请贷款所要求的信息（见图3.4）。贷款人可以要求提供担保财产来弥补欠缺的信息，但是SME一般又缺少担保财产。在低收入国家，7%的SME表示其未申请贷款的主要原因是担保财产要求高（图3.4）。申请程序和担保财产要求对大企业来说似乎并不构成太大的障碍（图3.5）。在低收入国家，只有5%的大企业汇报其因为复杂的申请程序（3%表示因为担保财产要求）而不申请贷款。

另外，因为融资交易的固定成本很高，使得向小额借款人提供贷款不赚钱，所以，交易成本高限制了SME获得信贷。给SME提供贷款的成本高，风险大，这一般反映在给SME贷款相对于大企业要求的利率高而且费用高，尤其是在发展中国家（Beck，Demirgüç－Kunt，and Martínez Pería，2008a，2008b）。图3.4和图3.5表明，与大企业相比，更大比例的SME因为利率高而没有申请贷款。

总体上，图3.4说明所有被排斥贷款的原因（高利率、申请程序困难以及担保

图3.4　主动不申请贷款与被动排除在贷款申请之外的对比（SME）

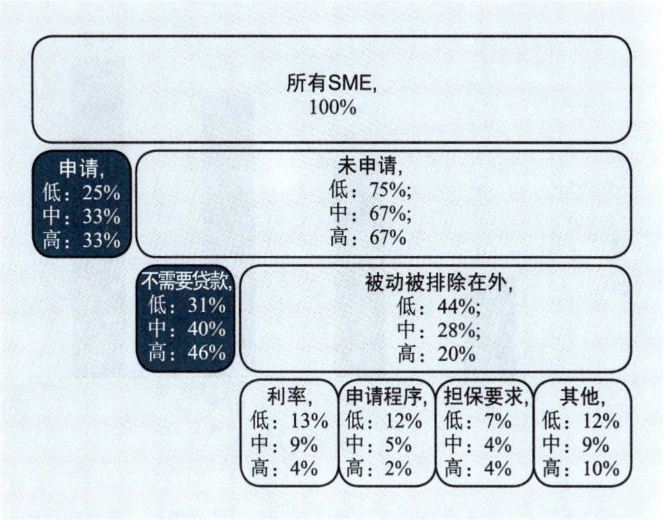

数据来源：2006－12年数据来自企业调查（数据库）、IFC与世界银行，华盛顿，http：//www.enterprisesurveys.org.

注：数据覆盖120个国家，来源于每个国家最近的企业调查。只覆盖SME，即5－99个雇员的企业。最后一行表示企业不申请贷款的主要原因。被排斥在贷款之外的“其他”原因包括“认为申请不会被批准”、“贷款规模和期限不够”、“有必要进行补偿性支付”以及不确定的原因。“低、中、高”分别指低、中、高收入经济体。

图3.5　主动不申请贷款与被动排除在贷款申请之外的对比（大企业）

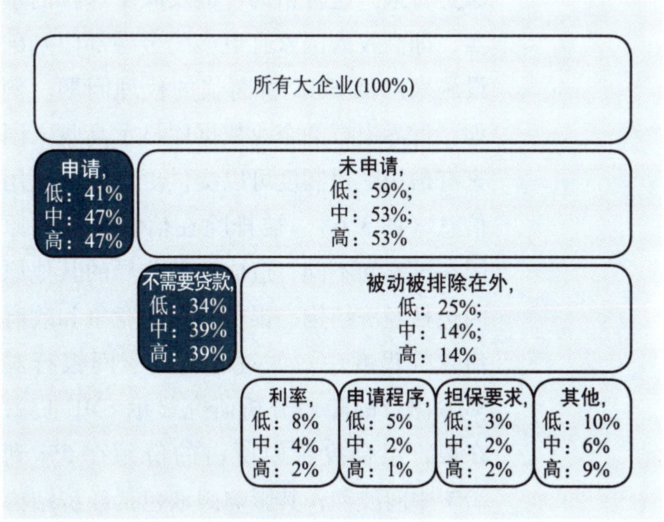

数据来源：2006－12年数据来自企业调查（数据库）、IFC与世界银行，华盛顿，http：//www.enterprisesurveys.org.

注：数据覆盖120个国家，来源于每个国家最近的企业调查。只覆盖SME，即5－99个雇员的企业。最后一行表示企业不申请贷款的主要原因。被排斥在贷款之外的“其他”原因包括“认为申请不会被批准”、“贷款规模和期限不够”、“有必要进行补偿性支付”以及不确定的原因。“低、中、高”分别指低、中、高收入经济体。

图3.6 信用深度信息

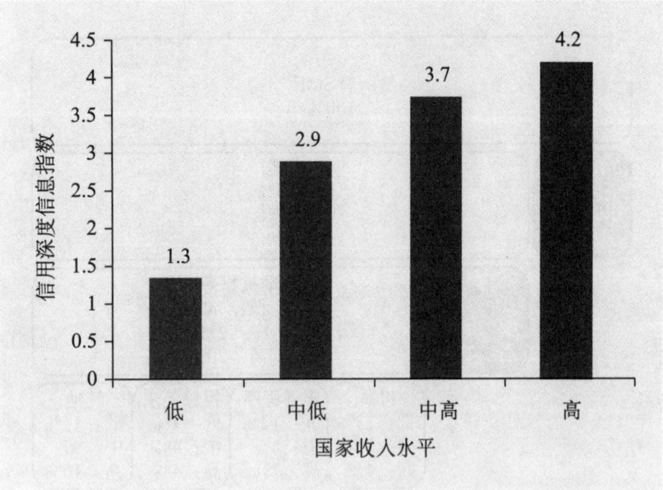

数据来源：企业经营数据库（2012）、IFC、世界银行，华盛顿，http://www.doingbusiness.org/data.

注：图中显示每一收入类别组里所有国家的平均值。信用深度信息指数从0到6；值越高，表示越容易获得全面信用信息。指数测量影响通过公共信用登记机构或者私营信用机构获得信用的广度、范围和便利性的规则和实践。

财产要求高）在中低收入国家比高收入国家更普遍。这种格局可能反映了这样的事实，即高收入国家有更多的金融部门基础设施来降低SME所面临的代理问题。例如，世界银行的企业数据库显示高收入国家有信用汇报制度可以提供更完备的信用信息（图3.6）。被排除在信贷之外的原因在国家间不同，造成这种差异的其他原因包括经济结构、银行部门的竞争和政府借款的程度。一项对非洲国家间银行对SME融资的障碍分析研究显示SME贷款在银行组合投资中所占的份额在5%到20%中间波动，其影响因素包括经济结构和规模、政府借款的程度、贷款人给金融部门带来的创新的程度、金融部门基础建设的状况以及宽松的环境（专栏3.4）。

总之，发展中国家里有相当比例的SME因为代理问题（以及缺乏金融基础设施减轻这些问题）而面临信贷约束。国家内部范围的研究表明放松信贷约束可以促进SME发展。以下各部分（节）分析哪些私营部门和共用部门的行为可以减轻SME面临的信贷约束。

私营部门扩展SME贷款的行动

在某些国家，银行开发出向SME提供贷款的创新策略。例如，在阿根廷和智利，银行通过考察SME与大企业是否有客户关系，发现信用可靠的SME。银行咨询大客户作为参考，被咨询的都是这些大客户最信赖的买方和供应商，多数是SME。阿根廷和智利的银行认为SME部门庞大、尚未饱和，所以前景看好（de la Torre, Martínez Pería, and Schmukler, 2010b）。对SME贷款业务的兴趣似乎至少部分来自其他细分市场，比如公司和零售贷款市场竞争的结果。也就是说，如果银行因为当前市场竞争激烈而被迫寻求新的市场，银行将付出更多的努力克服与SME贷款相关的市场失灵。[14]

最近的一个有趣的新发展动向是新兴市场里的银行越来越多地向SME提供非金融服务（IFC, 2012b）。例如，银行经常向SME提供培训和咨询服务，帮助SME提升档案管理水平，使得银行可以更容易识别SME的信用水平。另外，这些非金融服务的多数由SME客户经理安排，使得这些经理可以获得有关SME营业、财务状况和银行需求的详细信息。这种商业模式使得银行获得更多有关SME贷款申请者的详细信息，缓解了信息不对称问题。例如，土耳其的土耳其经济银行（TürkEkonomiBankasl）已经成功地使用非金融服务扩展SME贷款。该行从2005年

专栏3.4　非洲SME融资：竞争、创新与政府

获取金融服务被世界银行企业调查项目认定为影响非洲SME成长的最重要的约束。[a] 在肯尼亚、尼日利亚、卢旺达、南非和坦桑尼亚进行的SME融资研究致力于调查这个问题，分析SME融资的供给和需求（Berg and Fuchs，2013）。供给研究包括调查商业银行和其他正式金融机构，了解它们参与给SME提供融资服务及其服务的商业模式。供给研究可以与世界银行先前的调查比较（比如Beck and others，2008；de la Torre，Martínez Pería，and Schmukler，2010a；Rocha and others，2010；Stephanou and Rodriguez，2008；World Bank，2007b，2007c）。在每一个国家，对银行进行调查并对多数调查对象进行访谈。在需求调查中，搜集每一个新数据，建立SME企业最新数据面板（尼日利亚和南非），如果最新数据可以得到或者正在搜集，则使用企业调查数据（肯尼亚、卢旺达和坦桑尼亚）。

需求调查数据表明SME使用银行融资的情况在样本国家里差别很大，尽管数据涉及不同的年份（图B3.4.1，a）。根据商业银行调查，SME贷款在银行全部贷款组合里的份额分布为5%—20%。尽管SEM的定义在不同国家明显不同，但是，就SME获得贷款占全部贷款份额而言，肯尼亚、卢旺达甚至坦桑尼亚银行都比尼日利亚和南非的银行参与SME融资更活跃（图B3.4.1，b）。这可以部分从银行贷款组合得到解释，南非贷款组合规模最大，说明组合中SME贷款份额低一些，实际数额仍然很大。除此之外，不同国家之间的差距的原因各异，但是关键因素是经济结构、政府借款的程度、国内金融媒介或者外国新设金融机构实施的SME贷款模型的创新程度以及金融基础设施的状态和宽松环境。

开展SME融资研究的五个国家，肯尼亚、尼日利亚、卢旺达、南非和坦桑尼亚的经济面貌各异。南非是非洲最大的经济体。尼日利亚严重依赖石油和天然气。肯尼亚经济极富多样性，中型和大型公司层次分明。卢旺达和坦桑尼亚经济规模相对小一些。尼日利亚的商业银行贷款集中在石油、天然气和电信部门以及相关的价值链，而卢旺达、坦桑尼亚的银行需要给SME贷款——仅仅因为缺乏替代对象。

图B3.4.1　非洲SME融资

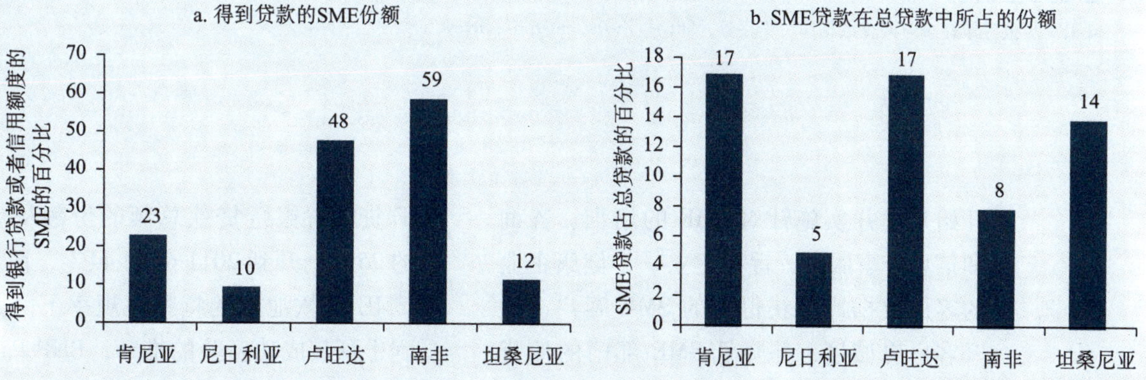

数据来源：a：IFC、世界银行企业调查数据库，华盛顿，http：//www.enterprisesurveys.org. 额外的SME调查参见正文；b：SME融资调查，参见正文。

专栏3.4 非洲SME融资：竞争、创新与政府（续）

政府借款对私营部门产生挤出效应，尤其是在尼日利亚和坦桑尼亚，这些国家里的银行的资产负债表上持续持有相当份额的政府证券。尤其是在规模小一些的金融体系，法律和监管结构与能力都很弱，银行给私营部门提供贷款的意愿和获得更安全且收益更高的投资机会（比如政府证券）的可能性之间存在很强的联系。

决定银行参与SME融资的一个重要因素是国内金融机构或者国外新设机构带来的竞争或者创新程度。肯尼亚的SME市场经常竞争程度更激烈，大量的商业银行把目标定位于不同的细分市场。肯尼亚和其他主要非洲国家的区别在于肯尼亚的创新开始于各种扎根微型金融的机构，它们成长为商业银行；还有零售银行部门，主要是公平银行的创新性贷款模式和技术。随着银行在东非共同体内外的扩张，肯尼亚银行开创的创新传导到其他国家。以上列举的研究表明在卢旺达银行竞争SME客户和零售客户变得更激烈了，这是因为肯尼亚银行进入卢旺达市场，而且像代理银行等创新性零售渠道也得到扩张。相反，在南非，四家大银行垄断了金融部门，它们的资产总和占银行业总资产的80%，覆盖了（廉价）零售存款市场。市场集中影响了创新，因为竞争者在这样的市场很难成长。

对SME融资进行的五项研究的证据表明竞争，尤其是通过创新者的竞争可以对银行的边际贷款产生重要影响。尽管政府指令不能带来竞争和创新，监管机构还是有可能在鼓励创新（比如允许开展代理银行活动）或者为MFI创造支持性监管环境（从低端市场开始促进竞争）方面有所作为的。在很多国家，需要通过竞争把商业银行赶出安乐窝，比如在尼日利亚，政府证券的高利率阻碍了向SME提供贷款。在政府证券收益低的国家，银行扩张向SME贷款的激励就更大；在这种情况下，如果传播SME贷款的知识，比如在卢旺达，SME贷款就会得到扩张。

在SME贷款市场发育尚未成熟的国家，政府似乎有责任鼓励向SME提供贷款，这种情况下，似乎最关键的是政府提供有助于贷款的环境。很多国家面临的根本挑战是确保有效率的信用机构运行良好以及（动产）担保物的证券化和变现富有效率。例如，卢旺达的金融基础设施改革取得很大成功：银行部门得到积极发展，使用动产担保SME贷款得到提高，向SME部门贷款总体上得到扩张。

---

a. IFC与世界银行企业调查数据库，华盛顿，http://www.enterprisesurveys.org.

开始开发并实施针对SME的培训、咨询和信息分享服务，旨在建立一个健康企业的客户数据库，获得新的SME客户，提升客户忠诚度，并降低SME部门的信贷风险。银行的SME客户数量从2005年的20 000家上涨到2011年的700 000家，SME贷款占银行贷款总额的份额从2006年的25%上升到2011年的44%，而银行的SME贷款池中的贷款违规率下降了。[15]受到土耳其成功经验的推动，BNP Paribas（土耳其经济银行最大的股东之一）在阿尔及利亚复制该银行开展的某些非金融服务，现在正在寻求在欧洲市场复制这种模式。[16]

某些银行利用与SME交叉销售的机会，提供支票账户、银行交易服务和货币管理服务。通过这些服务，银行发展与SME的关系，熟悉SME，便利未来向其提供贷款。例如，印度的ICICI银行当前从SME获得的收入中大部分来自存款和其他非贷款产品。但是，随着那些存款客户开始尝试借贷，其贷款收入迅速发展起来（IFC，2010a）。

国家直接干预

私营部门为SME提供金融服务尽管在某些国家前景看好，但是可能不足以长期减轻SME的信贷压力。政策制定者经常执行SME融资政策促进企业发展并创造就业。经常使用的政策包括各种直接的国家干预，比如向SME提供指导性贷款、补贴或者国有银行贷款。这些项目一般很少成功，但是例外还是有的。例如，对印度所做的一项研究对一个要求银行信贷中的固定份额用于小企业的项目进行了效果评估分析。研究（Banerjee and Duflo，2012）发现这种做法对企业的销售和利润增长产生积极影响，即每1个单位的直接贷款可以增加0.89个单位的息前利润。但是，这个研究仅分析了一家银行，该银行被一家主流商业杂志持续评为前五大公共部门银行之一，所以研究结果在多大程度上适用于其他场合尚不清楚。《2013年全球金融发展报告》更广泛地分析了国有银行和其他国家干预问题；该报告进行了全面的文献调查，得出结论认为国有银行经常服务于政治利益，因而在信贷分配上一般没有效率（世界银行，2012a）。聚焦国有银行的治理问题有助于政策制定者解决与之相关的无效率问题。但是，在弱制度环境下政府改革尤其具有挑战性。另外，大量的经验证据表明在发展中国家经济体中国有银行对长期金融和经济发展产生了消极影响。

政策制定者可以通过给贷款池或者个别贷款提供担保的形式承担某些信用风险，并藉此鼓励银行向SME提供贷款。政府和国际组织都提供这种风险分享安排。IFC提供一种风险分担工具，即如果银行的SME贷款池遭受损失，IFC向其支付部分本金损失。[17]例如，作为“全球SME融资倡议”的一部分，IFC于2012年联合尼日利亚Access银行组织创立了一个2 200万美元的风险分担项目。此项目旨在提高尼日利亚可口可乐装瓶商的SME分销商获得融资的能力。获得该风险分担项目支持的资格建立在统一的标准上，IFC不审查原始个人贷款。其他的方案为个人贷款提供担保。在这些方案里，担保人（比如政府）向相关的银行保证一旦借款人违约，将代为支付个人贷款总额中的固定比例。方案管理人一般逐案审查并批准个人信贷担保申请。[18]

风险分担方案相当于担保方为SME提供了部分担保财产，因而降低了SME为了获得贷款而承诺提供的担保财产数额，并增加了对SME的贷款。类似地，对于给定数额的担保财产，因为信用担保降低了贷款的风险，因而使得风险更高的借款人得到贷款。

实际上，有担忧认为风险分担安排可能不会带来更多的贷款。相反，银行可能会把担保用于降低那些即便没有担保的情况下也会发放的贷款的风险。在智利和法国进行的严格的影响评估对风险分担安排导致的SME贷款增加的程度以及是否推动了企业发展进行了分析。[19]

在智利，Fondo de Garantia para Pequenos Empresarios（小企业担保基金）由一家大银行（BancoEstado）管理，为小企业贷款提供担保。基金不是在逐笔审查的基础上评估接受担保的贷款，而是设定一个一般性的合格标准让参与银行决定为哪些贷款提供担保。两项独立的研究发现该基金已经为银行的新、老客户创造了额外的贷款（Cowan，Drexler，and Yanez，2009；Larrain and Quiroz，2006）。而且，额外的贷款似乎还为那些得到担保的企业带来更高的销售和利润增长（Larrain and Quiroz，2006）。但是，另一项研究质疑基金是否真的带来额外的贷款（Benavente，Galetovic，and Sanhueza，2006），指出参与基金的企业中大约有80%过去就已经有银行贷款，而且这些企业中很多以前就得到过担保。

Lelarge等（Lelarge，Sraer，and Thesmar，2008）研究法国SOFARIS信贷担保计划的影响，该计划为个人贷款提供审查与担保服务。研究发现获得贷款担保会降低企业资本成本并有助于企业快速增长。但是，贷款担保也增加了违约率。违约率增加可能反映出企业因为贷款而进行的投资风险更高，但是潜在的利润也更高。这些投资从政策角度看或许是有益的，可以抵消某些担保损失。另一方面，担保计划也降低了企业还款的动力；需要仔细设计并有效管理计划，以便防止大规模的损失。

研究与实践表明最好的贷款担保计划操作应该：（1）把信贷评估和决策交给私营部门；（2）在贷款人收回贷款之前控制担保覆盖率并延缓向担保人支付，以便最小化道德问题；（3）把金融稳定和风险最小化纳入考虑，给担保定价；（4）鼓励使用风险管理工具。[20]但是，很多当前的计划没有遵循最好的操作方法，这可能解释为什么其改善SME贷款的效果有限。Saadani等（Saadani，Arvai，and Rocha，2011）研究了中东和北非国家的信贷担保计划的设计。他们发现这些地区里的担保计划看上去财务稳健，但是倾向于聚焦规模大的贷款，尚未惠及规模小一些的贷款。很多计划有增长的空间，但是增长应该和改善关键的设计与管理特点以及引进系统性影响评估同步进行。

总之，引导性贷款项目和风险分担安排对SME获得融资与增长具有积极影响，但是如何设计并管理这些安排具有挑战性。在弱制度环境下，这些担忧变得更严重了：因为难以建立好的治理，而且SME面临尤其严重的融资约束。

市场导向的政府政策

政策制定者可以采取其他的更具市场导向的行动来促进向SME贷款。这些行动旨在改善金融部门基础设施，以便减弱SME面临的代理问题。这些行动包括：（1）建立完备的动产担保财产法律和注册登记制度；（2）通过改善公司会计并支持包括银行、公用事业公司和供货商在内的各种行为人之间的信息分享，巩固信用信息的可获得性；（3）加强保理与融资租赁方面的法律、监管和制度基础设施建设。

动产担保法律与注册登记制度

为了弥补SME信用信息的缺失，贷款人可以要求提供担保物作为贷款的担保。世界银行企业调查数据显示大约79%的贷款或者信用贷款（lines of credit）要求某种形式的担保。[21]与土地或者房产等不动产相反，动产一般占企业，尤其是SME存量资本的大多数。例如，在发展中国家，企业的存量资本中78%一般是动产，如机器、设备或者应收账款；只有22%是不动产（Alvarez de la Campa，2011）。但是，因为担保交易法律或者担保物注册登记制度的缺失或者过时，银行一般不愿意接受动产作为担保物。很多法律制度对创设担保物设置不必要的限制，导致贷款人不确定贷款合同能否被法院执行。例如，在美国可以作为贷款担保物的动产中大约90%在尼日利亚不会被贷款人接受（Fleisig，Safavian，and de la Pena，2006）。

改革动产担保财产法律框架可能使得企业能够以其财产为杠杆获得贷款。加拿大、新西兰和美国是第一批改革动产使用法律制度的国家，现在它们的动产担保法律制度在全世界处于最先进之列。某些发展中国家也成功地改革了这些法律制度，包括阿富汗、波黑、中国、加纳、墨西哥、罗马尼亚和越南。改革后的制度包括三个共同特性：（1）法律不限制可以作为担保物的财产的范围；（2）债权人既可以私人扣押和出售担保物，也可以通过司法简易程序进行，从而大大降低了执行担保合同的时间；（3）担保债权人对担保物享有第一优先权，可以通过担保备案的电子档案核实其优先权（Fleisig，Safavian，and de la Pena，2006）。

如果一个国家为担保财产保护建立一个注册登记系统，预期贷款人就可以很容易地确定某财产上是否有优先债权，这样，优先权规则运行效果会达到最佳（Fleisig，Safavian，and de la Pena，2006）。最近的一项研究使用73个国家的企业调查数据，发现引进动产担保登记制度提高了企业获得融资的能力（专栏3.5）。还有很多证据表明在规模更小的企业中效果更显著。总之，良好的担保法律和登记制度可以允许企业只用其自有财产作为担保获得贷款，而且会降低对公共资助的担保计划的需求。

信用信息

金融基础设施里另外一个可以支持对SME实施普惠金融的关键要素是信用信息。这些信息包括有助于贷款人确定企业是否有信用的任何数据。可以根据借款人的特点，用这些信息给借款人的信用打分，根据信用分数预测其还款能力。在美国，把信用评分技术用于小企业贷款扩展了小型且高风险企业获得贷款的范围，甚至那些本来可能远离这些企业部门的大银行也提供了贷款（Berger，Frame，and Miller，2005）。某些国家，比如印度已经引入信用评级署专门关注小企业（GPFI，2011f）。印度的SME评级署向微型企业和SME贷款申请人提供有偿信用评级服务（费用相当于大约900美元，根据营业额有所波动）。印度政府承担了大部分评级服务费，对使用信用评级服务进行补贴。

提供信用信息的来源很多，包括企业财务报告、信用登记或者管理机构以及供应商网络。对很多银行来说，企业财务报告和官方记录是贷款申请必须审查的基本部分，但是这些陈述的质量以及可靠性在

专栏 3.5 动产注册登记可以激励企业获得融资

为了降低与发放贷款相关的信息不对称性并提升还款率，银行一般要求借款人提供担保财产。企业，尤其是在发展中国家里，能提供的融资担保财产主要是动产。但是，发展中国家的贷款人一般不愿意接受动产作为担保，因为银行和企业共存其中的法律与监管环境不完备。具体地，银行接受动产作为担保物的三个条件是：创设担保利益、完善担保利益和执行担保利益（Fleisig，Safavian，and de la Pena，2006）。动产登记是一项必要的组成部分，因为它可以完善担保利益，即担保利益针对其他债权人或者第三方也可以得以执行，而不是仅仅限于贷款人和借款人两者之间。具体地，注册登记具有两个功能：向众当事人公示某动产上存在一个担保利益（现有质押权）并创设债权人相对于第三方的优先权（Alvarez de la Campa，2011）。所以，如果没有运行良好的动产注册登记制度，即便是最好的担保交易法也将完全失去作用。

Martínez 等（Martínez Pería，and Singh，2013）在73个国家进行企业层面的调查，研究引进动产担保注册登记制度对企业获得融资产生的影响。他们首先确定三个控制组：所有未实施担保改革的国家里的企业；一组地理位置和人均收入与引进动产担保物注册登记的国家匹配的样本国家里的企业（图 B3.5.1）；引进其他种类的担保改革，但是没有建立动产担保物注册登记的国家里的企业。然后用这三个控制类别组与引进动产注册登记制度的七个国家里企业获得融资的情况进行对比。总体上，他们发现引进动产担保物注册登记促进了企业获得融资。还有某些证据表明这种效果在小一些的企业里更明显。

图 B3.5.1 担保财产注册登记改革对企业获得融资的影响

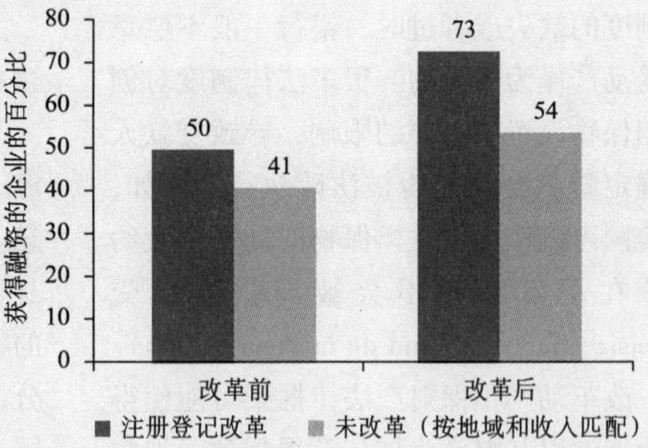

数据来源：IFC 与世界银行企业经营数据库，华盛顿，http：//www.doingbusiness.org/data；企业调查数据库，华盛顿，http：//www.enterprisesurveys.org；根据 Love，Martinez Peris，and Singh，2013 计算。

不同国家和企业之间迥异。为了使财务报告标准化，IFRS 基金建立了严格的国际财务报告标准。认识到全部标准以及很多国家普遍接受的会计原则非常复杂，基金于2009年发布了完备的 SME 全球标准。这些 SME 标准聚焦那些与 SME 获得资本最相关的概念，比如现金流、流动性和清偿能力。这些标准还考虑到 SME 在准备财务报告方面一般与大型企业相比在资源和能力上差一些（IASB，2012）。大约60个国家已经接受了 SME 标准。但是，某些国家采用一套更简单的标准，因为它们认定对地方小企业来说 IFRS 基金确定的 SME 标准成本太高，负担太重（GPFI，2011f）。SME 一般缺少充分的技术知识和能力准备健全的财务报告。尽管如此，企业发展服务或许有助于在这一领域培养能力。最近的两项研究表明管理咨询服务可以提升 SME 的会计和档案记录水平（Bloom and others，2013；Bruhn，Karlan，and Schoar，2013）。鼓励非正式企业到官方注册登记的监管改革也有助于 SME 更好地披露信息。

信用登记与管理机构提供企业过去和当前贷款的记录。[23]这些记录有助于贷款人考察贷款是否已经成功地偿还以及企业是否有其他的可能增加贷款风险债务。跨国家研究证据证实获得关于预期客户的借款和偿还行为的详细信息有利于银行更好地评估违约风险、应对逆向选择并监测制度性信用风险（Jappelli and Pagano，2002；Miller，2003；Pagano and Jappelli，1993）。跨国家研究还发现信用机构的存在与 SME 面临的低融资约束和高银行融资份额以及更高的私人信用与 GDP 的比例相联系（Djankov，McLiesh，and Shleifer，2007；Love and Mylenko，2003）。此外，Brown 等（Brown，Jappelli，and Pagano，2009）用 24 个转型经济体里的企业层面的调查数据研究发现银行分享信息与企业获得信贷的成本降低与改善有联系。不透明的企业比透明的企业联系更强；法律环境差的国家比好的国家联系更强。最后，Beck 等（Beck，Lin，and Ma，2010）指出更有效的信用信息分享与更低的偷税避税（因而不正式）有联系，尤其是对于规模更小的企业和需要更多外部融资的企业更是如此。《信用汇报知识指南》、《信用汇报基本原则》和《2013 年全球金融发展报告》提供了关于信用汇报机构以及政府为了巩固发展这些机构可以采取的行动的详细信息（IFC 2012a；世界银行，2011a，2012a）。[24]

另外一个有价值的信用信息来源是客户—供应商关系。客户或者供应商信用也叫贸易信用，是一种重要的外部融资渠道（Demirgüç－Kunt and Maksimovic，2001）。例如，供应商经常允许客户在交货几个月之后才付款。通过这种方式，具有充分流动性和贷款渠道的大型供应商可以为那些小企业或者信贷紧张的企业担任融资中介人（Marotta，2005；McMillan and Woodruff，1999）。在货币紧缩或者金融危机期间，贸易信贷已经表明可以成为银行信贷的替代角色（Choi and Kim，2005；Love，Preve，and Sartia－Allende，2007）。

供应商一般详细地记录客户如何尽职地支付贸易信贷。秘鲁的一项创新性信用信息计划用大型技术平台加工并分析供应商掌握的客户支付数据。平台制作关于参与计划的企业的支付报告，这些报告类似于那些信用机构使用历史支付证据提供的报告。企业向银行寻求贷款时可以使用这些独立支付报告，以便增加获得信贷的机会。[25]除了提供支付历史信息之外，该项目还包括一个保理计划，可以向企业输送更多的供应商信用。

破产法律制度

破产法律制度是金融基础设施的一个关键部分。破产法律制度支持信用市场的可预见性，因而提升了 SME 获得金融服务的能力。有效的破产法律制度有助于规范有效率的市场退出，通过有序处置陷入财务困境的债务人的债务确保市场公平性，并为破产企业及其债权人提供恢复的机会（Cirmizi，Klapper，and Uttamchandani，2012）。

很多国家的破产法律存在相当的漏洞以至于不能有效地应对 SME（IFC，2010b）。如果法律制度欠缺，SME 将会在很多方面受到负面影响。第一，那些具有基本营运价值但是面临短期流动性危机的SME没有安全网。面临财务困境的SME无法获得临时的保护，免于债权人追索；不能提出重整计划；不能达成债务和解以便为全体债权人创造更高的收益。第二，在清算的情况下，SME将很难通过有序、透明的程序支付债权人并尽快把生产性资产重新配置给经济体。第三，如果SME破产，其未清偿债务将由企业家个人承担，而且除非被债权人特别豁免，将成为永久性债务。所以，缺乏有效的退出机制将把SME里的生产性资产锁在法律的模糊地带，给重新进入市场带来困难，抑制了企业家精神。

有效率的现代SME破产制度框架应该包括快捷迅速的破产规则，这些规则由统一的企业破产法规定；还应该提供替代性争议解决框架，比如调解与和解，以便提高效率。SME破产立法应该确定清晰透明的程序供企业家使用，拯救其陷入困境的企业。立法应该包括债权人程序中止以及SME向债权人提出重组计划的能力。在企业破产的情况下，立法应该规定清晰的方法及时清算企业并支付债权人，最后处理剩下的资产。应该规定惩罚措施，惩罚欺诈性行为，比如挥霍企业财产以使债权人无法收回债权；或如果企业家知道或者应该知道企业已经失去支付能力的情况下仍然粗心大意地从事招致负债的行为。这些保护债权人的关键规则有助于确保SME具有持续地以合理利率获得信贷的能力（IFC，2010b）。

支付服务

尽管缺乏数据，而且对这个话题的讨论尚处于早期阶段，支持SME支付服务的问题已经引起越来越大的兴趣。对于个人来说，支付是进入正规经济体并获得受到潜在规范的金融服务的起点。在设计支付系统和工具的时候应该考虑企业有特定的需要；而且企业的支付问题紧密依赖银行。这是否意味着SME市场是一个受控制的市场？或者SME能否寻求其他的替代解决办法，比如寻求网络公司解决？这是早期的政策讨论中提出的一个有趣的问题。向电子支付方向变迁是企业世界里的一个确定的趋势。关键的好处似乎是标准化（即采用可以自动处理的标准模式执行支付指令并提供辅助数据）、效率更高以及节约时间和资源（根据世界银行企业经营数据库提供的证据）。[26]但是，SME在无纸化趋势里已经落伍了。规模、文化和成本因素可能限制SME使用电子支付手段，还有管制方面的因素。在某些场合（比如意大利），政府立法在推广使用新技术（比如电子发票）方面起到了积极作用。

保理

假设某SME向某位大客户提供商品或服务，但是该客户只能在交货之后的30天或者90天付款，但是该SME在整个生产周期里都需要营运资本。反向保理设计，比如墨西哥的NAFIN（Nacional Financiera）把尚未支付的票据转移给一个保理商，通过这种方式解决了SME面临的问题。保理商立即支付SME（以一定的折扣），以后直接向大客户收取全额的未支付款项（Klapper，2006）。因为这个案例里的大客户信用好，所以保理商向其授信的条件要比假设风险更高的SME是借款人时的授信条件更优惠。专栏3.6所描述

专栏3.6　案例研究：秘鲁的保理实践

世界银行当前正在秘鲁实施一个保理项目（图B3.6.1）。保理是一种金融交易：企业把自信可靠的应收账款以一定的折扣（等于利率加上服务费）出售给第三方，即保理商，获得现金对价。这个世界银行项目用一种财务结构和技术平台收购大公司的应收账款，这些大公司是很多小微企业（MSEs）的供应商。

图B3.6.1　融资制度设计的参与人及其关系，秘鲁

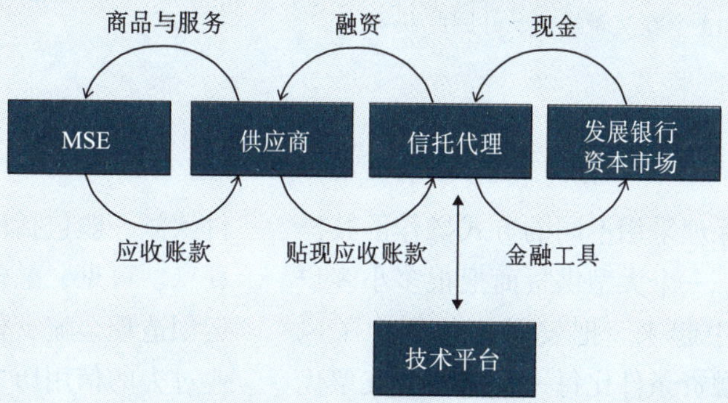

因为大供应商与其MSE客户之间关系密切，它们可以为MSE提供相当数额的相对低风险和低成本的信用。这些大供应商的应收账款组合分散化且风险低，这些特质构成融资项目的基石。

该项目从FIRST（Financial Sector Reform and Strengthening Initiative，金融部门改革与强化倡议）获得融资得以发展起来；该项目需要创设一个信托代理机构，比如一家信托公司，用来从公司供应商那里循环收购应收账款。该项目在秘鲁开始实施的阶段，地方发展银行COFIDE将为信托公司提供融资。项目开始实施后，信托代理机构可以从资本市场融资。项目通过其财务结构和管理应收账款流动的技术平台实现交易风险的最小化。

发票保理对MSE客户有几个好处。MSE参与方可以从供应商获得更多的融资，它们可以利用这些融资增加销售。另外，这种制度安排帮助MSE从其他地方获得更好的信贷条件，因为它们建立了好的信贷历史记录，这些历史记录对于MSE接触其他金融中介具有价值。大供应商把应收账款组合中的一部分转移给第三方，可以改善其财务比率；也就是说，保理把供应商的应收账款转化为现金，改善了其流动性，这是保理给供应商带来的好处。供应商可以用这些额外的（表外）融资在不对其营运资本产生负面影响的情况下给其MSE客户提供额外的信用，从而增加其货物和服务的销售。另外，受益于担保结构，保理制度设计带来的融资成本一般比传统的银行融资成本低。而且，降低融资成本会提高供应商的资产收益率。最后，这种制度安排有助于供应商更好地对其MSE客户进行风险管理。

世界银行、COFIDE和资本工具公司（Capital Tool Corporation）直接与设计、法律和税务顾问合作，在秘鲁实施这种保理项目的实验版本。其交易结构一般是这样的：COFIDE和Axur（一家当地的MSE供应商）通过一家信托代理机构创设一个特殊目的实体（special - purpose vehicle，SPV），SPV向COFIDE发行期票，发行规模为500万美元，用来为MSE融资。SPV用发行获得的收益在循环的基础上从Axur收购事前选择的应收账款。这种交易将向大约1 000家MSE拓展融资，融资平均贴现发票500美元，期限21天。在随后的交易里，评级机构将确

专栏3.6 案例研究：秘鲁的保理实践（续）

定SPV发行的金融工具的风险。这种评级将使得SPV能够向当地机构投资者出售参与融资的金融安排。那时，它可以覆盖25 000个MSE客户，总融资额达到3 000万到4 000万美元。

这种保理制度设计成为G20发起的为SME寻找新的融资方式挑战奖的14个获奖者之一，并因此获得推广该制度设计的拨款。这种解决模式也吸引了其他跨国贷款机构的兴趣。美洲开发银行已经批准了一项拨款，通过把地方MFI的融资组合公司化推广该制度设计。哥伦比亚和巴拉圭也对此制度设计表示感兴趣。

的秘鲁的保理采用不同的方式操作。其操作方式是，一个大型供货商把很多小客户的发票集中起来。把发票打包集中了风险，使得融资条件比每一个单独的支票优惠，同时给大供货商提供了额外的流动性，这些流动性又传递给这些小客户。

保理在世界范围内的发达和发展中国家都有应用，但是需要适当的法律体制（GPFI，2011f；Klapper，2006）。例如，法律应该允许企业把应收账款转移给保理商，赋予保理商无需企业的同意而执行支付的权利。联合国国际贸易法委员会（UNCITRAL，2010）制定的《担保交易立法指南》对如何立法规范保理交易提供了详细的建议。

融资租赁

另一种可以改善SME获得融资的金融产品是融资租赁（Berger and Udell，2006）。融资租赁为获得资产（比如设备和工具）提供融资，而不是获得直接资本。融资租赁公司购买设备并向企业提供该设备供其在约定的时间内使用。在这段时间里，企业向融资租赁公司分期付款，付款额一般包括设备购买成本加上约定的利息。可见，融资租赁关注的是企业的营运创造现金流支付租金的能力，而不是企业过去的信用历史或者其提供担保物的能力（Fletcher and others，2005）。融资租赁期满，设备的所有权一般转移给企业。

Brown等（Brown，Chavis，and Klapper，2010）的研究显示高收入国家里将近34%的企业使用融资租赁，而低收入国家里只有6%。他们还发现制度环境好与融资租赁使用的多有联系。Flether等（Flether and others，2005）讨论了不同形式的融资租赁模式，并根据最好的国际实践和IFC技术支持经验提供了融资租赁立法、规范和监管手册（更多的有关标准、指南和好的实践的信息参见GPFI，2011f）。

总之，越来越多的证据表明动产担保法律体制和注册登记制度以及信用信息制度可以增加SME贷款。保理和融资租赁是向SME提供融资的两种不同的方式。当前尚无证据记录这两种金融工具对SME投资和增长的影响。这方面需要更多的研究。

处理风险

到目前为止，我们的讨论主要聚焦银行向 SME 提供信贷，但是，SME 所做的某些投资可能需要其他的融资来源，比如私募股权，特别是当银行不愿意为有风险的投资提供融资的时候。银行不愿意提供融资可能不是因为 SME 的信用，而是因为有风险但是又具有潜在盈利性的投资的失败的可能性。比如，一个企业考虑投资一个有 80% 成功概率、20% 失败概率的项目，银行可能不愿意给该企业提供信贷，尤其是该企业是有限责任的时候。如果企业不是有限责任制，企业主可能不愿意投资，因为如果投资失败他将损失个人财产。这个问题在那些缺乏其他处理风险的机制，比如破产保护机制弱的国家可能更突出。创新性的保险产品可以提供一种减轻困扰企业的投资风险的一种方式。

为 SME 提供私募股权投资

私募股权投资能鼓励企业从事有风险的投资活动，因为企业可以与私募股权投资者分担风险。私募股权的另一个优势在于它能提供比贷款更长期限的融资，特别是针对风险更高且更不透明的借款人，因为银行一般给这类借款人提供短期贷款，然后需要不断地再谈判和再贷款。Demirgüç - Kunt 等（Demirgüç - Kunt and Maksimovic，1999）用 30 个发达和发展中国家在 1980 - 1991 年期间的数据研究发现小企业的长期债务与总资产的比值比大企业的更低，总负债水平也更低。他们还发现发达国家的企业长期债务占总债务的比重比发展中国家更高。世界银行企业调查数据显示的结果类似（图 3.7）。低收入国家的小企业平均贷款期限只有 17 个月，大企业是 37 个月；高收入国家的小企业平均贷款期限是 61 个月。

图 3.7　平均贷款期限

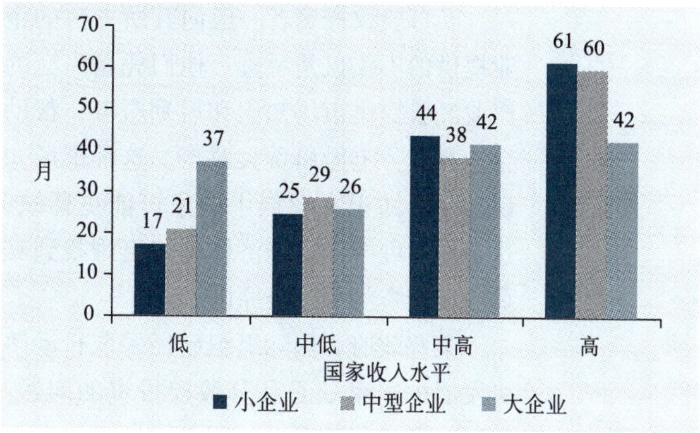

尽管有潜在的优势，私募股权投资和风险分担安排可能不会更普及，因为它们也会造成道德风险。有了风险分担机制，SME 所有人确保投资成功的激励会降低，因为 SME 不能获得全部的投资利益。事实上，在某些发展中国家，SME 的股权投资是朋友和家人提供的，这些人对 SME 所有人的意图和行为信息掌握得比较充分，他们可以依赖个人关系作为执行机制（例如 Allen and others，2006）。但是，并非所有的 SME 都有机会从亲朋好友那里获得充分的融资。这种情况下私募股权投资者就可以介入了。为了降低道德风险，私募股权投资者在合同条款里规定各种可能出现的情况和保障措施，投资项目出现规定的运行情况即转移控制权。因为这些合同需要健全的法律执行体制，所以，在那些法律执行机制严格的国家私募股权融资可能更活跃（Lerner and Schoar，2005）。所以，通过建立严格的法律体制，提高合同执行效率，政府可以推动形成私募股权产业。

私募股权投资者一般向其所支持的企业提供的不仅仅是融资。他们凭藉广泛的产业经验提供市场知识和后勤服务，帮助企业在业务上做出重大改变。这种市场知识和专业知识在发展中国家可能更稀缺，这是在发展中国家经济体可能更难找到私募股权投资的另一个原因。

某些政府和国际组织已经采取行动解决发展中国家缺乏私募股权投资的问题。例如，尼日利亚促进私募股权投资发展的一项主要举措就是中小企业股权投资计划，要求银行拿出税前利润的10%对SME进行股权投资。最近，尼日利亚政府还改变了养老金监管规定，允许5%的养老金财产投资私募股权。但是，部分因为欺诈盛行以及缺乏SME容量和透明性，这些基金中有一些还没有投出去。根据世界银行所做的案例研究，一位私募股权基金经理指出其手下员工每周至少到他们所投资的企业走访一次，每天打一次电话，以便对所投资的企业保持参与度并防止欺诈（Berg and others，2012）。该研究还提到多数尼日利亚的企业家不知道私募股权是促进企业发展的一种融资来源，显示需要培训和能力培养。在卢旺达进行的一项案例研究揭示了类似的挑战，也突出了一个事实，即很多企业家不愿意把控制权拱手相让（Abdel Aziz and Berg，2012）。

另一个来自发达国家的例子是美国海外私人投资公司，这是美国政府的金融发展机构。[27]它以高级担保贷款的方式投资新兴市场经济体里的私募股权。这种类型的贷款比借款人的其他债权偿还次序都优先，即如果借款人破产，高级担保贷款最优先得到支付。从1987年起，该公司已经累计投资了新兴市场经济体里的63家私募股权基金，总金额达到44亿美元。这些基金累计投资额达到56亿美元，覆盖65个国家的570多家企业。

IFC最近发起一个SME投资项目，给国际发展协会成员国里的SME提供风险资本和支持。根据这个项目，IFC提供由独立的投资经理管理的私募股权基金，这些经理是在竞争的基础上遴选出来的。这个项目帮助培养投资经理的投资能力，使其有能力成功地投资这些国家里的小企业。能力培养是这个项目的关键部分。IFC为基金经理提供融资和技术协助，协助领域包括为启动成本和运营成本、法律建构和登记注册以及新雇员能力培养等提供部分支持。SME投资项目也为SME业界提供咨询服务。被私募股权投资基金遴选的SME得到定制的商业支持，商业支持的时间包括为获得投资进行准备以及在投资进行中。这些服务包括编制商业计划、市场调查、公司治理、管理信息和会计系统以及即时的环境与社会标准。

SME投资项目创立的基金之一是西非利比里亚和塞拉利昂基金。基金得到批准的投资组合包括价值7 400万美元的19个项目，项目分布在不同的部门，包括食品加工、交通运输、建筑、卫生保健和轻工业制造。为了帮助经理们识别投资机会，IFC咨询服务团队开展了市场调查并在利比里亚和塞拉利昂识别了240多个极具潜力的SME。在第一阶段，这些SME中的60家制订了商业计划，20个最优秀的计划被提交给西非基金，促成5个投资评估。在第二阶段，余下的具有高潜力的SME也可能制订商业计划，促成更多的评估和投资。

总之，指望投资潜在收益高但是风险也高的项目的 SME 不会从银行得到贷款支持这些项目。私募股权投资基金可以介入，分担风险，分享潜在的收益。但是，这些种类的投资依靠健康的法律体制执行合同和之前的商业专业知识，这些在发展中国家可能都欠缺。国际机构已经发起一些项目帮助发展地方私募股权产业。这是另一个值得研究的领域，研究可以帮助记录这些项目能够提高 SME 增长的程度。

股市能否缓解 SME 的融资约束?

股市可以成为某些 SME 的潜在融资来源，但是也面临很多挑战。根据世界交易所联合会所做的一项调查，44% 的上市公司属于微市值上市公司（Microcaps)，即市值低于 6 500 万美元的上市公司，但是这些公司的市值总额只占全球市值总额的 1%（WFE，2011)。与经济体里的 SME 数量相比，微市值上市公司的数量很少。例如，欧盟 2008 年有 2 000 万家 SME（以雇员人数低于 250 为标准)，其中大约 220 000 家属于中型企业（雇员人数介于 100 到 250 之间)。2010 年欧盟微市值上市公司的数量低于 4 000，只占中型企业数量的 1%，占全部 SME 数量的很微小的份额。从 2007 年到 2010 年，微市值上市公司数量的变化率类似大型上市公司（美国上升，欧洲下降)，说明 SME 获得股市融资的能力没有大型企业强。

SME 不上市的一个原因是 IPO 以及上市之后的汇报要求产生的固定成本高。在某些情况下，旨在保护投资者利益而实施的严格监管可能甚至把 SME 整体排除在大型股票交易所之外（Nair and Kaicker，2009)。有些国家创设了二级交易所，针对小企业制定特别的监管规则和汇报要求，比如伦敦的 AIM，纽约的 NASDAQ 和南非的 AltX。例如，AIM 是 1996 年成立的，迄今为止已经有来自全球的超过 3 000家企业在 AIM 上市。AIM 的一个关键组成部分是使用保荐人（nominated advisers，Nomads)，保荐人都是具有公司金融专业水平的公司。寻求到 AIM 上市的企业都必须在寻求上市的整个过程和保荐人合作。保荐人为企业提供咨询和指导。保荐人还有质量保证的职能：他们必须定期向 AIM 汇报企业信息。南非的 AltX 使用类似的体制。每家拟到交易所上市的公司必须找到一个保荐人，保荐人对公司在上市期间应负的责任以及上市之后应履行的义务提供咨询。

也有 SME 交易所不成功的案例。印度柜台交易所成立于 1992 年，旨在为 SME 提供一个股权融资平台，但是到 2012 年 3 月 31 日该交易所只有 60 家上市公司。妨碍交易所发展的一个因素是缺少机构投资者参与（Nair and Kaicker，2009)。机构投资者（比如养老基金）在很多股票交易所都持有大量股份，而且它们愿意投资相对大型的企业。即便 AIM 也被机构投资者占据主导地位，它们持有 AIM 挂牌的公司中超过 60% 的公司的股票，它们也专注 AIM 挂牌公司中的最大型的公司。也就是说，投资者对小公司（微市值上市公司）股票的需求相比其对大公司股票的需求可能更有限（Nair and Kaicker，2009)。实际上，微市值上市公司往往缺乏流动性，也就是说，与大市值上市公司相比每家微市值上市公司所对应的交易数量小。根据世界交易所联合会提供的数据所做的计算显示，2011 年全球上市公司中市值低于两亿美元的企业占64%，但是这些企业的交易数量只占14%，交易数额只占4%。类似地，对中国和印度所做的一项研究发现大企业比小企业更愿意发行新股，而且发行量最大的十家公司占总发行量的份额很大（Didier and Schmukler，2013）。

总之，股市在多大程度上可以成为SME融资的可行且稳定的来源尚不清晰。另外，即使像AIM这样的交易所也倾向于专注那些发展最快的SME，所以，从总体上看，股市可能不是SME融资的答案。但是，股市可能对SME产生潜在的正溢出效应。比如，如果更多的大公司从股市获得融资，它们从银行获得融资的需求就小，银行就可以扩张对SME的贷款业务。

年轻的企业：金融能促进企业家精神吗?

尽管大量的政策和研究把注意力放在落实SME的普惠金融上，年轻企业获得金融支持需要得到更多的关注。有充分的理由关注SME：证据表明在发展中国家相当比例的SME面临信贷约束；减轻这些约束可以促进这些企业的发展。政策制定者也经常关心创造就业，SME是发达国家传统的创造就业的推动者。[28] 但是，最近更多的实证研究，比如Haltiwangert等（Haltiwanger，Jarmin，and Miranda，2010）的研究认为：（1）初创企业和生存下来的年轻企业对创造就业很关键；（2）把企业年龄作为固定变量，企业规模与雇佣人数增长之间没有系统联系。

这些研究结果不见得适用于发展中国家经济体，因为那里的企业，尤其是小企业面临很多制度性约束。所以，研究发现印度和墨西哥的企业动态与美国不同：随着企业年龄的增长，印度和墨西哥的企业增长速度比美国慢（Hsieh and Klenow，2012）。Ayyagari等（Ayyagari，Demirgüç－Kunt，and Maksimovic，2011a）用世界银行企业调查数据库里99个经济体的数据研究了企业规模、年龄与增长之间的关系。他们发现SME和年轻的企业表现出比大企业和成熟企业更高的创造就业率，表明把企业年龄变量固定之后，企业规模仍然是很好的预测就业增长的变量。但是，大企业和年轻的企业表现出更高的生产效率。总体上，这些研究结果说明在发展中国家改善对SME和年轻企业的融资非常重要。[29]

年轻企业面临的融资挑战

与微型企业和SME类似，年轻企业可能因为代理问题而面临信贷约束。因为年轻企业进入市场的时间不长，有关其业绩或者信用的信息很少。世界银行企业调查项目对100多个国家里的70 000多家企业所做的调查得出的数据表明，在所有的国家，年轻一点的企业对银行融资依赖更少，而对来自家庭和朋友的非正式融资依赖更多（图3.8）。一到两年的企业里只有18%使用银行融资，而十三年以上的企业有39%。相反，一到两年的企业里依赖非正式融资来源（比如家庭和朋友）的占31%；十三年以上的企业只有10%从非正式渠道获得融资（Ayyagari，Demirgüç－Kunt，and Maksimovic，2011a）。从亲朋好友处融资的潜在问题包括不可靠、不及时或者承担很大的融资外成本（Djankov，

McLiesh, and Shleifer, 2007)。例如，对中国企业进行的一项研究发现更多的企业使用非正式信贷而不是银行信贷，但是，只有银行信贷能带来更高的增长率(Ayyagari, Demirgüç - Kunt, and Maksimovic, 2010)。在美国进行的一项研究评估正式信贷对年轻企业存活的影响。他们把那些刚好符合贷款条件并从金融机构获得贷款的初创公司和那些刚好低于贷款条件的初创公司进行比较（Fracassi and others, 2013)。研究结果表明，能获得贷款的初创公司的成活率、创造更高的收益和就业的概率比那些不能获得贷款的高出 40 个百分点。

图 3.8　企业年龄与融资模式

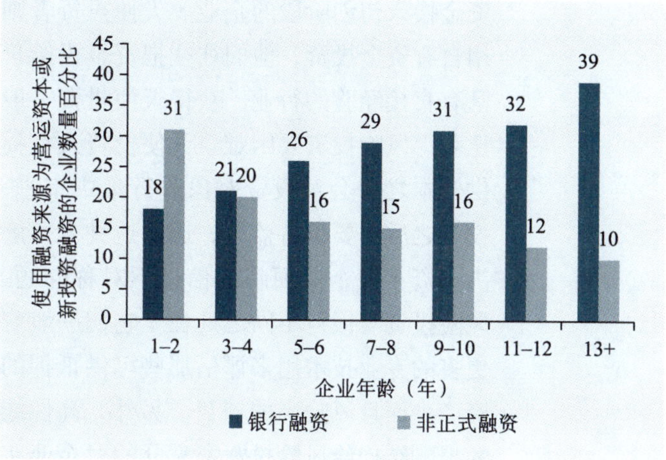

数据来源：havis 等（Chavis, Klapper, and Love, 2011）从 IFC 和世界银行企业调查数据库里搜集了 104 个国家 170 个跨部门数据，时间跨度 1999 - 2006 年，http: //www. enterprisesurveys. org.

注：图中显示使用融资来源用于营运资本或新投资的企业的份额。非正式融资来源包括家庭和朋友。

支持向年轻企业贷款的政策与创新方法

在 SME 融资部分讨论的某些政府干预（参见上文）也可以用于改善年轻企业获得银行贷款的能力。尽管年轻企业可能不如老企业积累的资产多，充分的担保法律和注册登记制度使得年轻企业可以使用其资产作为杠杆获得信贷。信用信息系统可以记录年轻企业的信用，降低年轻企业对非正式融资的依赖（Chavis, Klapper, and Love, 2011)。

对于具有商业精神但是尚未开始创业的企业家来说，获得融资尤其具有挑战性——因为他们没有可用作担保物的商业资产，也没有财务报表。一个可行的提高这些企业家的普惠金融的办法是根据他们的个人特点和态度对其进行甄别。Djankov 等（Djankov and others, 2006）用巴西、中国和俄罗斯的调查数据表明这些特点可以把企业家与非企业家进行区分。例如，企业家对工作赋予更高的价值、更幸福而且对自己的成功更自信。

企业家金融实验室已经开发出一种甄别企业家的工具，可以潜在地帮助贷款人向那些缺乏财务记录或者信用历史的借款人提供融资。这个工具用关于性格、能力和态度的问题识别具有高潜力和低风险的企业家。对这些问题的回答合并计算出心理测试信用分。得分排在前 30% 的企业家比分数排在中间 40% 的企业家的违约率低 72 个百分点。[30] 那些分数最低的比排在中间的企业家的违约率高出 94 个百分点。企业家金融实验室是 G20 SME 金融挑战研究项目的赢家，其开发出来的甄别工具已经被很多国家，比如肯尼亚和南非的某些银行引进使用。

风险投资与天使投资人

风险投资家和天使投资人也可以向初

创企业活动提供融资。风险投资企业筹集资金投入初创阶段的企业。天使投资者则用自有资金投资，他们往往把资金投给自己有直接经验的行业，获得天使投资一般比获得风险投资要困难。天使投资人在提供资本之前会对投资对象进行集中审查，投资之后也要保持监督，通过这种方式解决投资年轻企业面临的信息不对称问题。风险投资与银行不同之处在于它们一般有更多的专业技术用来评估那些可供抵押的资产少而且风险高的项目。另外，高性能的报酬结构给风险投资家充分的对企业实施密切的监督的激励。银行发起的风险基金缺乏高性能的激励，很难留住人力资本（Hall and Lerner，2010）。

对美国的研究表明提供风险投资能促进初创企业的发展，提高就业和收入（Samila and Sorenson，2011）。天使投资也对其所支持的初创企业的绩效产生积极影响（Kerr，Lerner，and Schoar，即将发表）。但是，某些积极影响可能源于融资之外的因素，即投资者对初创企业贡献的个人支持和建议。

风险投资企业在美国、加拿大、以色列、新西兰、英国很活跃，但是在其他国家普及性一般会差一些（Hall and Lerner，2010）。在发展中国家中，巴西和印度的风险投资产业发达，有几家私人或者政府出资的风险投资企业，它们专注创新性的高科技产业（Zavatta，2008）。风险投资企业在美国尤其活跃的一个关键原因可能是存在一个健康且富有活力的IPO市场，因为IPO使得风险投资家可以把企业控制权转移给企业家（Black and Gilson，1998）。Jeng等（Jeng and Wells，2000）用21个国家的样本研究影响风险资本融资的因素，发现IPO市场的强度是决定风险投资企业投资决心的关键因素。但是，IPO市场的存在只与风险投资对现存企业而不是初创企业的投资有关。缺乏IPO市场可以解释为什么风险投资融资在那些银行占主导地位的发达国家（比如德国和日本）不普遍（Hall and Lerner，2010）。另外，来自39个国家的证据说明法律体制、法律渊源和会计标准会影响风险投资产业的特点。例如，好的法律和更快捷的交易甄别和交易生成相关；这里好的法律的判断标准是以下要素的组合：司法体制的效率、法治、腐败、政府征用风险、毁约风险和股东权利（Cumming，Schmidt，and Walz，2010）。

在美国，风险投资产业似乎最近几年已经不再为初创企业融资了。相反，风险投资企业寻求大量投资于更成型且风险更小的企业。为了填补这个成长中的融资缺口，天使投资者在为发展初期的公司提供融资方面所起的作用越来越大了（Fishback and others，2007）。越来越多的天使投资人组成小组实施筛选和尽职调查，使得个体天使投资人可以分散持股，从具有不同产业经验的投资者那里搜集知识，并集中资本（Shane，2005）。天使投资小组在其他发达国家也很活跃，包括加拿大、法国、德国、西班牙和英国；2009年，这些国家里平均每个国家有30多个天使投资小组。[31]在欧洲和北美之外，天使投资网络往往发展得差一些；但是在过去的几年里，天使投资在东亚和太平洋地区、南亚和东南亚、以色列和拉丁美洲地区已经越来越普遍了（OECD，2011a）。IFC发起的信息发展（infoDev）运动一直在提供技术协助支持发展中经济体创建天使投资

专栏3.7　案例研究：中东和北非的天使投资

IFC的infoDev运动发起实施一个项目支持在发展中经济体通过联合融资和技术支持成立一个天使投资人网络。infoDev是世界银行内部的一个全球合伙项目。2002年以来，infoDev已经发展了一个包括超过400家小企业孵化器的网络，这些孵化器分布在100多个发展中国家里，全部归当地所有并在当地运营。一个企业孵化器就是一种制度安排（facility），通过设计一个项目帮助小公司在其初创阶段有更好的存活机会。孵化器可以为小企业提供各种服务，比如以低租金提供办公场地、分享办公服务、创业咨询和辅导、商业计划、合同和网络化办公。infoDev的孵化器网络已经支持了大约25 000家初创企业；根据报道，这些企业创造了大约270 000个工作岗位。

以孵化器网络为基础，infoDev正在实施一项企业初创期创新融资制度安排。该制度安排将在中东和北非进行试验，从埃及、约旦、黎巴嫩、摩洛哥和突尼斯开始。试验版本将包括一个5 000万美元的合作投资融资实体，由一位第三方融资实体经理管理；一个2 000万美元的技术支持实体，由infoDev管理。合作投资实体的目标是联合天使投资人对大约200家初创公司进行投资，每笔投资金额在5万美元到100万美元之间；天使投资人通过一个天使网络或者天使辛迪加组织起来。技术支持实体寻求推进创设大约八个天使网络并加强大约五十个孵化器的绩效，以便确保所投资的项目是具有稳定现金流的可投资项目。该项目还提议围绕该地区高成长企业家的需要建立一种知识体系，并对企业家的长期能力提供贡献，以便支持其需要。

网络。到目前为止，infoDev已经支持了八个经济体创建天使网络（白俄罗斯、智利、约旦、摩尔多瓦、尼日利亚、塞内加尔、南非、特立尼达和多巴哥）。在每一个案例里，都是识别当地的高净值个体，把他们召集起来，并向他们传递全球最好的实践经验。infoDev现在还发起了一项早期创新融资计划，利用infoDev全球孵化器网络为发展中国家提供金融和技术协助，支持其天使投资网络（专栏3.7）。

总之，很多政策和研究都聚焦SME的普惠金融，但是年轻的企业也面临融资约束。缓解这些约束可以潜在地促进生产力发展和就业，尽管需要更多的证据证明这种联系。天使投资人为年轻企业提供有前途的融资来源。当前，发展中国家的天使投资小组没有发达经济体普遍，但是，融资和技术协助有助于支持创建天使投资网络。

获得金融资源会导致创新吗？

最近人们研究了金融与创新之间的关系，以便了解金融通过什么渠道推动经济增长。很多经济学家论证创新对经济增长和发展至关重要（例如，Aghion and Durlauf，2005；Baumol，2002；Schumpeter，1934）。创新的含义一般不仅包括发明新产品，而且包括移植并接受其他国家或者企业的产品和程序；参见奥斯陆手册（OECD，2005）。

为什么创新性产品可能特别难获融资

因为信息不对称，企业可能在创新性投资上尤其面临严重的融资约束。企业寻求通过研发制造新的发明时对于所完成的项目的性质以及发明成功的概率往往比潜在的投资者具有信息优势。事实上，因为发明很容易被模仿，所以，企业可能不愿意披露太多的关于其项目的信息，这给其获得融资带来困难。所以，企业一般依赖内部资金为研发所需要的开支融资（Hall and Lerner，2010）。[32]

不涉及新发明，而是技术程序更新的创新也可能对贷款人没有吸引力。银行一般偏好使用物理财产担保贷款，而且不愿意给涉及知识产权投资的项目（比如企业发展服务承包项目）提供贷款，却宁愿给厂房和设备投资提供贷款。对墨西哥的一项研究发现融资约束是企业不雇佣商业顾问的关键原因，尽管使用咨询服务对企业生产力和长期发展具有积极影响（Bruhn，Karlan，and Schoar，2013）。

银行融资能推动创新吗?

给定各种挑战，改善获得银行融资的政策，比如本章前面所讨论的政策能否足以推动创新尚不清楚。他们在某种程度上或许有些帮助，因为企业可以用银行融资从事非创新性的活动，从而腾出自有资金用于创新性投资。经验证据表明银行融资与创新之间正相关。一项用世界银行企业调查数据所做的研究考察了来自 47 个发展中国家的 19 000 家大、中、小企业，发现私营企业使用外部融资与更大的创新有关联（Ayyagari，Demirgüç – Kunt，and Maksimovic，2011b）。银行融资尤其与那些从事核心创新的企业具有正相关，核心创新是指升级当前的生产线或者引进新的生产线、新技术（图 3.9）。

图 3.9 金融资源对创新的影响估测

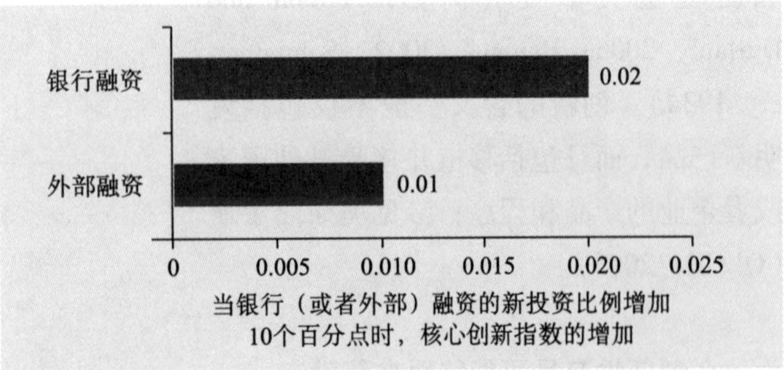

数据来源：Ayyagari，Demirgüç – Kunt，and Maksimovic，20111b.

注：核心创新指数是这样形成的：企业每上一条新生产线、更新现有生产线或者引进新技术，就加 1。外部融资包括银行融资和所有其他的来自内部资金或者保留收益之外的融资。

对斯里兰卡的微型企业和 SME 所作的调查数据也显示获得银行贷款的企业更可能创新（de Mel，McKenzie，and Woodruff，2009a）。当然，这可能不构成因果关系，而且可能受到其他因素的推动。比如，管理水平更高的企业可能更倾向于创新并更容易获得银行融资。所以，需要进行更多的国内层面的实证研究，为研究获得银行融资是否对创新产生因果关系影响提供启示。

非银行融资与政府对创新的补贴

获得非银行融资，尤其是风险资本或者天使投资，可能对推动创新具有关键作用。正如前文所述，风险资本企业和天使投资人通过在向企业提供资本之前进行严格审查，投入资本之后严格监控，解决信息不对称问题。但是，风险资本企业和天使投资人往往专注高技术部门和少数企业。其他部门的广泛的企业也可以潜在地受益于技术升级（Bloom and others，2013；Bruhn，Karlan，and Schoar，2013）。为了便利企业获得有助于技术升级的商业发展服务，某些政府实施了补贴或者按比例补助项目。

按比例补助项目是发展中国家政府推动技术升级和创新的最普遍的政策工具之一。按比例补助项目包括向那些使用企业发展服务或者类似活动的企业提供部分补贴。按比例补助项目一般覆盖 50% 的成本。尽管获得广泛的使用，尚无证据证明这些项目是否有效地促使企业实施它们本来不会实施的行为，或者仅仅补贴了即便没有补贴企业本来也会实施的项目。在墨西哥做的按比例补助项目影响评估随机调查发现得到补贴的企业咨询服务给企业带来短期生产效率的提高和长期雇佣人数的提高，也就是说，带来企业的发展（Bruhn，Karlan，and Schoar，2013）。为了扩展数据库，研究人员尽力把影响评估的研究扩展到在其他国家（比如六个非洲国家）实施的按比例补助项目。但是，这些尝试最终都失败了，部分是因为项目很少得到应用（Campos and others，2013）。需求的缺乏可能是因为获得按比例补助的资格标准限制得太严格、官僚主义、特殊利益集团俘获以及项目实施人员的激励不足；这些问题说明按比例补助项目实施起来有困难。几个国家已经试验通过企业计划竞争鼓励创新和创造就业。最近一个例子，尼日利亚的 You WiN！比赛，得到很多关注（专栏 3.8）。

还可以使用财政激励鼓励创新、研究和发展。越来越多的国家开始实施这些政策以便激励企业投资于研发。Mulkay 等（Mulkay and Mairesse，2013）调查了“研究与发展税收信贷”对法国企业开展私人研究和发展投资的影响。他们发现，从长期来看，不考虑溢出效应，免税给企业研发投资带来 12% 的增长。

专栏 3.8　案例研究：尼日利亚的 You WiN！商业计划竞赛

尼日利亚年轻企业创新项目（You WiN!）是一个尼日利亚境内的年轻企业家商业计划竞赛项目，该项目是由尼日利亚财政部、信息技术部和青年发展部资助的，并得到英国国际发展部和世界银行的支持。该项目由尼日利亚总统 Goodluck Jonathan 于 2011 年 10 月 11 日在一次全国电视现场直播节目中发起。其公开目标是通过建立新企业并拓展当前的企业鼓励创新和创造就业。

项目把培训和现金补助结合起来，提高企业能力并降低融资约束，以便推进企业的建立和发展。该项目通过电视、收音机、报纸和路演进行推介宣传，收到大约 24 000 个来自年轻人（18－40 岁）的申请。尼日利亚这个年龄段的人大约 5 000 万，所以，24 000 个申请只占全部年轻人的 0.05%。

You WiN！不提供广泛的金融服务，这一点符合典型的商业计划竞赛实践。该项目寻求定向支持具有高潜力的企业和商业创意。反映这一点的事实是，申请人的受教育水平比全民受教育水平高。根据 2008 年普通家庭调查数据，在全部青年人口中，5.5% 受过大学教育，而 You WiN！申请者中受过大学教育的比例是 50% 多一点。

尼日利亚泛非洲大学的企业发展中心为 You WiN！申请者打分，该大学是尼日利亚最大城市拉各斯唯一一个私营、非营利性教育机构。以所得到的分数和所处的地理位置为基础，6 000 名候选人被选中参加一个为期四天的培训。培训于 2011 年 12 月开始，有 4 873 人实际参加。所有参加培训的申请人有机会在 2012 年 1 月底之前提交一份商业计划。总共收到 4 510 份商业计划。一个联合企业发展中心 Pwc 团队给这些计划评分，评分细分到各个商业领域，先筛选出 2 400 份进入半决赛。最后，有 1 200 个申请人获胜。图 B3.8.1 显示 You WiN！

专栏 3.8 案例研究：尼日利亚的 You WiN！商业计划竞赛（续）

获胜者所在产业部门主要来自农业、信息技术和计算机服务、制造业和其他专业服务。

You WiN！获胜者每人最多获得 32 000 美元补助金用于创设新企业，64 000 美元用于现有企业。对于赢得竞争的当前的中值企业，这个补助金数额相当于超过六年的年营业额。补助金可以代表获得金融服务的大幅度增加。根据 IFC 企业融资缺口数据库，尼日利亚的微型企业和 SME 中只有 8% 获得贷款，平均贷款规模是年收益的 18%。[a] 一个世界银行小组正在对 You WiN！进行一项评估，测量其对企业初创、企业存活（对现存企业）、就业、销售和利润的影响。

图 3.8.1 YouWiN！获胜者所在的企业行业

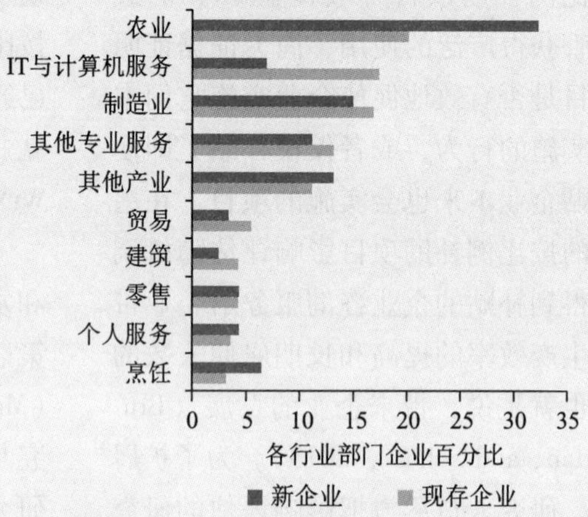

数据来源：YouWiN！项目组织者。

注：数据根据申请人提交商业计划时自己进行的分类。

IT = 信息技术。

a. IFC 企业融资缺口数据库，SME 融资论坛，http：//smefinanceforum. org.

总之，因为信息不对称，创新性项目尤其难以得到外部资金融资。政府可以介入，提供按比例补助项目和商业计划竞赛。证据表明按比例补助项目可以提高企业生产效率并促进就业增长，但是补贴项目很难得到圆满的实施。其对商业计划竞赛的影响的研究还在进行中。

性别对企业获得融资有影响吗？

经验研究证据显示女性所有的企业往往比男性所有的企业规模小而且发展慢（Bruhn，2009；GPFI，2011c）。尽管几个因素，比如企业类型、管理水平或者监管环境可能是造成这些差别的推动力，获得金融服务的能力也可能起作用。本节首先讨论为什么在金融市场上女性比男性面临更多的约束。然后提出一个问题，提升获得金融服务的能力，即获得信贷和储蓄工具的能力能否促进女性所有的企业发展。

存在性别差距吗？

获得金融服务上的性别差距仍然是探索相对少的课题，但是越来越多的文献记录，相对于男性，女性在寻求融资时面临的境遇要差一些。即使控制人口和社会经济特点等变量，Demirgüç-Kunt 等（Demirgüç-Kunt，Klapper，and Singer，2013）最近进行的跨国研究仍然发现在银行账户拥有量和储蓄及借贷工具使用方面女性比男性明显弱。在其他国家所做的聚焦企业家获得信贷问题的研究得到类似的结论。研究结果表明女性企业家比其男性对手更不容易从正规机构获得融资，更倾向于支付更高的利息率或者获得更差的贷款合同条件（Demirgüç - Kunt，Beck，and Honohan，2008；GPFI，2011c；Muravyev，Schafer，and Talavera，2009）。信用市场上的性别差距在某些特定场合也有记录，比如在墨西哥农村的非正式贷款市场，女性更容易受到贷款约束（Love and Sanchez，2009）。

女性在获得金融服务方面所处的不利条件也可能影响其对外部融资的需求和商业决策。例如，女性可能选择进入那些信贷需求不高的产业。但是，在其他地区获得融资服务上的性别差距不明显。Bruhn（Bruhn，2009）所做的一项研究发现在拉丁美洲女性和男性企业家获得信贷的能力差不多。

图 3.10　已婚夫妇主要财产共同所有的国家数量

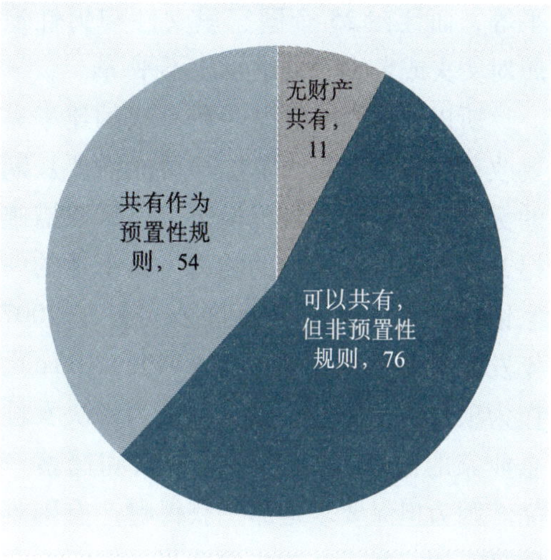

数据来源：根据世界银行妇女、商业和法律数据库 2012 年数据计算，http：//wbl. worldbank. org.

注：样本包括 141 个国家。主要财产包括土地和婚房。

性别差距的决定因素

有几个因素可以解释获得金融服务上的性别差距，包括文化、监管和统计歧视甚至偏好歧视的法律障碍。识别哪些因素在起作用有助于政策有的放矢地提升女性在金融市场上的地位。

在很多场合，文化信仰、法律或者监管命令可能妨碍女性参与金融安排。Demirgüç - Kunt 等（Demirgüç - Kunt，Klapper，and Singer，2013）发现证据证明法律或者习俗与女性获得并使用金融服务的能力弱相关。根据最近的一份世界银行报告，Safavian 等（Safavian and Haq，2013）报告巴基斯坦女性很少能够得到个人贷款，只能得到小组贷款。一个原因是个人贷款的担保人条件很高，妨碍女性申请个人贷款。多数 MFI 一般要求一笔贷款要两个男性担保人，其中只允许一个来自借款人的直系亲属。给定女性的流动性有限以及当前的社会习俗，女性可能很难在亲属之外找到男性担保人。

女性在寻求信贷时经常面临的另一个障碍是她们拥有的财产一般比男性少，从而限制了其担保能力。这可能部分因为文化实践导致给女性的财产比男性少，比如 Hallward - Driemeier 等（Hallward - Driemeier and Hasan，2012）用非洲的例子说明了这一点。法律和监管制度也可能造成女性缺少财产所有权。“妇女、企业和法律”数据库记录 141 个国家里 11 个国家的已婚夫妇的主要财产（比如土地和婚房）不是共有财产（图 3.10）。130 个国家里有 54 个国家确实有共有财产，但是共有财产不是结婚财产的预置所有权规则（default titling procedure）。[33] 141 个国家里有 26 个国家子女对父母的财产继承权不平等，而且在 25 个国家里女性与男性遗属对丈夫或者妻子的继承权不平等。

所以，提高女性财产所有权的比率需要改革法律。但是改革法律可能需要长期的努力，所以，金融机构也可以采取措施提升女性获得担保物的能力。乌干达的一家银行（乌干达金融发展公司）于 2007 年发起了女性商业项目（GPFI，2011c）。作为项目的一部分，银行特别为解决女性企业家的需求设计了某些贷款和储蓄产品。因为担保要求是那些获得财产有困难的乌干达妇女面临的主要障碍，银行为女性提供了土地贷款。通过这种产品，妇女可以贷款购买财产，然后用购买的财产作为担保物给贷款作担保。

女性获得融资的能力的差别可能由某些结果上的性别差异，比如教育、收入或者商业机会上的差异决定。这些差异可能影响一些能力，比如妇女保有充分的财务记录的能力，而这可能是得到贷款所必须的。而且，如果女性受教育程度低或者经营企业、理解融资合同的经验少，她们可能更倾向于违约，这使得金融机构不愿意为女性客户提供服务。这种类型的差别性待遇称为统计性歧视。Aterido 等（Aterido，Beck，and Iacovone，2011）发现获得金融服务的统计性性别歧视的证据。他们在撒哈拉以南非洲地区的九个国家发现金融服务上的性别差距是由教育、收入、正式就业和在家庭成员里作为家长的地位这些因素的不同而造成的。一旦他们控制这些特性，获得金融服务上的性别差距就消失了。

性别偏好或者偏好歧视也可能限制女性获得融资。Beck 等（Beck，Behr，and Madestam，2012）最近的研究论证同性偏好及影响信贷供给也影响信贷需求。更具体地，他们发现借款人与信贷员性别不一致时支付的利息率高一些，得到的贷款额低一些，而且回头再贷款的可能性很低。在信贷员主要被男性占据的场合，同性偏好可能置女性贷款申请人于不利境地。例如，印度一家大型公共部门银行里 90% 的信贷员是男性（Cole，Kanz，and Klapper，2012）。在印度进行的另一项研究发现信贷员与借款人之间文化上的接近增加了贷款，降低了违约率并减少了对担保额的要求。这些研究表明文化上的接近减轻了信息问题，进而缓解了融资约束并改善了获得金融服务的能力（Fisman，Paravasini，and Vig，2012）。这些研究结果能否很容易归结为性别尚不清楚，但是，如果能的话，其对政策的启示将是让更多的女性从事信贷工作会缓解女性的融资约束。事实上，有些证据表明女性做信贷员表现得更好。Beck 等（Beck，Behr，and Guettler，2012）调查了信贷员的性别与贷款绩效之间的关系。他们证明女性信贷员监督的贷款比男性信贷员处理的贷款的欠款率更低。这一研究结果反映出女性信贷员具有更好的与借款人建立信任关系的能力。

增加融资的可获得性会改善女性所有的企业的发展吗？

如果不能解决造成金融服务差别的因素，改善获得金融服务本身可能不会促进女性所有的企业发展。例如，如果女性选择经营的企业相比男性经营的企业的资本收益低，那么用增加资本这种干预方式将不会给女性拥有的企业带来更好的效果。对斯里兰卡的一个分配补充资本的项目进行的效果评估发现该项目使得男性拥有的企业利润得到提高，而女性拥有的企业却没有。资本收益上的差别似乎不是被男性和女性在企业家能力或者风险规避上的差别所推动的，而是来自这样一个事实，即女性所选择经营的部门往往资本收益本来就低。

但是，即便那些男性拥有企业和女性拥有企业都很普遍的部门，如果女性面临家务约束，女性拥有的企业的资本收益可能低一些。de Mel 等（de Mel，McKenzie，and Woodruff，2009b）所做的一项研究发现如果女性在家务中有更大的决策权或者她们的配偶在企业管理中更合作，女性的资本收益会高一些。

最近的证据表明金融干预如果能和业务培训搭配使用或许会更有效。比如，一项在斯里兰卡的研究发现，如果给女性提供商业培训，资本补助可以临时性提高女性开办的谋生性企业的利润。但是，这种影响在培训结束两年之后就耗尽了（de Mel，McKenzie，and Woodruff，2012b）。

但是，当女性面临家务约束的情况下，这些干预可能就不会那些有效了。在巴基斯坦农村，Giné 等（Giné and Mansuri，2012）评估一个商业培训计划和向微型企业客户提供更多的贷款所带来的效应。其评估结果表明培训提升了男女微型企业家的商业知识。但是，女性经营的企业的绩效并未得到提升，尽管培训降低了男性经营的企业的破产率并提高了其销售额。增加贷款对样本里的任何企业都没产生效果。正如在其他研究中所发现的，对妇女产生的效果不佳可能部分是因为家庭约束（例如Fletschner and Mesbah，2011）。大约40%的女性汇报其配偶负责多数商业决策，说明女性拥有的企业没有表现出改善是因为即便在这些企业里女性也没有决策权。Aterido 等（Aterido and Hallward - Driemeier，2011）用五个撒哈拉以南非洲地区国家的数据做样本的研究发现，在那些女性是部分所有人的企业里77%的决策权被男性掌握。他们强调在评估企业绩效时着眼于控制权而非女性的部分所有权非常重要。

一项对波黑的研究得出的结论不同。在波黑，对微型企业客户的商业培训提高了女性所有的企业的利润，而男性所有的企业的利润却没有提高。培训带来的一个重要好处就是使得女性客户有能力获得更优惠的贷款并开辟替代性的融资选择（Bruhn and Zia，2013）。

总之，以上研究似乎表明，如果政策着眼于解决性别差距背后的原因，那么提高获得金融服务的能力可以改善女性所有的企业的绩效。在性别偏好或者偏好歧视相关的情况下，政策应该考虑反歧视项目或者提高竞争的策略（Beck，Behr，and Madestam，2012）。如果统计歧视是主要推动因素，政策应该以提高女性的教育、就业状况和收入机会为目标。例如，改善普惠金融的政策可能必须和商业培训结合起来。取决于地方的情况，家务约束可能妨碍女性对企业做出改变，以至于即便把信贷和培训结合起来也可能不会有效。在这些情况下，应该推广旨在加强女性社会地位的政策。这可能要求改革财产权与继承权方面的法律法规，以便鼓励女性获得财产所有权。

农业企业：金融能影响生产率吗？

农业在多数发展中国家里是一个重要

图 3.11 拥有用于商业目的的账户的成年人

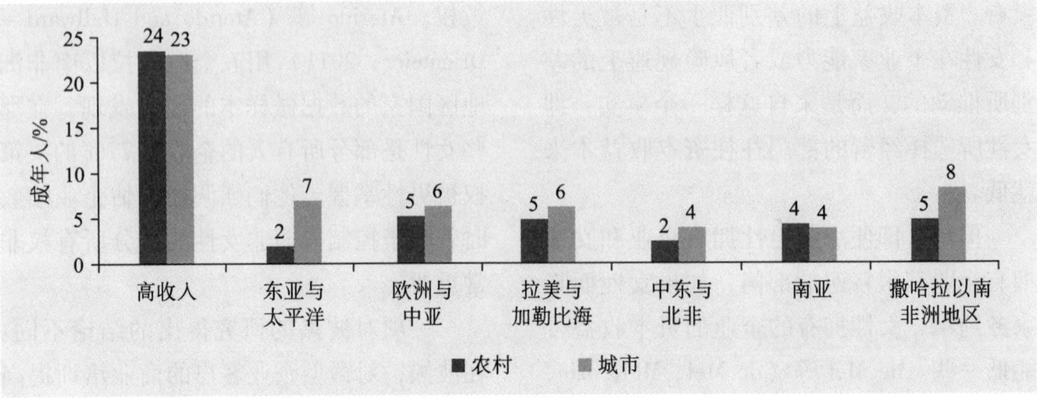

数据来源：在世界银行全球普惠金融数据库基础上计算，http：//www.worldbank.org/globalfindex.

的部门。根据联合国粮农组织，农业部门是全世界贫困地区70%的穷人的主要就业和收入来源。如果农村贫困人口从农业增长中比从其他部门增长中获得的好处多，农业就是降低贫困的一个相关的手段。Christiaensen 等（Christiaensen，Demery，and Kuhl，2011）最近的一项研究表明这个判断可能是准确的。根据他们的研究结果，赤贫阶层对农业部门的增长更敏感。其他的研究结果尽管更温和，但也表明农业增长可以降低农村地区的贫困率（例如 Foster and Rosenzweig，2003；Ravallion and Datt，1996；Suryyahadi，Suryadarma，and Sumarto，2009；World Bank，2007a）。

在这方面，农业金融可能有潜力提高农业部门的生产效率。当前，在农村地区为了商业目的使用基本账户的人数还很有限，远远落后于城市，在发展中国家尤其如此（图 3.11）。因为缺乏正规的金融工具，农民和农业企业依靠替代性的非正式机制（比如高利贷、家庭之间互通有无或者非正式的储蓄安排）满足其融资需求（Lim and Townsend，1998；Munshi and Rosensweig，2005；Rosenzweig and Wolpin，1993；Townsend，1994）。但是，如果缺乏适当的降低风险的产品或者可得到的金融工具不能匹配农民的需要，这些非正式的安排可能妨碍农民采用更好的技术、购买农业投入或者提升其生产效率。

金融约束成本很高，尤其是对最小的农户和农业企业更是如此。其成本表现在：限制农民和农业企业的竞争能力和保护自己免遭各种农业的内在风险损害的能力。这些风险包括天气变化、自然灾害和商品价格波动（World Bank，2007a）。提升农业部门获得金融服务的能力有助于提高农民的投资选择并给农民提供更有效的管理风险的工具。

本节首先讨论金融机构向农业部门提供储蓄、信贷和保险产品等金融工具时面临的主要约束；然后，概括了农业金融领域里最有前景的发展；最后，对促进农业部门的普惠金融提出具体的政策建议。

为什么金融机构不愿意给农业部门提供服务？

一个妨碍金融提供商向农业部门及其供应链提供服务的传统障碍是地理因素。农民和农业企业获得银行服务有困难是因为他们多数处于农村地区，因为这些地区地广人稀，银行从盈利的角度不愿意在这些地方开展业务。所以，向农民和农业SME提供正式储蓄、保险和信贷工具就受到限制。

阻碍金融机构向农业部门提供服务的另一种主要因素是农业活动特有的系统风险。当发生自然灾害或者不利的天气情况时，他们往往同时影响大量的农民和企业，使得金融供应商很难分散其客户组合，因为当一个客户无力支付时，很多其他的客户会面临同样的困境。

另一个挑战是金融基础设施匮乏。在农村地区跟踪客户或者监督产品产量非常困难。如果不能把自然灾害映射到农民和农业SME的生产中，或者如果缺乏客户信息，就意味着金融供应商很难跟踪客户，农民和农业企业就有动力违约或者偷懒，尤其是当潜在的合同执行力度差的时候。所以，潜在的贷款人或者保险人可能本来不愿意和农民或者农业SME接触，或者可能不愿意提供某些有潜在客户需求的产品，比如长期贷款（Stein，Randhawa，and Bilandzic，2011）。

此外，金融供应商没有兴趣为农民和农业企业提供服务，政府可能存在的某些家长制行为或者政治动机使得金融供应商更没兴趣了。政府不经适当的项目可行性评估就提供补贴，为农业部门提供政治贷款或者无条件地为家庭摆脱债务提供救助，这些政策可能扭曲企业和农民的激励，导致金融供应商不愿意进入市场。

最近的研究得到的证据提出警告，认为政府干预信贷市场可能付出太高的代价，不仅造成政治俘获，还放大市场扭曲，进而恶化金融排斥。Cole（Cole，2009）发现的证据表明，在选举年，公共银行提供的信贷增加了五到十个百分点。新增贷款发放给对执政党具有政治利益的地区还款的可能性很小，而且不能带来更多的农产品产量。与这些研究结果相同，de la Torre等（de la Torre，Giné，and Vishwanath，2011）得出的结论认为印度主要的农业信用合作社已经被用来作为政治工具，而且借款人的反应是优先偿还机构贷款而不是合作社贷款，因为借款人把合作社与政府经常实施的豁免计划相联系。他们的研究结果说明政府过多地干预信贷市场可能造成不好的后果，比如鼓励违约。Kanz（Kanz，2012）发现印度最大的救助项目“小农户和困难农户债务减免计划”没有减轻受益人的债务积压问题。项目接受者反而放大了对非正式金融的依赖，降低了生产性投资。这一结论说明受益人担心因为接受此项目将被贴上违约的标签，进而影响其未来获得正式的信贷。

最近，妨碍金融机构服务农村市场的其他原因开始得到更多的关注。如果农村地区的个人不相信银行或者缺少金融培训，他们就不愿意使用金融工具。而且，如果金融机构提供的金融产品不能充分地匹配农民的需要，这些产品面临的需求将不足。Dupas等（Dupas and others，2012）在肯尼亚进行的研究发现这些因素部分解释了农村客户使用金融服务低的现象。研究随机地免除没有银行账户的个人开办基本储蓄账户的成本，发现这些人中只有18%积极使用其新账户储蓄。人们使用新的储蓄账户不积极的主要原因是对银行缺乏信任、服务不可靠以及取钱服务费高。研究还提供了关于信贷选择和贷款条件降低的信息。六个月过后，作为研究对象的人里只有 3% 申请了贷款。人们不向银行借款是因为担心失去担保财产。这些研究结果说明不仅得到金融服务重要，而且服务的质量同样重要。

农村金融的新发展

在过去的二十年里，农村金融领域涌现出很多新方法。这些方法中多数是以微型金融的原理为基础，适应农民和农业企业的具体情况设计的。根据 Kloeppinger - Todd 等（Kloeppinger - Todd and Sharma，2010）的研究，最有前途的发展方向可以归类到四个领域：按照农民与农业企业的实际情况量身定制金融服务；使用技术开发新客户并降低交易成本；开发创新性风险管理策略；把金融工具与其他金融或者非金融服务结合起来使用，以便克服农民和农业 SME 所面临的各种约束。

因为多数商业银行只在城市营业，它们对农村的情况不熟悉，那里的企业的实际情况以及对金融产品的需求不同。[34] 比如，商业银行对传统的土地担保的依赖把那些没有土地担保权的农民和农业企业排斥在外。新的金融模型如仓单抵押有助于缓解这种约束。提供仓单融资，农民可以使用仓库里的耐用商品作为贷款担保获得融资。建立运行良好的仓单融资体制需要具备几个因素，包括授权型监管框架、仓库登记和适当的培训。这些工具在几个国家已经运行得很成功了（Hollinger，Rutten，and Kiriakov，2009）。但是，这些体制对农民生产效率究竟多重要仍需要严格地评估。

以仓单融资体制为基础，可以开发出许多融资方法为农民和农业企业提供金融服务。保理和融资租赁是两个例子。通过保理，农民可以用其应收账款作为担保财产获得贷款（参见前文）。[35]

融资租赁有潜力为农业企业拓展中长期融资，所以对农业部门尤其重要。通过融资租赁，农民可以用更灵活的支付方式获得机器和农具（IFC，2012c）。

农业生产正在转变成对接小农户和大型跨国企业的统一的市场链条。在很多发展中国家，价值链融资已经成为最受农业企业欢迎的融资机制之一。价值链融资在帮助对接小农户和农业企业与有效的市场体制上尤其管用（Miller and Jones，2010）。[36] 墨西哥的农业金融机构 Agrofinanzas 是这方面的一个创新性商业模式。Agrofinanzas 专门向没有银行和正规金融经验的小农户提供贷款。[37] 其商业模式建立在与大企业的关系上，这些大企业与小农户有联系。Agrofinanzas 通过大企业获得的小供应商的信息对借款人进行识别。这些信息对于 Agrofinanzas 管理信贷风险至关重要。

墨西哥的农村发展信托基金 FIRA 是另一个例子。FIRA 为银行提供广泛的金融产品和服务以便促进农村地区的发展。除了其他的创新做法之外，FIRA 还提供结构性融资，具体做法是以客户需求和地方商业环境为基础设计产品，帮助客户在日常运营中管理风险。

在农村交易成本和信息成本高的情况下，使用技术便利金融交易很具潜力。信贷和动产担保登记、移动银行和代理银行都是用技术帮助降低农业市场失灵的例子。最近在马来西亚所做的项目（参见第二章）中，Giné 等（Giné，Goldberg，and Yang，2012）发现用指纹识别客户使得未来拒绝提供信贷的威胁更可信了。所以，客户偿还贷款的激励增加了，同时激励贷款人从事更多的贷款交易。尽管这种项目尚在试验阶段，它们已经表现出相当的可以降低贷款人或者保险人的信息成本的潜力。其他的例子包括肯尼亚的 M - PESA（第二章）和引进动产担保登记的倡议（见专栏 3.5）。

新研究认为农民投资的主要约束是不能为风险投保。Karlan 等（Karlan，Osei，and others，2012）发现当加纳北部的农民对主要的自然灾害投保时，他们在商业上的支出就增加了。Cai 等（Cai and others，2009）对中国的一个猪肉供给保险项目进行了评估，发现保险对于农民养猪决策产生很大影响。

证据表明，诸如指数保险这种金融工具能最小化道德风险和逆向选择，而且，在某些情况下能激励农民从事风险更高但是利润也更高的投资（Giné，Menand，and others，2010；Karlan，Osei - Akoto，and others，2012；Mobarak and Rosenzweig，2012）。虽然指数保险只占广泛的可获得的保险中的一小部分，它正在很多国家里不断发展。肯尼亚的 Kilimo Salama 微型保险计划就是一个例子，这是一种天气指数保险，和贷款搭在一起为农民提供帮助，帮助其购买农产品。该计划已经在肯尼亚为 64 000 农民提供了保险，预期将在非洲其他国家，比如卢旺达推广使用。[38] 另一个例子是 CADENA，墨西哥的一个公共保险活动。通过 CADENA，政府（市政当局）代表居民购买保险，促进辖区范围内的投保活动。这些年来保险覆盖面不断提升，当出现不利天气时，为市政当局创造收益。在墨西哥市场上提供的保险产品主要聚焦两种设计。第一种是天气指数保险，这是根据气象站提供的天气指数确定农作物损失运行的。第二种是收益指数保险，当观察到的收益低于保险所覆盖的收益时，按照约定提供支付。观察到的收益由风险单位中的样本评估。[39]

但是，指数保险仍然面临很多挑战，包括投保率低，农民理解并评估复杂的保险有困难，以及农民之间分散部分风险有困难（Carter，2008；World Bank，2007a）。其他的研究结果也表明保险产品使用者对保险不信任部分解释了低投保率（Cai and others，2009）。

商品交易市场在亚洲和拉丁美洲已经有相当的历史，正在几个非洲国家（比如埃塞俄比亚）试行。商品交易市场可以作为帮助农民对冲不利价格波动的有用的工具。不同的金融工具，比如期货、远期合约、期权、金融衍生品和互换协议可以在商品交易市场进行交易。这些金融工具的目的是锁定商品的未来价格。例如，通过远期合约事前锁定未来某一交易日特定数量的某种商品的买卖价格（IFC，2012c）。很多商品，从橘汁到粮棉，都可以在期货市场上交易。但是，建立一个运行良好的交易市场需要具备很多条件，比如大量的市场参与人，充分的基础设施和适当的法律制度（Rashid，Winter - Nelson，and Garcia，2010）。

金融产品有助于在农业领域降低风险并促进投资，把金融产品和其他的服务结合起来有助于克服各种影响农民和农业 SME 的约束。例如，金融服务应该和适当的金融培训结合起来。为使价值链有效地运行，金融工具必须和可即时获得的要素投入、有效率的市场营销以及农产品的分销渠道结合起来。

政策建议

总之，证据表明农业部门的生产效率可以从获得更好的为农民和农业企业量身定做的金融工具中收益。政策制定者可以采取一系列的措施促成这些事情的实现。第一，投资建设农村金融基础设施可以克服阻碍金融提供商给农业企业提供服务的信息不对称。获得关于农业和天气统计数据的公共数据库使得贷款人和保险人有能力更准确地区分好客户与坏客户，并监督客户的行为。政府在提供信息帮助贷款人或者保险人识别风险并给风险定价方面具有比较优势（World Bank，2007a）。

第二，加强财产权与合同执行可以为农民和SME开辟更多的获得金融产品的机会，比如允许发展价值链融资。

第三，政府应该杜绝妨碍金融提供商进入市场并扭曲农民和企业激励的家长制政策。应该谨慎考虑直接提供农业公共补贴，因为这种补贴给农民带来不恰当的激励，即投资于不赚钱的农业活动。尽管提供某些补贴的保险产品可以找到理由，比如这些保险产品可以获得更多的投保率，使得保险使用者理解产品的价值，但是，对于那些不能准确地评估质量或者可行性的项目应该避免提供补贴。可持续性农业金融面临的最严重的风险一般要么是由被误导的政府干预，比如利率补贴引起的，要么是由恰当的规则或者监管缺乏执行力引起的（World Bank，2007a）。

注释

1. 对于微型企业和小企业来说，家庭与企业融资之间的界限可能很模糊，因为企业主可能把个人融资与企业融资混同。但是，与第二章不同，本章聚焦融资在推动企业活动中的作用。本章还讨论特别针对企业的项目和干预，比如商业培训、风险分担工具和保理。
2. 此处使用的是世界银行企业调查网（http：//www.enterprisesurveys.org/）上的定义，该定义只用雇员人数划分，还定义了小企业（5—19个雇员）和中型企业（20—99个雇员）。很多国家和机构使用自己定义的SME。比如，在一项对中东和北非的银行业调查中，银行使用的区分中小企业的临界值范围包括从5到50名雇员，中型大型企业的区分临界值范围包括15到100名雇员（IFC 2010b）。某些SME的定义不仅基于雇员人数，而且基于其他参数变量，比如销售额和财产数额。比如，欧盟把SME定义为雇员10—250名、营业额低于5 000万欧元或者总资产负债表额低于4 300万欧元（IFC 2010b），尽管这些标准或许对于多数发展中国家来说太高了。国家与机构间对SME的定义标准不同，导致SME的数据搜集的精确性和全面性以及政策设计出现困难。
3. 微型企业和SME并非绝对以雇员数量划分，某些企业尽管雇员数少于5人，也可能寻求向MFI之外的金融机构融资，尤其是当它们想快速发展或者它们本身是年轻企业的时候。
4. 参见SME融资论坛网址：http：//smefinanceforum.org. 所用数据来自于IFC和世界银行建立的企业调查数据库：http：//www.enterprisesurveys.org.
5. 这个信息同样来自SME融资论坛的IFC企业融资缺口数据库：http：//smefinanceforum.org. 该数据库把所有的没有在官方机构注册的企业以及没有雇主的企业（独立注册状况）视为非正式企业。
6. 更多的信息参见：企业调查数据，世界银行，华盛顿，http：//www.enterprisesurveys.org/Data.
7. McKenzie等（McKenzie and Woodruff，即将发表）总结了这些培训课程的影响的证据。
8. 该研究测量了总体效果，即平均收入的增长

（Bruhn and Love，2013）。批评人士一直担心阿兹特克银行可能给某些借款人带来的损害多于帮助，因为其要求的利率高而且一旦借款人违约，立刻取得包括家庭用品在内的担保物的占有权。这些问题对于金融知识水平低的个人来说尤其令人担忧。但是，值得注意的是，最近的一项研究调查了墨西哥最大的微型信贷提供商 Compartamos Banco 提供的年利率 110% 的贷款的影响，研究结果不支持微型信贷造成损害这个假设（Angelucci，Karlan，and Zinman，2013）。

9. 尽管微型企业的平均资本收益高，但是不同企业间的波动会很大。

10. 研究依据跨部门的数据，企业汇报多年的雇佣水平，所以可以计算就业的增长。所以，数据没有包括调查开始时关闭的企业。在美国用重复调查获得的数据进行的一项研究发现小企业比大企业的净雇佣增长率高（Haltiwanger，Jarmin，and Miranda，2010）。但是，作者一旦控制企业年龄变量，则企业规模与就业增长之间没有关联。参见本章关于年轻企业的讨论。

11. 在发展中国家，SME 还面临很多其他的发展障碍，包括监管障碍、物理基础设施的缺失（比如道路交通和可靠的供电）和技术的缺乏。

12. 对研究结果的另一个潜在的解释是小企业生产效率低，所以支付不起市场利率。但是，超过 95% 的小企业至少以市场利率获得了某些贷款。而且，本研究未发现效率更高的企业受到补贴信贷下降的影响更大。

13. 对于多数国家，该调查不包括关于被拒绝的贷款申请所占份额或者被拒的原因的完整信息。

14. 银行向 SME 提供贷款的激励还取决于监管框架，比如资本要求。银行监管者当前正在引进巴塞尔协议 III，这是巴塞尔银行监管委员会对银行资本充足率和流动性规定的新标准，作为对全球金融危机中暴露出来的金融监管漏洞的回应。巴塞尔协议 III 对银行资本、流动性和杠杆引进新的监管要求。资本要求提高将加重银行债务成本，最终推动贷款，包括对 SME 的贷款利率的上涨（GFPI，2011f）。此外，还可以参见第一章对银行市场结构如何影响获得金融服务的深入分析。

15. 这些数字也反映了 2010 年与 Fortis 银行合并的事实。

16. 更多的信息参见 IFC（2012b）以及 IFC 对土耳其的案例研究。

17. IFC 提供的其他产品包括向发展中国家的银行提供专门向 SME 贷款的信用额度。这些信用额度的影响还缺乏充分的证据。这种信用额度对那些不可能从其他渠道获得信贷的 SME 获得更多的信贷有何影响？这需要更多的研究。

18. 另外一种信贷担保有助于金融机构筹集长期资金。比如，世界银行正在向克罗地亚重组与发展银行提供 2 亿欧元的部分信用担保，支持其从金融市场筹资为私营部门的出口商和挣外汇的人提供融资便利。

19. 给定全球信用担保方案的规模，关于这些担保是否起作用以及如何起作用的证据相对寥寥。需要更多的研究来补充当前有限的证据。

20. 更深入的评论，参见 2013 年全球金融发展报告（世界银行，2012a）。

21. 世界银行企业调查数据库：http://www.enterprisesurveys.org.

22. 关于有效的担保交易法律指南，参见 UNCITRAL（2010）。

23. 为了提供关于那些之前没有贷过款的企业的更多的信息，某些信用机构也搜集这些企业在公共服务账单和其他服务方面的支付历史信息。

24. 另外，国际信用汇报组织即将发布一项关于 SME 与信用汇报的研究结果，该研究考察的内容包括贸易信贷的作用以及如何将其纳入信贷汇报系统。

25. 这种机构的一个例子是新加坡信用署，它搜集 SME 的贸易信贷数据，并把这些信息与来自银行的信用历史数据、企业所有人的个人信用历史以及关键利益相关方的数据结合起来，以便量化违约风险（更详细内容参见 GPFI，2011f）。

26. IFC 与世界银行数据库：http：//www. doing-business. org.
27. 网址：http：//www. opic. gov.
28. 对创造就业感兴趣的根本原因在于就业是家庭收入的主要来源，也是减贫的主要推动力（World Bank，2012c）。
29. 企业年龄与规模之间有重叠。根据世行企业调查数据，大约 90% 的年轻企业是 SME，也就是说，其雇员人数介于 5—100 之间；10% 是大企业。参见：http：//www. enterprisesur-veys. org.
30. 企业家金融实验室（网址：http：//www. eflglobal. com.）没有明确说明获得这些结果所使用的方法。不清楚借款人在获得贷款之前是否需要做心理测试，统计数据是否代表借款人的违约率；或者借款人是否借款后再进行心理测试，不管偿还还是违约。第二种情况可能带来令人混淆的结果。比如，如果某人企业失败而被迫违约，他可能因为这个失败的经历而丧失企业家精神。
31. 2009 年，美国大约有 350 个天使投资小组，欧洲国家天使投资小组总共有 400 多个（OECD，2011a）。
32. 在那些金融机构可以紧密地监督企业或者合同可以得到执行的经济体，企业被鼓励真实披露利润，以便投资者可以得到公平的补偿。在这种经济体里，这些问题可能不会那么严重。在信用信息完备的经济体里，监督的成本低一些。复杂的合同需要健康的法律制度执行（Cole，Greenwood，and Sanchez，2012）。
33. 预置性规则是指法律事前设定的规则，当事人采纳，则具有法律效力。当事人可以选择不采纳，而自行设定规则。译者注。
34. 世界银行发起了几个倡议，比如 AgriFin，向金融机构提供技术协助。AgriFin 支持非洲和亚洲的金融机构开发农业金融模型，使金融延伸到小型农户。乌干达世纪银行与 AgriFin 合作向农业部门拓展贷款，它们采用集中措施，比如在农村地区创办新的支行或者投资人员培训。合作四年后，农业部门的贷款额预期将翻倍，达到 3 400 万美元（World Bank，2013b）。
35. NAFIN 是一家墨西哥发展银行机构，该金融机构一直以来通过生产链向 SME 提供反向保理服务。该项目的主要特点是把小型有风险的企业与大型有信用的企业联接起来，后者是前者的买方客户。通过这种融资方式，小企业可以用大企业的应收账款作抵押获得贷款。尽管这种融资方式尚未拓展到农业部门，但是未来有很大的潜力（World Bank，2006a）。
36. 根据 Miller 等（Miller and Jones，2010）的定义，农业价值链融资是指任何或者所有的金融服务、产品和支持服务都流入一个价值链，或者通过一个价值链，解决那些与该价值链相关的当事人的需求或者约束。需求包括获得金融服务、担保销售、采购产品、降低风险或者提升价值链的效率。
37. IFC 的农业金融项目向金融与非金融机构提供支持，帮助它们降低或者管理农业贷款整个价值链上的风险。另外，IFC 协助农民和农业企业在很多领域提高能力，比如金融培训和与金融机构对接。
38. 参见 Peter Stein and Denis Salord，"Rwanda：Turning the Tide on Rural Poverty Requires Innovation，" allAfrica. com，New Times，April 28，2013，http：//allafrica. com/stories/201304291357. html.
39. 见 Jesus Excamilla – Juarez and Luisarturo Castellanos – Hernandez，"The Usage of Grids in Risk Management of Agriculture in Mexico，" FARMD，Forum for Agricultural Risk Management in Development，2012，http：//www. agriskmanagementforum. org/content/usage – grids – risk – management – agriculture – mexico.

统计附录

本部分包含三个附录

附录 A 包含了全世界各国金融系统特征的基本数据。同时，也统计了相同水平国家的同一指标的平均值，包括以地图的形式进行总结。它是 2013 年全球金融发展报告的数据的更新升级版。和以前的报告相同，本部分仍然使用上个报告所使用的八个指标。只有“正规金融机构持有账户（%，15 岁以上）”除外，这个指标代替了上个报告中的“每千人拥有商业银行账户数量”。相对于以前的指标，新的指标做出改变的根本原因是为了更具有包容性。

附录 B 提供了各国普惠金融核心领域的跨国比较补充信息。本部分是 2014 年全球金融发展报告所特有的。

附录 C 包含伊斯兰合作组织成员国的伊斯兰银行和普惠金融的跨国比较补充信息，也是 2014 年全球金融发展报告所特有的。

这些附录仅仅是全球金融发展数据库（GFDD）的一小部分，详细内容参见 http：//www. worldbank. org/financialdevelopment. 与 2014 金融发展报告配套的还有一个小册子：2014 年金融发展小型数据手册，这是 GFDD 的袖珍版本，它包含各国和地区的数据，提供了比本部分更多的各种变量集合。

附录 A

2009—2011 金融系统特征基本数据

表 A.1 2009—2011 各国及其金融系统特点，平均水平

	金融机构				金融市场			
经济体	银行私人信用与GDP的比率（%）	持有正规金融机构账户比例（%，15岁以上）	银行存贷款利率差（%）	银行Z值	股票市值+流通在外的国内私募债券总额与GDP的比率（%）	前十大公司之外的市值占总市值的比例（%）	股票市场周转率（%）	股票价格波动
阿富汗	7.8	9.0		8.8				
阿尔巴尼亚	35.7	28.3	6.3	3.2				
阿尔及利亚	14.4	33.3	6.3	20.3				
安道尔				19.0				
安哥拉	18.3	39.2	10.1	12.4				
安提瓜和巴布达	77.7		7.3					
阿根廷	12.7	33.1	3.0	5.2	16.7	29.4	5.1	35.1
亚美尼亚	25.6	17.5	9.6	17.7	1.5		0.3	
阿鲁巴	58.8		7.8	20.9				
澳大利亚	122.4	99.1	3.1	11.7	166.3	57.0	84.2	22.0
奥地利	120.9	97.1		27.4	71.6	36.8	57.8	35.5
阿塞拜疆	17.0	14.9	8.3	10.2				
巴哈马	84.8		2.1	29.2				
巴林	79.4	64.5	6.1	17.9	87.2		2.5	11.6
孟加拉	41.2	39.6	5.2	8.1	12.0		146.7	
巴巴多斯	81.2		6.1	13.8	119.8		0.4	
白俄罗斯	33.3	58.6	0.5	15.8				
比利时	94.3	96.3		6.0	104.0		48.4	25.1
伯利兹	63.2		6.3	18.4				
贝宁	22.5	10.5		17.0				
百慕大				15.9				
不丹	36.4		11.1	37.1				
玻利维亚	32.9	28.0	9.1	9.4	15.8		0.6	
波斯尼亚和黑塞哥维那	51.7	56.2	4.6	14.3				12.6
博茨瓦纳	25.3	30.3	6.0	14.6	32.2		3.1	7.7
巴西	50.3	55.9	33.1	21.2	81.7	45.6	68.5	33.8
文莱	39.5		5.0	9.5				
保加利亚		52.8	6.5	16.7	15.2		4.8	26.5
布基纳法索	17.3	13.4		8.5				
布隆迪	14.7	7.2		19.3				
柬埔寨	25.4	3.7		9.7				
喀麦隆	11.1	14.8		30.5				
加拿大		95.8	2.4	20.1	142.3	70.4	78.0	25.5
佛得角	59.0		7.5					

表 A.1　2009—2011 各国及其金融系统特点，平均水平（续）

经济体	金融机构				金融市场			
	银行私人信用与GDP的比率（%）	持有正规金融机构账户比例（%，15岁以上）	银行存贷款利率差（%）	银行Z值	股票市值+流通在外的国内私募债券总额与GDP的比率（%）	前十大公司之外的市值占总市值的比例（%）	股票市场周转率（%）	股票价格波动
开曼群岛				9.0				
中非共和国	7.6	3.3		13.7				
乍得	4.9	9.0		17.9				
智利	64.6	42.2	4.0	15.1	145.5	53.4	18.4	19.3
中国	118.1	63.8	3.1	19.4	95.2	74.5	188.9	30.9
哥伦比亚	31.2	30.4	6.5	6.5	57.7	22.9	12.6	20.2
科摩罗	15.1	21.7	5.2					
刚果民主共和国		3.7	39.8	4.2				
刚果	5.0	9.0						
哥斯达黎加	46.0	50.4	12.2	28.3	4.4		2.4	
科特迪瓦	17.6			19.4	28.2		2.0	
克罗地亚	68.6	88.4	8.3	58.1	40.5		4.6	27.7
古巴				9.6				
塞浦路斯	272.7	85.2		3.8	25.9	17.9	11.9	
捷克		80.7	4.7	14.7	35.0		36.0	32.5
丹麦		99.7		12.3	246.5		78.5	27.7
吉布提	25.8	12.3	9.4	9.4				
多米尼克	52.4		6.2	7.8				
多米尼加共和国	20.9	38.2	8.4	18.4				
厄瓜多尔	27.2	36.7		2.1	7.1		7.0	15.4
埃及	33.2	9.7	4.9	39.9	38.1	56.6	45.3	33.2
萨尔瓦多	4.6	13.8		27.1	21.2		1.0	
赤道几内亚	7.1			16.6				
爱沙尼亚	99.5	96.8	5.4	8.0	11.2		14.1	26.1
埃塞俄比亚				10.4				
斐济	48.1		2.9		13.8		1.7	
芬兰	93.3	99.7		12.7	72.0		102.3	28.6
法国	112.2	97.0		14.2	123.3		79.9	29.7
加蓬	8.6	18.9		13.5				
冈比亚	13.2		13.4	5.5				
格鲁吉亚	30.8	33.0	15.5	8.1	6.3		0.3	
德国	108.0	98.1		12.9	68.5	53.7	115.5	27.8
加纳	13.9	29.4		9.0	9.4		3.2	
希腊	109.2	77.9		0.3	44.3	39.2	62.9	36.3
格林纳达	79.5		7.6	13.6				
危地马拉	23.7	22.3	8.1	18.8				

表 A.1 **2009—2011 各国及其金融系统特点，平均水平（续）**

经济体	金融机构				金融市场			
	银行私人信用与GDP的比率（%）	持有正规金融机构账户比例（%，15岁以上）	银行存贷款利率差（%）	银行Z值	股票市值+流通在外的国内私募债券总额与GDP的比率（%）	前十大公司之外的市值占总市值的比例（%）	股票市场周转率（%）	股票价格波动
几内亚	5.0	3.7		3.2				
几内亚比绍	6.7							
圭亚那	33.6		12.3	18.9	14.0			
海地	13.2	22.0	14.8	19.5				
洪都拉斯	48.7	20.5	9.4	30.0				
中国香港特别行政区	166.3	88.7	5.0	11.9	465.5	61.8	150.6	32.6
匈牙利		72.7	3.3	11.7	25.6	4.1	97.9	35.2
冰岛	110.0			–2.4	84.0		17.5	
印度	45.5	35.2		40.2	76.7	70.3	85.2	30.7
印度尼西亚	24.4	19.6	5.6	2.8	37.9	55.6	56.3	27.6
伊朗	24.6	73.7	0.1		15.3	57.4	30.7	
伊拉克	5.9	10.6		21.8				
爱尔兰	225.0	93.9		1.6	142.9	19.0	26.9	33.7
以色列	92.7	90.5	2.9	25.5	83.0	45.6	59.9	24.8
意大利	115.7	71.0		11.6	55.5	38.1	172.8	31.6
牙买加	26.9	71.0	13.1	3.2	48.4		2.8	12.2
日本	105.1	96.4	1.1	13.0	107.3	65.9	111.6	28.2
约旦	70.5	25.5	5.0	45.1	119.8	29.9	28.3	16.7
哈萨克斯坦	42.2	42.1		–0.8	34.9		5.2	40.4
肯尼亚	30.9	42.3	9.4	14.6	35.8		7.0	11.0
韩国	100.8	93.0	1.8	10.2	154.6	67.0	200.1	26.3
科索沃	32.3	44.3						
科威特	66.1	86.8	3.0	17.9	80.6		43.3	14.4
吉尔吉斯共和国		3.8	26.8	23.9	1.7		34.7	
老挝	17.9	26.8	20.3	4.6				
拉脱维亚		89.7	7.3	4.1	5.7		2.4	29.6
黎巴嫩	67.9	37.0	2.0	52.7	30.5		9.8	17.1
莱索托	12.5	18.5	7.8	13.2				
利比里亚	16.4	18.8	10.5					
利比亚	9.3		3.5	48.1				
立陶宛		73.8	4.0	4.2	12.1		6.1	25.2
卢森堡	184.3	94.6		27.6	172.8	3.7	0.2	
中国澳门特别行政区	52.0		5.2	38.5				
马其顿	43.0	73.7	2.8	14.7	7.9		6.6	22.3
马达加斯加	11.0	5.5	38.0	11.9				
马拉维	14.6	16.5	20.8	26.4	26.3		2.3	

表 A.1 2009—2011 各国及其金融系统特点，平均水平（续）

	金融机构				金融市场			
经济体	银行私人信用与GDP的比率（%）	持有正规金融机构账户比例（%，15岁以上）	银行存贷款利率差（%）	银行Z值	股票市值+流通在外的国内私募债券总额与GDP的比率（%）	前十大公司之外的市值占总市值的比例（%）	股票市场周转率（%）	股票价格波动
马来西亚	106.3	66.2	2.5	30.7	188.6	62.3	30.4	13.5
毛里塔尼亚	84.2		6.3					
毛里求斯	17.8	8.2		13.2				
墨西哥	126.2	95.3		14.8	40.4	6.4	1.2	
密克罗尼西亚联邦	25.5	17.5	9.8	26.8				
摩尔多瓦	84.0	80.1	1.0	21.1	59.0	43.2	7.0	15.8
墨西哥	18.0	27.4	4.4	21.9	51.7	35.0	27.2	25.2
密克罗尼西亚联邦			14.0	25.9				
摩尔多瓦	33.3	18.1	7.1	10.3				
蒙古	39.8	77.7	7.6	22.4	12.3		4.6	24.9
黑山	71.2	50.4		5.9	85.7		4.1	28.8
摩洛哥	71.8	39.1		31.4	69.3	27.7	24.2	14.4
莫桑比克	22.6	39.9	6.3	2.2				
缅甸			5.0	0.5				
纳米比亚	47.5		4.7	6.8	9.2		2.0	32.0
尼泊尔	48.9	25.3	4.8	6.2	32.0		2.8	
荷兰	204.2	98.7		4.5	145.0		105.6	29.0
新西兰	145.1	99.4	2.0	25.6	47.9	44.8	29.8	13.3
尼加拉瓜	32.1	14.2	9.0	7.7				
尼日尔	12.0	1.5		18.0				
尼日利亚	29.9	29.7	8.8	0.1	19.5		11.4	23.7
挪威			2.0	21.5	83.1	29.1	106.6	37.0
阿曼	40.6	73.6	3.4	13.3	31.4		22.6	23.2
巴基斯坦	21.0	10.3	6.0	13.4	17.5		52.3	22.3
巴拿马	79.5	24.9	4.7	41.3	30.5		1.2	10.1
巴布亚新几内亚	25.1		8.9	8.6	113.4		0.4	
巴拉圭	32.8	21.7	25.6	11.8	1.9		3.0	
秘鲁	23.5	20.5	17.3	13.1	56.2	36.1	5.0	32.4
菲律宾	28.7	26.6	4.5	22.8	58.5	55.9	22.9	23.8
波兰		70.2		9.6	32.2	45.5	52.7	30.3
葡萄牙	186.9	81.2		16.9	94.9		46.6	24.1
卡塔尔	41.9	65.9	3.6	26.1	79.1		22.6	27.1
罗马尼亚	38.4	44.6	6.0	11.0	16.0		8.3	36.6
俄罗斯	42.1	48.2	5.2	7.0	53.6	36.7	107.1	45.9
卢旺达		32.8	9.6	8.0				
萨摩亚	43.7		7.7	20.4				

表 A.1 2009—2011 各国及其金融系统特点，平均水平（续）

经济体	金融机构				金融市场			
	银行私人信用与GDP的比率（%）	持有正规金融机构账户比例（%，15岁以上）	银行存贷款利率差（%）	银行Z值	股票市值+流通在外的国内私募债券总额与GDP的比率（%）	前十大公司之外的市值占总市值的比例（%）	股票市场周转率（%）	股票价格波动
圣马力诺				11.3				
圣多美与普林西比	31.6		17.2					
沙特阿拉伯	44.8	46.4		14.1	69.8	40.5	88.2	27.4
塞内加尔	25.2	5.8		40.4				
塞尔维亚	46.9	62.2	6.7	16.2	25.2		3.7	28.1
塞舌尔	23.1		8.2	15.1				
塞拉利昂	8.5	15.3	12.2	4.2				
新加坡	99.7	98.2	5.2	27.8	153.8	71.1	85.9	23.8
斯洛伐克	47.9	79.6		19.4	10.4		4.5	23.2
斯洛文尼亚	92.0	97.1	4.5	12.1	27.1	20.0	5.9	20.6
所罗门群岛	22.3		11.1					
索马里		31.0						
南非	72.4	53.6	3.3	8.9	205.4	66.8	55.9	25.1
西班牙	209.6	93.3		21.7	138.9	62.5	128.8	31.3
斯里兰卡	25.3	68.5	3.8	12.9	25.4	58.4	21.1	18.8
圣基茨和尼维斯	66.2		4.4	20.5	85.8		1.0	
圣卢西亚	111.5		7.2	14.5				
圣文森特和格林纳丁斯	51.4		6.2					
苏丹	10.5	6.9		19.7				
苏里南	22.6		5.4	14.5				
斯威士兰	23.2	28.6	6.0	16.5				
瑞典		99.0		21.6	156.2		98.7	29.2
瑞士	165.6		2.7	7.8	223.2	36.0	78.4	22.9
叙利亚	19.4	23.3	3.7	7.7				
塔吉克斯坦		2.5	15.7	9.0				
坦桑尼亚	15.0	17.3	7.7	12.9	5.6		2.6	6.5
泰国	96.7	72.7	4.8	6.3	77.8	53.0	99.1	25.8
东帝汶	12.2		10.2					
多哥	21.6	10.2		4.4				
汤加	43.9		7.4	4.3				
特立尼达和多巴哥	32.8	75.9	7.6	20.8	58.7		1.5	
突尼斯	61.2	32.2		23.3	20.2		15.2	11.4
土耳其	38.5	57.6		5.8	31.6	52.4	160.1	31.0
土库曼斯坦		0.4		4.3				
乌干达	12.3	20.5	10.8	19.0	20.7		0.3	
乌克兰	64.6	41.3	6.8	2.6	18.3		8.3	44.8

表 A.1　2009—2011 各国及其金融系统特点，平均水平（续）

	金融机构				金融市场			
经济体	银行私人信用与GDP的比率（%）	持有正规金融机构账户比例（%，15岁以上）	银行存贷款利率差（%）	银行Z值	股票市值+流通在外的国内私募债券总额与GDP的比率（%）	前十大公司之外的市值占总市值的比例（%）	股票市场周转率（%）	股票价格波动
阿拉伯联合酋长国	70.4	59.7		21.2	24.8		48.3	21.4
英国	202.4	97.2		6.6	132.9	65.9	118.6	24.7
美国	55.7	88.0		26.1	209.9	72.6	240.6	28.2
乌拉圭	22.1	23.5	7.4	2.7	0.4		1.6	
乌兹别克斯坦		22.5		6.3				
瓦努阿图	62.4		4.0	15.9				
委内瑞拉	18.8	44.1	3.2	10.1	1.4		1.0	14.3
越南	104.4	21.4	2.4	18.6	16.5		87.0	30.0
西岸和加沙地带		19.4		17.8				21.0
也门	6.0	3.7	5.8	26.8				
赞比亚	2.2	21.4	13.4	11.3	17.9		3.6	
津巴布韦		39.7		2.3				

数据来源：数据依据为全球金融发展数据库，并在此基础上计算。更多详细资料，参见 Čihák and others，2013。

注：空格表明缺少相关数据。

备注

表格布局：表格的布局遵循《2013 年全球金融发展报告》中采用的4X2 金融系统特点矩阵模式，包含 4 个变量，代表金融机构和金融市场各自的深度、可获得性、效率和稳定性。

补充数据：以上表格仅仅展现了全球金融发展数据库的一小部分。更多的变量、历史数据和详细的元数据，参见 http：//www. worldbank. org/fi nancialdevelopment.

时间跨度：本表格包括 2009—2011 年的平均数据。

平均值计算：每一个观察项都是 2009—2011 年相对应变量的算术平均值。如果在这一段时间内没有检测到或者没有相关的数据，则根据可以观测到的时间段的变量计算平均值。

观察项：为了说明对某一个国家的观察项与变量的全球分布相关，在每个观察项的表格的左边都有四个竖条。这四个竖条的标度的依据是全球金融发展报告数据库中显示的各种变量数据分布的国家位置：低于25%价值的只显示一个填满的竖条，高于 25%但是低于 50%的用两个填满的竖条标示，等于或高于 50%但是低于 75%的用三个填满的竖条标注，高于 75%的用四个填满的竖条标注。和《2013 年全球金融发展报告》的描述方法相同，竖条采用缩尾均值计算法，并且重新调节变量。为了便于统计，整个国家的年度数据汇总数据中，每个变量的 95%和 5%的百分位数之间都被纳入计算，最高和最低的 5%百分位数都被去除。具体地，即是指从最低数值到 5% 的百分位数都被第五个百分位数替换；所有观察到的 95% 及其以上的百分位数都被 95% 的百分位数替换。为了将所有的变量转化为 0—100 这一范围内，每个数据都按照从最大到最小的顺序重新进行赋值。重新赋值后的指标能够代表金融发展的最差（0）至最好（100）的水准，这些都是根据原始数据分布的 5% 和 95% 百分位数得出（详细资料请查阅《2013 年全球金融发展报告》）。国家名字左边的四个竖条表示不加权的算术平均缩尾均值，重新调整后的各国变量（维度）。该平均值只覆盖那些至少可获得 2009—2011 年四个相关变量的国家。

银行的私人信用与 GDP 的比率（%）测量存款货币银行对实际部门授予的国内私人信用占当前 GDP 的百分比。关于存款货币银行对实际部门授予的国内私人信用的相关数据，由全球金融统计数据库（IFS）提供，第 22D 行，国际货币基金组织出版。当地的 GDP 数据也由 IFS 提供。

持有正规金融机构账户比例（%，15 岁以上）测量在银行、信用社、其他一家金融机构（比如合作社、微型金融机构）或者邮局（如果可行）持有账户（个人持有或与其他人联合持有）的成年人（包括汇报有借记卡的成年人）在全体成年人中的百分比。数据来自全球普惠金融数据库（Demirgüç－Kunt and Klapper，2012）。

银行存贷款利率差（%）是贷款利率减去存款利率的差额。贷款利率是指银行给私营部门提供贷款时收取的利率，存款利率是商业银行或者类似的银行对需求、时间或者储蓄存款支付的利息率。贷款与存款利率数值分别来自 IFS 第 60P 和 60L 行。

银行 Z 值的计算公式是［ROA +（股权/资产）］/（ROA 的标准差）。为了估算某国银行系统的违约概率，指标把系统的缓冲（收入与资产）和风险（收入波动）进行比较。ROA 是资产回报率，ROA、股权与资产是国家层面的总额（根据银行的未合并的数据逐个计算，数据来源于 Bankscope）。

股市市值 + 流通在外的国内私募债券总额与 GDP 的比率（%）测量市值与流通在外的国内私募债券总额占 GDP 的百分比。市值是股票价格与流通在外的股票的数量的乘积。国内上市公司是指年末在证券市场交易所挂牌上市的国内注册成立的公司。上市公司不包括投资公司、共同基金或者其他的集合投资工具。数据来自标准普尔的全球股市市场资料以及附属的 S&P 数据，由世界发展参数汇编并汇报。流通在外的国内私募债券数额来自于国际清算银行的证券统计数据表 16A（国内债务数额）。数额包括除了政府以外的所有发行人。

前十大公司之外的市值占总市值的比例（%）测量前十大公司之外的市值占总市值的比率。世界交易所联合会（WFE）提供了交易所层面的数据。通过取交易简单平均值的形式把变量加总到国家水平。

股票市场周转率（%）是指给定时间段的交易总额除以该时间段的平均市值得到的数值。平均市值是当期与前期期末市值的平均值。数据来自标准普尔的全球股市市场资料以及附属的 S&P 数据，由世界发展参数汇编并汇报。流通在外的国内私募债券数额来自于国际清算银行的证券统计数据表 16A（国内债务数额）。

股票价格波动是指全国股市指数收益的 360 天标准差。数据来自彭博社。

地图 A.1　金融机构的深度

为了估测金融机构的深度，本地图使用银行对实际部门授予的国内私人信用与 GDP 的比率。关于银行对实际部门授予的国内私人信用的相关数据，由全球金融统计数据库（IFS）提供，第 22D 行，国际货币基金组织出版。当地的 GDP 数据也由 IFS 提供。地图中的四种颜色区域建立在 2009—2011 年之间变量的平均值之上：颜色越深，变量的统计分布的四分位数越高。

表 A.1.1　金融机构的深度

银行私人信用与GDP的比率(%)	国家个数	平均值	中值	标准差	最小值	最大值	加权平均值[a]
全世界	163	53.8	36.9	49.1	0.0	284.6	88.6
根据发达/发展中经济体划分							
发达经济体	43	107.4	96.3	59.0	6.5	284.6	100.9
发展中经济体	120	34.6	26.8	25.3	0.0	121.5	64.1
根据收入水平划分							
高收入经济体	43	107.4	96.3	59.0	6.5	284.6	100.9
中高收入经济体	46	48.1	43.2	28.8	7.9	121.5	72.3
中低收入经济体	49	31.2	27.8	19.9	0.0	109.1	36.9
低收入经济体	25	17.1	14.3	10.6	3.9	51.1	26.9
根据地区划分							
高收入：OECD	25	126.8	111.4	49.5	47.1	237.6	102.0
高收入：非OECD	18	79.5	64.5	60.8	6.5	284.6	77.4
东亚和太平洋地区	16	51.2	41.4	34.8	11.5	121.5	105.8
欧洲和中亚地区	16	40.4	37.7	13.9	16.5	83.6	41.3
拉丁美洲和加勒比地区	28	39.8	31.4	25.0	4.4	112.6	35.5
中东和北非地区	12	36.3	28.1	26.3	3.3	74.5	28.6
南亚地区	8	38.8	39.5	22.2	6.8	90.4	42.4
撒哈拉以南非洲地区	40	20.9	16.6	17.4	0.0	86.7	38.2

资料来源：全球金融发展数据库，2009—2011 数据

注：OECD 指经济合作与发展组织。

a. 根据当前 GDP 计算加权平均值。

地图 A. 2 金融机构的可获得性

为了估测金融机构的可获得性，本地图使用在正规金融机构持有账户（%，15 岁以上）的成年人的百分比。数据来自全球普惠金融数据库。地图中的四种颜色区域建立在 2009—2011 年之间变量的平均值之上：颜色越深，变量的统计分布的四分位数越高。

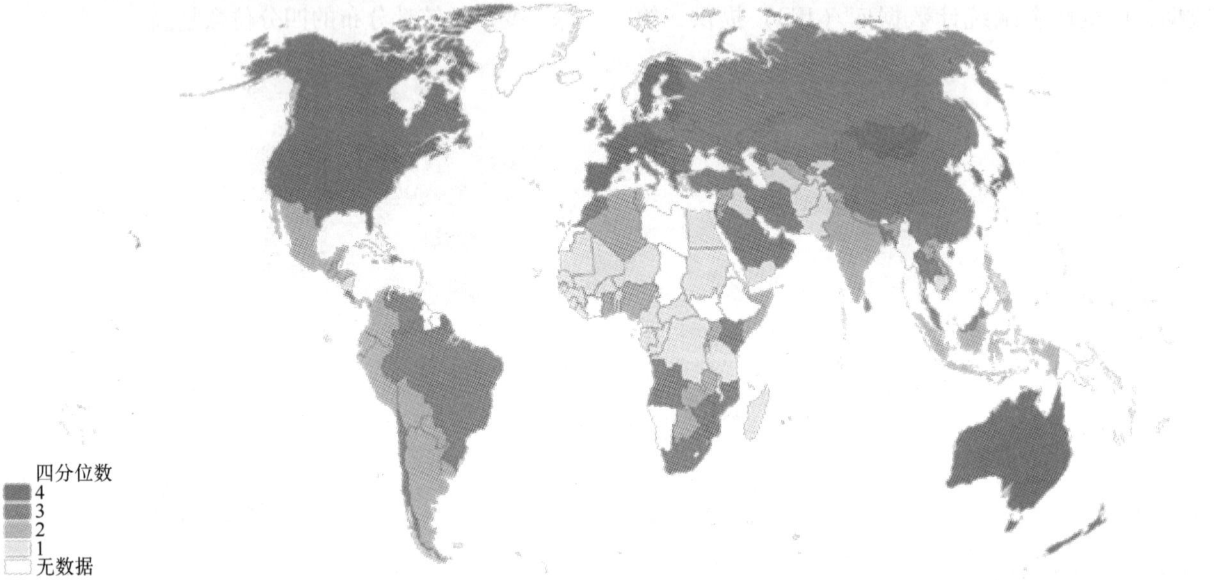

表 A. 1. 2 **金融机构的可获得性**

持有正规金融机构账户比例(%，15岁以上)	国家个数	平均值	中值	标准差	最小值	最大值	加权平均值[a]
全世界	147	45.7	38.2	31.7	0.4	99.7	50.6
根据发达/发展中经济体划分							
发达经济体	40	87.1	93.2	13.2	46.4	99.7	89.2
发展中经济体	107	30.3	25.5	20.9	0.4	89.7	41.9
根据收入水平划分							
高收入经济体	40	87.1	93.2	13.2	46.4	99.7	89.2
中高收入经济体	40	46.3	44.4	20.1	0.4	89.7	57.1
中低收入经济体	38	24.0	21.4	15.3	3.7	77.7	28.5
低收入经济体	29	16.5	13.4	12.9	1.5	42.3	23.3
根据地区划分							
高收入：OECD	28	91.2	96.1	9.5	70.2	99.7	90.5
高收入：非OECD	12	77.4	80.6	15.8	46.4	98.2	66.7
东亚和太平洋地区	9	42.0	26.8	27.7	3.7	77.7	55.1
欧洲和中亚地区	23	40.7	44.3	24.2	0.4	89.7	44.8
拉丁美洲和加勒比地区	20	32.0	27.7	14.7	13.8	71.0	39.3
中东和北非地区	12	26.6	24.4	18.8	3.7	73.7	33.9
南亚地区	6	31.3	30.3	22.1	9.0	68.5	33.1
撒哈拉以南非洲地区	37	21.0	17.5	16.3	1.5	80.1	23.8

来源：全球金融发展数据库，2011 年数据。

注：OECD 指经济合作与发展组织。

a. 根据 2011 年成年人口总数计算加权平均值。

地图 A.3 金融机构的效率

为了估测金融机构的效率，本地图使用贷款利率减去存款利率的差额。贷款利率是指银行给私营部门提供贷款时收取的利率，存款利率是商业银行或者类似的银行对需求、时间或者储蓄存款支付的利息率。贷款与存款利率数值分别来自 IFS 第 60P 和 60L 行。地图中的四种颜色区域建立在 2009—2011 年之间变量的平均值之上：颜色越深，变量的统计分布的四分位数越高。

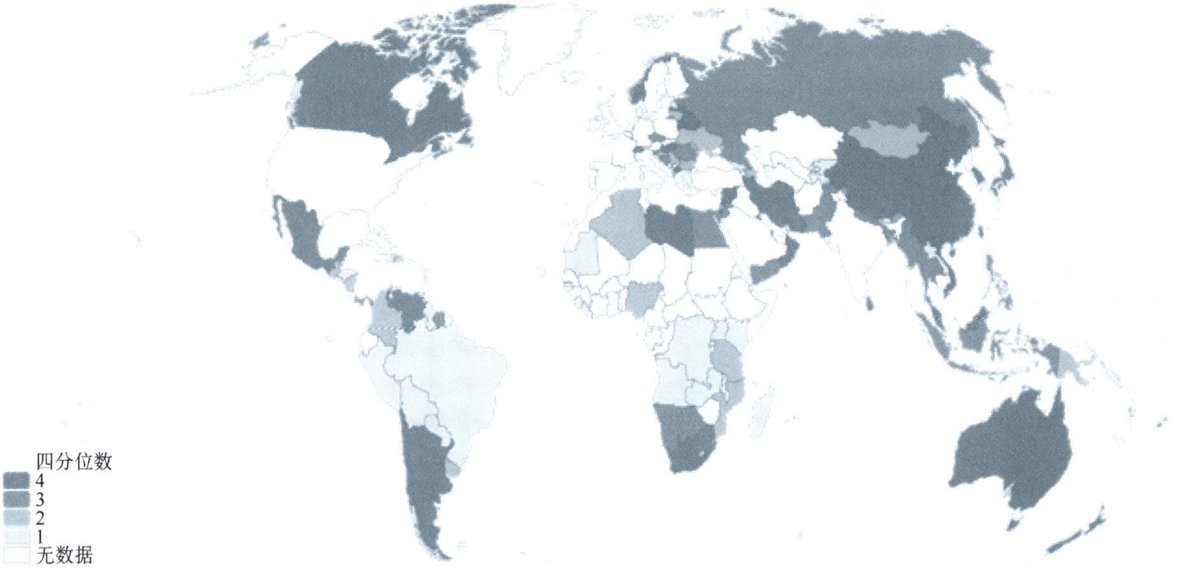

表 A.1.3　金融机构的效率

银行存贷利率差(%)	国家个数	平均值	中值	标准差	最小值	最大值	加权平均值[a]
全世界	126	7.9	6.2	6.6	0.1	49.3	3.7
根据发达/发展中经济体划分							
发达经济体	26	4.2	4.3	2.0	1.0	8.6	2.0
发展中经济体	100	8.8	6.9	7.0	0.1	49.3	6.2
根据收入水平划分							
高收入经济体	26	4.2	4.3	2.0	1.0	8.6	2.0
中高收入经济体	43	6.5	5.5	5.3	0.1	35.4	6.2
中低收入经济体	39	8.9	8.0	4.8	1.9	26.8	5.7
低收入经济体	18	14.3	10.7	10.9	3.2	49.3	5.5
根据地区划分							
高收入：OECD	13	3.1	2.7	1.4	1.0	6.7	1.8
高收入：非OECD	13	5.3	5.2	1.9	1.7	8.6	5.0
东亚和太平洋地区	17	7.2	5.8	4.7	1.9	21.5	3.3
欧洲和中亚地区	17	8.2	6.7	6.2	0.1	33.8	5.4
拉丁美洲和加勒比地区	26	9.7	7.6	6.9	1.4	35.4	26.4
中东和北非地区	9	4.7	4.5	2.5	0.1	9.7	4.5
南亚地区	6	6.2	5.9	2.6	3.0	12.0	5.3
撒哈拉以南非洲地区	25	11.5	9.1	9.4	0.5	49.3	5.0

来源：全球金融发展数据库，2009—2011 数据。

备注：OECD 是指经济合作与发展组织。

a. 根据所有银行总资产计算加权平均值。

地图 A.4 金融机构的稳定性

为了估测金融机构的稳定性，本地图使用商业银行的 Z 值。该指标的计算公式是［ROA +（股权/资产）］/（ROA 的标准方差）。ROA 是资产回报率，ROA、股权与资产是国家层面的总额（根据银行的未合并的数据间逐个计算，数据来源于 Bankscope）。指标把系统的缓冲（收入与资产）和风险（收入波动）进行比较。地图中的四种颜色区域建立在 2009—2011 年之间变量的平均值之上：颜色越深，变量的统计分布的四分位数越高。

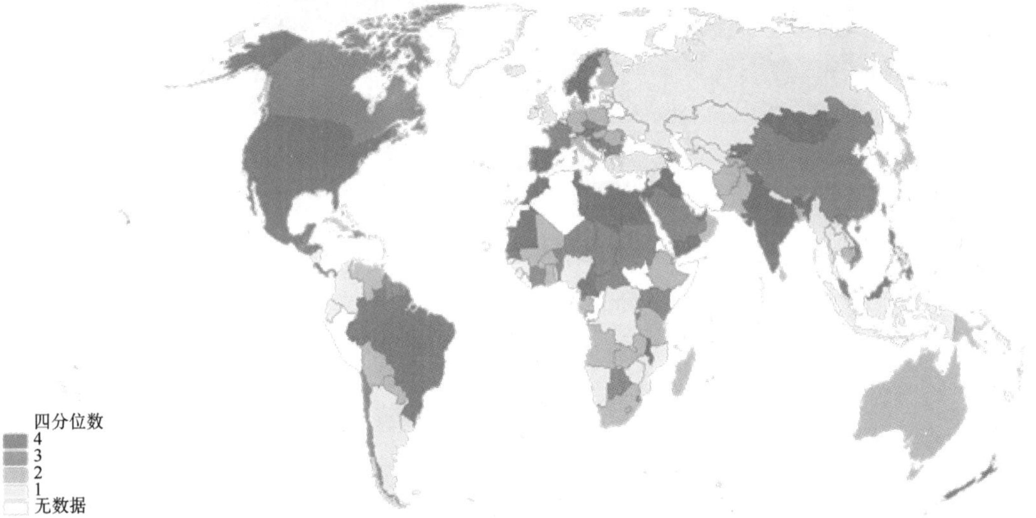

表 A.1.4 **金融机构的稳定性**

银行Z值	国家个数	平均值	中值	标准差	最小值	最大值	加权平均值[a]
全世界	175	15.5	13.6	10.6	-4.5	65.3	15.8
根据发达/发展中经济体划分							
发达经济体	54	16.3	14.4	10.1	-3.3	58.4	14.9
发展中经济体	121	15.1	13.1	10.9	-4.5	65.3	19.2
根据收入水平划分							
高收入经济体	54	16.3	14.4	10.1	-3.3	58.4	14.9
中高收入经济体	47	15.2	12.7	12.3	-4.5	65.3	18.0
中低收入经济体	45	17.6	16.8	10.7	-4.1	49.5	30.5
低收入经济体	29	11.2	9.9	6.9	0.1	27.3	2.4
根据地区划分							
高收入：OECD	32	14.2	13.0	8.2	-3.3	35.8	14.8
高收入：非OECD	22	19.6	16.7	11.7	1.0	58.4	18.4
东亚和太平洋地区	15	14.6	16.4	9.3	0.1	31.8	17.9
欧洲和中亚地区	22	9.6	8.5	6.2	-4.5	26.4	7.0
拉丁美洲和加勒比地区	27	15.2	13.6	9.7	2.0	42.3	19.0
中东和北非地区	12	28.7	25.3	15.1	6.4	65.3	36.5
南亚地区	7	18.1	13.1	14.1	3.6	49.5	37.4
撒哈拉以南非洲地区	38	13.7	12.7	8.5	-4.1	42.7	9.8

来源：全球金融发展数据库，2009—2011 年数据。

注：OECD 指经济合作与发展组织。

a. 根据银行总资产计算加权平均值。

地图 A. 5　金融市场的深度

为了估测金融市场的深度，本地图使用市值加上流通在外的国内私募债券数额与 GDP 的比值（百分比）。市值是股票价格与流通在外的股票的数量的乘积。国内上市公司是指年末在证券市场交易所挂牌上市的国内注册成立的公司。上市公司不包括投资公司、共同基金或者其他的集合投资工具。数据来自标准普尔的全球股市市场资料以及附属的 S&P 数据，由世界发展参数汇编并汇报。流通在外的国内私募债券数额来自于国际清算银行的证券统计数据表 16A（国内债务数额）。数额包括除了政府以外的所有发行人。地图中的四种颜色区域建立在 2009—2011 年之间变量的平均值之上：颜色越深，变量的统计分布的四分位数越高。

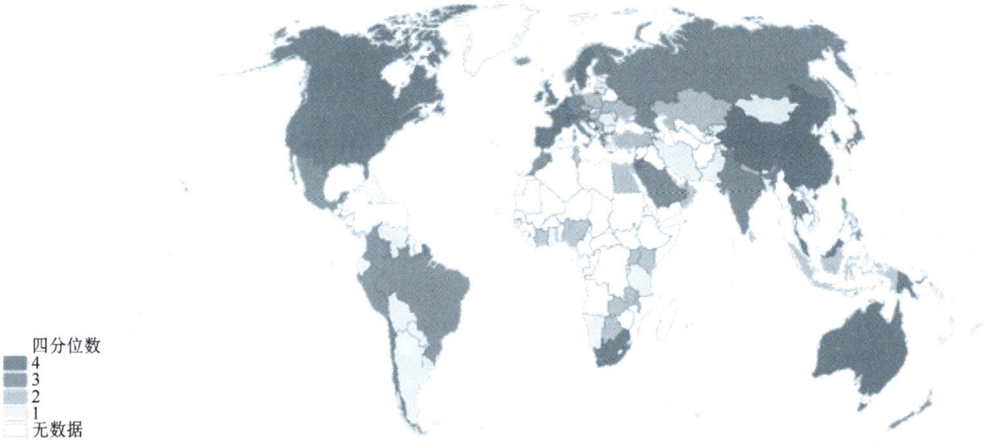

表 A. 1. 5　金融市场的深度

股市市值+流通在外的国内私募债券总额与GDP的比率(%)	国家个数	平均值	中值	标准差	最小值	最大值	加权平均值[a]
全世界	107	66.5	41.5	69.2	0.4	538.5	123.0
根据发达/发展中经济体划分							
发达经济体	45	101.7	82.1	80.5	9.1	538.5	144.9
发展中经济体	62	39.7	24.7	43.1	0.4	229.8	71.8
根据收入水平划分							
高收入经济体	45	101.7	82.1	80.5	9.1	538.5	144.9
中高收入经济体	33	50.0	32.0	51.6	0.4	229.8	77.2
中低收入经济体	22	29.8	18.7	28.4	1.4	141.1	53.2
低收入经济体	7	20.6	22.9	12.8	1.5	38.4	18.7
根据地区划分							
高收入：OECD	32	103.1	93.3	62.2	9.1	259.4	145.7
高收入：非OECD	13	98.3	63.6	114.7	20.4	538.5	124.0
东亚和太平洋地区	9	68.2	58.6	57.4	8.4	202.2	89.5
欧洲和中亚地区	14	22.6	14.8	23.0	1.4	93.2	40.8
拉丁美洲和加勒比地区	16	34.5	20.7	34.8	0.4	150.0	62.0
中东和北非地区	6	53.1	36.5	38.4	15.3	140.8	40.0
南亚地区	5	32.7	24.7	24.6	7.6	87.9	66.8
撒哈拉以南非洲地区	12	41.8	25.3	55.2	5.6	229.8	108.3

来源：全球金融发展数据库，2009—2011 年数据。

注：OECD 指经济合作与发展组织。

a. 根据当前 GDP 计算加权平均值。

地图 A.6 金融市场的可获得性

为了估测金融市场的可获得性，本地图使用前十大公司之外的市值占总市值的比例。世界交易所联合会（WFE）提供了交易所层面的数据。通过取交易简单平均值的形式把变量加总到国家水平。地图中的四种颜色区域建立在2009—2011年之间变量的平均值之上：颜色越深，变量的统计分布的四分位数越高。

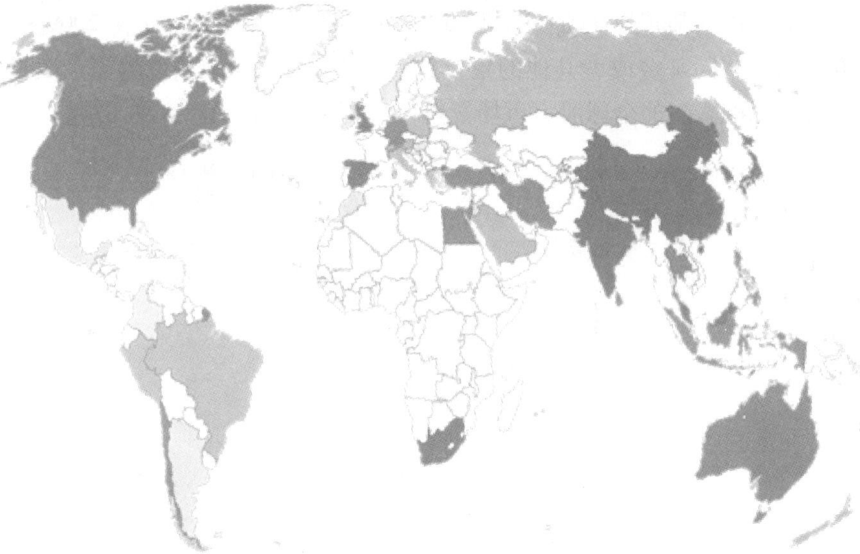

表 A.1.6 **金融市场的可获得性**

前十大公司之外的市值占总市值的比例(%)	国家个数	平均值	中值	标准差	最小值	最大值	加权平均值[a]
全世界	46	45.7	47.4	19.4	2.8	76.7	64.9
根据发达/发展中经济体划分							
发达经济体	25	43.1	43.6	22.4	2.8	76.3	66.2
发展中经济体	21	48.7	51.8	15.0	20.7	76.7	61.0
根据收入水平划分							
高收入经济体	25	43.1	43.6	22.4	2.8	76.3	66.2
中高收入经济体	15	46.6	46.9	15.1	20.7	76.7	60.2
中低收入经济体	6	54.1	56.4	13.5	25.7	72.4	65.1
低收入经济体	0						
根据地区划分							
高收入：OECD	20	44.0	45.2	21.6	2.8	76.3	66.5
高收入：非OECD	5	39.5	41.5	25.7	5.4	74.3	59.1
东亚和太平洋地区	5	60.3	58.8	8.4	51.6	76.7	71.3
欧洲和中亚地区	2	44.5	44.6	9.1	32.4	55.1	40.1
拉丁美洲和加勒比地区	6	37.1	35.0	10.5	20.7	55.0	42.1
中东和北非地区	4	42.9	40.8	15.1	25.7	60.7	46.9
南亚地区	2	64.3	66.0	7.2	53.9	72.4	70.4
撒哈拉以南非洲地区	2	55.0	49.6	15.5	39.0	74.8	65.5

来源：全球金融发展数据库，2009—2011年数据。

注：OECD，经济合作与发展组织。

a. 根据股票市场市值计算加权平均值。

地图 A.7　金融市场的效率

为了估测金融市场的效率，本地图使用某一时间段股票交易总额与该时间段的平均市值的比值。平均市值根据当期与前期的期末市值的平均值计算。数据来自标准普尔的全球股市市场资料以及附属的 S&P 数据，由世界发展参数汇编并汇报。地图中的四种颜色区域建立在 2009—2011 年之间变量的平均值之上：颜色越深，变量的统计分布的四分位数越高。

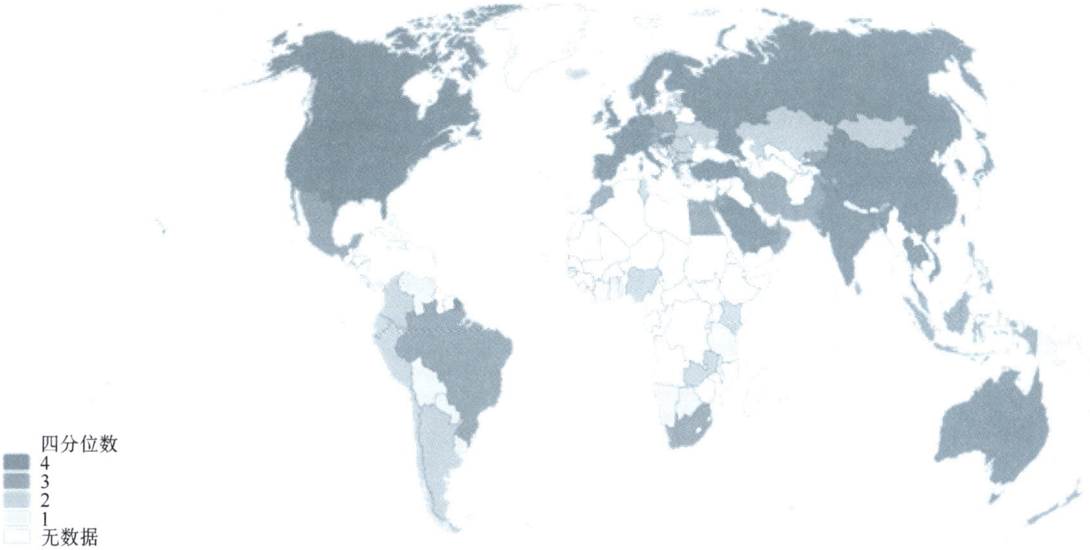

表 A.1.7　金融市场的效率

股票市场周转率(%)	国家个数	平均值	中值	标准差	最小值	最大值	加权平均值[a]
全世界	106	43.7	17.4	54.7	0.1	347.0	150.7
根据发达/发展中经济体划分							
发达经济体	45	65.5	58.0	59.2	0.1	347.0	161.6
发展中经济体	61	26.7	5.9	44.1	0.2	226.5	114.5
根据收入水平划分							
高收入经济体	45	65.5	58.0	59.2	0.1	347.0	161.6
中高收入经济体	33	28.8	7.0	47.5	0.4	226.5	125.2
中低收入经济体	21	21.9	6.2	32.0	0.2	144.5	67.3
低收入经济体	7	30.7	4.1	58.9	0.3	213.9	53.0
根据地区划分							
高收入：OECD	32	76.9	73.9	60.1	0.1	347.0	164.7
高收入：非OECD	13	37.2	17.4	46.7	0.3	161.9	106.8
东亚和太平洋地区	9	54.6	30.0	63.1	0.2	226.5	163.3
欧洲和中亚地区	14	25.7	5.2	48.6	0.2	172.3	107.2
拉丁美洲和加勒比地区	15	11.1	3.0	18.3	0.4	76.3	47.1
中东和北非地区	6	24.9	17.3	16.0	4.9	59.2	32.5
南亚地区	5	61.6	37.0	60.5	1.7	213.9	83.7
撒哈拉以南非洲地区	12	8.9	3.3	15.6	0.3	63.8	49.9

来源：全球金融发展数据库，2009—2011 年数据。

注：OECD 指经济合作与发展组织。

a. 由股票市场市值计算加权平均值。

地图 A.8 金融市场的稳定性

为了估测金融市场的稳定性，本地图使用国家股票市场指数收益的 360 天标准差。数据来自彭博社。地图中的四种颜色区域建立在 2009—2011 年之间变量的平均值之上：颜色越深，变量的统计分布的四分位数越高。

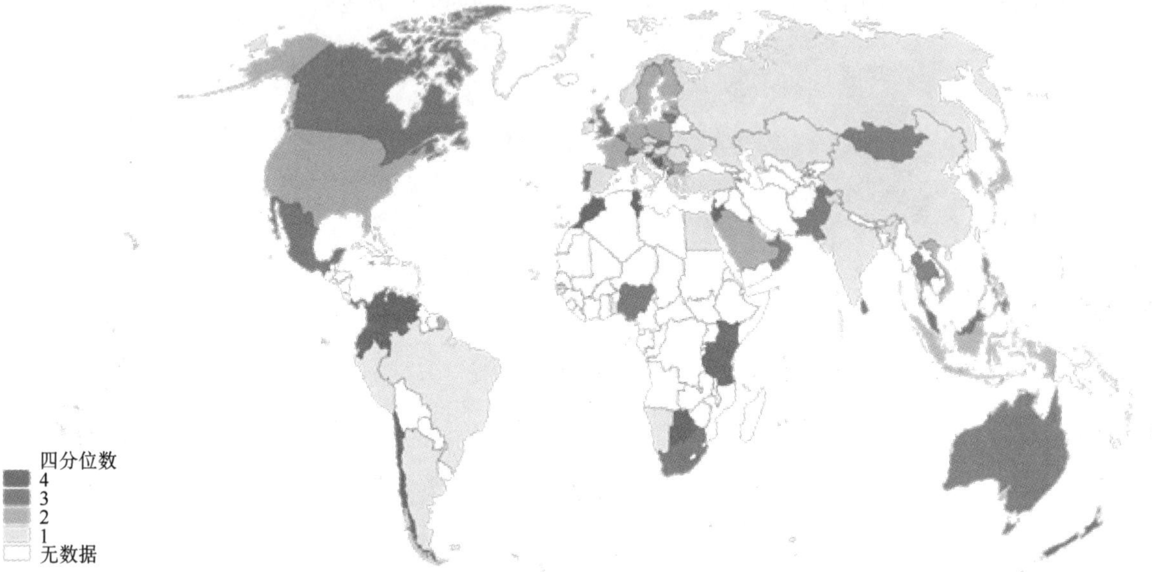

表 A.1.8 **金融市场的稳定性**

股票价格波动	国家个数	平均值	中值	标准差	最小值	最大值	加权平均值[a]
全世界	83	25.3	24.0	10.8	2.4	68.0	29.4
根据发达/发展中经济体划分							
发达经济体	38	26.8	26.3	9.3	8.8	51.1	28.9
发展中经济体	45	24.0	22.6	11.8	2.4	68.0	31.5
根据收入水平划分							
高收入经济体	38	26.8	26.3	9.3	8.8	51.1	28.9
中高收入经济体	31	23.9	23.6	12.1	5.8	68.0	31.6
中低收入经济体	12	26.3	24.3	9.9	9.9	52.9	31.2
低收入经济体	2	8.3	10.9	4.5	2.4	12.5	10.8
根据地区划分							
高收入：OECD	29	27.9	27.4	8.7	8.8	51.1	28.9
高收入：非OECD	9	23.2	22.0	10.5	9.5	47.1	30.3
东亚和太平洋地区	7	25.2	22.7	8.1	9.2	41.0	30.9
欧洲和中亚地区	12	31.0	28.4	13.1	10.7	68.0	38.5
拉丁美洲和加勒比地区	10	21.8	17.0	11.0	5.8	48.4	30.3
中东和北非地区	6	19.0	16.2	9.3	8.4	40.2	27.4
南亚地区	3	23.9	20.4	9.0	15.6	43.8	32.0
撒哈拉以南非洲地区	7	17.7	16.5	11.0	2.4	43.1	24.9

来源：全球金融发展数据库，2009—2011 年数据。

注：OECD 指经济合作与发展组织。

a. 由股票交易总额计算加权平均值。

附录 B
普惠金融的关键方面

表 B.1 各国普惠金融发展水平，2011

	个人				企业（正式部门）				供应商
经济体	在正规金融机构持有账户（%，15岁以上）	去年从正规金融机构获得贷款（%，15岁以上）	使用电子支付（%，15岁以上）	使用借记卡（%，15岁以上）	拥有支票或储蓄账户的企业（%）	在银行有贷款或信用额度的企业（%）	使用银行为投资融资的企业（%）	使用银行为营运资本融资的企业（%）	每100 000成年人拥有的银行分支机构
阿富汗	9.0	7.4	0.2	4.7	73.1	3.4	1.4	2.5	1.9
阿尔巴尼亚	28.3	7.5	3.2	21.1	92.4	42.2	12.4	33.3	22.2
阿尔及利亚	33.3	1.5	1.8	13.5	83.8	31.1	8.9	28.6	5.3
安哥拉	39.2	7.9	17.0	29.8	86.4	9.5	13.1	13.4	10.5
安提瓜和巴布达					100.0	49.2	49.4	46.3	23.4
阿根廷	33.1	6.6	5.7	29.8	96.2	49.3	30.3	33.3	13.5
亚美尼亚	17.5	18.9	2.2	5.2	89.5	44.3	31.9		18.8
阿鲁巴									19.5
澳大利亚	99.1	17.0	79.2	79.1					29.6
奥地利	97.1	8.3	55.3	86.8					15.2
阿塞拜疆	14.9	17.7	0.7	10.0	75.9	19.9	19.0		9.9
巴哈马					97.6	34.2	14.6	28.5	38.0
巴林	64.5	21.9	6.0	62.2					
孟加拉	39.6	23.3	0.5	2.3	95.3		24.7	43.1	7.8
巴巴多斯					97.4	58.2	45.5	38.7	19.9
白俄罗斯	58.6	16.1	10.4	50.3	92.3	49.5	35.8		2.1
比利时	96.3	10.5	71.1	85.8					44.0
伯利兹					100.0	43.9	36.7	57.0	23.2
贝宁	10.5	4.2	0.6	0.7	99.2	42.8	4.2	32.9	
不丹					92.6	58.6	64.2	59.5	16.4
玻利维亚	28.0	16.6	0.7	12.8	95.6	49.1	27.8	40.5	9.7
波斯尼亚和黑塞哥维那	56.2	13.0	6.2	34.4	99.8	65.0	59.7		31.3
博茨瓦纳	30.3	5.6	6.8	15.6	99.0	50.0	32.8	32.1	8.6
巴西	55.9	6.3	16.6	41.2	99.4	65.3	48.4	60.0	46.2
文莱									23.1
保加利亚	52.8	7.8	4.6	45.8	96.8	40.2	34.7		58.6
布基纳法索	13.4	3.1	0.6	2.0	96.8	28.4	25.6	33.1	
布隆迪	7.2	1.7	0.1	0.8	90.5	35.3	12.3	25.5	2.4
柬埔寨	3.7	19.5	0.5	2.9		20.7	11.3	12.6	4.3
喀麦隆	14.8	4.5	0.4	2.1	92.5	30.3	31.4	41.6	1.7
加拿大	95.8	20.3	69.2	88.0					24.3
佛得角					96.5	41.5	35.3	49.8	30.7

表 B.1 各国普惠金融发展水平，2011（续）

经济体	个人				企业（正式部门）				供应商
	在正规金融机构持有账户（%，15岁以上）	去年从正规金融机构获得贷款（%，15岁以上）	使用电子支付（%，15岁以上）	使用借记卡（%，15岁以上）	拥有支票或储蓄账户的企业（%）	在银行有贷款或信用额度的企业（%）	使用银行为投资融资的企业（%）	使用银行为营运资本融资的企业（%）	每100 000成年人拥有的银行分支机构
中非共和国	3.3	0.9	0.1	1.0	98.5	26.0	25.3	25.3	0.9
乍得	9.0	6.2	1.6	5.3	95.9	20.6	4.2	16.1	0.7
智利	42.2	7.8	11.1	25.8	97.9	79.6	44.8	55.1	17.5
中国	63.8	7.3	6.9	41.0					
哥伦比亚	30.4	11.9	6.8	22.7	95.8	57.2	35.0	49.2	15.0
科摩罗	21.7	7.2	0.4	5.7					
刚果民主共和国	3.7	1.5	0.3	1.7	71.3	10.7	6.7	8.8	
刚果	9.0	2.8	2.1	3.6	86.7	12.8	7.7	9.7	2.7
哥斯达黎加	50.4	10.0	14.5	43.8	97.5	56.8	22.2	30.1	23.1
科特迪瓦					67.4	11.5	13.9	8.3	
克罗地亚	88.4	14.4	17.3	74.8	99.8	67.3	60.0	63.2	34.8
塞浦路斯	85.2	27.0	30.2	46.4					103.9
捷克	80.7	9.5	44.7	61.0	98.1	46.6	33.4		23.1
丹麦	99.7	18.8	85.6	90.1					39.0
吉布提	12.3	4.5	1.5	7.6					
多米尼克					100.0	32.8	46.2	37.9	17.7
多米尼加共和国	38.2	13.9	4.4	21.3	98.4	56.9	39.1	72.4	10.7
厄瓜多尔	36.7	10.6	4.2	17.1	100.0	48.9	17.0	42.3	
埃及	9.7	3.7	0.4	5.1	74.3	17.4	5.6	7.5	
萨尔瓦多	13.8	3.9	3.0	10.9	94.7	53.1	31.7	44.5	
赤道几内亚									4.9
厄立特里亚					98.2	10.9	11.9	5.7	
爱沙尼亚	96.8	7.7	74.1	92.3	97.4	50.8	41.5		18.6
埃塞俄比亚					91.8	46.0	10.9	40.7	2.0
斐济					96.1	37.8	37.1	50.7	11.0
芬兰	99.7	23.9	88.2	89.3					15.0
法国	97.0	18.6	65.1	69.2					41.6
加蓬	18.9	2.3	3.3	8.6	83.6	9.0	6.3	8.5	5.8
冈比亚					72.8	16.6	7.6	14.3	8.9
格鲁吉亚	33.0	11.0	2.0	20.2	90.8	41.8	38.2		19.6
德国	98.1	12.5	64.2	88.0			45.0	42.2	
加纳	29.4	5.8	2.9	11.4	83.5	22.2	16.0	21.4	5.5
希腊	77.9	7.9	7.7	34.0			25.9	26.3	38.7
格林纳达					98.7	49.0	37.3	50.3	34.5
危地马拉	22.3	13.7	2.6	13.0	61.0	49.1	26.6	26.2	37.1
几内亚	3.7	2.4	0.5	2.3	53.9	6.0	0.9	2.6	1.5
几内亚比绍					59.0	2.8	0.7	1.1	
圭亚那					100.0	50.5	34.5	59.4	7.6

表 B.1　各国普惠金融发展水平，2011（续）

	个人				企业（正式部门）				供应商
经济体	在正规金融机构持有账户（%，15岁以上）	去年从正规金融机构获得贷款（%，15岁以上）	使用电子支付（%，15岁以上）	使用借记卡（%，15岁以上）	拥有支票或储蓄账户的企业（%）	在银行有贷款或信用额度的企业（%）	使用银行为投资融资的企业（%）	使用银行为营运资本融资的企业（%）	每100 000成年人拥有的银行分支机构
海地	22.0	8.3	2.9	2.7					2.7
洪都拉斯	20.5	7.1	1.4	11.1	81.3	31.2	17.0	25.6	21.6
中国香港特别行政区	88.7	7.9	51.2	75.8					23.8
匈牙利	72.7	9.4	28.7	62.4	97.7	43.0	48.7		15.7
冰岛									52.4
印度	35.2	7.7	2.0	8.4			46.6	36.4	10.6
印度尼西亚	19.6	8.5	3.1	10.5	51.5	18.2	11.7	13.8	8.5
伊朗	73.7	30.7	32.9	58.3					29.5
伊拉克	10.6	8.0	1.0	3.3	43.2	3.8	2.7	4.6	5.1
爱尔兰	93.9	15.7	61.5	70.5			37.4	46.1	27.7
以色列	90.5	16.7	54.4	7.5					20.4
意大利	71.0	4.6	27.8	35.2					66.3
牙买加	71.0	7.9	7.2	41.1	99.8	27.2	44.2	53.1	6.2
日本	96.4	6.1	44.8	13.0					34.0
约旦	25.5	4.5	3.4	14.7	94.2	25.5	8.6	18.3	21.1
哈萨克斯坦	42.1	13.1	4.5	31.3	92.1	33.2	31.0		3.4
肯尼亚	42.3	9.7	5.4	29.9	89.1	25.4	22.9	26.0	5.2
基里巴斯									4.0
韩国	93.0	16.6	64.8	57.9			39.9	41.2	18.8
科索沃	44.3	6.1	5.9	29.0	96.6	15.0	25.3		
科威特	86.8	20.8	21.9	83.9					19.4
吉尔吉斯斯共和国	3.8	11.3	0.6	1.7	68.9	20.4	17.9		7.3
老挝	26.8	18.1	0.3	6.5	91.8	18.5	0.0	10.7	
拉脱维亚	89.7	6.8	52.7	77.8	99.5	48.5	37.3		30.0
黎巴嫩	37.0	11.3	2.0	21.4	86.7	69.4	23.8	51.3	31.5
利比里亚	18.5	3.0	2.7	14.5	89.7	32.2	32.7	31.9	3.2
利比亚	18.8	6.5	3.6	3.3	67.8	14.0	10.1	12.8	3.8
立陶宛	73.8	5.6	31.5	61.3	98.3	53.0	47.4		
卢森堡	94.6	17.4	67.7	73.2					88.6
中国澳门特别行政区									37.2
马其顿	73.7	10.6	14.1	36.3	96.8	61.1	47.0		24.3
马达加斯加	5.5	2.3	0.1	0.9	94.1	20.6	12.2	20.2	1.4
马拉维	16.5	9.2	0.8	9.4	96.9	40.1	20.6	31.0	1.1
马来西亚	66.2	11.2	12.6	23.1	97.7	60.4	48.6	49.3	10.5
马尔代夫									17.2
马里	8.2	3.7	0.1	1.8	85.6	16.6	29.3	21.4	
马尔他	95.3	10.0	34.5	71.2					41.6
马绍尔群岛									12.8

表 B.1 各国普惠金融发展水平，2011（续）

经济体	个人				企业（正式部门）				供应商
	在正规金融机构持有账户（%，15岁以上）	去年从正规金融机构获得贷款（%，15岁以上）	使用电子支付（%，15岁以上）	使用借记卡（%，15岁以上）	拥有支票或储蓄账户的企业（%）	在银行有贷款或信用额度的企业（%）	使用银行为投资融资的企业（%）	使用银行为营运资本融资的企业（%）	每100 000成年人拥有的银行分支机构
毛里塔尼亚	17.5	7.9	2.6	6.3	76.3	16.0	3.2	13.5	
毛里求斯	80.1	14.3	7.4	50.9	97.2	47.4	37.5	39.5	21.3
墨西哥	27.4	7.6	8.3	22.3	61.8	32.0	16.2	26.9	14.9
密克罗尼西亚联邦					98.5	43.0	7.2	19.4	14.2
摩尔多瓦	18.1	6.4	2.2	16.0	88.2	39.6	30.8		11.3
蒙古	77.7	24.8	21.6	60.6	61.4	52.9	26.5		66.4
黑山共和国	50.4	21.8	3.5	22.0	78.5	49.6	75.8		39.6
摩洛哥	39.1	4.3	7.4	22.4	86.8	33.4	12.3	30.2	22.3
莫桑比克	39.9	5.9	17.3	37.3	75.7	14.2	10.5	8.5	3.6
缅甸									1.7
纳米比亚					97.5	24.0	8.1	19.6	7.1
尼泊尔	25.3	10.8	0.5	3.7	73.7	39.1	17.5	32.1	6.7
荷兰	98.7	12.6	80.2	97.6					21.5
新西兰	99.4	26.6	83.2	93.8					34.0
尼加拉瓜	14.2	7.6	1.5	8.3	75.7	43.4	21.9	18.4	7.4
尼日尔	1.5	1.3	0.2	0.8	94.0	29.7	9.3	33.4	
尼日利亚	29.7	2.1	2.4	18.6		3.8	2.7	4.3	6.4
挪威									10.9
阿曼	73.6	9.2	17.5	53.0					23.6
巴基斯坦	10.3	1.6	0.2	2.9	64.7	8.6	9.7	4.6	8.7
巴拿马	24.9	9.8	3.0	11.3	69.1	20.7	1.1	9.0	23.9
巴拉圭	21.7	12.9	4.2	11.3	89.7	60.2	30.1	48.0	9.5
秘鲁	20.5	12.7	1.9	14.1	87.4	66.8	45.9	49.9	58.7
菲律宾	26.6	10.5	2.1	13.2	97.8	33.2	21.9	19.1	8.1
波兰	70.2	9.6	31.4	37.3	95.8	50.1	40.7		32.3
葡萄牙	81.2	8.3	48.3	68.2			24.4	20.3	64.2
卡塔尔	65.9	12.6	21.9	49.5					17.8
罗马尼亚	44.6	8.4	10.5	27.7	50.4	42.3	37.3		
俄罗斯	48.2	7.7	7.7	37.0	98.0	31.3	30.6		37.1
卢旺达	32.8	8.4	0.3	5.3	71.6	46.3	24.2	44.5	5.5
萨摩亚					97.0	51.3	48.3	68.7	18.4
圣多美与普林西比									23.4
沙特阿拉伯	46.4	2.1	22.6	42.3					8.7
塞内加尔	5.8	3.5	0.5	1.8	83.4	15.3	19.8	9.6	
塞尔维亚	62.2	12.3	9.6	43.1	100.0	67.6	42.8		9.6
塞舌尔									37.2
塞拉利昂	15.3	6.1	1.1	4.0	67.8	17.4	6.9	24.6	3.0
新加坡	98.2	10.0	41.5	28.6					10.2

表 B.1　各国普惠金融发展水平，2011（续）

	个人				企业（正式部门）				供应商
经济体	在正规金融机构持有账户（%，15岁以上）	去年从正规金融机构获得贷款（%，15岁以上）	使用电子支付（%，15岁以上）	使用借记卡（%，15岁以上）	拥有支票或储蓄账户的企业（%）	在银行有贷款或信用额度的企业（%）	使用银行为投资融资的企业（%）	使用银行为营运资本融资的企业（%）	每100 000成年人拥有的银行分支机构
斯洛伐克	79.6	11.4	43.4	68.3	18.0	42.4	33.5		25.8
斯洛文尼亚	97.1	12.8	40.6	91.9	99.9	71.2	52.2		38.3
所罗门群岛									7.1
索马里	31.0	1.6	21.5	15.6					
南非	53.6	8.9	13.1	45.3	97.9	30.1	34.8	21.1	10.7
西班牙	93.3	11.4	43.4	62.2			32.6	35.8	89.7
斯里兰卡	68.5	17.7	0.5	10.0	89.4	40.4	43.6	40.6	16.7
圣基茨和尼维斯					100.0	49.3	46.4	52.0	37.7
圣卢西亚					100.0	24.5	52.2	49.1	22.5
圣文森特和格林纳丁斯					98.5	56.5	55.8	52.7	21.2
苏丹	6.9	1.8	2.1	3.3					2.4
苏里南					100.0	44.3	37.0	57.6	11.2
斯威士兰	28.6	11.5	4.7	21.0	97.8	21.9	7.7	16.0	7.2
瑞典	99.0	23.4	84.9	95.5					
瑞士									51.0
阿拉伯叙利亚	23.3	13.1	3.1	6.2	92.7	37.4	20.7	16.0	
中国台湾地区	87.3	9.6	29.2	37.0					
塔吉克斯坦	2.5	4.8	0.7	1.8	86.9	33.6	21.4		6.7
坦桑尼亚	17.3	6.6	3.5	12.0	86.2	16.3	6.8	17.3	1.9
泰国	72.7	19.4	8.6	43.1	99.6	72.5	74.4	71.9	11.3
东帝汶					87.8	6.9	1.6	2.6	
多哥	10.2	3.8	0.0	1.2	94.2	21.6	16.9	16.9	
汤加					100.0	54.3	33.9	3.0	21.5
特立尼达和多巴哥	75.9	8.4	9.3	64.1	99.9	53.7	36.7	63.8	
突尼斯	32.2	3.2	2.7	21.0					17.2
土耳其	57.6	4.6	11.1	56.6	90.6	56.8	51.9		18.3
土库曼斯坦	0.4	0.8	0.0	0.3					
乌干达	20.5	8.9	3.1	10.3	85.8	17.2	7.7	14.0	2.4
乌克兰	41.3	8.1	6.4	33.6	90.2	31.8	32.1		1.6
阿拉伯联合酋长国	59.7	10.8	14.8	55.4					14.5
英国	97.2	11.8	65.3	87.6					
美国	88.0	20.1	64.3	71.8					35.4
乌拉圭	23.5	14.8	3.2	16.4	90.8	48.6	13.7	26.4	13.7
乌兹别克斯坦	22.5	1.5	4.3	20.4	93.8	10.5	8.2		47.7
瓦努阿图					96.0	45.8	41.4	33.2	20.9
委内瑞拉	44.1	1.7	15.0	35.1	96.5	35.4	35.3	27.1	17.1
越南	21.4	16.2	2.5	14.6	89.4	49.9	21.5	47.0	3.6
西岸和加沙地带	19.4	4.1	1.7	10.7	87.8	18.0	4.2	14.2	

表 B.1 各国普惠金融发展水平，2011（续）

经济体	个人				企业（正式部门）				供应商
	在正规金融机构持有账户（%，15岁以上）	去年从正规金融机构获得贷款（%，15岁以上）	使用电子支付（%，15岁以上）	使用借记卡（%，15岁以上）	拥有支票或储蓄账户的企业（%）	在银行有贷款或信用额度的企业（%）	使用银行为投资融资的企业（%）	使用银行为营运资本融资的企业（%）	每100 000成年人拥有的银行分支机构
也门	3.7	0.9	0.6	2.2	31.3	8.1	4.2	6.0	1.8
赞比亚	21.4	6.1	3.3	15.7	95.0	16.0	10.2	15.0	4.4
津巴布韦	39.7	4.9	6.9	28.3	93.5	12.5	13.1	12.8	

数据来源：个人数据来源于全球普惠金融数据库，企业数据来源于企业调查数据库，数据提供商是金融可获得性调查（FAS）。

注：全球普惠金融数据都为2011年。企业调查数据覆盖范围是2001到2011年。企业调查数据与金融可获得性数据是2011年的数据或者最近一年的数据。空格表示没有获得数据。

备注

额外的数据：上表提供的是全球普惠金融数据库、企业调查数据库以及金融可获得性数据库里的一小部分数据。更多的数据可以参见：

全球普惠金融数据库：http：//www.worldbank.org/globalfindex

企业调查数据库：http：//www.enterprisesurveys.org/

金融可获得性数据库：http：//fas.imf.org/

覆盖时间段：本表显示2011年或者最近的个人、正式企业和供应商的数据。

在正规金融机构持有账户（%、15岁以上）：在银行、信用社、其他一家金融机构（比如合作社、微型金融机构）或者邮局（如果可行）持有账户（个人持有或与其他人联合持有）的成年人（包括汇报有借记卡的成年人）在全体成年人中的百分比。数据来自全球普惠金融数据库（Demirgüç - Kunt and Klapper，2012）。

去年从正规金融机构获得贷款（%、15岁以上）：汇报在过去的12个月里曾经从银行、信用社、微型金融机构或者其他一家金融机构（比如合作社）借款的成年人的百分比。数据来自全球普惠金融数据库（Demirgüç - Kunt and Klapper，2012）。

使用电子支付（%、15岁以上）：汇报曾经使用电子支付或者自动支付，包括电汇或者网上支付的方式用自己账户里的钱完成支付账单或者购物的成年人的百分比。数据来自全球普惠金融数据库（Demirgüç - Kunt and Klapper，2012）。

使用借记卡（%、15岁以上）：汇报使用借记卡的成年人的百分比，借记卡是指这样一种卡，持卡人可以付款、取款或者购物，钱立即从持卡人的银行账户里转出来。数据来自全球普惠金融数据库（Demirgüç - Kunt and Klapper，2012）。

拥有支票或储蓄账户的企业（%）：接受调查的企业中汇报有支票或者储蓄账户的百分比。数据建立在世界银行企业部对超过130 000家企业，从2005年到2011年时间段调查的基础上。

在银行有贷款或信用额度的企业（%）：接受调查的企业中汇报在金融机

构有贷款或者信用额度的百分比。数据建立在世界银行企业部对超过 130 000 家企业，从 2005 年到 2011 年时间段调查的基础上。

使用银行为投资融资的企业（%）： 接受调查的企业中汇报使用银行为其投资融资的百分比。数据建立在世界银行企业部对超过 130 000 家企业，从 2005 年到 2011 年时间段调查的基础上。

使用银行为营运资本融资的企业（%）： 接受调查的企业中汇报使用银行为其营运资本融资的百分比。数据建立在世界银行企业部对超过 130 000 家企业，从 2005 年到 2011 年时间段调查的基础上。

每 100 000 成年人拥有的银行分支机构： 每 100 000 成年人拥有的商业银行分支机构的数量。数据来自 IMF 金融服务可获得性调查（FAS）。

附录 C

伊斯兰银行和金融机构

表 C.1 伊斯兰合作组织（OIC）成员国账户渗透率和伊斯兰金融机构，2011

经济体	宗教信仰程度和普惠金融				伊斯兰金融机构 (IFIs)			
	宗教信仰程度 (%)	在正规金融机构持有账户 (%, 15岁以上)	因为宗教原因没有账户的成年人 (%,15岁以上)	因为宗教原因没有持有账户的成年人 (每千人,15岁以上)	IFIs的数量	平均每人持有伊斯兰资产 (美元)	每千万成年人平均拥有IFIs的数量	每千万平方公里的IFIs数量
阿富汗	97	9.0	33.6	5 830	2		1.1	0.03
阿尔巴尼亚	39	28.3	8.3	150	1		4.0	0.36
阿尔及利亚	95	33.3	7.6	1 330	2		0.8	0.01
阿塞拜疆	50	14.9	5.8	355	1		1.4	0.12
巴林	94	64.5	0.0	0	32	29 194	301.6	421.05
孟加拉共和国	99	39.6	4.5	2 840	12	14	1.2	0.92
贝宁湾		10.5	1.7	77	0	0	0.0	0.00
布基纳法索		13.4	1.2	98	1		1.1	0.04
喀麦隆	96	14.8	1.1	114	2		1.7	0.04
乍得	95	9.0	10.0	573	0	0	0.0	0.00
科摩罗	97	21.7	5.8	20	0	0	0.0	0.00
吉布提	98	12.3	22.8	117	0	0	0.0	0.00
阿拉伯埃及共和国	97	9.7	2.9	1 480	11	146	1.9	0.11
加蓬		18.9	1.5	12	0	0	0.0	0.00
几内亚		3.7	5.0	279	0	0	0.0	0.00
印度尼西亚	99	19.6	1.5	2 110	23	30	1.3	0.13
伊拉克	84	10.6	25.6	4 310	14	98	7.4	0.32
约旦		25.5	11.3	329	6	1 583	15.4	0.68
哈萨克斯坦	43	42.1	1.7	126	0	0	0.0	0.00
科威特	91	86.8	2.6	7	18	28 102	87.2	10.10
吉尔吉斯共和国	72	3.8	7.3	272	0	0	0.0	0.00
黎巴嫩	87	37.0	7.6	155	4		12.4	3.91
马来西亚	96	66.2	0.1	8	34	4 949	16.8	1.03
马里	95	8.2	2.8	218	0	0	0.0	0.00
毛利塔尼亚	98	17.5	17.7	312	1	76	4.7	0.01
摩洛哥	97	39.1	26.8	3 810	0	0	0.0	0.00
莫桑比克		39.9	2.3	189	0	0	0.0	0.00
尼日尔	99	1.5	23.6	1 910	0	0	0.0	0.00
尼日利亚	96	29.7	3.9	2 520	0	0	0.0	0.00
阿曼		73.6	14.2	78	3		14.4	0.10
巴基斯坦	92	10.3	7.2	7 400	29	40	2.5	0.38
卡塔尔	95	65.9	11.6	64	14	13 851	86.5	12.08
沙特阿拉伯	93	46.4	24.1	2 540	18	1 685	9.2	0.08
塞内加尔	96	5.8	6.0	411	0	0	0.0	0.00
塞拉利昂		15.3	9.9	287	0	0	0.0	0.00

表 C.1 伊斯兰合作组织（OIC）成员国，账户渗透率和伊斯兰金融机构，2011（续）

经济体	宗教信仰程度和普惠金融				伊斯兰金融机构 (IFIs)			
	宗教信仰程度 (%)	在正规金融机构持有账户 (%, 15岁以上)	因为宗教原因没有账户的成年人 (%,15岁以上)	因为宗教原因没有持有账户的成年人（每千人,15岁以上)	IFIs的数量	平均每人持有伊斯兰资产 (美元)	每千万成年人平均拥有IFIs的数量	每千万平方公里的IFIs数量
索马里		31.0	8.9	325	0	0	0.0	0.00
苏丹	93	6.9	4.5	871	29	103	14.0	0.12
阿拉伯叙利亚共和国	89	23.3	15.3	1 560	4	18	3.0	0.22
塔吉克斯坦	85	2.5	7.6	329	0	0	0.0	0.00
多哥		10.2	1.2	40	0	0	0.0	0.00
突尼斯	93	32.2	26.8	1 490	3	72	3.7	0.19
土耳其	82	57.6	7.9	1 820	5	538	0.9	0.06
土库曼斯坦	80	0.4	9.9	360	0	0	0.0	0.00
乌干达	93	20.5	3.4	485	0	0	0.0	0.00
阿拉伯联合酋长国	91	59.7	3.2	84	22	9 298	33.5	2.63
乌兹别克斯坦	51	22.5	5.9	952	0	0	0.0	0.00
西岸和加沙地带	93	19.4	26.7	502	9	0	38.5	14.95
也门	99	3.7	8.9	1 190	8	179	5.8	0.15

数据来源：在 BankScope、伊斯兰发展银行、盖洛普调查数据以及全球普惠金融数据库的基础上计算而来。

注：本项目尚在进行中；表中的数据尚不完善，而且会有变化。OIC = 伊斯兰合作组织。空格表示没有获得数据。

宗教信仰程度（%）：给定国家里对问题“宗教是不是你生活中的一个重要组成部分?”给出肯定回答的成年人的百分比，2011 盖洛普民意测验。

在正规金融机构持有账户（%、15岁以上）：在银行、信用社、其他一家金融机构（比如合作社、微型金融机构）或者邮局（如果可行）持有账户（个人持有或与其他人联合持有）的成年人（包括汇报有借记卡的成年人）在全体成年人中的百分比。数据来自全球普惠金融数据库（Demirgüç - Kunt and Klapper，2012）。

因为宗教原因而没有账户的成年人比例（%、15 岁以上）：因为宗教原因而没有在正式金融机构持有账户的成年人的百分比。数据来自全球普惠金融数据库（Demirgüç - Kunt and Klapper，2012）。

因为宗教原因而没有账户的成年人数量（千人、15 岁以上）：因为宗教原因而没有在正式金融机构持有账户的成年人的数量（以千人为单位）。数据来自全球普惠金融数据库（Demirgüç - Kunt and Klapper，2012）。

伊斯兰金融机构的数量：一国之内按照伊斯兰教法向客户提供金融服务的金融机构的数量。数据来自全球金融发展报告团队成员的汇编。

平均每人拥有的伊斯兰资产（美元）：某个经济体内每位成年人在银行部门中拥有的伊斯兰资产的规模。伊斯兰资产的规模数据来自 BankScope。成年人口数量来自世界发展指标。

每千万成年人中的伊斯兰金融机构数量：一国之内每千万成年人对应的按照伊

斯兰教法向客户提供金融服务的银行的数量。数据来自全球金融发展报告团队成员的汇编。

每千万平方公里的伊斯兰金融机构数量：一国之内每千万平方公里的按照伊斯兰教法向客户提供金融服务的银行的数量。数据来自全球金融发展报告团队成员的汇编。

参考文献

Abdel Aziz, Teymour, and Gunhild Berg. 2012. "Financing Small-and Medium-Sized Enterprises in Rwanda." Unpublished working paper, World Bank, Washington, DC.

Abreu, Margarida, and Victor Mendes. 2010. "Financial Literacy and Portfolio Diversification." *Quantitative Finance* 10 (5): 515–28.

Acemoglu, Daron, and Simon Johnson. 2005. "Unbundling Institutions." *Journal of Political Economy* 113 (5): 949–95.

Adasme, Osvaldo, Giovanni Majnoni, and Myriam Uribe. 2006. "Access and Risk: Friends or Foes? Lessons from Chile." Policy Research Working Paper 4003, World Bank, Washington, DC.

Adelaja, Tai. 2012. "Cash or Credit?" Russia Profile.org, Moscow. http://russiaprofile.org/business/58837.html.

Adrianova, Svetlana, Panicos Demetriades, and Anja Shortland. 2010. "Is Government Ownership of Banks Really Harmful to Growth?" Discussion Paper 987, German Institute for Economic Research, Berlin, Germany.

AFI (Alliance for Financial Inclusion). 2010. "The AFI Survey on Financial Inclusion Policy in Developing Countries: Preliminary Findings." AFI Policy Note, Bangkok, Thailand.

———. 2011. "Principles for Innovative Financial Inclusion: Bringing the Principles to Life." Studies Prepared on Behalf of the Global Partnership for Financial Inclusion, Bangkok, Thailand.

Agarwal, Sumit, John Driscoll, Xavier Gabaix, and David Laibson. 2009. "The Age of Reason: Financial Decisions over the Life Cycle and Implications for Regulation." *Brookings Papers on Economic Activity* 2: 51–117.

———. 2011. "Learning in the Credit Card Market." NBER Working Paper 13822, National Bureau of Economic Research, Cambridge, MA.

Aghion, Philippe, and Patrick Bolton. 1997. "A Theory of Trickle-Down Growth and Development." *Review of Economics Studies* 64 (2): 151–72.

Aghion, Philippe, and Steven Durlauf. 2005. *Handbook of Economic Growth*. Amsterdam: North-Holland Elsevier.

Aggarwal, Shilpa, and Leora Klapper. 2012. "Designing Government Policies to Expand Financial Inclusion: Evidence from around the World." Unpublished working paper, World Bank, Washington, DC.

Ahlin, Christopher and Robert M. Townsend. 2007a. "Using Repayment Data to Test across Models of Joint Liability Lending." *Economic Journal* 117 (February): F11–51.

———. 2007b. "Selection into and across Credit Contracts: Theory and Field Research." *Journal of Econometrics* 136 (2): 665–98.

Aker, Jenny, Rachid Boumnijel, Amanda McClelland, and Niall Tierney. 2011. "Zap It to Me: The Short-Term Impacts of a Mobile Cash Transfer Program." Working Paper 268, Center for Global Development, Washington, DC.

Akin, G. Gulsun, Ahmet Faruk Aysan, Serap Ozcelik, and Levent Yildiran. 2012. "Credit Card Satisfaction and Financial Literacy: Evidence from an Emerging Market Economy." *Emerging Markets Finance & Trade* 48 (5): 103–15.

Akpalu, Wisdom, Samuel Erasmus Alnaa, and Peter Aglobitse. 2012. "Access to Microfinance and Intra-Household Business Decision Making: Implication for Efficiency of Female-Owned Enterprises in Ghana." *Journal of Socio-Economics* 41 (5): 513–18.

Alem, Mauro, and Robert M. Townsend. Forthcoming. "An Evaluation of Financial Institutions: Impact on Consumption and Investment Using Panel Data and the Theory of Risk-Bearing." *Journal of Econometrics.*

Alessie, Rob, Maarten Van Rooij, and Annamaria Lusardi. 2011. "Financial Literacy and Retirement Preparation in the Netherlands." *Journal of Pension Economics and Finance* 10 (4): 527–45.

Ali, Shahla, and Antonio Da Roza. 2012. "Alternative Dispute Resolution Design in Financial Markets—Some More Equal Than Others: Hong Kong's Proposed Financial Dispute Resolution Center in the Context of the Experience in the United Kingdom, United States, Australia, and Singapore." *Pacific Rim Law and Policy Journal* 21 (3): 485–531.

Allen, Franklin, Elena Carletti, Robert Cull, Jun Qian, Lemma Senbet, and Patricio Valenzuela. 2012a. "Improving Access to Banking: Evidence from Kenya." SSRN Working Paper, Financial Institutions Center, Wharton School, University of Pennsylvania, Philadelphia, PA.

———. 2012b. "Resolving the African Financial Development Gap: Cross-Country Comparisons and a Within-Country Study of Kenya." NBER Working Paper 18013, National Bureau of Economic Research, Cambridge, MA.

Allen, Franklin, Rajesh Chakrabarti, Sankar De, Jun Qian, and Meijun Qian. 2006. "Financing Firms in India." Policy Research Working Paper 3975, World Bank, Washington, DC.

Allen, Franklin, Aslı Demirgüç-Kunt, Leora Klapper, and María Soledad Martínez Pería. 2012. "The Foundations of Financial Inclusion: Understanding Ownership and Use of Formal Accounts." Policy Research Working Paper 6290, World Bank, Washington, DC.

Allen, Franklin, and Douglas Gale. 1990. "Incomplete Markets and Incentives to Set Up an Options Exchange." *The Geneva Papers on Risk and Insurance Theory* 15 (1): 17–46.

———. 1991. "Arbitrage, Short Sales, and Financial Innovation." *Econometrica* 59 (4): 1041–68.

———. 2004. "Financial Intermediaries and Markets." *Econometrica* 72 (4): 1023–61.

Almenberg, Johan, and Jenny Save-Soderbergh. 2011. "Financial Literacy and Retirement Planning in Sweden." *Journal of Pension Economics and Finance* 10 (4): 585–98.

Alonso, Javier, Santiago Fernández de Lis, Carmen Hoyo, Carlos López-Moctezuma, and David Tuesta. 2013. "Mobile Banking in Mexico as a Mechanism for Financial Inclusion: Recent Developments and a Closer Look into the Potential Market." Working Paper 13/20, BBVA Research, Mexico City, Mexico.

Alvarez de la Campa, Alejandro, ed. 2011. *Secured Transactions and Collateral Registries.* IFC Advisory Services, International Finance Corporation, Washington, DC.

Angelucci, Manuela, Dean Karlan, and Jonathan Zinman. 2013. "Win Some, Lose Some? Evidence from a Randomized Microcredit Program Placement Experiment by Compartamos Banco." Working paper, Yale University, New Haven, CT.

Anzoategui, Diego, Aslı Demirgüç-Kunt, and María Soledad Martínez Pería. 2011. "Remittances and Financial Inclusion: Evidence from El Salvador." Policy Research Working Paper 5839, World Bank, Washington, DC.

Aportela, Fernando. 1999. *Effects of Financial Access on Savings by Low-Income People.* Research Department, Banco de México, Mexico City, Mexico.

Ardic, Oya Pinar, Gregory Chen, and Alexia Latortue. 2012. *Financial Access 2011: An Overview of the Supply-Side Data Landscape.* Washington, DC: Consultative Group to Assist the Poor and International Finance Corporation, World Bank.

Ardic, Oya Pinar, Joyce Ibrahim, and Natailya Mylenko. 2011. "Consumer Protection Laws and

Regulations in Deposit and Loan Services: A Cross-Country Analysis with a New Dataset." Policy Research Working Paper 5536, World Bank, Washington, DC.

Armendáriz, Beatriz, and Jonathan Morduch. 2010. *The Economics of Microfinance*. Cambridge, MA: MIT Press.

Ashraf, Nava, Diego Aycinena, Claudia Martinez, and Dean Yang. 2011. *Remittances and the Problem of Control: A Field Experiment Among Migrants from El Salvador*. Departamento de Economía, Universidad de Chile, Santiago, Chile.

Ashraf, Nava, Dean Karlan, and Wesley Yin. 2006. "Tying Odysseus to the Mast: Evidence from a Commitment Savings Product in the Philippines." *Quarterly Journal of Economics* 121 (2): 635–72.

———. 2010. "Female Empowerment: Further Evidence from a Commitment Savings Product in the Philippines." *World Development* 28 (3): 333–44.

Aterido, Reyes, Thorsten Beck, and Leonardo Iacovone. 2011. "Gender and Finance in Sub-Saharan Africa: Are Women Disadvantaged?" Policy Research Working Paper 5571, World Bank, Washington, DC. (Forthcoming in *World Development*.)

Aterido, Reyes, and Mary Hallward-Driemeier. 2011. "Whose Business Is It Anyway? Closing the Gender Gap in Entrepreneurship in Sub-Saharan Africa." *Small Business Economics* 37 (4): 443–64.

Atkinson, Adele. 2008. *Evidence of Impact: An Overview of Financial Education Evaluations*. University of Bristol, Bristol, U.K.

Attanasio, Orazio, Britta Augsburg, Ralph De Haas, Emla Fitzsimons, and Heike Harmgart. 2011. "Group or Individual Lending? Evidence from a Randomised Field Experiment in Mongolia." Working Paper 136, European Bank for Reconstruction and Development, London, U.K.

Augsburg, Britta, Ralph De Haas, Heike Harmgart, and Costas Meghir. 2012. "Microfinance at the Margin: Experimental Evidence from Bosnia and Herzegovina." Working Paper 146, European Bank for Reconstruction and Development, London, U.K.

Ayyagari, Meghana, Aslı Demirgüç-Kunt, and Vojislav Maksimovic. 2008. "How Important Are Financing Constraints? The Role of Finance in the Business Environment." *World Bank Economic Review* 22 (3): 483–516.

———. 2010. "Formal Versus Informal Finance: Evidence from China." *Review of Financial Studies* 23 (8): 3048–97.

———. 2011a. "Small vs. Young Firms across the World: Contribution to Employment, Job Creation, and Growth." Policy Research Working Paper 5631, World Bank, Washington, DC.

———. 2011b. "Firm Innovation in Emerging Markets: Role of Finance, Governance, and Competition." *Journal of Financial Quantitative Analysis* 46 (6): 1545–80.

———. 2012. "Financing of Firms in Developing Countries: Lessons from Research." Policy Research Working Paper 6036, World Bank, Washington, DC. (Forthcoming in *Handbook of Finance: Empirical Corporate Finance*, edited by G. Constantinedes, M. Harris, and R. Stulz. Amsterdam: North-Holland.)

Bae, Kee-Hong, and Vidhal Goyal. 2009. "Creditor Rights, Enforcement, and Bank Loans." *Journal of Finance* 64 (2): 823–60.

Banerjee, Abhijit, Timothy Besley, and Timothy Guinnane. 1994. "Thy Neighbor's Keeper: The Design of a Credit Cooperative with Theory and a Test." *Quarterly Journal of Economics* 109 (2): 491–515.

Banerjee, Abhijit, and Esther Duflo. 2007. "The Economic Lives of the Poor." *Journal of Economic Perspectives* 21 (1): 141–68.

———. 2008. "What Is Middle Class about the Middle Classes around the World?" *Journal of Economic Perspectives* 22 (2): 3–28.

———. 2011. *Poor Economics: A Radical Rethinking of the Way to Fight Global Poverty*. New York, NY: Public Affairs Press.

———. 2012. "Do Firms Want to Borrow More? Testing Credit Constraints Using a Directed Lending Program." Working paper, Massachusetts Institute of Technology, Cambridge, MA.

Banerjee, Abhijit, Esther Duflo, Rachel Glennerster, and Cynthia Kinnan. 2013. "The Miracle of Microfinance? Evidence from a Randomized Evaluation." NBER Working Paper 18950, National Bureau of Economic Research, Cambridge, MA.

Banerjee, Abhijit, and Andrew Newman. 1993. "Occupational Choice and the Process of Development." *Journal of Political Economy* 101 (2): 274–98.

Bar-Gill, Oren, and Elizabeth Warren. 2008. "Making Credit Safer." *University of Pennsylvania Law Review* 157 (1): 1–101.

Barber, Brad, and Terrance Odean. 2001. "Boys Will Be Boys: Gender, Overconfidence, and Common Stock Investment." *Quarterly Journal of Economics* 116 (1): 261–92.

Barr, Michael, Sendhil Mullainathan, and Eldar Shafir. 2008. "Behaviorally Informed Financial Services Regulation." New America Foundation White Paper, New America Foundation, Washington, DC.

Barron, John, and Michael Staten. 2003. "The Value of Comprehensive Credit Reports: Lessons from the U.S. Experience." In *Credit Reporting Systems and the International Economy*, edited by Margaret J. Miller, 273–311. Cambridge, MA: MIT Press.

Basel Committee on Banking Supervision. 2010. "Microfinance Activities and the Core Principles for Effective Banking Supervision." Bank for International Settlements, Basel, Switzerland.

Bauchet, Jonathan, Cristobal Marshall, Laura Starita, Jeanette Thomas, and Anna Yalouris. 2011. "Latest Findings from Randomized Evaluations of Microfinance." Access to Finance FORUM, Reports by the Consultative Group to Assist the Poor and Its Partners, World Bank, Washington, DC.

Bauchet, Jonathan, and Jonathan Morduch. 2011. "Is Micro Too Small? Microcredit vs. SME Finance." Wagner Research Paper 2011–2015, New York University, New York, NY.

Baumol, William. 2002. *The Free-Market Innovation Machine: Analyzing the Growth Miracle of Capitalism*. Princeton, NJ: Princeton University Press.

Bayer, Patrick, Douglas Bernheim, and John Karl Scholz. 2009. "The Effects of Financial Education in the Workplace: Evidence from a Survey of Employers." *Economic Inquiry* 47 (4): 605–24.

Beck, Thorsten, Patrick Behr, and Andre Guettler. 2012. "Gender and Banking: Are Women Better Loan Officers?" *Review of Finance* 17 (4): 1279–321.

Beck, Thorsten, Patrick Behr, and Andreas Madestam. 2012. "Sex and Credit: Is There a Gender Bias in Microfinance?" Discussion Paper 2012–062, Tilburg University Center for Economic Research, Tilburg, the Netherlands.

Beck, Thorsten, Berrak Buyukkarabacak, Felix Rioja, and Neven Valev. 2008. "Who Gets the Credit? And Does It Matter? Household vs. Firm Lending across Countries." Policy Research Working Paper 4661, World Bank, Washington, DC.

Beck, Thorsten, Robert Cull, Michael Fuchs, Jared Getenga, Peter Gatere, John Randa, and Mircea Trandafir. 2011. "Banking Sector Stability, Efficiency, and Outreach in Kenya." Policy Research Working Paper 5442, World Bank, Washington, DC.

Beck, Thorsten, and Augusto de la Torre. 2007. "The Basic Analytics of Access to Financial Services." *Financial Markets, Institutions, and Instruments* 16 (2): 79–117.

Beck, Thorsten, Aslı Demirgüç-Kunt, Luc Laeven, and Vojislav Maksimovic. 2006. "The Determinants of Financing Obstacles." *Journal of International Money and Finance* 25 (6): 932–52.

Beck, Thorsten, Aslı Demirgüç-Kunt, and Ross Levine. 2005. "SMEs, Growth, and Poverty: Cross-Country Evidence." *Journal of Economic Growth* 10 (3): 199–229.

———. 2007. "Finance, Inequality, and the Poor." *Journal of Economic Growth* 12 (1): 27–49.

———. 2010. "Financial Institutions and Markets across Countries and over Time." *World Bank Economic Review* 24 (1): 77–92.

Beck, Thorsten, Aslı Demirgüç-Kunt, and Vojislav Maksimovic. 2005. "Financial and Legal Constraints to Firm Growth: Does Firm Size Matter?" *Journal of Finance* 60 (1): 137–77.

Beck, Thorsten, Aslı Demirgüç-Kunt, and María Soledad Martínez Pería. 2007. "Reaching Out: Access to and Use of Banking Services across Countries." *Journal of Financial Economics* 85 (1): 234–66.

———. 2008a. "Bank Financing for SMEs around the World: Drivers, Obstacles, Business Models, and Lending Practices." Policy Research Working Report 4785, World Bank, Washington, DC.

———. 2008b. "Banking Services for Everyone? Barriers to Bank Access and Use around the World." *World Bank Economic Review* 22 (3): 397–430.

———. 2011. "Bank Financing for SMEs: Evidence across Countries and Bank-Ownership Types." *Journal of Financial Services Research* 39 (1–2): 35–54.

Beck, Thorsten, Aslı Demirgüç-Kunt, and Dorothe Singer. Forthcoming. "Is Small Beautiful? Financial Structure, Size, and Access to Finance." *World Development* 52, 19–33.

Beck, Thorsten, Vasso Ioannidou, and Larissa Schäfer. 2012. "Foreigners vs. Natives: Bank Lending Technologies and Loan Pricing." European Banking Center Discussion Paper 2012-014, Tilburg University, Tilburg, the Netherlands.

Beck, Thorsten, Leora Klapper, and Juan Carlos Mendoza. 2010. "The Typology of Partial Credit Guarantee Funds around the World." *Journal of Financial Stability* 6 (1): 10–25.

Beck, Thorsten, and Ross Levine. 2004. "Stock Markets, Banks, and Growth: Panel Evidence." *Journal of Banking and Finance* 28 (3): 423–42.

Beck, Thorsten, Ross Levine, and Alexey Levkov. 2010. "Big Bad Banks? The Winners and Losers from Bank Deregulation in the United States." *Journal of Finance* 65 (5): 1637–67.

Beck, Thorsten, Chen Lin, and Yue Ma. 2010. "Why Do Firms Evade Taxes? The Role of Information Sharing and Financial Sector Outreach." Discussion Paper 2010–93, Tilburg University Center for Economic Research, Tilburg, the Netherlands (forthcoming in *Journal of Finance*).

Beck, Thorsten, Samuel Munzele Maimbo, Issa Faye, Thouraya Triki. 2011. *Financing Africa: Through the Crisis and Beyond*. Washington, DC: World Bank.

Behrman, Jere R., Olivia S. Mitchell, Cindy Soo, and David Bravo. 2010. "Financial Literacy, Schooling and Wealth Accumulation." NBER Working Paper 16452, National Bureau of Economic Research, Cambridge, MA.

Benavente, José Miguel, Alexander Galetovic, and Ricardo Sanhueza. 2006. "FOGAPE: An Economic Analysis." Working Paper 222, Department of Economics, University of Chile, Santiago, Chile.

Berg, Gunhild, and Michael Fuchs. 2013. "Bank Financing of SMEs in Five Sub-Saharan African Countries: The Role of Competition, Innovation, and the Government." Policy Research Working Paper 6563, World Bank, Washington, DC.

Berg, Gunhild, Michael Fuchs, Leonardo Iacovone, Thomas Jaeggi, Andrew Lovegrove, and Carolina Sanchez Villegas. 2012. "Financing Small- and Medium-Sized Enterprises in Nigeria." Unpublished working paper, World Bank, Washington, DC.

Berg, Gunhild, and Bilal Zia. 2013. "Harnessing Emotional Connections to Improve Financial Decisions: Evaluating the Impact of Financial Education in Mainstream Media." Policy Research Working Paper 6407, World Bank, Washington, DC.

Berger, Allen, Adrian Cowan, and W. Scott Frame. 2011. "The Surprising Use of Credit Scoring in Small Business Lending by Community Banks and the Attendant Effects on Credit Availability, Risk, and Profitability." *Journal of Financial Services Research* 39 (1): 1–17.

Berger, Allen, W. Scott Frame, and Nathan Miller. 2005. "Credit Scoring and the Availability, Price, and Risk of Small Business Credit." *Journal of Money, Credit, and Banking* 37 (2): 191–222.

Berger, Allen, Leora Klapper, and Gregory Udell. 2001. "The Ability of Banks to Lend to Informationally Opaque Small Businesses." *Journal of Banking and Finance* 25 (12): 2127–67.

Berger, Allen, and Gregory Udell. 1995. "Universal Banking and the Future of Small Business Lending." Finance and Economics Discussion Series, Board of Governors of the Federal Reserve System, Washington, DC.

———. 1998. "The Economics of Small Business Finance: The Roles of Private Equity and Debt Markets in the Financial Growth Cycle." *Journal of Banking and Finance* 22 (6–8): 613–73.

———. 2006. "A More Complete Conceptual Framework for SME Financing." *Journal of Banking and Finance* 30 (11): 2945–66.

Berlin, Mitchell, and Loretta Mester. 1998. "On the Profitability and Cost of Relationship Lending." *Journal of Banking and Finance* 22 (6–8): 873–97.

———. 1999. "Deposits and Relationship Lending." *Review of Financial Studies* 12 (3): 579–607.

Bernheim, Douglas, and Daniel Garrett. 2003. "The Effects of Financial Education in the

Workplace: Evidence from a Survey of Households." *Journal of Public Economics* 87 (7–8): 1487–519.

Bernheim, Douglas, Daniel Garrett, and Dean Maki. 2001. "Education and Saving: The Long-Term Effects of High School Financial Curriculum Mandates." *Journal of Public Economics* 80 (3): 435–65.

Berry, Jim, Dean Karlan, and Menno Pradhan. 2013. "Social or Financial: What to Focus on in Youth Financial Literacy Training?" Draft working paper, Innovations for Poverty Action, New Haven, CT.

Berthaud, Alexandre, and Gisela Davico. 2013. *Global Panorama on Postal Financial Inclusion: Business Models and Key Issues*. Universal Postal Union, Berne, Switzerland.

Bertola, Giuseppe, Richard Disney, and Charles Grant. 2006. *The Economics of Consumer Credit*. Cambridge, MA: MIT Press.

Bertrand, Marianne, and Adair Morse. 2011. "Information Disclosure, Cognitive Biases, and Payday Borrowing." *Journal of Finance* 66 (6): 1865–93.

Bertrand, Marianne, Sendhil Mullainathan, and Eldar Shafir. 2004. "A Behavioral Economics View of Poverty." *American Economic Review* 94 (2): 419–23.

Beshears, John, James Choi, David Laibson, and Brigitte Madrian. 2009. "How Does Simplified Disclosure Affect Individuals' Mutual Fund Choices." NBER Working Paper 14859, National Bureau of Economic Research, Cambridge, MA.

Besley, Timothy, and Stephen Coate. 1995. "Group Lending, Repayment Incentives, and Social Collateral." *Journal of Development Economics* 46 (1): 1–18.

Bianchi, Milo, and Matteo Bobba. Forthcoming. "Liquidity, Risk, and Occupational Choices." *Review of Economic Studies*.

Black, Bernhard, and Ronald Gilson. 1998. "Venture Capital and the Structure of Capital Markets: Banks Versus Stock Markets." *Journal of Financial Economics* 47 (3): 243–77.

Blackburn, Keith, Niloy Bose, and Salvatore Capasso. 2012. "Tax Evasion, the Underground Economy, and Financial Development." *Journal of Economic Behavior and Organization* 83 (2): 243–53.

Bloom, Nicholas, Benn Eifert, Aprajit Mahajan, David McKenzie, and John Roberts. 2013. "Does Management Matter? Evidence from India." *Quarterly Journal of Economics* 128 (1): 1–51.

Bold, Chris. 2011. "Branchless Banking in Pakistan: A Laboratory for Innovation." CGAP Policy Brief, Consultative Group to Assist the Poor, World Bank, Washington, DC.

Bold, Chris, David Porteous, and Sarah Rotman. 2012. "Social Cash Transfers and Financial Inclusion: Evidence from Four Countries." Focus Note 77, Consultative Group to Assist the Poor, World Bank, Washington, DC.

Breza, Emily. 2012. "Peer Effects and Loan Repayment: Evidence from the Krishna Default Crisis." Job Market Paper, Department of Economics, Massachusetts Institute of Technology, Cambridge, MA.

Brix, Laura, and Kate McKee. 2010. "Consumer Protection Regulation in Low-Access Environments: Opportunities to Promote Responsible Finance." Focus Note 60, Consultative Group to Assist the Poor, World Bank, Washington, DC.

Brown, Gregory, Larry W. Chavis, and Leora Klapper. 2010. "A New Lease on Life: Institutions, External Financing, and Business Growth." AFA 2008 New Orleans Meetings Paper, American Finance Association, Duke University, Durham, NC.

Brown, Martin, Tullio Jappelli, and Marco Pagano. 2009. "Information Sharing and Credit: Firm-Level Evidence from Transition Countries." *Journal of Financial Intermediation* 18 (2): 151–72.

Brown, Martin, and Christian Zehnder. 2008. "Credit Reporting, Relationship Lending and Loan Repayment." *Journal of Money, Credit, and Banking* 39 (8): 1883–918.

Bruhn, Miriam. 2009. "Female-Owned Firms in Latin America: Characteristics, Performance, and Obstacles to Growth." Policy Research Working Paper 5122, World Bank, Washington, DC.

———. 2013. "A Tale of Two Species: Revisiting the Effect of Registration Reform on Informal Business Owners in Mexico." *Journal of Development Economics* (103): 275–83.

Bruhn, Miriam, Subika Farazi, and Martin Kanz. 2012. "Bank Competition, Concentration, and

Credit Reporting." Policy Research Working Paper 6442, World Bank, Washington, DC.

Bruhn, Miriam, Dean Karlan, and Antoinette Schoar. 2010. "What Capital Is Missing in Developing Countries?" *American Economic Review: Papers & Proceedings* 100 (2): 629–33.

———. 2013. "The Impact of Consulting Services on Small and Medium Enterprises: Evidence from a Randomized Trial in Mexico." Policy Research Working Paper 6508, World Bank, Washington, DC.

Bruhn, Miriam, Luciana de Souza Leão, Arianna Legovini, Rogelio Marchetti, and Bilal Zia. 2013. "Financial Education and Behavior Formation: Large-Scale Experimental Evidence from Brazil." Working paper, World Bank, Washington, DC.

Bruhn, Miriam, and Inessa Love. 2013. "The Economic Impact of Expanding Access to Finance in Mexico." In *Banking the World: Empirical Foundations of Financial Inclusion*, edited by Robert Cull, Aslı Demirgüç-Kunt, and Jonathon Morduch, 137–56. Cambridge, MA: MIT Press.

———. Forthcoming. "The Real Impact of Improved Access to Finance: Evidence from Mexico." *Journal of Finance*.

Bruhn, Miriam, and Bilal Zia. 2013. "Stimulating Managerial Capital in Emerging Markets: The Impact of Business Training for Young Entrepreneurs." *Journal of Development Effectiveness* 5(2): 232–66.

Brune, Lasse, Xavier Giné, Jessica Goldberg, and Dean Yang. 2011. "Commitments to Save: A Field Experiment in Rural Malawi." Policy Research Working Paper 5748, World Bank, Washington, DC.

———. 2012. "Reducing Barriers to Savings in Rural Malawi: A Field Experiment Approach." Unpublished working paper.

Bucher-Koenen, Tabea, and Annamaria Lusardi. 2011. "Financial Literacy and Retirement Planning in Germany." *Journal of Pension Economics and Finance* 10 (4): 565–84.

Buera, Francisco, Joseph Kaboski, and Yongseok Shin. 2012. "The Macroeconomics of Microfinance." NBER Working Paper 19705, National Bureau of Economic Research, Cambridge, MA.

Burgess, Robin, and Rohini Pande. 2005. "Do Rural Banks Matter? Evidence from the Indian Social Banking Experiment." *American Economic Review* 95 (3): 780–95.

Burgess, Robin, Rohini Pande, and Grace Wong. 2005. "Banking for the Poor: Evidence from India." *Journal of the European Economic Association* 3 (2–3): 268–78.

Cadena, Ximena, and Antoinette Schoar. 2011. "Remembering to Pay? Reminders vs. Financial Incentives for Loan Payments." NBER Working Paper 17020, National Bureau of Economic Research, Cambridge, MA.

Cai, Hongbin, Yuyu Chen, Hanming Fang, and Li-An Zhou. 2009. "Microinsurance, Trust and Economic Development: Evidence from a Randomized Natural Field Experiment." PIER Working Paper 09–034, Penn Institute for Economic Research, University of Pennsylvania, Philadelphia, PA.

———. 2010. "The Effect of Microinsurance on Economic Activities: Evidence from a Randomized Natural Field Experiment." Working paper, Department of Economics, University of Pennsylvania, Philadelphia, PA.

Calomiris, Charles. 2011. "The Mortgage Crisis: Some Inside Views." *Wall Street Journal*, October 27.

Calvet, Laurent, John Campbell, and Paolo Sodini. 2007. "Down or Out: Assessing the Welfare Costs of Household Investment Mistakes." *Journal of Political Economy* 115 (5): 707–47.

Campbell, John, Howell Jackson, Brigitte Madrian, and Peter Tufano. 2011. "The Regulation of Consumer Financial Products: An Introductory Essay with a Case Study on Payday Lending." In *Moving Forward: The Future of Consumer Credit and Mortgage Finance*, edited by Nicolas Retsinas and Eric Belsky, 206–44 . Harvard University Joint Center for Housing Studies. Washington, DC: Brookings Institution Press.

Campos, Francisco, Aidan Coville, Ana Fernandes, Markus Goldstein, and David McKenzie. 2013. "Learning from the Experiments That Never Happened: Lessons from Trying to Conduct Randomized Evaluations of Matching Grant Programs in Africa." Policy Research Working Paper 6296, World Bank, Washington, DC.

Campos, Francisco, Markus Goldstein, and David McKenzie. 2013 "Business Registration Impact Evaluation in Malawi." Unpublished paper, World Bank, Washington, DC.

Carlin, Bruce I. 2009. "Strategic Price Complexity in Retail Financial Markets." *Journal of Financial Economics* 91 (3): 278–87.

Carpena, Fenella, Shawn Cole, Jeremy Shapiro, and Bilal Zia. 2011. "Unpacking the Casual Chain of Financial Literacy." Policy Research Working Paper 5978, World Bank, Washington, DC.

———. 2013. "The ABCs of Financial Literacy: Experimental Evidence on Attitudes, Behavior, and Cognitive Biases." Unpublished working paper, World Bank, Washington, DC.

Carter, Michael. 2008. "Inducing Innovation: Risk Instruments for Solving the Conundrum of Rural Finance." Keynote paper prepared for the Agence Française de Développement and European Development Network's 6th Annual Conference, Paris, November 12.

Central Bank of Brazil; Secretariat for Economic Monitoring, Ministry of Finance; and Secretariat of Economic Law, Ministry of Justice. 2010. *Report on the Brazilian Payment Cards Industry*. Brasília: Department of Banking Operations and Payments System, Banco Central do Brasil.

CGAP (Consultative Group to Assist the Poor). 2009. *Financial Access 2009: Measuring Access to Financial Services around the World*. Washington, DC: CGAP, World Bank.

———. 2010a. "Andhra Pradesh 2010: Global Implications of the Crisis in Indian Microfinance." Focus Note 67, CGAP, World Bank, Washington, DC.

———. 2010b. *Financial Access 2010: The State of Financial Inclusion through Crisis*. Washington, DC: CGAP, World Bank.

Chandrasekhar, Arun, Cynthia Kinnan, and Horacio Larreguy. 2011. "Informal Insurance, Social Networks, and Savings Access: Evidence from a Lab Experiment in the Field." Working Paper, Consortium on Financial Systems and Poverty, Chicago, IL.

Chavis, Larry, Leora Klapper, and Inessa Love. 2011. "The Impact of the Business Environment on Young Firm Financing." *World Bank Economic Review* 25 (3): 486–507.

Chen, Greg, Stephen Rasmussen, and Xavier Reille. 2010. "Growth and Vulnerabilities in Microfinance." Focus Note 61, Consultative Group to Assist the Poor, World Bank, Washington, DC.

Cheng, Xiaoqiang, and Hans Degryse. 2010. "Information Sharing and Credit Rationing: Evidence from the Introduction of a Public Credit Registry." Discussion Paper 2010-34S, Center for Economic Research, Tilburg University, Tilburg, the Netherlands.

Chiappori, Pierre-Andre, Krislert Samphantharak, Samuel Schulhofer-Wohl, and Robert M. Townsend. Forthcoming. "Heterogeneity and Risk-Sharing in Village Economies." *Quantitative Economics*.

Chien, Jennifer. 2012. "Designing Disclosure Regimes for Responsible Financial Inclusion." Focus Note 78, Consultative Group to Assist the Poor, World Bank, Washington, DC.

Choi, James, David Laibson, and Brigitte Madrian. 2010. "Why Does the Law of One Price Fail? An Experiment on Index Mutual Funds." *Review of Financial Studies* 15 (5): 1499–524.

Choi, Woon Gyu, and Yungsan Kim. 2005. "Trade Credit and the Effect of Macro-Financial Shocks: Evidence from the U.S. Panel Data." *Journal of Financial and Quantitative Analysis* 40 (4): 897–925.

Christen, Robert, and Douglas Pearce. 2005a. "Managing Risks and Designing Products for Agricultural Microfinance: Features of an Emerging Model." Occasional Paper 11, Consultative Group to Assist the Poor, World Bank, Washington, DC.

———. 2005b. "Managing Risks and Designing Products for Agricultural Microfinance: Features of an Emerging Model." Occasional Paper 11, Consultative Group to Assist the Poor, World Bank, Washington, DC.

Christiaensen, Luc, Lionel Demery, and Jesper Kuhl. 2011. "The (Evolving) Role of Agriculture in Poverty Reduction: An Empirical Perspective." *Journal of Development Economics* 96 (2): 239–54.

Churchill, Craig, and Michal Matul. 2012. *Protecting the Poor: A Microinsurance Compendium, Volume 2*. Geneva, Switzerland: International Labour Organization.

Čihák, Martin. 2012. "Finance: Good, Bad, or Something in Between? Tell Us What You Think." *All About Finance* (blog), blogs.worldbank.org. World Bank, Washington, DC. http://blogs.worldbank.org/allaboutfinance/finance-good-bad-or-something-in-between-tell-us-what-you-think.

Čihák, Martin, Aslı Demirgüç-Kunt, Erik Feyen, and Ross Levine. 2013. "Financial Development in 205 Economies, 1960 to 2010." *Journal of Financial Perspectives* 1 (2): 17–36. (Earlier version issued as Policy Research Working Paper 6175, World Bank, Washington, DC).

Čihák, Martin, Aslı Demirgüç-Kunt, María Soledad Martínez Pería, and Amin Mohseni. 2012. "Banking Regulation and Supervision around the World: A Crisis Update." Policy Research Working Paper 6308, World Bank, Washington, DC.

Čihák, Martin, and Heiko Hesse. 2010. "Islamic Banks and Financial Stability: An Empirical Analysis." *Journal of Financial Services Research* 38 (2): 95–113.

Čihák, Martin, and Richard Podpiera. 2008. "Integrated Financial Supervision: Which Model?" *North American Journal of Economics and Finance* 19 (2): 135–52.

Cirasino, Massimo, and José Antonio García. 2007. *Retail Payment Systems to Support Financial Access: Infrastructure and Policy*. Durango, Mexico: Centro de Estudios Monetarios Latinoamericanos (CELMA) and World Bank.

Cirmizi, Elena, Leora Klapper, and Mahesh Uttamchandani. 2012. "The Challenges of Bankruptcy Reform." *World Bank Research Observer* 27 (2): 185–203.

Claessens, Stijn, and Erik Feyen. 2006. "Access to Financial Services: A Review of the Issues and Public Policy Objectives." *World Bank Research Observer* 21 (2): 207–40.

———. 2007. "Financial Development and the Millenium Development Goals." World Bank Working Paper 89, World Bank, Washington, DC.

Claessens, Stijn, Patrick Honohan, and L. Rojas-Suarez. 2009. "Policy Principles for Expanding Financial Access: Report of the CGD Task Force on Access to Financial Services." Center for Global Development, Washington, DC.

Clarke, George, Lixin Colin Xu, and Heng-fu Zou. 2006. "Finance and Inequality: What Do the Data Tell Us?" *Southern Economic Journal* 72 (3): 578–96.

Coelho, Christiano, João De Mello, and Bruno Funchal. 2012. "The Brazilian Payroll Lending Experiment." *Review of Economics and Statistics* 94 (4): 925–34.

Cole, Harold, Jeremy Greenwood, and Juan Sanchez. 2012. "Why Doesn't Technology Flow from Rich to Poor Countries?" Unpublished working paper, St. Louis Federal Reserve Bank, St. Louis.

Cole, Shawn. 2009. "Fixing Market Failures or Fixing Elections? Agricultural Credit in India." *American Economic Journal: Applied Economics* 1 (1): 219–50.

Cole, Shawn, and Nilesh Fernando. 2008. "Assessing the Importance of Financial Literacy." *Asian Development Bank: Finance for the Poor* 9 (3): 1–7.

Cole, Shawn, Xavier Giné, Jeremy Tobacman, Petia Topalova, Robert M. Townsend, and James Vickery. 2013. "Barriers to Household Risk Management: Evidence from India." *American Economic Journal: Applied Economics* 5 (1): 104–35.

Cole, Shawn, Xavier Giné, and James Vickery. 2012. "Can Financial Innovation Reduce the Costs of Weather Shocks? Evidence from Ex Ante Agricultural Investment in India." Unpublished working paper, Harvard Business School, Cambridge, MA; World Bank, Washington, DC; Federal Reserve Bank of New York, New York.

Cole, Shawn, Martin Kanz, and Leora Klapper. 2012. "Incentivizing Calculated Risk-Taking: Evidence from an Experiment with Commercial Bank Loan Officers." Policy Research Working Paper 6146, World Bank, Washington, DC.

Cole, Shawn, Anna Paulson, and Gauri Kartini Shastry. 2012. "Smart Money: The Effect of Education on Financial Behavior." Finance Working Paper 09–071, Harvard Business School, Boston, MA.

Cole, Shawn, Thomas Sampson, and Bilal Zia. 2009. "Smart Money: The Effect of Education, Cognitive Ability, and Financial Literacy on Financial Market Participation." Working Paper 09–071, Harvard Business School, Boston, MA.

———. 2011. "Prices or Knowledge? What Drives Demand for Financial Services in Emerging Markets?" *Journal of Finance* 66 (6): 1933–67.

Cole, Shawn, and Gauri Kartini Shastry. 2010. "Is High School the Right Time to Teach Savings Behavior? The Effect of Financial Education and Mathematics Courses on Savings." Unpublished paper, Wellesley University, Wellesley, MA. http://academics.wellesley.edu/Economics/gshastry/cole-shastry-math.pdf.

Collins, Daryl, Nicola Jentzsch, and Rafael Mazer. 2011. "Incorporating Consumer Research into Consumer Protection Policy Making." Focus Note 74, Consultative Group to Assist the Poor, World Bank, Washington, DC.

Collins, Daryl, Jonathan Morduch, Stuart Rutherford, and Orlanda Ruthven. 2009. *Portfolios of the Poor*. Princeton, NJ: Princeton University Press.

Costa, Ana, and João De Mello. 2006. "Judicial Risk and Credit Market Performance: Micro Evidence from Brazilian Payroll Loans." NBER Working Paper 12252, National Bureau of Economic Research, Cambridge, MA.

Cotler, Pablo, and Christopher Woodruff. 2007. "The Impact of Short-Term Credit on Microenterprises: Evidence from the Bimbo Program in Mexico." Working paper, School of International Relations and Pacific Studies, University of California at San Diego, San Diego, CA.

Cowan, Kevin, Alejandro Drexler, and Álvaro Yañez. 2009. "The Effect of Credit Insurance on Liquidity Constraints and Default Rates: Evidence from a Governmental Intervention." Working Paper 524, Central Bank of Chile, Santiago, Chile.

Crabtree, Steve. 2010. *Religiosity Highest in World's Poorest Nations*. Gallup Global Reports, August 31. http://www.gallup.com/poll/142727/religiosity-highest-world-poorest-nations.aspx.

Crépon, Bruno, Florencia Devoto, Esther Duflo, and William Parienté. 2011. "Impact of Microcredit in Rural Areas of Morocco: Evidence from a Randomized Evaluation." Unpublished working paper, Massachusetts Institute of Technology, Cambridge, MA.

Crossan, Diana, David Feslier, and Roger Hurnard. 2011. "Financial Literacy and Retirement Planning in New Zealand." *Journal of Pension Economics and Finance* 10 (4): 619–35.

Cull, Robert, Aslı Demirgüç-Kunt, and Timothy Lyman. 2012. "Financial Inclusion and Stability: What Does Research Show?" Brief (May), Consultative Group to Assist the Poor, World Bank, Washington, DC.

Cull, Robert, Aslı Demirgüç-Kunt, and Jonathan Morduch. 2009. "Microfinance Meets the Market." *Journal of Economic Perspectives* 23 (1): 167–92.

———. 2011. "Microfinance Tradeoffs: Regulation, Competition, and Financing." In *The Handbook of Microfinance*, edited by Beztriz Armendáriz and Marc Labie, 141–57. Hackensack, NJ: World Scientific Publishing.

———. 2012. *Banking the World: Empirical Foundations of Financial Inclusion*. Cambridge, MA: MIT Press.

Cull, Robert, and Kinnon Scott. 2010. "Measuring Household Usage of Financial Services: Does It Matter How or Whom You Ask?" *World Bank Economic Review* 24 (2): 199–233.

Cumming, Douglas, Daniel Schmidt, and Uwe Walz. 2010. "Legality and Venture Govern ance around the World." *Journal of Business Venturing* 25 (1): 54–72.

Dahan, Frederique, and John Simpson. 2008. *Secured Transactions Reform and Access to Credit*. Cheltenham, U.K: Edward Elgar Publishing.

de Andrade, Gustavo Henrique, Miriam Bruhn, and David McKenzie. 2013. "A Helping Hand or the Long Arm of the Law? Experimental Evidence on What Governments Can Do to Formalize Firms." Policy Research Working Paper 6435, World Bank, Washington, DC.

De Giorgi, Giacomo, and Aminur Rahman. 2013. "SME's Registration: Evidence from an RCT in Bangladesh." *Economics Letters* 120 (3): 573–78.

Deininger, Klaus, and Aparajita Goyal. 2012. "Going Digital: Credit Effects of Land Registry Computerization in India." *Journal of Development Economics* 99 (2): 236–43.

de Janvry, Alain, Craig McIntosh, and Elisabeth Sadoulet. 2010. "The Supply- and Demand-Side Impacts of Credit Market Information." *Journal of Development Economics* 93 (2): 173–88.

De Koker, Louis, and Jentzsch, Nicola. 2011. "Financial Inclusion and Financial Integrity: Aligned Incentives?" Shadow 2011: The Shadow Economy, Tax Evasion, and Money Laundering: Proceedings of the 2011 Shadow Conference, University of Münster, Münster, Germany.

de la Torre, Augusto, Juan Carlos Gozzi, and Sergio Schmukler. 2007. "Innovative Experiences in Access to Finance: Market-Friendly Roles for the Visible Hand?" Policy Research Working Paper 4326, World Bank, Washington, DC.

de la Torre, Augusto, María Soledad Martínez Pería, and Sergio Schmukler. 2010a. "Bank Involvement with SMEs: Beyond Relationship Lending." *Journal of Banking and Finance* 34 (9): 2280–93.

———. 2010b. "Drivers and Obstacles to Banking SMEs: The Role of Competition and the Institutional Framework." In *Reforming Rules and Regulations: Laws, Institutions, and Implementation*, edited by Vivek Ghosal, 215–53. CESifo Seminar Series. Cambridge, MA: MIT Press.

de la Torre, Jordi, Xavier Giné, and Tara Vishwanath. 2011. "After the Microfinance Crisis: Assessing the Role of Government-Led Microcredit Alternatives." Policy Research Working Paper 5808, World Bank, Washington, DC.

de Mel, Suresh, David McKenzie, and Christopher Woodruff. 2008. "Returns to Capital in Microenterprises: Evidence from a Field Experiment." *Quarterly Journal of Economics* 123 (4): 1329–72.

———. 2009a. "Innovative Firms, or Innovative Owners? Determinants of Innovation in Micro, Small, and Medium Enterprises." Policy Research Working Paper 4934, World Bank, Washington, DC.

———. 2009b. "Are Women More Credit Constrained? Experimental Evidence on Gender and Microenterprise Returns." *American Economic Journal: Applied Economics* 1 (3): 1–32.

———. 2010. "Who Are the Microenterprise Owners? Evidence from Sri Lanka on Tokman versus de Soto." In *International Differences in Entrepreneurship*, edited by Josh Lerner and Antoinette Schoar, 63–87. Chicago: University of Chicago Press.

———. 2011. "Getting Credit to High Return Microentrepreneurs: The Results of an Information Intervention." *World Bank Economic Review* 25 (3): 456–85.

———. 2012a. "One-Time Transfers of Cash or Capital Have Long-Lasting Effects on Microenterprises in Sri Lanka." *Science* 335 (6071): 962–66.

———. 2012b. "Business Training and Female Enterprise Start-Up, Growth, and Dynamics: Experimental Evidence from Sri Lanka." Policy Research Working Paper 6145, World Bank, Washington, DC.

———. Forthcoming. "The Demand for, and Consequences of, Formalization among Informal Firms in Sri Lanka." *American Economic Journal: Applied Economics*.

De Meza, David, Bernd Irlenbusch, and Diane Reyniers. 2008. "Financial Capability: A Behavioural Economics Perspective." *Consumer Research* 69, Financial Services Authority, London, U.K.

De Meza, David, and David Webb. 1987. "Too Much Investment: A Problem of Asymmetric Information." *Quarterly Journal of Economics* 102 (2): 281–92.

Demirgüç-Kunt, Aslı, Thorsten Beck, and Patrick Honohan. 2008. "Finance for All? Policies and Pitfalls in Expanding Access." World Bank Policy Research Report, World Bank, Washington, DC.

Demirgüç-Kunt, Aslı, Erik Feyen, and Ross Levine. 2011. "The Evolving Importance of Banks and Securities Markets." Policy Research Working Paper 5805, World Bank, Washington, DC.

Demirgüç-Kunt, Aslı, and Leora Klapper. 2012. "Measuring Financial Inclusion: The Global Findex." Policy Research Working Paper 6025, World Bank, Washington, DC.

Demirgüç-Kunt, Aslı, Leora Klapper, and Douglas Randall. Forthcoming. "Islamic Finance and Financial Inclusion: Measuring Use of and Demand for Formal Financial Services among Muslim Adults." Policy Research Working Paper, World Bank, Washington, DC.

Demirgüç-Kunt, Aslı, Leora Klapper, and Dorothe Singer. 2013. "Financial Inclusion and Legal Discrimination against Women: Evidence from Developing Countries." Policy Research Working Paper 6416, World Bank, Washington, DC.

Demirgüç-Kunt, Aslı, and Ross Levine. 2008. "Finance, Financial Sector Policies, and Long Run Growth." M. Spence Growth Commission Background Paper 11, World Bank, Washington, DC.

———. 2009. "Finance and Inequality: Theory and Evidence." *Annual Review of Financial Economics* (1): 287–318.

Demirgüç-Kunt, Aslı, and Vojislav Maksimovic. 1998. "Law, Finance, and Firm Growth." *Journal of Finance* 53 (6): 2107–37.

———. 1999. "Institutions, Financial Markets, and Firm Debt Maturity." *Journal of Financial Economics* 54 (3): 295–336.

———. 2001. "Firms as Financial Intermediaries: Evidence from Trade Credit Data." Policy Research Working Paper 2696, World Bank, Washington, DC.

———. 2002. "Funding Growth in Bank-Based and Market-Based Financial Systems: Evidence from Firm-Level Data." *Journal of Financial Economics* 65 (3): 337–63.

Demombynes, Gabriel, and Aaron Thegeya. 2012. "Kenya's Mobile Revolution and the Promise of Mobile Savings." Policy Research Working Paper 5988, World Bank, Washington, DC.

Department of the Treasury, United States. 2011. "Banking on Opportunity: A Scan of the Evolving Field of Bank on Initiatives." Office of Financial Education and Financial Access, U.S. Department of the Treasury, Washington, DC. http://www.treasury.gov/resource-center/financial-education/documents/banking%20on%20opportunity%20nov%2011.pdf.

Diamond, Douglas. 1984. "Financial Intermediation and Delegated Monitoring." *Review of Economic Studies* 51 (3): 393–414.

Didier, Tatiana, and Sergio Schmukler. 2013. "The Financing and Growth of Firms in China and India." Policy Research Working Paper 6401, World Bank, Washington, DC.

Di Maro, Vincenzo, Aidan Coville, Siegfried Zottel, and Felipe Alexander Dunsch. 2013. "The Impact of Financial Literacy through Feature Films: Evidence from a Randomized Experiment in Nigeria." Unpublished paper, Financial Literacy and Education, Russia Trust Fund, World Bank, Washington, DC.

Ding, Lei, Roberto G. Quercia, and Janneke Ratcliffe. 2008. "Post-Purchase Counseling and Default Resolutions among Low- and Moderate-Income Borrowers." *Journal of Race, Ethnicity, and Religion* 30 (3): 315–44.

Di Tella, Rafael, Sebastian Galiani, and Ernesto Schargrodsky. 2007. "The Formation of Beliefs: Evidence from the Allocation of Land Titles to Squatters." *Quarterly Journal of Economics* 122 (1): 209–41.

Djankov, Simeon, Caralee McLiesh, and Andrei Shleifer. 2007. "Private Credit in 129 Countries." *Journal of Financial Economics* 84 (2): 299–329.

Djankov, Simeon, Yingyi Qian, Gerard Roland, and Ekaterina Zhuravskaya. 2006. "Entrepreneurship in Brazil, China, and Russia." CEFIR Working Paper 0066, Center for Economic and Financial Research, Moscow.

Doi, Yoko, David McKenzie, and Bilal Zia. 2012. "Who You Train Matters: Identifying Complementary Effects of Financial Education on Migrant Households." Policy Research Working Paper 6157, World Bank, Washington, DC.

Drexler, Alejandro, Greg Fischer, and Antoinette Schoar. 2011. "Keeping It Simple: Financial Literacy and Rules of Thumb." Working paper, Massachusetts Institute of Technology, Cambridge, MA.

Drugov, Mikhail, and Rocco Macchiavello. 2008. "Learning and Microlending." CEPR Discussion Paper DP7011, Centre for Economic Policy Research, London, U.K.

Duflo, Esther, and Emmanuel Saez. 2003. "The Role of Information and Social Interactions in Retirement Plan Decisions: Evidence from a Randomized Experiment." *Quarterly Journal of Economics* 118 (3): 815–42.

Duflos, Eric, and Jasmina Glisovic-Mézières. 2008. "National Microfinance Strategies." Brief 45100, Consultative Group to Assist the Poor, World Bank, Washington, DC.

Dupas, Pascaline, Sarah Green, Anthony Keats, and Jonathan Robinson. 2012. "Challenges in Banking the Rural Poor: Evidence from Kenya's Western Province." NBER Working Paper 17851, National Bureau of Economic Research, Cambridge, MA.

Dupas, Pascaline, and Jonathan Robinson. 2011. "Why Don't the Poor Save More? Evidence from Health Savings Experiments." NBER Working Paper 17255, National Bureau of Economic Research, Cambridge, MA.

———. 2013. "Savings Constraints and Microenterprise Development: Evidence from a Field Experiment in Kenya." *American Economic Journal: Applied Economics* 5 (1): 163–92.

Duygan-Bump, Burcu, and Charles Grant. 2009. "Household Debt Repayment Behaviour: What Role Do Institutions Play?" *Economic Policy* 24 (57): 107–40.

Dwyer, Peggy, James Gilkeson, and John List. 2002. "Gender Differences in Revealed Risk Taking: Evidence from Mutual Fund Investors." *Economics Letters* 76 (2): 151–58.

Edelberg, Wendy. 2004. "Testing for Adverse Selection and Moral Hazard in Consumer Loan

Markets." Working Paper 09/2004, Federal Reserve Board, Washington, DC.

Ehrbeck, Tilman, Mark Pickens, and Michael Tarazi. 2012. "Financially Inclusive Ecosystems: The Roles of Government Today." Focus Note 76, Consultative Group to Assist the Poor, World Bank, Washington, DC.

El-Zoghbi, Mayada, and Meritxell Martinez. 2012. "Can Postal Networks Advance Financial Inclusion in the Arab World?" Brief (April), Consultative Group to Assist the Poor, World Bank, Washington, DC.

El-Zoghbi, Mayada, and Michael Tarazi. 2013. "Trends in Shari'a-Compliant Financial Inclusion." CGAP Focus Note 84, Conslutative Group to Assist the Poor, Washington, DC.

Evans, David, and Boyan Jovanovic. 1989. "An Estimated Model of Entrepreneurial Choice under Liquidity Constraints." *Journal of Political Economy* 97 (4): 808–27.

Evans, David, and Richard Schmalensee. 1999. *Paying with Plastic: The Digital Revolution in Buying and Borrowing*. Cambridge, MA: MIT Press.

Evdokimov, Maxim. 2013. "From a Cash Economy to Digital Payments: Russia at the Crossroads." East-West Digital News. http://www.ewdn.com/2013/01/25/from-a-cash-economy-to-digital-payments-russia-at-the-crossroads/.

Fabbri, Daniela, and Mario Padula. 2004. "Does Poor Legal Enforcement Make Households Credit-Constrained?" *Journal of Banking and Finance* 28 (10): 2369–97.

Farazi, Subika. 2013. "Informal Firms and Financial Inclusion: Status and Determinants." Unpublished working paper, World Bank, Washington, DC.

Faz, Xavier, and Ted Moser. 2013. "Advancing Financial Inclusion through Use of Market Archetypes." Focus Note 86, Consultative Group to Assist the Poor, World Bank, Washington, DC.

Federal Deposit Insurance Corporation. 2009. "FDIC National Survey of Unbanked and Underbanked Households." http://www.fdic.gov/householdsurvey/.

Fernandes, Daniel, John G. Lynch, and Richard Netemeyer. Forthcoming. *A Meta-Analytic and Psychometric Investigation of the Effect of Financial Literacy on Downstream Financial Behaviors*. National Endowment for Financial Education, Denver, CO.

Feyen, Erik. 2010. "Finances of Egyptian Listed Firms and the Performance of the Egyptian Stock Exchange." Policy Research Working Paper 5213, World Bank, Washington, DC.

Field, Erica, Rohini Pande, John Papp, and Natalia Rigol. Forthcoming. "Does the Classic Microfinance Model Discourage Entrepreneurship among the Poor? Evidence from India." *American Economic Review*.

Financial Access Initiative, Ideas42, and International Finance Corporation. 2011. "Emergency (Hand) Loan." http://www.microfinancegateway.org/gm/document-1.9.56808/Emergency%20Hand%20Loan.pdf.

Financial Action Task Force. 2013. "Revised Guidance on Anti–Money Laundering/Combating Terrorist Financing and Financial Inclusion." Financial Action Task Force, Paris, France.

Financial Services Authority. 2012. "Regulatory Reform: PRA and FCA Regimes Relating to Aspects of Authorization and Supervision." http://www.fsa.gov.uk/static/pubs/cp/cp12-24.pdf.

Financial Stability Board. 2011. "Consumer Finance Protection with Particular Focus on Credit." http://www.financialstabilityboard.org/publications/r_111026a.pdf.

Fischer, Greg. Forthcoming. "Contract Structure, Risk Sharing, and Investment Choice." *Econometrica*.

Fishback, Bo, Christine Gulbranson, Robert Litan, Lesa Mitchell, and Marisa Porzig. 2007. "Finding Business 'Idols': A New Model to Accelerate Start-Ups." Unpublished working paper, Kauffman Foundation, Kansas City, MO.

Fisman, Raymond, Daniel Paravasini, and Vikrant Vig. 2012. "Cultural Proximity and Loan Outcomes." Unpublished working paper, London School of Economics, London, U.K.

Fleisig, Heywood, Mehnaz Safavian, and Nuria de la Peña. 2006. *Reforming Collateral Laws to Expand Access to Finance*. World Bank, Washington, DC.

Fletcher, Matthew, Rachel Freeman, Murat Sultanov, and Umedjan Umarov. 2005. *Leasing in Development: Lessons from Emerging Economies*. International Finance Corporation, Washington, DC.

Fletschner, Diana. 2008. "Women's Access to Credit: Does it Matter for Household Efficiency?" *American Journal of Agricultural Economics* 90 (3): 669–83.

———. 2009. "Rural Women's Access to Credit: Market Imperfections and Intrahousehold Dynamics." *World Development* 37 (3): 618–31.

Fletschner, Diana, and Dina Mesbah. 2011. "Gender Disparity in Access to Information: Do Spouses Share What They Know?" *World Development* 39 (8): 1422–33.

Flores-Roux, Ernesto, and Judith Mariscal. 2010. "The Enigma of Mobile Money Systems." *Communications and Strategies* 79: 41–62.

Fonseca, Raquel, Kathleen J. Mullen, Gema Zamarro, and Julie Zissimopoulos. 2012. "What Explains the Gender Gap in Financial Literacy? The Role of Household Decision Making." *Journal of Consumer Affairs* Spring 46 (1): 90–106.

Fornero, Elsa, and Chiara Monticone. 2011. "Financial Literacy and Pension Plan Participation in Italy." *Journal of Pension Economics and Finance* 10 (4): 547–64.

Foster, Andrew, and Mark Rosenzweig. 2003. "Agricultural Development, Industrialization, and Rural Inequality." Unpublished paper, Harvard University, Cambridge, MA.

Fracassi, Cesar, Mark Garmaise, Shimon Kogan, and Gabriel Natividad. 2013. "How Much Does Credit Matter for Entrepreneurial Success in the United States?" Unpublished working paper, University of California at Los Angeles, Los Angeles, CA.

Freixas, Xavier. 1991. "El mercado hipotecario español: Situación actual y proyecto de reforma." Fundación de Estudios de Economía Aplicada, Madrid, Spain.

Fuchs, Michael, Leonardo Iacovone, Thomas Jaeggi, Mark Napier, Roland Pearson, Giulia Pellegrini, and Carolina Villegas Sanchez. 2011. "Financing Small and Medium Enterprises in the Republic of South Africa." World Bank, Washington, DC.

Gabaix, Xavier, and David Laibson. 2005. "Shrouded Attributes, Consumer Myopia, and Information Suppression in Competitive Markets." *Quarterly Journal of Economics* 12 (2): 505–40.

Gale, William G., and Ruth Levine. 2010. "Financial Literacy: What Works? How Could It Be More Effective?" Rand Corporation Working Paper, Rand Corporation, Arlington, VA.

Galiani, Sebastian, and Ernesto Schargrodsky. 2010. "Property Rights for the Poor: Effects of Land Titling." *Journal of Public Economics* 94 (9–10): 700–29.

———. 2011a. "The Dynamics of Land Titling Regularization and Market Development." Working Paper 2011/88, United Nations University–World Institute for Development Economics Research, Helsinki, Finland.

———. 2011b. "Land Property Rights and Resource Allocation." *Journal of Law and Economics* 54 (4): S329–45.

Galindo, Arturo, and Margaret Miller. 2001. "Can Credit Registries Reduce Credit Constraints? Empirical Evidence on the Role of Credit Registries in Firm Investment Decisions." Paper presented at Inter-American Development Bank's 42nd Annual Meeting, Santiago, Chile, March 19–21.

Galindo, Arturo, and Fabio Schiantarelli. 2002. "Credit Constraints in Latin America: An Overview of Micro Evidence." Boston College Working Papers in Economics 537, Boston College, Boston, MA.

Galor, Oded, and Joseph Zeira. 1993. "Income Distribution and Macroeconomics." *Review of Economics Studies* 60 (1): 35–52.

Gaurav, Sarthak, and Ashish Singh. 2012. "An Inquiry into the Financial Literacy and Cognitive Ability of Farmers: Evidence from Rural India." *Oxford Development Studies* 40 (3): 358–80.

Gerardi, Kristopher, Lorenz Goette, and Stephen Meier. 2010. "Financial Literacy and the Subprime Mortgage Delinquency: Evidence from a Survey Matched to Administrative Data." Working Paper 2010–10, Federal Reserve Bank of Atlanta, Atlanta, GA.

Ghatak, Maitreesh. 1999. "Group Lending, Local Information, and Peer Selection." *Journal of Development Economics* 60 (1): 27–50.

———. 2000. "Screening by the Company You Keep: Joint Liability Lending and the Peer Selection Effect." *Economic Journal* 110 (465): 601–31.

Ghatak, Maitreesh, and Timothy Guinnane. 1999. "The Economics of Lending with Joint Liability: Theory and Practice." *Journal of Development Economics* 60 (1): 195–228.

Ghosh, Jayati. 2012. "Microfinance and the Challenge of Financial Inclusion for Development." Paper presented at the Annual Conference of the Central Bank of Argentina, October. http://

www.bcra.gov.ar/pdfs/eventos/JMB_2012_Ghosh.pdf.

Ghosh, Parikshit, and Debraj Ray. 2001. "Information and Enforcement in Informal Credit Markets." Working Paper (November), New York University, New York. http://web.cenet.org.cn/upfile/57373.pdf.

Gibson, John, David McKenzie, and Bilal Zia. 2012. "The Impact of Financial Literacy Training for Migrants." Policy Research Working Paper 6073, Impact Evaluation Series 57, World Bank, Washington, DC.

Giné, Xavier. 2009. "The Promise of Index Insurance." Finance and PSD Impact, No. 3, Lessons from DECRG-FP Impact Evaluations, World Bank, Washington, DC.

Giné, Xavier, Jessica Goldberg, and Dean Yang. 2012. "Credit Market Consequences of Improved Personal Identification: Field Experimental Evidence from Malawi." *American Economic Review* 102 (6): 2923–54.

Giné, Xavier, Pamela Jakiela, Dean Karlan, and Jonathan Morduch. 2010. "Microfinance Games." *American Economic Journal: Applied Economics* 2 (3): 60–95.

Giné, Xavier, and Martin Kanz. 2013. "The Economic Effects of a Borrower Bailout: Evidence from an Emerging Market." Working paper, World Bank, Washington, DC.

Giné, Xavier, and Dean Karlan. 2009. "Group Versus Individual Liability: Long-Term Evidence from Philippine Microcredit Lending Groups." Economic Department Working Paper 61, Yale University, New Haven, CT.

Giné, Xavier, and Stefan Klonner. 2005. "Credit Constraints as a Barrier to Technology Adoption by the Poor: Lessons from South Indian Small-Scale Fishery." Policy Research Working Paper 3665, World Bank, Washington, DC.

Giné, Xavier, and Ghazala Mansuri. 2012. "Money or Ideas? A Field Experiment on Constraints to Entrepreneurship in Rural Pakistan." Unpublished working paper, World Bank, Washington, DC.

Giné, Xavier, Cristina Martínez de Cuellar, and Rafael Mazer. 2013. "The Quality of Financial Services: Evidence from an Audit Study in Mexico." Working paper, World Bank, Washington, DC.

Giné, Xavier, Lev Menand, Robert M. Townsend, and James Vickery. 2010. "Microinsurance: A Case Study of the Indian Rainfall Index Insurance Market." Policy Research Working Paper 5459, World Bank, Washington, DC.

Giné, Xavier, and Dean Yang. 2009. "Insurance, Credit, and Technology Adoption: Field Experimental Evidence from Malawi." *Journal of Development Economics* 89 (1): 1–11.

Glisovic, Jasmina, and Meritxell Martinez. 2012. "Financing Small Enterprises: What Role for Microfinance Institutions?" Focus Note 81, Consultative Group to Assist the Poor, World Bank, Washington, DC.

Goldstein, Markus, and Christopher Udry. 2008. "The Profits of Power: Land Rights and Agricultural Investment in Ghana." *Journal of Political Economy* 116 (6): 981–1022.

Gonzalez-Vega, Claudio, Mark Schreiner, Richard Meyer, Jorge Rodriguez, and Sergio Navajas. 1997. "The Challenge of Growth for Microfinance Organizations: The Case of Banco Solidario in Bolivia." In *Microfinance for the Poor?*, edited by Hartmut Schneider, 129–70. Paris: Organisation for Economic Co-operation and Development.

GPFI (Global Partnership for Financial Inclusion). 2010. "G20 Financial Inclusion Action Plan." http://www.gpfi.org/our-work/work-plans/g20-financial-inclusion-action-plan.

———. 2011a. "G20 Principles for Innovative Financial Inclusion." Alliance for Financial Inclusion, Bangkok, Thailand. http://www.gpfi.org/knowledge-bank/publications?page=1.

———. 2011b. "Financial Inclusion Data: Assessing the Landscape and Country-Level Target Approaches." International Finance Corporation, Washington, DC. http://www.gpfi.org/sites/default/files/documents/WORKING DATA.pdf.

———. 2011c. "Strengthening Access to Finance for Women-Owned SMEs in Developing Countries." International Finance Corporation, Washington, DC. http://www.gpfi.org/sites/default/files/documents/Strengthening.pdf.

———. 2011d. "Scaling-Up Access to Finance for Agricultural SMEs." http://www.gpfi.org/knowledge-bank/publications.

———. 2011e. "Scaling-Up SME Access to Financial Services in the Developing World." http://www.gpfi.org/knowledge-bank/publications.

———. 2011f. "SME Finance Policy Guide." http://www.gpfi.org/knowledge-bank/publications.

———. 2011g. "Global Standard-Setting Bodies and Financial Inclusion for the Poor." http://www.gpfi.org/knowledge-bank/publications.

———. 2011h. "GPFI Report on the G-20 Leaders." http://www.gpfi.org/knowledge-bank/publications.

———. 2011i. "Toward Universal Access: Addressing the Global Challenge of Financial Inclusion." http://www.gpfi.org/knowledge-bank/publications.

———. 2011j. "Principles and Report on Innovative Financial Inclusion." http://www.gpfi.org/knowledge-bank/publications.

———. 2012. "Financial Inclusion—A Pathway to Financial Stability? Understanding the Linkages." http://www.gpfi.org/knowledge-bank/publications.

Green, Anke. 2003. "Credit Guarantee Schemes for Small Enterprises: An Effective Instrument to Promote Private Sector-Led Growth?" UNIDO SME Technical Working Paper Series 10, United Nations Industrial Development Organization, Vienna, Austria.

Green, Edward. 1987. "Lending and the Smoothing of Uninsurable Income." In *Contractual Arrangements for Intertemporal Trade*, edited by Edward Prescott and Neil Wallace, 3–25. Minneapolis, MN: University of Minnesota Press.

Gross, David, and Nicholas Souleles. 2002. "Do Liquidity Constraints and Interest Rates Matter for Consumer Behavior? Evidence from Credit Card Data." *Quarterly Journal of Economics* 117 (1): 149–85.

Group of 20 Financial Inclusion Experts. 2010. "Innovative Financial Inclusion: Principles and Report on Innovative Financial Inclusion from Access through Innovation Sub-Group of the G20 Financial Inclusion Experts Group." ATISG Report, Canberra, Australia.

Gu, Yiquan, and Tobias Wenzel. 2011. "Strategic Obfuscation and Consumer Protection Policy in Financial Markets: Theory and Experimental Evidence." DICE Discussion Paper 76, Düsseldorf Institute for Competition Economics, Heinrich-Heine-Universität Düsseldorf, Düsseldorf, Germany. http://www.webmeets.com/files/papers/earie/2012/308/complexity_4.pdf.

Gul, Faruk, and Wolfgang Pesendorfer. 2004. "Self-Control, Revealed Preference and Consumption Choice." *Review of Economic Dynamics* 7 (2): 243–64.

Gutierrez, Eva, Heinz Rudolph, Theodore Homa, and Enrique Blanco Beneit. 2011. "Development Banks: Role and Mechanisms to Increase Their Efficiency." Policy Research Working Paper 5729, World Bank, Washington, DC.

Gutierrez, Eva, and Sandeep Singh. 2013. "What Regulatory Frameworks Are More Conducive to Mobile Banking? Empirical Evidence from FINDEX." Policy Research Working Paper 5729, World Bank, Washington, DC.

Hall, Bronwyn H., and Josh Lerner. 2010. "The Financing of R&D and Innovation." In *Handbook of the Economics of Innovation*, edited by Bronwyn H. Hall and Nathan Rosenberg, 609–39. Amsterdam: Elsevier-North Holland.

Hallward-Driemeier, Mary, and Tazeen Hasan. 2012. *Empowering Women: Legal Rights and Economic Opportunities in Africa*. Africa Development Forum series. Washington, DC: World Bank.

Haltiwanger, John, Ron Jarmin, and Javier Miranda. 2010. "Who Creates Jobs? Small vs. Large vs. Young." NBER Working Paper 16300, National Bureau of Economic Research, Cambridge, MA.

Haselmann, Rainer, and Paul Wachtel. 2010. "Institutions and Bank Behavior: Legal Environment, Legal Perception, and the Composition of Bank Lending." *Journal of Money, Credit, and Banking* 42 (5): 965–84.

Hashemi, Syed M., and Aude de Montesquiou. 2011. "Reaching the Poorest: Lessons from the Graduation Model." Focus Note 69, Consultative Group to Assist the Poor, World Bank, Washington, DC.

Hastings, Justine S., Brigitte C. Madrian, and William L. Skimmyhorn. 2012. "Financial Literacy, Financial Education and Economic Outcomes." NBER Working Paper 18412, National Bureau of Economic Research, Cambridge, MA.

Hathaway, Ian, and Sameer Khatiwada. 2008. "Do Financial Education Programs Work?" Working Paper 08–03, Federal Reserve Bank of Cleveland, Cleveland, OH.

He, Xin, Jeffrey Inman, and Vikas Mittal. 2008. "Gender Jeopardy in Financial Risk Taking." *Journal of Marketing Research* 45 (4): 414–24.

Heidhues, Paul, and Botond Koszegi. 2010. "Exploiting Naivete about Self Control in the

Credit Market." *American Economic Review* 100 (5): 2279–303.

Henderson, Brian J., and Neil D. Pearson. 2011. "The Dark Side of Financial Innovation: A Case Study of the Pricing of a Retail Financial Product." *Journal of Financial Economics* 100 (2): 227–47.

Höllinger, Frank, Lamon Rutten, and Krassimir Kiriakov. 2009. *The Use of Warehouse Receipt Finance in Agriculture in Transition Countries.* FAO Investment Centre, Food and Agriculture Organization of the United Nations, Rome, Italy.

Holzmann, Robert, Florentina Mulaj, and Valeria Perotti. 2013. "Financial Capability in Low- and Middle-Income Countries: Measurement and Evaluation." Working paper, Financial Literacy and Education, Russia Trust Fund, World Bank, Washington, DC.

Honohan, Patrick. 2003. "Avoiding the Pitfalls in Taxing Financial Intermediation." Policy Research Working Paper 3056, World Bank, Washington, DC.

———. 2004. "Financial Sector Policy and the Poor: Selected Issues and Evidence." World Bank Working Paper 43, World Bank, Washington, DC.

———. 2008. "Cross-Country Variation in Household Access to Financial Services." *Journal of Banking and Finance* 32 (11): 2493–500.

———. 2009. "Household Financial Assets in the Process of Development." Chapter 13 in *Personal Wealth from a Global Perspective*, edited by James B. Davies. New York, NY: Oxford University Press.

———. 2010. "Partial Credit Guarantees: Principles and Practice." *Journal of Financial Stability* 6 (1): 1–9.

Hsieh, Chang-Tai, and Peter Klenow. 2012. "The Life Cycle of Plants in India and Mexico." Unpublished working paper, University of Chicago, Chicago, IL.

Humphrey, David, and Robert Hunt. 2012. "Getting Rid of Paper: Savings from Check." Federal Reserve Bank of Philadelphia, Philadelphia, PA.

IASB (International Accounting Standards Board). 2012. *A Guide to the IFRS for SMEs*. IASB, London, U.K.

IFC (International Finance Corporation). 2010a. *The SME Banking Knowledge Guide*. IFC, Washington, DC.

———. 2010b. *Scaling-Up SME Access to Financial Services in the Developing World.* IFC, Washington, DC.

———. 2012a. *Credit Reporting Knowledge Guide*. IFC, Washington, DC.

———. 2012b. *Why Banks in Emerging Markets Are Increasingly Providing Non-Financial Services to Small and Medium Enterprises*. IFC, Washington, DC.

———. 2012c. *Innovative Agricultural SME Finance Models*. Global Partnership for Financial Inclusion and IFC, Washington, DC.

Inderst, Roman, and Marco Ottaviani. 2012. "Financial Advice." *Journal of Economic Literature* 50 (2): 494–512.

International Association of Insurance Supervisors. 2012. "Application Paper on Regulation and Supervision Supporting Inclusive Insurance Markets." Microinsurance Network Joint Working Group, International Association of Insurance Supervisors, Basel, Switzerland.

Jack, William, and Tavneet Suri. 2011. "Mobile Money: The Economics of M-Pesa." NBER Working Paper 16721, National Bureau of Economic Research, Cambridge, MA.

Jacoby, Hanan, Guo Li, and Scott Rozelle. 2002. "Hazards of Expropriation: Tenure Insecurity and Investment in Rural China." *American Economic Review* 92 (5): 1420–47.

Jain, Anil, and Robert M. Townsend. 2013. "A Model of Two-Sided Markets in a Walrasian Framework: Payments, Platforms, and Pricing." Unpublished paper, Massachusetts Institute of Technology, Cambridge, MA.

Jakiela, Pamela, and Owen Ozier. 2011. "Does Africa Need a Rotten Kin Theorem? Experimental Evidence from Village Economies." Policy Research Working Paper 6085, World Bank, Washington, DC.

Jappelli, Tullio, and Marco Pagano. 2002. "Information Sharing, Lending, and Defaults: Cross-Country Evidence." *Journal of Banking and Finance* 26 (10): 2017–45.

———. 2006. "The Role and Effects of Credit Information Sharing." In *The Economics of Consumer Credit*, edited by Giuseppe Bertola, Richard Disney, and Charles Grant, 347–72. Cambridge, MA: MIT Press.

Jappelli, Tullio, Marco Pagano, and Magda Bianco. 2005. "Courts and Banks: Effects of Judicial Enforcement on Credit Markets." *Journal of Money, Credit, and Banking* 37 (2): 223–44.

Jayaratne, Jith, and Philip Strahan. 1996. "The Finance-Growth Nexus: Evidence from Bank Branch Deregulation." *Quarterly Journal of Economics* 111 (3): 639–70.

———. 1998. "Entry Restrictions, Industry Evolution, and Dynamic Efficiency: Evidence from Commercial Banking." *Journal of Law and Economics* 41 (1): 239–74.

Jeng, Leslie, and Philippe Wells. 2000. "The Determinants of Venture Funding: Evidence across Countries." *Journal of Corporate Finance* 6 (1): 241–89.

Johnson, Simon, and James Kwak. 2012. "Is Financial Innovation Good for the Economy?" *Innovation Policy and the Economy* 12 (1): 1–16.

Johnston, Don, and Jonathan Morduch. 2008. "The Unbanked: Evidence from Indonesia." *World Bank Economic Review* 22 (3): 517–37.

Kaboski, Joseph, and Robert M. Townsend, 2005. "Policies and Impact: An Evaluation of Village-Level Microfinance Institutions." *Journal of the European Economic Association* 3 (1): 1–50.

———. 2011. "A Structural Evaluation of a Large-Scale Quasi-Experimental Microfinance Initiative." *Econometrica* 79 (5): 1357–406.

———. 2012. "The Impact of Credit on Village Economies." *American Economic Journal: Applied Economics* 4 (2): 98–133.

Kanz, Martin. 2012. "What Does Debt Relief Do for Development? Evidence from India's Bailout Program for Highly Indebted-Rural Households." Policy Research Working Paper 6258, World Bank, Washington, DC.

Karim, Nimrah, Michael Tarazi, and Xavier Reille. 2008. "Islamic Microfinance: An Emerging Market Niche" CGAP Focus Note 49, Consultative Group to Assist the Poor, Washington, DC.

Karlan, Dean. 2007. "Social Connections and Group Banking." *Economic Journal* 117 (517): F52–84.

Karlan, Dean, Edward Kutsoati, Margaret McConnell, Margaret McMillan, and Christopher Udry. 2012. "Savings Account Labeling in Ghana." Abdul Latif Jameel Poverty Action Lab, Massachusetts Institute of Technology, Cambridge, MA. http://www.povertyactionlab.org/evaluation/savings-account-labeling-ghana.

Karlan, Dean, Margaret McConnell, Sendhil Mullainathan, and Jonathan Zinman. 2010. "Getting to the Top of Mind. How Reminders Increase Saving." NBER Working Paper 16205, National Bureau of Economic Research, Cambridge, MA.

Karlan, Dean, Melanie Morten, and Jonathan Zinman. 2012. "A Personal Touch: Text Messaging and Loan Repayment." NBER Working Paper 17952, National Bureau of Economic Research, Cambridge, MA.

Karlan, Dean, Robert Darko Osei, Isaac Osei-Akoto, Christopher Udry. 2012. "Agricultural Decisions after Relaxing Credit and Risk Restraints." Unpublished working paper, Yale University, New Haven, CT.

Karlan, Dean, Isaac Osei-Akoto, Robert Osei, and Christopher Udry. 2012. "Examining Underinvestment in Agriculture: Measuring Returns to Capital and Insurance." Innovations for Poverty Action, New Haven, CT.

Karlan, Dean, and Jonathan Zinman. 2009. "Observing Unobservables: Identifying Information Asymmetries with a Consumer Credit Field Experiment." *Econometrica* 77 (6): 1993–2008.

———. 2010. "Expanding Credit Access: Using Randomized Supply Decisions to Estimate the Impacts." *Review of Financial Studies* 23 (1): 433–64.

———. 2011. "Microcredit in Theory and Practice: Using Randomized Credit Scoring for Impact Evaluation." *Science* 332 (6035): 1278–84.

Keeton, William R. 1979. *Equilibrium Credit Rationing*. New York: Garland Press.

———. 1995. "Multi-Office Bank Lending to Small Businesses: Some New Evidence." *Federal Reserve Bank of Kansas City Economic Review* 80 (2): 45–57.

Kempson, Elaine, Valeria Perotti, and Kinnon Scott. 2013. "Measuring Financial Capability: Questionnaires and Implementation Guidance for Low- and Middle-Income Countries." Working paper, Financial Literacy and Education, Russia Trust Fund, World Bank, Washington, DC.

Kendall, Jake, Natalia Mylenko, and Alejandro Ponce. 2010. "Measuring Financial Access around the World." Policy Research Working Paper 5253, World Bank, Washington, DC.

Kerr, William, Josh Lerner, and Antoinette Schoar. Forthcoming. "The Consequences of Entrepreneurial Finance: Evidence from Angel Financings." *Review of Financial Studies.*

Khandker, Shahidur. 2005. "Microfinance and Poverty: Evidence Using Panel Data from Bangladesh." *World Bank Economic Review* 19 (2): 263–86.

Khandker, Shahidur, Hussain Samad, and Rubaba Ali. 2013. "Does Access to Finance Matter in Microenterprise Growth? Evidence from Bangladesh." Policy Research Working Paper 6333, World Bank, Washington, DC.

Kim, Youngmi, and Michael Sherraden. 2011. "Do Parental Assets Matter for Children's Educational Attainment? Evidence from Mediation Tests." *Children and Youth Services Review* 33 (6): 969–79.

King, Robert, and Ross Levine. 1993. "Finance and Growth: Schumpeter Might Be Right." *Quarterly Journal of Economics* 108 (3): 717–37.

Kinnan, Cynthia, and Robert M. Townsend. 2012. "Kinship and Financial Networks, Formal Financial Access, and Risk Reduction," *American Economic Review Papers and Proceedings* 102 (3): 289–93.

Klapper, Leora. 2006. "The Role of Factoring for Financing Small and Medium Enterprises." *Journal of Banking and Finance* 30 (11): 3111–30.

Klapper, Leora, Luc Laeven, and Raghuram Rajan. 2006. "Entry Regulation as a Barrier to Entrepreneurship." *Journal of Financial Economics* 82 (3): 591–629.

Klapper, Leora, and Inessa Love. 2011. "The Impact of the Financial Crisis on New Firm Registration." *Economic Letters* 113 (1): 1–4.

Klapper, Leora, and Giogios Panos. 2011. "Financial Literacy and Retirement Planning: The Russian Case." *Journal of Pension Economics and Finance* 10 (4): 599–618.

Klapper, Leora, and Simon Parker. 2011. "Gender and the Business Environment for New Firm Creation." *World Bank Research Observer* 26 (2): 237–57.

Klein, Daniel. 1992. "Promise Keeping in the Great Society: A Model of Credit Information Sharing." *Economics and Politics* 4 (2): 117–36.

Kloeppinger-Todd, Renate, and Mahohar Sharma, eds. 2010. "Innovations in Rural and Agriculture Finance." Focus Note 18, International Food Policy Research Institute and the World Bank, Washington, DC.

Kugler, Maurice, and Reza Ofoghi. 2005. "Does Insurance Promote Economic Growth? Evidence from the U.K." Working paper, University of Southampton, Southampton, U.K.

Kumhof, Michael, and Romain Ranciere. 2010. "Inequality, Leverage, and Crises." IMF Working Paper 10/268, International Monetary Fund, Washington, DC.

———. 2011. "Unequal = Indebted." *Finance and Development* 48 (3): 25–27.

Laeven, Luc. 2003. "Does Financial Liberalization Reduce Financing Constraints?" *Financial Management* 32 (1): 5–34.

Laeven, Luc, and Fabian Valencia. 2012. "Systemic Banking Crisis Database: An Update." IMF Working Paper 08/224, International Monetary Fund, Washington, DC.

Laibson, David. 1997. "Golden Eggs and Hyperbolic Discounting." *Quarterly Journal of Economics* 112 (2): 443–77.

La Porta, Rafael, Florencio Lopez-de-Silanes, Andrei Shleifer, and Robert Vishny. 1997. "Legal Determinants of External Finance." *Journal of Finance* 52 (3): 1131–50.

———. 1998. "Law and Finance." *Journal of Political Economy* 106 (6): 1113–55.

Larraín, Christian, and Jorge Quiroz. 2006. "Evaluación de la Adicionalidad del Fondo de Garantías de Pequeñas Empresas." Working paper, BancoEstado, Santiago, Chile.

Lelarge, Claire, David Sraer, and David Thesmar. 2008. "Entrepreneurship and Credit Constraints: Evidence from a French Loan Guarantee Program." Unpublished working paper, National Bureau of Economic Research, Cambridge, MA.

Lerner, Josh, and Antoinette Schoar. 2005. "Does Legal Enforcement Affect Financial Transactions?" *Quarterly Journal of Economics* 120 (1): 223–46.

Levine, Ross. 1998. "The Legal Environment, Banks, and Long-Run." *Journal of Money, Credit, and Banking* 30 (3): 596–613.

———. 1999. "Law, Finance, and Economic Growth." *Journal of Financial Intermediation* 8 (1–2): 8–35.

———. 2002. "Bank-Based or Market-Based Financial Systems: Which Is Better?" *Journal of Financial Intermediation* 11 (4): 398–428.

———. 2005. "Finance and Growth: Theory and Evidence." In *Handbook of Economic Growth, Vol. 1*, edited by Philippe Aghion and Steven Durlauf, 865–934. Amsterdam, the Netherlands: North-Holland Elsevier.

Levine, Ross, and Sara Zervos. 1998. "Stock Markets, Banks, and Economic Growth." *American Economic Review* 88 (3): 537–58.

Levy-Yeyati, Eduardo, Alejandro Micco, and Ugo Panizza. 2007. "A Reappraisal of State-Owned Banks." *Economica* 7 (2): 209–47.

Lewis, Logan, Bernardo Morais, and Claudia Ruiz. 2013. "Banking Competition and Collusion." Unpublished working paper, World Bank, Washington, DC.

Li, Hongyi, Lyn Squire, and Heng-Fu Zou. 1998. "Explaining International and Intertemporal Variations in Income Inequality." *Economic Journal* 108 (446): 26–43.

Li, Hongyi, Lixin Colin Xu, and Heng-Fu Zou. 2000. "Corruption, Income Distribution, and Growth." *Economics and Politics* 12 (2): 155–82.

Lim, Youngjae, and Robert M. Townsend. 1998. "General Equilibrium Models of Financial Systems: Theory and Measurement in Village Economies." *Review of Economic Dynamics* 1 (1): 59–118.

Love, Inessa, and María Soledad Martínez Pería. 2012. "How Bank Competition Affects Firms' Access to Finance." Policy Research Working Paper 6163, World Bank, Washington, DC.

Love, Inessa, María Soledad Martínez Pería, and Sandeep Singh. 2013. "Collateral Registries for Movable Assets: Does Their Introduction Spur Firms' Access to Bank Finance?" Policy Research Working Paper 6477, World Bank, Washington, DC.

Love, Inessa, and Nataliya Mylenko. 2003. "Credit Reporting and Financing Constraints." Policy Research Working Paper 3142, World Bank, Washington, DC.

Love, Inessa, Lorenzo Preve, and Virginia Sartia-Allende. 2007. "Trade Credit and Bank Credit: Evidence from Recent Financial Crises." *Journal of Financial Economics* 83 (2): 453–69.

Love, Inessa, and Susana Sanchez. 2009. "Credit Constraints and Investment Behavior in Mexico's Rural Economy." Policy Research Working Paper 5014, World Bank, Washington, DC.

Lusardi, Annamaria, Robert Clark, Jonathan Fox, John Grable, and Ed Taylor. 2010. "Promising Learning Strategies, Interventions, and Delivery Methods in Financial Literacy Education: What Techniques, Venues, Tactics, Mechanisms, etc., Show the Most Promise to Promote and Achieve Financial Well-Being?" Colloquium paper, National Endowment for Financial Education, Denver, CO.

Lusardi, Annamaria, and Olivia Mitchell. 2007. "Baby Boomer Retirement Security: The Roles of Planning, Financial Literacy, and Housing Wealth." *Journal of Monetary Economics* 54 (1): 205–24.

———. 2008. "Planning and Financial Literacy: How Do Women Fare?" *American Economic Review* 98 (2): 413–17.

———. 2011a. "Financial Literacy around the World: An Overview." *Journal of Pension Economics and Finance* 10 (4): 497–508.

———. 2011b. "Financial Literacy and Retirement in the United States." *Journal of Pension Economics and Finance* 10 (4): 509–25.

Lusardi, Annamaria, and Peter Tufano. 2009. "Debt Literacy, Financial Experiences and Overindebtedness." NBER Working Paper 14808, National Bureau of Economic Research, Cambridge, MA.

Lützenkirchen, Cédric, and Christian Weistroffer. 2012. "Microfinance in Evolution: An Industry between Crisis and Advancement." *Current Issues*. Deutsche Bank Research, Frankfurt, Germany.

Lyman, Timothy, Mark Pickens, and David Porteous. 2008. "Regulating Transformational Branchless Banking: Mobile Phones and Other Technology to Increase Access to Finance." Focus Note 43, Consultative Group to Assist the Poor, World Bank, Washington, DC.

Maddedu, Oscar. 2010. "The Status of Information Sharing and Credit Reporting Infrastructure in the Middle East and North Africa." World Bank, Washington, DC.

Mader, Philip. 2013. "Rise and Fall of Microfinance in India: The Andhra Pradesh Crisis in Perspective." *Strategic Change* 22 (1–2): 47–66.

Maimbo, Samuel Munzele, ed. 2006. "Remittances and Economic Development in Somalia: An Overview." Social Development Paper 38, World Bank, Washington, DC.

Mandell, Lewis. 2008. *The Financial Literacy of Young American Adults: Results of the 2008 National Jump$tart Coalition Survey of High School Seniors and College Students*. Washington, DC: Jump$tart Coalition for Personal Financial Literacy.

Mandell, Lewis, and Linda Schmid Klein. 2007. "Motivation and Financial Literacy." *Financial Services Review* 16 (2): 105–16.

———. 2011. "Financial Literacy around the World: An Overview." *Journal of Pension Economics and Finance* 10 (4): 497–508.

Marotta, Giuseppe. 2005. "Is Trade Credit More Expensive Than Bank Credit Loans? Evidence from Italian Firm-Level Data." *Applied Economics* 37 (4): 403–16.

Martin, Matthew. 2007. "Literature Review on the Effectiveness of Financial Education." Working Paper 07–03, Federal Reserve Bank of Richmond, Richmond, VA.

Mas, Ignacio. 2009. "The Economics of Branchless Banking." *Innovations, MIT Press* 4 (2): 57–76.

Mas, Ignacio, and Kabir Kumar. 2008. "Banking on Mobiles: Why, How, for Whom?" Focus Note 48, Consultative Group to Assist the Poor, World Bank, Washington, DC.

Massoud, Nadia, Anthony Saunders, and Barry Scholnick. 2007. "Who Makes Credit Card Mistakes." Unpublished working paper, Philadelphia Federal Reserve, Philadelphia, PA.

Maurer, Klaus, and Justyna Pytkowska. 2010. "Indebtedness of Microcredit Clients in Bosnia and Herzegovina: Results from a Comprehensive Field Study." Responsible Finance Studies, European Fund for Southeast Europe and Microfinance Center, Warsaw, Poland.

Mbiti, Isaac, and David Weil. 2011. "Mobile Banking: The Impact of M-Pesa in Kenya." NBER Working Paper 17129, National Bureau of Economic Research, Cambridge, MA.

McKee, Kate, Estelle Lahaye, and Antonique Koning. 2011. "Responsible Finance: Putting Principles to Work." Focus Note 73, Consultative Group to Assist the Poor, World Bank, Washington, DC.

McKenzie, David, and Christopher Woodruff. 2008. "Experimental Evidence on Returns to Capital and Access to Finance in Mexico." *World Bank Economic Review* 22 (3): 457–82.

———. Forthcoming. "What Are We Learning from Business Training and Entrepreneurship Evaluations around the Developing World?" *World Bank Research Observer*, World Bank, Washington, DC.

McMillan, John, and Christopher Woodruff. 1999. "Interfirm Relationships and Informal Credit in Vietnam." *Quarterly Journal of Economics* 114 (4): 1285–320.

Meador, Mark. 1982. "The Effects of Mortgage Laws on the Home Mortgage Rates." *Journal of Economics and Business* 34 (2): 143–48.

Melecký, Martin, and Anca Maria Podpiera. 2012. "Institutional Structures of Financial Sector Supervision, Their Drivers, and Emerging Benchmark Models." World Bank, Washington, DC.

Merton, Robert. 1992. "Financial Innovation and Economic Performance." *Journal of Applied Corporate Finance* 4 (4): 12–22.

Merton, Robert, and Zvi Bodie. 1995. "A Conceptual Framework for Analyzing the Financial Environment." In *The Global Financial System: A Functional Perspective*, edited by D. B. Crane, K. A. Froot, S. P. Mason, A. Perold, R. C. Merton, Z. Bodie, E. R. Sirri, and P. Tufano, 3–31. Boston, MA: Harvard Business School Press.

———. 2004. "The Design of Financial Systems: Towards a Synthesis of Function and Structure." NBER Working Paper 10620, National Bureau of Economic Research, Cambridge, MA.

Mester, Loretta, Leonard Nakamura, and Micheline Renault. 2007. "Transactions Accounts and Loan Monitoring." *Review of Financial Studies* 20 (3): 529–56.

Miller, Calvin, and Linda M. Jones. 2010. *Agricultural Value Chain Finance: Tools and Lessons*. Rome: Food and Agriculture Organization of the United Nations; Warwickshire, U.K.: Practical Action.

Miller, Margaret. 2003. *Credit Reporting Systems and the International Economy*. Cambridge, MA: MIT Press.

Miller, Margaret, Julia Reichelstein, Christian Salas, and Bilal Zia. 2013. "Can You Teach

Someone to Be Financially Capable? A Meta-analysis of the Literature." Background paper, World Bank, Washington, DC.

Mischel, Walter, Yuichi Shoda, and Monica Rodriguez. 1989. "Delay of Gratification in Children." *Science* May (26): 933–38.

Mobarak, Ahmed, and Mark Rosenzweig. 2012. "Selling Formal Insurance to the Informally Insured." Economics Department Working Paper 97, Yale University, New Haven, CT.

Mohieldin, Mahmoud, Zamir Iqbal, Ahmed Rostom, and Xiaochen Fu. 2011. "The Role of Islamic Finance in Enhancing Financial Inclusion in Organization of Islamic Cooperation Countries." Policy Research Working Paper 4435, World Bank, Washington, DC.

Morduch, Jonathan. 1999. "The Role of Subsidies in Microfinance: Evidence from the Grameen Bank." *Journal of Development Economics* 60 (1): 229–48.

Morduch, Jonathan, and Dean Karlan. 2009. "Access to Finance." In *Handbook of Development Economics*, vol. 5, edited by Dani Rodrik and Mark Rosenzweig, 4704–84. Amsterdam: North-Holland.

Moscarini, Guiseppe, and Fabien Postel-Vinay. Forthcoming. "The Contribution of Large and Small Employers to Job Creation in Times of High and Low Unemployment." *American Economic Review*.

Mulkay, Benoît, and Jacques Mairesse. 2013. "The R&D Tax Credit in France: Assessment and Ex-Ante Evaluation of the 2008 Reform." NBER Working Paper 19073, National Bureau of Economic Research, Cambridge, MA.

Munshi, Kaivan, and Mark Rosenzweig. 2005. "Why Is Mobility in India So Low? Social Insurance, Inequality, and Growth." BREAD Working Paper 97, Bureau for Research and Economic Analysis of Development, Durham, NC.

Muravyev, Alexander, Dorothea Schäfer, and Oleksandr Talavera. 2009. "Entrepreneurs' Gender and Financial Constraints: Evidence from International Data." *Journal of Comparative Economics* 37 (2): 270–86.

Nair, Praveen, and Avneesh Kaicker. 2009. "Secondary Trading Exchange: Feasibility Study for India." Working paper, SP Jain Center of Management, Singapore.

NEDA (National Economic and Development Authority of the Philippines). 2011. "Philippine Development Plan 2011–2016." NEDA, Pasig City, the Philippines. http://devplan.neda.gov.ph/.

Nenova, Tititana, Cecile Thioro Nang, and Anjum Ahmad. 2009. *Bringing Finance to Pakistan's Poor: Access to Finance for Small Enterprises and the Underserved*. Washington, DC: World Bank.

OECD (Organisation for Economic Co-operation and Development). 2005. *Oslo Manual: Guidelines for Collecting and Interpreting Innovation Data*. Paris: OECD.

———. 2011a. *Financing High-Growth Firms: The Role of Angel Investors*. Paris: OECD.

———. 2011b. *G20 High Level Principles on Financial Consumer Protection*. OECD, Paris.

Ongena, Steven, and Ilkay Sendeniz-Yuncu. 2011. "Which Firms Engage Small, Foreign, or State Banks? And Who Goes Islamic? Evidence from Turkey." *Journal of Banking and Finance* 35 (12): 3213–24.

Osmani, Lutfun. 2007. "A Breakthrough in Women's Bargaining Power: The Impact of Microcredit." *Journal of International Development* 19 (5): 695–716.

Padilla, Jorge, and Marco Pagano. 2000. "Sharing Default Information as a Borrower Discipline Device." *European Economic Review* 44 (10): 1951–80.

Pagano, Marco, and Tullio Jappelli. 1993. "Information Sharing in Credit Markets." *Journal of Finance* 48 (5): 1693–718.

Pande, Rohini, Shawn Cole, Anitha Sivasankaran, Gautam Gustav Bastian, and Katherine Durlacher. 2012. *Does Poor People's Access to Formal Banking Services Raise their Incomes?* London, U.K.: EPPI-Centre, Social Science Research Unit, Institute of Education, University of London.

Paweenawat, Archawa, and Robert M. Townsend. 2012. "Village Economic Accounts: Real and Financial Intertwined." *American Economic Review Papers and Proceedings* 102 (3): 441–46.

Phelan, Christopher, and Robert M. Townsend. 1991. "Computing Multiperiod Information-Constrained Optima." *Review of Economic Studies* 58 (5): 853–81.

Pickens, Mark, David Porteous, and Sarah Rotman. 2009. "Banking the Poor via G2P Payments." Focus Note 58, Consultative Group to Assist the Poor, World Bank, Washington, DC.

Pitt, Mark, and Shahidur Khandker. 1998. "The Impact of Group-Based Credit on Poor Households in Bangladesh: Does the Gender of Participants Matter?" *Journal of Political Economy* 106 (5): 958–96.

Porteous, David. 2005. *Making Financial Markets Work for the Poor*. Johannesburg, South Africa: FinMark Trust.

Prescott, Edward, and Robert M. Townsend. 1984a. "General Competitive Analysis in an Economy with Private Information." *International Economic Review* 25 (1): 1–20.

———. 1984b. "Pareto Optima and Competitive Equilibria with Adverse Selection and Moral Hazard." *Econometrica* 52 (1): 21–45.

Qian, Jun, and Philip Strahan. 2007. "How Laws and Institutions Shape Financial Contracts: The Case of Bank Loans." *The Journal of Finance* 62 (6): 2803–34.

Quercia, Roberto, and Jonathan Spader. 2008. "Does Homeownership Counseling Affect the Prepayment and Default Behavior of Affordable Mortgage Borrowers?" *Journal of Policy Analysis and Management* 27 (2): 304–25.

Rajan, Raghuram G. 2010. *Fault Lines: How Hidden Fractures Still Threaten the World Economy*. Princeton, NJ: Princeton University Press.

Rajan, Raghuram G., and Luigi Zingales. 1998. "Financial Dependence and Growth." *American Economic Review* 88 (3): 559–86.

Rajan, Uday, Amit Seru, and Vikrant Vig. Forthcoming. "The Failure of Models That Predict Failure: Distance, Incentives, and Defaults." *Journal of Financial Economics*.

Rashid, Shahidur, Alex Winter-Nelson, and Philip Garcia. 2010. "Purpose and Potential for Commodity Exchanges in African Economies." IFPRI Discussion Paper 01035, International Food Policy Research Institute, Washington, DC.

Ravallion, Martin, and Gaurav Datt. 1996. "How Important to India's Poor Is the Sectoral Composition of Economic Growth?" *World Bank Economic Review* 10 (1): 1–25.

Rhyne, Elizabeth. 2009. *Microfinance for Bankers and Investors: Understanding the Opportunities and Challenges of the Market at the Bottom of the Pyramid*. New York, NY: McGraw Hill.

Rocha, Roberto, Subika Farazi, Rania Khouri, and Douglas Pearce. 2010. "The Status of Bank Lending to SMEs in the Middle East and North Africa Region: The Results of a Joint Survey of the Union of Arab Banks and the World Bank." Working paper, World Bank, Washington, DC.

Roodman, David. 2011. *Due Diligence: An Impertinent Inquiry into Microfinance*. Center for Global Development, Washington, DC.

———. 2012. "Latest Impact Research: Inching Toward Generalization." Consultative Group to Assist the Poor, World Bank, Washington, DC. http://www.cgap.org/blog/latest-impact-research-inching-towards-generalization?utm_source=feedburner&utm_medium=feed&utm_campaign=Feed%253A%20cgap%252FUaRp%20%2528Prod%20-%20CGAP%20Microfinance%20Blog%2529.

Roodman, David, and Jonathan Morduch. 2011. "The Impact of Microcredit on the Poor in Bangladesh: Revisiting the Evidence." Working Paper 174, Center for Global Development, Washington, DC.

Rosenzweig, Mark, and Kenneth Wolpin. 1993. "Credit Market Constraints, Consumption Smoothing, and Accumulation of Durable Production Assets in Low-Income Countries: Investments in Bullocks in India." *Journal of Political Economy* 101 (2): 223–44.

Rotman, Sarah, David Ferrand, and Stephen Rasmussen. 2012. "The Jipange KuSave Experiment in Kenya." Brief (October), Consultative Group to Assist the Poor, World Bank, Washington, DC.

Rotman, Sarah, Kabir Kumar, and Marcia Parada. 2013. "An Overview of the G2P Payments Sector in Pakistan." Consultative Group to Assist the Poor, World Bank, Washington, DC.

Ruiz, Claudia. 2013. "From Pawn Shops to Banks: The Impact of Formal Credit on Informal Households." Policy Research Working Paper 6634, World Bank, Washington, DC.

Saadani, Youssef, Zsofia Arvai, and Roberto Rocha. 2011. "A Review of Credit Guarantee Schemes in the Middle East and North Africa Region." Policy Research Working Paper 5612, World Bank, Washington, DC.

Safavian, Mehnaz, and Aban Haq. 2013. *Are Pakistan's Women Entrepreneurs Being Served by the Microfinance Sector?* Directions in Development: Finance series, World Bank, Washington, DC.

Safavian, Mehnaz, and Joshua Wimpey. 2007. "When Do Enterprises Prefer Informal Credit?" Policy Research Working Paper 4435, World Bank, Washington, DC.

Saldaña, Cesar. 2000. "Assessing the Economic Value of Credit Guarantees." *Journal of Philippine Development* 27 (1): 27–68.

Samila, Sampsa, and Olav Sorenson. 2011. "Venture Capital, Entrepreneurship, and Economic Growth." *Review of Economics and Statistics* 93 (1): 338–49.

Schicks, Jessica, and Richar Rosenberg. 2011. "Too Much Microcredit? A Survey of the Evidence on Over-Indebtedness." Occasional Paper 19, Consultative Group to Assist the Poor, World Bank, Washington, DC.

Schreiner, Mark. 2003. "Scoring: The Next Breakthrough in Microcredit?" http://www.cgap.org/sites/default/files/CGAP-Occasional-Paper-Scoring-The-Next-Breakthrough-in-Microcredit-Jan-2003.pdf.

———. 2004. "Benefits and Pitfalls of Statistical Credit Scoring for Microfinance." *Savings and Development* 28 (1): 63–86.

Schultz, Theodore. 1980. "Nobel Lecture: The Economics of Being Poor." *Journal of Political Economy* 88 (4): 639–51.

Schumpeter, Joseph. 1934. *The Theory of Economic Development.* Cambridge, MA: Harvard University Press.

Sekita, Shizuka. 2011. "Financial Literacy and Retirement Planning in Japan." *Journal of Pension Economics and Finance* 10 (4): 637–56.

Seshan, Ganesh, and Dean Yang. 2012. "Transnational Household Finance: A Field Experiment on the Cross-Border Impacts of Financial Education for Migrant Workers." Draft working paper, Innovations for Poverty Action, New Haven, CT.

Shane, Scott A. 2005. "Angel Investing: A Report Prepared for the Federal Reserve Banks of Atlanta, Cleveland, Kansas City, Philadelphia, and Richmond." October 1, Department of Economics, Case Western Reserve University, Cleveland, OH.

Shapiro, Jeremy. 2012. "Weather Insurance and Investment Choice." Unpublished working paper, Massachusetts Institute of Technology, Cambridge, MA.

Shui, Haiyan, and Lawrence Ausubel. 2004. "Time Inconsistency in the Credit Card Market." Dissertation, University of Maryland, College Park, MD.

Smith, Brent. 2011. "Stability in Consumer Credit Scores: Level and Direction of FICO Score Drift as a Precursor to Mortgage Default and Pre-Payment." *Journal of Housing Economics* 20 (4): 285–98.

Spader, Jonathan, Janneke Ratcliffe, Jorge Montoya, and Peter Skillern. 2009. "The Bold and the Bankable: How the Nuestro Barrio Telenovela Reaches Latino Immigrants with Financial Education." *Journal of Consumer Affairs* 43 (1): 56–79.

Stango, Victor, and Jonathan Zinman. 2009. "Exponential Growth Bias and Household Finance." *Journal of Finance* 64 (6): 2807–49.

Stein, Jeremy. 2002. "Information Production and Capital Allocation: Decentralized vs. Hierarchical Firms." *Journal of Finance* 57 (5): 1891–921.

Stein, Peer, Tony Goland, and Robert Schiff. 2010. "Two Trillion and Counting: Assessing the Credit Gap for Micro, Small and Medium-Size Enterprises in the Developing World." McKinsey & Company and International Finance Corporation, World Bank, Washington, DC.

Stein, Peer, Bikki Randhawa, and Nina Bilandzic. 2011. "Toward Universal Access: Addressing the Global Challenge of Financial Inclusion." Chapter 10 in *Postcrisis Growth and Development: A Development Agenda for the G-20*, edited by Shahrokh Fardoust, Yongbeom Kim, and Claudia Sepúlveda. Washington, DC: World Bank.

Stephanou, Constantinos, and Camila Rodriguez. 2008. "Bank Financing to Small and Medium-Sized Enterprises in Colombia." Policy Research Working Paper 4481, World Bank, Washington, DC.

Stiglitz, Joseph. 1990. "Peer Monitoring and Credit Markets." *World Bank Economic Review* 4 (3): 351–66.

Stiglitz, Joseph, and Andrew Weiss. 1981. "Credit Rationing in Markets with Imperfect Information." *American Economic Review* 71 (3): 393–410.

Straub, Stéphane. 2005. "Informal Sector: The Credit Market Channel." *Journal of Development Economics* 78 (2): 299–321.

Suryahadi, Asep, Daniel Suryadarma, and Sudarno Sumarto. 2009. "The Effects of Location and Sectoral Components of Economic Growth on Poverty: Evidence from Indonesia." *Journal of Development Economics* 89 (1): 109–17.

Tazhibayeva, Kamilya, and Robert M. Townsend. 2012. "The Impact of Climate Change on Rice Yields: Heterogeneity and Uncertainty." Unpublished paper, Massachusetts Institute of Technology, Cambridge, MA.

Tax, Sol. 1953. *Penny Capitalism: a Guatemalan Indian Economy*. Washington, DC: U.S. Government Printing Office.

Townsend, Robert M. 1982 "Optimal Multiperiod Contracts and the Gain from Enduring Relationships under Private Information." *Journal of Political Economy* 90 (6): 1166–86.

———. 1994. "Risk and Insurance in Village India." *Econometrica* 62 (3): 539–91.

———. Forthcoming. "Accounting for the Poor: The T.W. Schultz Lecture." *American Journal of Agricultural Economics*.

Townsend, Robert M., and Jacob Yaron. 2001. "The Credit Risk Contingency System of an Asian Development Bank." *Economic Perspectives* 25 (3): 31–48.

Tufano, Peter, Timothy Flacke, and Nicholas Maynard. 2010. "Better Financial Decision Making among Low Income and Minority Groups." Working paper, Rand Corporation, Santa Monica, CA.

Udry, Christopher, and Santosh Anagol. 2006. "The Return to Capital in Ghana." *American Economic Review* 96 (2): 388–93.

UNCITRAL (United Nations Commission on International Trade Law). 2010. *Legislative Guide on Secured Transactions*. New York: United Nations.

Urquizo, Jacqueline. 2012. "The Financial Behavior of Rural Residents: Findings from Five Latin American Countries." Acción report, Washington, DC.

Van Gool, Joris, Wouter Verbeke, Piet Sercu, and Bart Baesens. 2012. "Credit Scoring for Microfinance: Is it Worth It?" *International Journal of Finance and Economics* 17 (2): 103–23.

Van Order, Robert, Simon Firestone, and Peter Zorn. 2007. "The Performance of Low Income and Minority Mortgages." Ross School of Business Paper 1083, University of Michigan, Ann Arbor, MI.

Van Rooij, Maarten, Annamaria Lusardi, and Rob Alessie. 2011. "Financial Literacy and Stock Market Participation." *Journal of Financial Economics* 101 (2): 449–72.

———. 2012. "Financial Literacy, Retirement Planning, and Household Wealth." *Economic Journal* 122 (560): 449–78.

Vercammen, James. 1995. "Credit Bureau Policy and Sustainable Reputation Effects in Credit Markets." *Economica* 62 (248): 461–78.

Visaria, Sujata. 2009. "Legal Reform and Loan Repayment: The Microeconomic Impact of Debt Recovery Tribunals in India." *American Economic Journal: Applied Economics* 1 (3): 59–81.

Ward, Damian, and Ralf Zurbruegg. 2000. "Does Insurance Promote Economic Growth? Evidence from OECD Countries." *Journal of Risk and Insurance* 67 (4): 489–506.

Warnock, Veronica, and Frank Warnock. 2008. "Markets and Housing Finance." *Journal of Housing Economics* 17 (3): 239–51.

Wenner, Mark, Navajas Sergio, Carolina Trivelli, and Alvaro Tarazona. 2007. "Managing Credit Risk in Rural Financial Institutions in Latin America." Sustainable Development Department Best Practices Series, Inter-American Development Bank, Washington, DC.

WFE (World Federation of Exchanges). 2011. "Alternative Financing for SMEs." *FOCUS* 226, WFE, Paris, France.

Williamson, Steven. 1987. "Costly Monitoring, Loan Contracts, and Equilibrium Credit Rationing." *Quarterly Journal of Economics* 102 (1): 135–46.

Willis, Lauren. 2006. "Decision-Making and the Limits of Disclosure: The Problem of Predatory Lending: Price." *Maryland Law Review* 65: 707–838.

Woodward, Susan. 2003. "Consumer Confusion in the Mortgage Market." Research Paper, Sand Hill Econometrics, Palo Alto, CA. http://www.sandhillecon. com/pdf/consumer_confusion. pdf.

World Bank. 2006a. "The Rural Investment Climate: It Differs and It Matters." Report 36543-GLB, World Bank, Washington, DC.

———. 2006b. "Expanding Post-Harvest Finance through Warehouse Receipts and Related Instruments." Issue 8, Agricultural and Rural Development Notes, World Bank, Washington, DC.

———. 2007a. *World Development Report 2008: Agriculture for Development*. Washington, DC: World Bank.

———. 2007b. "Bank Financing to Small and Medium Enterprises: Survey Results from Argentina and Chile." Working paper, World Bank, Washington, DC.

———. 2007c. "Bank Lending to Small and Medium Enterprises: The Republic of Serbia." Unpublished working paper, World Bank, Washington, DC.

———. 2009a. "Russian Federation: Key Findings and Recommendations." Vol. 1 of *Diagnostic Review of Consumer Protection in Financial Services*. Private and Financial Sector Development Department, Europe and Central Asia Region, World Bank, Washington, DC.

———. 2009b. "Azerbaijan: Technical Note on Consumer Protection and Financial Literacy." Private and Financial Sector Development Department, Europe and Central Asia Region, World Bank, Washington, DC.

———. 2010. "Latvia: Key Findings and Recommendations." Vol. 1 of *Diagnostic Review of Consumer Protection and Financial Capability*. Private and Financial Sector Development Department, Europe and Central Asia Region, World Bank, Washington, DC.

———. 2011a. "General Principles for Credit Reporting." World Bank, Washington, DC.

———. 2011b. *Migration and Remittances Factbook 2011*. Washington, DC: World Bank.

———. 2011c. "Payment Systems Worldwide: A Snapshot—Outcomes of the Global Payment Systems Survey 2010." Financial Infrastructure Series, World Bank, Washington, DC.

———. 2012a. *Global Financial Development Report 2013: Rethinking the Role of the State in Finance*. Washington, DC: World Bank.

———. 2012b. "Good Practices for Financial Consumer Protection." Washington, DC: World Bank.

———. 2012c. *World Development Report 2013: Jobs*. Washington, DC: World Bank.

———. 2012d. *Information and Communications for Development: 2012 Maximizing Mobile*. Washington, DC: World Bank.

———. 2012e. "Innovation in Retail Payments Worldwide: A Snapshot." Financial Infrastructure Series, World Bank, Washington, DC.

———. 2012f. "Measuring Financial Capability and the Effectiveness of Financial Education." Financial Literacy and Education, Russia Trust Fund, World Bank, Washington, DC.

———. 2012g. *Good Practices for Consumer Financial Protection*. Washington, DC: World Bank.

———. 2012h. "Developing a Comprehensive National Retail Payments Strategy." Financial Infrastructure Series: Payment Systems Policy and Research, World Bank, Washington, DC.

———. 2012i. "Financial Inclusion Strategies Reference Framework." Prepared for the G20 Mexico Presidency, World Bank, Washington, DC.

———. 2012j. "From Remittances to M-Payments: Understanding 'Alternative' Means of Payment within the Common Framework of Retail Payments System Regulation." Financial Infrastructure Series, World Bank, Washington, DC.

———. 2012k. "General Guidelines for the Development of Government Payment Programs." Financial Infrastructure Series, World Bank, Washington, DC.

———. 2012l. "A Practical Guide for Retail Payments Stocktaking." Financial Infrastructure Series, World Bank, Washington, DC.

———. 2013a. "Making Sense of Financial Capability Surveys around the World: A Review of Existing Financial Capability and Literacy Measurement Instruments." Working paper, World Bank, Washington, DC.

———. 2013b. *Growing Africa: Unlocking the Potential of Agribusiness*. Washington, DC: World Bank.

———. 2013c. "An Analysis of Trends in the Average Total Cost of Migrant Remittance Services." Remittance Prices Worldwide Policy Note 7 (September), World Bank, Washington, DC.

———. 2013d. "Migration and Development Brief." World Bank, Washington, DC.

Wurgler, Jeffrey. 2000. "Financial Markets and the Allocation of Capital." *Journal of Financial Economics* 58 (1–2): 187–214.

Xu, Lisa, and Bilal Zia. 2012. "Financial Literacy around the World: An Overview of the Evidence with Practical Suggestions for the Way Forward." Policy Research Working Paper 6107, World Bank, Washington, DC.

———. Forthcoming. "Financial Literacy Programs in the Developing World: An Overview of Evidence with Practical Suggestions for the Way Forward." *World Bank Research Observer.*

Zavatta, Roberto. 2008. "Financing Technology Entrepreneurs and SMEs in Developing Countries." infoDev, World Bank, Washington, DC.

Zeller, Manfred. 2003. "Models of Rural Financial Institutions. Paving the Way Forward for Rural Finance." Lead theme paper, U.S. Agency for International Development, Washington, DC.

Zhan, Min, and Michael Sherraden. 2011. "Assets and Liabilities, Education Expectations, and Children's College Degree Attainment." *Children and Youth Services Review* 33 (6): 846–54.

Zia, Bilal H. 2008. "Export Incentives, Financial Constraints, and the (Mis)allocation of Credit: Micro-level Evidence from Subsidized Export Loans." *Journal of Financial Economics* 87 (2): 498–527.

Zollman, Julie, and Daryl Collins. 2010. "Financial Capability and the Poor: Are We Missing the Mark?" Insights paper, Financial Sector Deepening Kenya, Nairobi, Kenya.